Pierre Corneille

Théâtre complet

Portrait de Corneille par Charles Le Brun - 1647.
(Paris - Collection privée).
Ph. : Giraudon.

Edition du Tricentenaire

Pierre Corneille

Théâtre complet

Tome II

Pièces de *Polyeucte* à *Pertharite*

Volume I

Ouvrage publié avec le concours du Centre National des Lettres

PUBLICATIONS DE L'UNIVERSITÉ DE ROUEN N° 105

ISBN 2-902618-57-3

En couverture : Pierre de Cortone, *César rendant le trône à Cléopâtre* (Musée des Beaux-Arts de Lyon).

Texte établi
avec introduction, chronologie,
bibliographie, notices,
notes et variantes
par
Alain NIDERST
Professeur à l'Université de Rouen

Édition illustrée de 17 reproductions

INTRODUCTION.

Après Le Cid, Horace et Cinna, Corneille, loin de se satisfaire de ses succès et de se borner à la forme qu'il a modelée, va inlassablement s'efforcer d'innover. Les années 1642-1652 représentent dans sa carrière une période particulièrement féconde : onze pièces en moins de dix ans. Mais plus encore que cette fécondité, nous pouvons admirer l'originalité, voire l'audace, du dramaturge. Les Anciens, auxquels il emprunte d'ordinaire le sujet de ses pièces, ne l'impressionnent pas à l'excès. Sans doute dans Polyeucte n'ose-t-il innover qu'avec quelque timidité, et reconnaît-il que Pompée doit autant à Lucain que Le Cid devait à Guillen de Castro. Mais, avec Rodogune, le ton change. Il a dit-il, pour cette tragédie, une tendresse particulière, parce qu'elle lui semble « être un peu plus à [lui] [...] que celles qui l'ont précédée, à cause des incidents surprenants qui sont purement de [son] [...] invention » [1]. De même, il a, dans Théodore, corrigé la narration de saint Ambroise ; il avoue qu'Héraclius est « une hardie entreprise sur l'histoire » [2], que, dans Andromède, il a souvent modifié le récit d'Ovide, dans Nicomède celui de Justin, dans Pertharite celui de Paul diacre.

Il ne cesse de le répéter : il faut savoir oser, quitte à se fourvoyer ; « c'est beaucoup hasarder, et l'on n'est pas toujours heureux ; et dans un dessein de cette nature, ce qu'un bon succès fait passer une ingénieuse hardiesse, un mauvais le fait prendre pour une témérité ridicule » [3] ; « il est bien malaisé de trouver quelque chose de nouveau, sans s'écarter du bon chemin et se mettre au hasard de s'égarer » [4]. Ainsi en vient-il, avec Don Sanche, à proposer « un poème d'une espèce nouvelle et qui n'a point d'exemple chez les Anciens », ce qu'il appelle une « comédie héroïque » [5].

« Trouver quelque chose de nouveau », tel est bien le souci dominant de Corneille durant cette période, et c'est à lui-même qu'il se montre infidèle autant qu'aux historiens et aux poètes antiques. Le nouveau doit se chercher dans toutes les directions. Deux tragédies chrétiennes, Polyeucte et Théodore, qui d'ailleurs sont bien différentes l'une de l'autre; deux comédies espagnoles, Le Menteur et La Suite du Menteur ; les mélodramatiques Rodogune et Héraclius ; une comédie héroïque, Don Sanche ; une tragédie de l'admiration, et non de la pitié et de la crainte, Nicomède. On peut être ébloui de cette diversité. Le poète « inquiet » semble toujours se refuser à s'arrêter, et il varie l'expression autant que les formes dramatiques. Il nous explique lui-même que « le style de Polyeucte n'est pas si fort ni si majestueux que celui de Cinna et de Pompée » [6], que les vers de cette dernière pièce sont « les plus pompeux » qu'il ait faits [7]. Il distingue les vers du Menteur et ceux de La Suite du Menteur, qui lui semblent plus beaux. Il se félicite d'avoir été capa-

ble, durant le même hiver, d'écrire Pompée *et* Le Menteur *: dans le premier de ces poèmes, il a « voulu faire un essai de ce que pouvait la majesté du raisonnement et la force des vers, dénué de l'agrément du sujet », dans l'autre, tenter « ce que pourrait l'agrément du sujet, dénué de la force des vers »* [8]. *Enfin, les langoureuses tendresses d'*Andromède *marquent une nouvelle recherche, qui nous entraîne bien loin d'*Héraclius *et de* Pompée.

A travers cette instable virtuosité, qui semble toujours s'orienter dans de nouvelles directions, envisager de nouvelles expériences, subsistent quelques constantes.

C'est dans cette période que Corneille emprunte le plus aux auteurs espagnols. Il doit à Lucain Pompée, *et comme Lucain est né à Cordoue, il tient à le regarder comme un Espagnol* [9]. *Lope de Vega, Alarcón, Mira de Mescua, lui inspirent* Le Menteur, La Suite du Menteur, Don Sanche d'Aragon *; certaines situations, certains passages, de* Polyeucte, *de* Rodogune, *d'*Héraclius, *d'*Andromède, *rappellent des pièces de Calderón ou de Lope de Vega. Peut-être Corneille a-t-il été conduit dans cette voie par le désir de plaire à la régente Anne d'Autriche, qui devait également aimer la pieuse inspiration de* Polyeucte *et de* Théodore, *et* Polyeucte *lui fut justement dédié. En tout cas, cet espagnolisme explique certains traits de cette production : les reconnaissances dans* Héraclius *et dans* Don Sanche, *les objets qui prennent un rôle si important : la coupe dans* Rodogune, *l'anneau de* Don Sanche, *le diamant de* Nicomède. *La psychologie même des personnages semble souvent modelée par l'influence des dramaturges espagnols. C'est l'ostentation, qui règne dans leurs discours, aussi bien chez la Cléopâtre de* Pompée, *chez le Dorante du* Menteur, *chez la Cléopâtre de* Rodogune, *chez Arsinoé. C'est peut-être aussi la « monstruosité » assez rare dans le théâtre français de plusieurs héros ; la Cléopâtre de* Rodogune, *Marcelle dans* Théodore, *Phocas dans* Héraclius, *n'auraient pas une physionomie aussi sombre, une telle obstination dans le mal, si leur créateur n'avait été inspiré par les plus grimaçantes figures de Calderón.*

*Corneille ne semble pas avoir connu Shakespeare, du moins directement, mais, à travers l'influence ibérique, qu'il avoue hautement, son théâtre réunit alors bien des traits baroques, qui le rapprochent de l'auteur d'*Hamlet *et des Elisabéthains : héros démoniaques ou purs comme des agneaux, en tout cas énivrés de paroles, toujours prêts à de fiévreuses confidences, à une sorte de parade ; des moments d'idylle, comme dans* Rodogune, *des passages d'ironie cinglante, comme dans* Théodore *et dans* Nicomède *- bref, un mélange des genres plus ou moins abrupt, une action souvent compliquée, obscure, pleine de « bruit et de fureur », en tout cas de désordre et de mystère, comme dans* Héraclius, *du romanesque, du mélodramatique, du précieux.*

*Tout cela semble éloigner Corneille de l'esthétique classique. Pourtant, il y reste fidèle. Son baroque est maîtrisé. Il se soumet, en général, à la vraisemblance, quoi qu'il en dise dans la préface d'*Héraclius *; il respecte les bienséances - ainsi évite-t-il de représenter un Nicomède parricide ; et il prétend, à quelques passages près, s'être conformé aux trois unités.*

La production de cette période se caractérise donc par deux efforts opposés, qui se perçoivent simultanément : un effort d'invention, de variété, qui attire le poète vers le baroque, et fait de lui un frère de Calderón et même de Shakespeare ;

un effort, au contraire, de rigueur, d'économie, qui permet, à travers son œuvre, la progression du classicisme français.

C'est au théâtre du Marais que furent jouées toutes ces pièces, à l'exception d'Andromède, qui fut représentée au Petit-Bourbon, et sans doute de Nicomède et de Pertharite, qui durent être créés à l'hôtel de Bourgogne. Dans la compagnie du Marais, Corneille trouva quelques acteurs illustres, qui furent certainement les protagonistes de ses pièces : Floridor, le chef de la troupe, La Roque, la Beaupré, Jodelet, qui fut Cliton dans Le Menteur et La Suite du Menteur. Nous ignorons la distribution des œuvres de Corneille, mais certaines constantes s'y découvrent, qui peuvent s'expliquer par les acteurs que le poète eut d'abord à sa disposition. Ce sont les deux rôles féminins qui se retrouvent dans ce théâtre : la femme âgée, impérieuse ou artificieuse (Cléopâtre dans Rodogune, Marcelle, Léontine, Arsinoé même), la jeune fille tendre et souvent vouée au malheur (Rodogune, Théodore, Pulchérie, Laodice à la rigueur). Se retrouvent également dans les tragédies de cette période le vieux roi ou ministre souvent cruel ou inférieur à sa tâche : Félix, Valens, Phocas, Prusias ; et un couple de jeunes premiers unis par l'amitié, ou même par le sang : Antiochus et Séleucus, Héraclius et Martian, Nicomède et Attale. Certes, ces figures ne renvoient pas forcément aux acteurs. On peut les expliquer par l'imagination de Corneille, ou par les conventions du théâtre de cette époque. Notons toutefois que Pertharite semble y échapper ; or, cette pièce fut certainement destinée à l'Hôtel de Bourgogne.

De Pompée à Pertharite, la plupart des tragédies contiennent, à travers un tableau historique, une méditation sur l'actualité politique. Pompée, écrit après la mort de Richelieu, dénonce le règne des favoris, qui avilissent l'autorité du souverain. Le royalisme de Corneille l'amène, durant la guerre civile, dans le camp de Mazarin, qui le pensionne, et lui donne, en 1650, la charge de procureur des Etats de Normandie occupée auparavant par Baudry, un protégé du duc de Longueville. Un libelle dépeint alors Corneille comme un homme « qui sait fort bien faire les vers, mais qu'on dit assez malhabile pour manier les grandes affaires ; bref, il faut qu'il soit ennemi du peuple, puisqu'il est pensionnaire de Mazarin » [10]. Don Sanche pourrait bien être une apologie du cardinal, cet homme obscur, que la reine a distingué et auquel elle fait confiance. Nicomède est assurément plus favorable au prince de Condé qu'à la cour, mais, même dans cette pièce, Corneille exprime le souhait d'une réconciliation générale autour du roi - sans doute le jeune Louis XIV, qui a atteint sa majorité et dont on attend beaucoup. Dans Pertharite est rappelé le caractère sacré des monarques parmi toutes les tribulations auxquelles ils peuvent, comme Charles II d'Angleterre, être exposé.

A travers certaines variations, que la politique contemporaine a sans doute inspirées au poète, se discernent quelques problèmes sur lesquels il revient inlassablement. La royauté, qui, dans Le Cid, dans Horace, dans Cinna, s'incarnait dans des princes vertueux et doués, pour ainsi dire, d'une autorité mystique, est soumise, dans les pièces de cette période, à d'étranges épreuves. Tantôt le roi est abusé par de mauvais conseillers ; c'est Ptolémée, c'est Valens, c'est Prusias, et Corneille a ainsi l'occasion de flétrir le machiavélisme. Tantôt le sceptre, tombé aux mains d'une princesse, a perdu de son autorité, comme le confessent Isabelle et Elvire dans Don Sanche. Tantôt un usurpateur diabolique se cramponne au pouvoir et entrave l'autorité légitime : c'est Phocas, et c'est aussi la Cléopâtre de Rodogune. Tantôt, et ce n'est pas le moins étrange, l'usurpateur est juste et capable, alors que le souve-

rain légitime est désespéré et prêt à renoncer à ses droits, et c'est la paradoxale situation de Pertharite.

Etrange monde sans synthèse, sans ordre. Ce chaos politique explique le baroque de la composition et des personnages, en particulier dans Héraclius. *Sans doute les valeurs ne sont-elles pas mortes : la générosité triomphe toujours, et, dans les dénouements, s'établit une conciliation entre le Fait et le Droit, l'Utile et le Juste, ou le Roi et le Héros. Cléopâtre, dans* Pompée, *sœur de Ptolémée et couronnée par César, Antiochus et Héraclius supplantant leurs tyrans, Carlos reconnu pour Don Sanche, Nicomède aux pieds de Prusias, qui lui rend son affection, Pertharite roi de Milan et Grimoald roi de Pavie - telles sont les multiples formes qu'emprunte ce compromis. Est-il bien sûr ? Est-il bien solide ? Corneille ne peut ni abdiquer son royalisme, ni s'empêcher de voir les tourments et les tares des royautés. Il s'efforce de rester optimiste, de repousser le machiavélisme, de croire à la restauration de Charles II, à la réconciliation du roi et de Condé. Comment échapper au chaos d'*Héraclius *? Comment retrouver la lumière ? L'ordre n'a jamais la simplicité qu'il avait dans* Le Cid, *ou même dans* Cinna *; il ne peut venir que d'une harmonie complexe, d'un échange.*

Au fond, le baroque, signe de désordre et de nuit, et le classicisme lumineux, qui se retrouvent à la fois dans ces pièces, correspondent parfaitement à la politique de Corneille, tourmentée, confuse et pourtant confiante.

L'originalité de ces pièces, leur irrégularité même, la complexité de l'action, la profondeur des personnages et des problèmes où ils se débattent, ne peuvent nous laisser indifférents. Ces œuvres ont inégalement réussi de leur temps. On sait l'échec de Théodore *et celui de* Pertharite, *qui découragea Corneille. Excepté* Polyeucte, Le Menteur, Nicomède *et* Rodogune, *on a, au long des siècles, trop méprisé ces pièces. Il ne faut pas les aborder comme des ébauches, plus ou moins réussies, du théâtre racinien ; il faut y voir l'un des plus saisissants efforts de l'art français vers le baroque. C'est ce que notre époque a souvent compris, mais avec encore trop de réserve ou de timidité : pourquoi ne pas reprendre* Héraclius *et* Pertharite *? Sommes-nous condamnés à nous en tenir toujours aux vétilleuses remarques de Voltaire et aux conformistes critiques de Sainte-Beuve ?*

A.N.

NOTES

1 *Examen de Rodogune.*
2 *Au lecteur.*
3 *Ibid.*
4 *Examen de Nicomède.*
5 *A Monsieur de Zuylichem.*
6 *Examen de Polyeucte.*
7 *Examen de Pompée.*
8 *Le Menteur, Épître.*
9 *Ibid.*
10 G. Couton, *Corneille et la Fronde*, p. 32.

ÉTABLISSEMENT DE L'ÉDITION

Le texte que nous présentons ici est, en principe, celui de 1682, excepté quelques erreurs évidentes qu'il fallut rectifier. Nous signalons les variantes contenues dans les autres éditions anciennes, y compris, car elles sont souvent intéressantes, celles qui apparaissent dans les éditions de Thomas Corneille (1692) et de Voltaire (1764).

A.N.

BIBLIOGRAPHIE

PRINCIPALES ÉDITIONS DE PIÈCES SÉPARÉES.

Polyeucte, éd. **Daniel Mornet**, Paris, A. Fayard, 1946.
Polyeucte, éd. **Pierre Moreau**, Rome, A. Signorelli, 1960.
La Mort de Pompée, éd. **H.T. Barnwell**, London, Oxford University Press, 1971.
Rodogune, éd. **Jacques Scherer** (Textes littéraires français), Paris, Droz, 1946.
Rodogune, éd. **Françoise Bonneau**, Paris, Hachette, 1969.
Andromède, éd. **Christian Delmas** (Textes français modernes), Paris, Didier, 1974.
Nicomède, éd. **R.C. Knight** (Collection R. Niklaus), London, 1960.
Nicomède, éd. **Simone Dosmond**, Paris, Hachette, 1972.

ÉTUDES CRITIQUES

A) SUR L'ENSEMBLE DE CETTE PÉRIODE OU SUR PLUSIEURS PIÈCES CONTENUES DANS CE VOLUME.

Parmi les commentaires anciens, ceux de **Saint-Evremond** (*Œuvres en prose*, éd. René Ternois, Paris, Didier, 1962-1969 ; *Lettres*, éd. René Ternois, Paris, Didier, 1967 (1968), ceux de l'**abbé d'Aubignac** (*Pratique du théâtre*, Paris, A. de Sommaville, 1657, rééd. par Pierre Martino, Alger, Carbonel, 1927), ceux de **Fontenelle** (*Vie de Monsieur Corneille*, dans *Œuvres*, Paris, Les libraires associés, 1766, t. III), ceux de **Voltaire** (*Complete Works*, Oxford, t. 54 : commentaire sur toutes les pièces de *Polyeucte* à *Héraclius* ; t. 55 : commentaire sur toutes les pièces d'*Andromède* à *Suréna*) nous ont été les plus utiles.

Au XIXe et au XXe siècles, un certain nombre d'études ont été consacrées à cette période :

Philarète Chasles, *Etudes sur l'Espagne et sur les influences de la littérature espagnole en France et en Italie*, Paris, Amyot, 1847.
Ernst Schmid, « Corneille, *Le Menteur, La Suite du Menteur* », *Archiv für Literaturgeschichte*, IV, 1875, p. 166-184.
Henri Hauvette, « Un précurseur italien de Corneille, Girolamo Bartolommei », Grenoble, Annales de l'Université de Grenoble, 1897.
J.-B. Segall, *Corneille and the Spanish drama*, New York, The Columbia University Press, 1902.
Guillaume Huszár, *Pierre Corneille et le théâtre espagnol*, Paris, Bouillon, 1903.
Lawrence Melville Riddle, *The Genesis and Sources of Pierre Corneille's Tragedies from « Médée » to « Pertharite »*, Baltimore, The Johns Hopkins Press ; Paris, P.U.F., 1926.
Kosta Leukovitch, *L'évolution de la tragédie religieuse en France*, Paris, Droz, 1933.
Robert Garapon, « Rotrou et Corneille », *Revue d'histoire littéraire de la France*, 1950, p. 385-394.
Georges Couton, *Corneille et la Fronde, théâtre et politique il y a trois siècles*, Clermont-Ferrand, imp. G. de Bussac, 1951.
Joseph C. Marek, « La grandeur d'âme dans *Rodogune, Don Sanche d'Aragon* et *Suréna* », *Revue de l'Université de Laval*, 1960, p. 348-357.
Marc Fumaroli, « Critique et création littéraire : J.-L. Guez de Balzac et Corneille (1637-1645) », dans *Mélanges offerts à René Pintard*, Paris, Klincksieck, 1975, p. 73-89.
Maurice Descotes, « L'image de Rome dans *La mort de Pompée* et *Nicomède* », *Romanistische Zeitschrift für Literaturgeschichte*, 1975, p. 31-75.

B) SUR CHACUNE DES PIECES

POLYEUCTE

Antoine-Auguste Walras, *Observations sur le « Polyeucte » de P. Corneille*, Evreux, Louis Tavernier, 1845.
Charles-Augustin Sainte-Beuve, *Port-Royal* (1840-1859), éd. M. Leroy, Paris, Gallimard, La Pléiade, 1953-54, t. I, p. 177-201.
François Bonifas, « Le christianisme de *Polyeucte* », dans *Revue chrétienne*, 1865, p. 539-550.
Edmont Le Blant, « *Polyeucte* et les conditions du martyre », dans *Le Correspondant*, CV, 1876, p. 455-466.
Benjamin Aubé, *Polyeucte dans l'histoire*, Paris, Firmin-Didot, 1882.
Hippolyte Parigot, *Génie et métier*, Paris, A. Colin, 1894, p. 41-73.
Francisque Sarcey, *« Polyeucte »*, dans *Conférences de l'Odéon*, V, Paris, Crémieux, 1895, p. 87-111.
Eugène Rigal, « La date de *Polyeucte* », *Revue Universitaire*, 1911, p. 29-36.
Emile Faguet, *En lisant les beaux vieux livres*, Paris, Hachette, 1911.
Léo Spitzer, « Erhellung des *Polyeucte* durch das Alexiuslied », *Archivum Romanicum*, XVI, 1932, p. 473-500.
Maurice Magendie, « Des sources inédites de *Polyeucte* », *Revue d'histoire littéraire de la France*, 1932, p. 383-390.
Jean Calvet, *« Polyeucte » de Corneille, étude et analyse*, Paris, Mellottée, 1934.
Pierre Martino, « La question de la Grâce dans *Polyeucte* », *Revue d'histoire littéraire de la France*, 1936, p. 66-69.
Pierre Brisson, « En écoutant *Polyeucte* », dans *Du Meilleur au Pire*, Paris, Gallimard, 1937, p. 59-67.
Thomas J. Heywood, « A Note on Corneille's *Polyeucte* », *Modern Language Review*, 35, 1940, p. 216-220 (réplique de W.G. Moore, *ibid.*, 36, 1941, p. 508-510).
Roger Pons, « Pauline, une héroïne de l'amour conjugal », *L'Anneau d'or*, 1945, p. 13-18.
M.-A. Ruff-Languillaire, *« Polyeucte »*, *Annales de la Faculté de Lettres d'Aix*, 1945, p. 37-61.
Roger Chauviré, « Doutes à l'égard de *Polyeucte* », *French Studies*, 1948, p. 1-34 (réplique de Raymond Lebègue, « Remarques sur *Polyeucte* », *ibid.*, 1949, p. 213-218, et de Philip John Yarrow, « A further comment on *Polyeucte* », *ibid.*, 1950, p. 151-155).
Charles Dédeyan, « La composition de *Polyeucte* », *Lettres Romanes*, 1952, p. 207-232.
James Doolittle, « Heroism and Passion in *Polyeucte* », *Symposium*, VIII, 1954, p. 217-241.
Pierre Couissin, « Pauline et l'amour », *Enseignement chrétien*, novembre 1955, F. 3.
Georges Tournaire, « Pour la représentation de *Polyeucte* de Corneille au théâtre de l'Odéon », dans *Causeries littéraires*, Paris, La Plume d'or, 1955, p. 43-50.
Pierre Couissin, « *Polyeucte*, tragédie de la grâce divine ou de la volonté humaine ? », *Enseignement chrétien*, mars 1956, F. 28.
Jacques Maurens, « Pauline amoureuse passionnée ou héroïne du devoir ? », *Annales publiées par la Faculté des Lettres de Toulouse*, 1957, p. 47-58.
Michel Picard, « Le personnage de Félix dans *Polyeucte* de Corneille », *L'Information littéraire*, 1959, p. 223-226.
Odoric Bouffard O.F.M., « Polyeucte est-il encore chrétien ? », *Culture*, XX, 1959, p. 296-306.
Antoine Saure, *« Polyeucte »* étude critique, Bari, Collona di « Culture française », Scuola tipografica salesiana, 1960.
Chanoine L. Letellier, « A Rouen, quand P. Corneille écrivait *Polyeucte* », *Revue des Sociétés Savantes de Haute-Normandie*, 1960, p. 19-26.
Paul Ginestier, « *Polyeucte*, essai de critique esthétique », *Revue d'Esthétique*, 1960, p. 128-139.
Henri Gouhier, « L'antimysticisme de *Polyeucte* », *Table Ronde*, 1960, p. 173-175.
Sister Maria Philip Haley, « *Polyeucte* and *De Imitatione Christi* », *Publications of Modern Language Associations of America*, LXXV, 1960, p. 174-183.
Peter Currie, *Corneille's « Polyeucte »*, London, Arnold, 1960.
Michel Beaujour, « *Polyeucte* et la monarchie de droit divin », *French Review*, 1963, April, p. 443-449.
René Pintard, « Autour de *Cinna* et de *Polyeucte* », *Revue d'histoire littéraire de la France*, 1964, p. 377-413.
Noémi Hepp, « Sur une scène négligée de *Polyeucte* », *Bulletin des jeunes romanistes*, 1965, décembre, p. 1-6.
Lawrence E. Harvey, « The Role of Emulation in Corneille's *Polyeucte* », *Publications of Modern Language Associations of America*, LXXXII, 1966, p. 314-324.
Julien Eymard d'Angers, « *Polyeucte*, tragédie chrétienne », *XVIIe siècle*, 75, 1967, p. 49-69.
Charles Muller, « *Polyeucte*, concordance et relevés statistiques [...] », *Le Français Moderne*, 1969, p. 75-76.

Robert Garapon, « Une source espagnole de *Polyeucte* », dans *Mélanges offerts à Raymond Lebègue*, Paris, Nizet, 1969, p. 201-210.
Gérard Sthème de Jubécourt, « Polyeucte est-il chrétien ou maître de soi, comme le veut Serge Doubrovsky ? », *L'Esprit créateur*, Fall 1973, p. 196-203.
Ronald W. Tobin, « Le sacrifice de Polyeucte », *Revue des Sciences Humaines*, 1973, p. 587-598.
Jacques Prévot, « Une problématique de *Polyeucte* », *Europe*, avril-mai 1974, p. 131-139.
Marc Fumaroli, « Corneille lecteur de la *Filli di Sciro* », dans *Mélanges offerts à Georges Mongrédien*, Paris, Société d'étude du XVIIe siècle, 1974, p. 313-326.
Jacques Pineau, « La seconde conversation de Polyeucte », *Revue d'histoire littéraire de la France*, 1975, p. 531-554.
Georges Portal, « Chronique dramatique : *Polyeucte* et le bon plaisir de Dieu », *Ecrits de Paris*, 1975, p. 122-127.
Michel Prigent, « Trois lectures de *Polyeucte* », *France-Forum*, juillet-août 1976, p. 35-41.
Jeanne Bem, « Corneille à l'épreuve du désir, une lecture de *Polyeucte* », *Poétique*, X, 37, février 1979, p. 83-90.
René Jasinski, « Sur *Polyeucte* », dans *A travers le XVIIe siècle*, Paris, Nizet, 1981, t. I, p. 60-75.

POMPÉE

John E. Matzke, « The Sources of Corneille's Tragedy, *La Mort de Pompée* », *Modern Language Notes*, 1900, p. 283-303.
Louis Herland, « *La Mort de Pompée* et sa place dans l'histoire de la tragédie cornélienne », *Bulletin de l'Université de Toulouse*, LII, 1944, p. 207-210 ; « Les éléments précornéliens dans *La Mort de Pompée* de Corneille », *Revue d'histoire littéraire de la France*, 1950, p. 1-15.
Albert Gérard, « Vice ou Vertu : Modes of Self-Assertion in Corneille's *La Mort de Pompée* », *Revue des langues vivantes*, 1965, p. 323-352.
H.T. Barnwell, « Histoire romaine et tragédie classique : transformations et survivances poétiques », dans *Mélanges à la mémoire de Franco Simone*, Genève, Slatkine, 1981, t. II, p. 309-322

LE MENTEUR

François-Henri-Joseph Castil-Blaze, *Molière musicien*, Paris, Castil-Blaze, 1852, t. I, p. 35-44.
Victor Molinier, « Notice sur le poète espagnol Alarcón, sur sa comédie *La Verdad Sospechosa* », *Mémoires de l'Académie des Sciences, Inscriptions et Belles-Lettres de Toulouse*, 1872, p. 43-69.
Ferdinand Brunetière, *Le génie cornélien dans « Le Menteur »*, Saint-Cloud, Belin, 1897.
Carlo François, « Illusion et mensonge », *L'Esprit créateur*, Fall 1964, p. 169-175.
Timothy J. Reiss, « *Le Menteur* de Corneille : langage, volonté, société », *Romance Notes*, 1973, p. 284-296.

LA SUITE DU MENTEUR

J. Trethemy et A. Howe, « Pierre Corneille's *Le Véritable* » and some problems of Literary History », *French Studies*, 1972, p. 266-275.

RODOGUNE

Emile Boully, *« Rodogune »*, dans *Conférences de l'Odéon*, III, Paris, Crémieux, 1891, p. 61-84.
Ferdinand Brunetière, *Les époques du théâtre français*, Paris, Hachette, 1892, p. 51-72.
Emile Faguet, *Propos de théâtre*, Paris, Soc. fr. d'imprimerie et de librairie, 1903-1906, t. II, p. 77-91.
Gustave Michaut, « A propos de *Rodogune* de Corneille », *Annales de l'Université de Paris*, XIV, 1939, p. 130-148.
Mario Roques, « Sur la rythmique de Corneille : à propos d'une scène de *Rodogune* », dans *Etudes de Littérature française*, Lille, Giard ; Genève, Droz, 1949, p. 77-85.
René Jasinski, « Psychologie de Rodogune », *Revue d'histoire littéraire de la France*, 1949, p. 209-219, 322-338.
Louis Herland, « Le personnage de Rodogune », *Bulletin de l'Université de Toulouse*, février 1951, p. 161-164.
René Jasinski, « Le sens de *Rodogune* », dans *Mélanges offerts à Daniel Mornet*, Paris, Nizet, 1951, p. 63-71.
Henri Glaesener, « Les points de départ historiques de *Rodogune* », *Revue belge de philosophie et d'histoire*, XXIX, 1951, p. 367-387.
Jacques Vier, « Réflexions sur *Rodogune* », dans *Littérature à l'emporte-pièce*, Paris, Ed. du Cèdre, 1958, p. 3-11.
Judd. D. Hubert, « The Conflict beetween Chance and Morality in *Rodogune* », *Modern Language Notes*, 74, 1959, p. 234-240.

Paul Pédech, « La Cléopâtre de Corneille devant l'histoire », dans *Missions et démarches de la critique (Mélanges offerts à Jacques Vier)*, Paris, Klincksieck, 1973, p. 425-433.
Marc Fumaroli, « Tragique païen et tragique chrétien dans *Rodogune* », *Revue des Sciences Humaines*, 1973, p. 599-631.
Joseph Pineau, « Profondeur de Corneille, Cléopâtre mère malgré elle », *Studi francesi*, XXI, 1977, p. 179-185.
Christopher J. Gossip, « The problem of *Rodogune* », *Studi francesi*, XXII, 1978, p. 231-240.
René Fromilhague, « A propos de la Cléopâtre de Corneille », *Cahiers de la Littérature du XVIIe siècle*, 1979, p. 41-53.

THÉODORE

Jules Lemaître, « *Théodore, Vierge et Martyre* » dans *Conférences de l'Odéon*, II, Paris, Crémieux, 1890, p. 33-50.
Philip John Yarrow, « *Théodore* », *L'Esprit créateur*, Fall 1964, p. 149-160.
Richard J. Melpignano, « *Théodore* de Corneille devant la critique », *Œuvres et Critiques*, III, 1, été 1978, p. 131-137.
Marc Fumaroli, « Classicisme français et culture italienne : réflexions sur l'échec de *Théodore* », dans *Mélanges à la mémoire de Franco Simone*, Genève, Slatkine, 1981, t. II, p. 205-238.

HÉRACLIUS

Maurice Bernardin, *Les chefs de chœur*, Paris, F. Rieder, 1914, p. 65-88.
Carlos Castillo, « Acerca de la fecha y fuentes de *En la vida todo es verdad y todo mentira* », *Modern Philology*, XX, 1922-1923, p. 291-401.
Edmund Schramm, « Corneilles *Héraclius* und Calderons *En esta vida todo es verdad y todo mentira* », *Revue Hispanique*, LXXI, 1927, p. 225-308.
André Hélard, « Un « mauvais » Corneille ? », *Europe*, avril-mai 1974, p. 139-146.
Johns D. Lyons, « The unknown king, *Héraclius* », dans *A theatre of disguise, Studies in French Baroque Drame (1630-1660)*, Columbia, South Carolina, French Literature Publications Compagny, 1978, p. 107-137.

ANDROMÈDE

H.M. Martin, « Corneille's *Andromède* and Calderon's *Las Fortunas de Perseo* » *Modern Philology*, XXIII, 1926, p. 407-415.
Jacques Hennequin, « Corneille en province : un document inédit sur les représentations d'*Andromède* au XVIIe siècle », *Revue d'histoire littéraire de la France*, 1965, p. 683-689.
John C. Lapp, « Metamorphosis in Corneille's *Andromède* », *University of Toronto Quarterly*, 1970, p. 164-180.
John C. Lapp, « *Andromède*, poème de la métamorphose », dans *Renaissance, Maniérisme, Baroque* (actes du XIe stage international de Tours), Paris, Vrin, 1972, p. 166-178.
Georges Mongrédien, « Sur quelques représentations d'*Andromède* », *XVIIe siècle*, 1977, p. 59-61.
Christian Delmas, « Note à propos d'une note, sur l'*Andromède* de Corneille », *XVIIe siècle*, 1978, p. 124-127.
Perry J. Gethner, « *Andromède* : from tragic to operatic discourse », *Papers on French XVII th century literature*, 1979-1980, p. 53-65.

DON SANCHE

Félix Hémon, « *Don Sanche d'Aragon*, de quoi est faite une comédie héroïque de Corneille », *Revue bleue*, 1896, p. 134-137.
Jean S. Bidwell, « *Don Sanche* et le baroque », *Kentucky Romance Quarterly*, 1976, p. 239-246.

NICOMÈDE

Charles Huit, « Le *Nicomède* de Corneille , *L'instruction Publique*, 1889, p. 369-372 ; 385-388.
Francisque Sarcey, « *Nicomède* », dans *Conférences de l'Odéon*, V, Paris, Crémieux, 1895, p. 135-154.
Stanley Astredo Smith, « A Historical inaccuracy in Corneille's *Nicomède* », *Modern Philology*, XII, 1914-1915, p. 521-526.
Julius Schmidt, « *Nicomède.* Eine Studie über Corneilles dramatische Kunst », *Zeitschrift für französische Sprache*, LVI, 1932, p. 1-20.
Gustave Michaut, « Le *Nicomède* de Corneille et le drame moderne », *Annales de l'Université de Paris*, 1934, p. 117-145.
H.C. Knight, « *Cosroès* and *Nicomède* », dans *The French Mind, Studies in Honour of Gustav Rudler*, Oxford, Clarendon Press, 1952, p. 53-69.

Jean Rony, « Un chef-d'œuvre d'ambiguïté : *Nicomède* », *Nouvelle Critique*, mars 1965, p. 58-69.
Bruno Griffiths, « La *Fourbe* et la *Générosité*, Fair and Foul Play in *Nicomède* », *Forum for Modern Language Studies*, october 1965, p. 339-351.
Elizabeth S. Knowlson, « The role of Rome in *Nicomède* », *Forum for Modern Language Studies*, april 1968, p. 164-174.
Raymonde Temkine, « *Nicomède*, ou le verbe fait héros », *Europe*, avril-mai 1974, p. 147-151.
Simone Dosmond, « L'image mythique de Rome d'après le théâtre de Corneille », dans *Mythes, Images, Représentations, Actes du XIVe congrès de la Société française de littérature générale et comparée*, Paris, Didier ; Limoges, Traves, 1981, p. 429-436.
René Jasinski, « Sur *Nicomède* », dans *A travers le XVIIe siècle*, Paris, Nizet, 1981, t. I, 118-135.

PERTHARITE

J.W. Scott, « *Pertharite* : a re-examination », *Forum for Modern Language studies*, october 1965, p. 352-357.
André Lebois, « Admirable *Pertharite* », dans *Dix-septième siècle*, Paris, Denoël, 1966, p. 183-213.
Judd. D. Hubert, « *Pertharite* et la nouvelle critique », *Kentucky romance quarterly*, 1967, p. 17-23.
R.C. Knight, « Le sens de *Pertharite* », dans *Mélanges offerts à René Pintard*, Paris, Klincksieck, 1975, p. 175-184.

PRINCIPALES SOURCES DE CORNEILLE

A) ŒUVRES ANTIQUES ET MÉDIÉVALES

(sont citées, quand elles existent, les éditions modernes, évidemment plus accessibles et plus savantes que les éditions anciennes).

Saint Ambroise, *Le Livre des Vierges*, Paris, Tampinart, 1645.
Appian Alexandrin, *Des Guerres des Romains*, traduit par Philippe Odet, Paris, A. de Sommaville, 1659.
César, *Guerre Civile*, texte établi et traduit par Pierre Fabre, Paris, Les Belles-Lettres, 1959.
Flavius Josèphe, *Histoire ancienne des Juifs, et la guerre des Juifs contre les Romains, 66-70 après Jésus-Christ*, traduction d'Arnauld d'Andilly adaptée par J.A.C. Buchon, Paris, Lidis, 1968.
Florus, *Œuvres*, texte établi et traduit par Paul Jal, Paris, Les Belles-Lettres, 1967.
Héliodore, *Ethiopiques*, traduction de Pierre Grimal, Paris, Gallimard, La Pléiade, 1958.
Horace, *Epîtres*, texte établi et traduit par François Villeneuve, Paris, Les Belles-Lettres, 1955.
Justin, *Œuvres*, traduites en français, Paris, C. Micard, 1578.
Lucain, *La Guerre Civile*, texte établi et traduit par André Bourgery, Paris, Les Belles-Lettres, 1962.
Ovide, *Héroïdes*, texte établi par Henri Bornecque et traduit par Marcel Prévost, Paris, Les Belles-Lettres, 1961.
Ovide, *Les Métamorphoses*, texte établi et traduit par Georges Lafaye, Paris, Les Belles-Lettres, 1955.
Perse, *Satires*, texte établi et traduit par A. Cartault, Paris, Les Belles-Lettres, 1920.
Pline, *Histoire naturelle*, texte établi et traduit par Jean Beaujeu, Alfred Ernout, E. de Saint-Denis, Jean Pépin, Jacques André, Henri La Bonniec, Guy Serbat, Paris, Les Belles-Lettres, 1947-1980.
Plutarque, *Les vies des Hommes Illustres*, traduction d'Amyot, édition de Gérard Walter, Paris, Gallimard, La Pléiade, 1951.
Plutarque, *Les vies des Hommes Illustres Grecs et Romains* (Amyot, Lécluse), Lausanne, Jean Le Preux, 1571.
Simon le Métaphraste, *Opera omnia* [...], Petit-Montrouge, J.-P. Migne, 1864.
Strabon, *Géographie*, texte établi et traduit par Germaine Aujac et François Lassere, Paris, Les Belles-Lettres, 1966-1978.
Velleius Paterculus, *Histoire*, traduite par Jean Doujat, Paris, P. Le Petit, 1672.
Virgile, *Enéide*, texte établi par René Durand et traduit par André Bellessort, Paris, Les Belles-Lettres, 1936.
Zonaras, *Histoire romaine*, traduite par le Pr. Louis Cousin, Paris, D. Foucault, 1686.

B) ŒUVRES DES XVIe ET XVIIe SIÈCLES

Juan Ruiz de Alarcón, *Théâtre*, traduit par A. Royer, Paris, Michel-Lévy, 1865.
Pierre Trotterel, sieur d'Aves, *Tragédie de Sainte Agnès*, Rouen, David de Petit-Val, 1615.
César Baronius, *Annales Ecclesiastiques*, Paris, Robin Therry, 1616.
Girolamo Bartolommei, *Tragédie*, Firenze, Pietro Nesti, 1655.
Guido Ubaldo Bonarelli della Rovere, *Fillis de Scire*, traduite par Simon Du Cros, Paris, A. Courbé, 1630.
Pedro Calderón de la Barca, *Obras Completas*, éd. A. Valbuena Briones, Aguilard, 1969.

Pedro Calderón de la Barca, *Théâtre*, traduit par M. Damas Hinard, Paris, E. Fasquelle, 1903-1906.
Jean-Pierre Camus, *Agatonphile*, Paris, Jean Branchu, 1638.
Charles Chaulmer, *La mort de Pompée*, Paris, A. de Sommaville, 1638.
Pr. Louis Cousin, *Histoire de Constantinople* [...], traduite sur les originaux grecs, Paris, Rocolet et Foucault, 1672-1674.
Louis Moreau, sieur Du Bail, *Les Généreuses Amours des Courtisans de la Cour sous les noms d'Alcimène et d'Amerose*, Paris, G. Loyson, 1641.
Simon Dupleix, *Histoire Romaine*, Paris, Claude Sonnius, 1638.
Pierre du Ryer, *Bérénice*, Paris, A. de Sommaville et A. Courbé, 1645.
Robert Garnier, *Œuvres complètes*, éd. R. Lebègue, Paris, Les Belles-Lettres, 1973-1974.
Gabriel Gilbert, *Rodogune*, Paris, A. Courbé, 1646.
Vicenzo Guiniggi, *Poesis*, Antuerpiae, ex officina Platiniana Balthasaris Moreti, 1637.
Daniel Heinsius, *De Tragoediae Constitutione*, Lugd. Batav., ex officina Elzeveriana, 1643.
Daniel Heinsius, *Epistola qua dissertatione D. Balsaci [...] respondetur*, Lugd. Batav., ex officina Elzeveriana, 1636.
Daniel Heinsius, *Herodes Infanticida, Tragoedia*, Lugd. Batav., ex officina Elzeveriana, 1632.
Félix Juvenel, *Dom Pelage ou l'Entrée des Maures en Espagne*, Paris, G. Macé, 1644.
Lope de Vega Carpio, *Comedias*, Huesca, 1634.
Lope de Vega, *Théâtre*, traduit par M. Damas Hinard, Paris, E. Fasquelle, s.d.
Agostino Mascardi, *Romanae Dissertationes*, Parisiis, S. Cramoisy, 1639.
Paul diacre, *Histoire* [...], traduite par F.-I. Foubert, Paris, de Breuil, 1603.
Jean de Rotrou, *Œuvres*, Paris, Desoer, 1820.
Georges de Scudéry, *Didon*, Paris, A. Courbé, 1637.
Georges et Madeleine de Scudéry, *Le Grand Cyrus*, Paris, A. Courbé, 1649-53.
Tristan l'Hermite, *Marianne*, Paris, A. Courbé, 1639.
Honoré d'Urfé, *L'Astrée*, Paris, Sommaville, 1633. (1e éd. en 1607-1627).

PRINCIPALES MISES EN SCÈNE MODERNES.

Polyeucte a été monté à la Comédie-Française, en 1960, par Jean Marchat et, en 1969, par Michel Bernardy. Jean Guichard l'a mis en scène en 1961 (Théâtre des Pays de Loire) ; Marcelle Tassencourt en 1962 (Théâtre Sarah-Bernhardt) ; Bernard Jenny en 1962 (Vieux-Colombier) ; Jean-François Rémy, en 1962 également (Alliance Française), et Jean Serge, en 1977, à Barentin dans le cadre du Festival Corneille.

La Mort de Pompée a été représentée, en 1955, à la Comédie-Française dans une mise en scène de Jean Marchat ; au Festival Corneille de Barentin, en 1958, dans une mise en scène de Jean Serge. L'ensemble théâtral de Lyon l'a joué, en 1971, dans une mise en scène de Jean-Louis Martin-Barbaz.

Le Menteur a été monté à la Comédie-Française, en 1953, par Denis d'Inès, en 1966 par Jacques Charon ; Jean Serge l'a représenté, en 1956, au Festival Corneille de Barentin : Pierre Peyrou et sa compagnie, en 1959, dans le jardin des Tuileries ; Daniel Leveugle, en 1967, au Théâtre-de-l'Est-Parisien ; Jacques Krener, en 1968, au Théâtre Populaire de Lorraine ; René Lesage, en 1970, à la Comédie des Alpes.

Antoine Bourseiller a mis en scène Rodogune au Théâtre Sarah-Bernhardt en 1960 ; Jacques Eyser à la Comédie-Française en 1965 ; Henri Ronse au Petit-Odéon en 1975 (Théâtre Oblique) ; Jean-Marie Patte à l'Espace-Cardin, en 1978.

Théodore a été joué, en 1964, par Jean Serge et sa troupe au Festival Corneille de Barentin. Pour le même festival, Jean Serge a mis en scène Héraclius en 1968.

Don Sanche a été joué à la Comédie-Française, en 1958, dans une mise en scène d'Hélène Perdrière ; en 1966, aux Jeux dramatiques d'Arras, dans une mise en scène d'Alain Carel.

Jean Yonnel a monté Nicomède à la Comédie-Française en 1950 ; à la reprise en 1971, la mise en scène était assurée par François Chaumette. Jean Serge, au Festival Corneille de Barentin en 1963, Pierre Barrat, à la Maison de la Culture de Caen en 1964, Roger Mollien au T.N.P. en 1964, ont également monté cette tragédie.

Une seule mise en scène récente de Pertharite : celle de Jean Serge en 1967 au Festival Corneille de Barentin.

A propos de chaque pièce nous commentons ces mises en scène. Ce sont assurément Rodogune et Nicomède qui, de toutes ces œuvres, ont été les mieux servies. Un Corneille baroque ou presque romantique a été ainsi découvert. Peut-être de telles tragédies sont-elles plus aisément accessibles au public moderne que les illustres Horace et Cinna...

A.N.

POLYEUCTE MARTYR

TRAGÉDIE CHRÉTIENNE

POLYEUCTE, acte II, sc. 2.
Mise en scène de Michel Bernardy.
Comédie-Française, février 1969. (*Jean-Noël Sissia, Bérengère Dautun*).
Ph. : Bernand 28271/6.

POLYEUCTE, acte II, sc. 4.
Mise en scène de Jean Marchat.
Comédie Française, avril 1960. (*Jacques Destoop, Thérèse Marney*).
Ph. : Bernand 6960/61.

POLYEUCTE, acte IV, sc. 4.
Mise en scène de Bernard Jenny.
Vieux-Colombier, mars 1962. *(Michel Herbault, Giani Esposito, Hélène Sauvaneix).*
Ph. : Bernand 31862/36.

POLYEUCTE, acte V, sc. 5.
Mise en scène de Marcelle Tassencourt.
Théâtre Sarah Bernhardt, février 1962. *(Albert Métina, Claire Versane).*
Ph. : Bernand 31862/36.

POLYEUCTE

NOTICE

La date de la création de Polyeucte paraît maintenant établie. Après avoir longuement hésité, la critique semble, avec Georges Couton [1] et René Pintard [2], être parvenue à une quasi-certitude.

Claude Sarrau, le 12 décembre 1642, demande à Corneille s'il va ajouter une quatrième pièce à ses trois chefs-d'œuvre, et il évoque le poème sacré que le dramaturge est, dit-on, actuellement occupé à composer. Polyeucte n'a donc pas été encore représenté publiquement à cette date. Pourtant, Richelieu, qui mourut le 4 décembre 1642, aurait eu, affirme l'abbé d'Aubignac, connaissance de cette tragédie, dont il aurait critiqué une tirade prononcée par Stratonice (v. 777-784).

Ces deux témoignages ne sont pas inconciliables. Il suffit d'admettre que Richelieu a vu Polyeucte, ou l'a entendu lire, après son retour à Paris, le 17 octobre, et que la pièce a été créée devant le public parisien dans la deuxième quinzaine de décembre 1642, ou au début de 1643.

Pourquoi l'auteur du Cid a-t-il composé une tragédie religieuse ? Des influences particulières ont pu jouer. Corneille a dédié son œuvre à Anne d'Autriche, et l'on sait la dévotion de la sœur de Philippe IV, mais cette dédicace ne saurait nous impressionner à l'excès. La pièce devait d'abord être offerte à Louis XIII, et le roi mourut avant que l'impression ne fût achevée [3]. On songerait plutôt au cercle des Liancourt. Corneille fréquentait chez le duc qui s'était converti ; c'est le frère de la duchesse, le maréchal de Schomberg, qui dit au roi que Corneille voulait lui dédier sa pièce [4].

En fait, la tragédie religieuse était alors un genre florissant. On peut évoquer les œuvres de Mairet, Grenaille, Baro, Du Ryer [5], Trotterel d'Aves, dont la Sainte Agnès fut un peu à l'origine de la Théodore de Corneille. Mais celui-ci mentionne d'autres pièces : la Jephté et le Saint Jean-Baptiste de Buchanan, La Passion du Christ et Le Sauveur du monde de Grotius, et l'Herodes infanticida d'Heinsius. Cette dernière tragédie est sans doute celle qui a le plus marqué Corneille. Elle suscita, en effet, une longue polémique dans les années 1636-1642 : Balzac reprocha à Heinsius d'y avoir introduit des « ornements étrangers », telle la furie Tisiphone, qui ne lui semble pas avoir sa place dans une œuvre évangélique. Il blâme également le rôle de Marianne, qui lui paraît mal choisie pour pousser Hérode au crime. Corneille, dans son Examen de Polyeucte, se déclare hautement contre l'avis de Balzac ; il n'était pas interdit, à Heinsius, affirme-t-il, d'orner l'Evangile, à condition de ne rien détruire des « vérités dictées par le Saint-Esprit ». Quant à lui, il était encore plus libre. Il pouvait non seulement ajouter comme Heinsius, il pouvait encore « changer l'histoire en quelque chose, et [...] y mêler des épisodes d'invention ». En effet, « nous ne devons qu'une croyance pieuse à la vie des saints, et nous avons le même droit sur ce que nous en tirons pour le porter sur le théâtre, que sur ce que nous empruntons des autres histoires ».

Contre le rigorisme de Balzac et aussi de Godeau [6], Corneille propose donc une autre conception du drame religieux plus souple et peut-être plus mondaine. Il cite l'extrait de Surius dont il est parti ; il y a trouvé l'empereur Décius et l'Arménien Polyeucte, que son ami Néarque convertit au christianisme, Félix, le beau-père de Polyeucte, chargé d'appliquer l'édit de l'empereur contre les chrétiens, et la violente ferveur du jeune homme, qui brisa les idoles, et, une fois en prison, résista aux menaces de Félix et aux larmes de son épouse Pauline qui, l'un et l'autre, l'exhortèrent à revenir parmi les gentils.

Corneille a ajouté « le songe de Pauline, l'amour de Sévère, le baptême effectif de Polyeucte, le sacrifice pour la victoire de l'empereur, la dignité de Félix, [qu'il] [fait] [...] gouverneur d'Arménie, la mort de Néarque, la conversion de Félix et de Pauline ». Certaines de ces innovations lui ont inspirées par le dramaturge italien, Girolamo Bartolommei, qui avait avant lui composé un Polietto - et également une Teodora [7]. Dans la pièce de Bartolommei, Corneille a trouvé le rôle et le caractère de Félix, et l'expédition de l'empereur contre les Perses, qui suscite un sacrifice aux dieux. Ainsi la tragédie n'est plus seulement religieuse ; représentant le gouverneur d'Arménie, évoquant l'empereur, elle revêt une signification politique.

L'œuvre de Bartolommei contenait deux songes : l'un de Policarpe, un prêtre chrétien, à qui était révélée la prochaine persécution de ses coreligionnaires ; l'autre de Polietto lui-même qui, comme dans le récit de Surius Mosander, se voyait dépouillé de ses vieux vêtements et revêtu par le Christ d'une éblouissante armure blanche.

Ces songes ont sans doute fait concevoir à Corneille celui que conte Pauline au premier acte. Mais la jeune femme n'y voit pas son père persécuter les chrétiens ; elle voit les chrétiens eux-mêmes faire mourir Polyeucte, et elle voit surtout reparaître « le malheureux Sévère ». C'est ainsi qu'un roman d'amour vient se mêler à la tragédie. Roman d'amour, qui n'existe ni chez Surius, ni chez Bartolommei. Roman d'amour bien banal, puisqu'il conte une passion de jeunesse, que l'ambition d'un père a traversée, et les retrouvailles des deux amants, quand un mariage les a séparés. Dans l'Alexis de Jean-Pierre Camus, Marcel, Colombe et Hermin jouent le même rôle que Sévère, Pauline et Polyeucte. Le sieur Du Bail avait narré, en 1637, Les généreuses amours des courtisans de la cour, sous le nom d'Alcimène et d'Amerose ; on y voyait Alcimène se détacher de tous les honneurs, de tous les biens terrestres, et même de son épouse Amerose ; on y voyait aussi Licidias « aimé du roi » comme Sévère... Les plaintes de Pauline, celles de Polyeucte, les exhortations que le martyr adresse à son épouse, tout cela se lisait dans cette œuvre [8]. Dans Agatonphile, Jean-Pierre Camus, en 1638, avait fait agir un Sévère « vieux courtisan extrêmement favorisé de l'Empereur, fort autorisé dans les conseils, riche à merveille, grand et puissant » [9], qui s'éprenait de Tryphine ; le père de la jeune fille, Tryphon, était tout prêt à la lui accorder ; « il touche les nuées par des grandeurs où il s'imagine que cette alliance le va porter » [10]. Agathon aime Tryphine ; il l'enlève la veille du jour où elle doit épouser Sévère, et il la baptise. Il est arrêté ; on *demande à Tryphine d'abandonner « ce sorcier » pour le « grand et illustre Sévère »* [11] *; elle refuse, mais son père « Tryphon, selon la coutume des grands du monde, qui n'ont autre couleur que celle du prince, renonce à son propre sang, et désavoue Tryphine pour sa fille si elle est chrétienne »* [12]*. N'est-ce pas, à quelques nuances près, l'essentiel de la tragédie ?*

Aux romans français s'ajoutent les drames espagnols, surtout El Pintor de su deshonra *de Calderón* [13]*, où don Alvaro, Sérafina et don Juan tiennent un peu les emplois de Sévère, Pauline et Polyeucte.*

L'histoire du martyr, à laquelle Corneille, à l'exemple de Bartolommei, avait donné une signification politique, se complétait ainsi d'un drame d'amour. La tragédie pouvait donc poser les problèmes fondamentaux de la vie religieuse : christianisme et devoir public ? Christianisme et vie conjugale ?

Apparemment, le pouvoir est bien discrédité dans cette tragédie. C'est l'opportunisme de Félix partagé entre la peur et l'ambition, invoquant de façon risible « Brute et Manlie » (v. 1703), calculant les avantages que lui peuvent apporter Polyeucte, « l'appui de [...] [sa] famille » (v. 1053) en Arménie, et Sévère, le favori de l'empereur. C'est « Décie impitoyable », ce « tigre altéré de sang » (v. 1125). Mais Corneille n'a pas voulu nous peindre une Rome décadente : les Perses viennent d'être vaincus ; Sévère, qui représente Décie, offre de l'Empire le visage le plus séduisant et le plus respectable [14]*.*

En tout cas, dans le monde politique, comme dans la famille, les faiblesses des chefs ne changent rien à nos devoirs : Pauline a accepté l'époux que lui choisissait son père ; c'est elle qui rappelle à Polyeucte ses obligations civiques :

« Vous n'avez pas la vie ainsi qu'un héritage.
Le jour qui vous la donne, en même temps l'engage :
Vous la devez au prince, au public, à l'Etat » (v. 1203-1205).

Ces devoirs, le martyr les reconnaît ; il est prêt à perdre la vie « dans un combat » pour son empereur (v. 1206), mais cette obéissance, que l'on doit à son père, que l'on doit à son prince, on la doit encore davantage à Dieu. La religion, qui paraît briser l'ordre du monde, le prolonge et le sacralise. C'est de Dieu que viennent tous nos devoirs.

De même que la morale, l'histoire et tout le réel révèlent, si l'on sait les regarder, la présence et la volonté divines :

« Vous me montrez en vain par tout ce vaste empire
Les ennemis de Dieu pompeux et florissants.
Il étale à son tour des revers équitables [...]
Le Scythe va venger le Perse et les chrétiens [...] » (v. 1117-1125).

Dieu apparaît donc comme l'aboutissement de tout l'univers politique : il n'est que des conflits superficiels entre les devoirs qu'exigent nos princes et ceux qu'exige la divinité ; il n'est que de fallacieuses contradictions entre les péripéties de l'histoire et le règne de la Justice.

Corneille n'a pas voulu humilier Sévère, ni Décie, ni donc Rome ; il n'a pas non plus voulu dégrader les tendresses humaines devant l'amour divin. Ce n'est pas une liaison coupable qui arrête Polyeucte. C'est un mariage célébré quinze jours plus tôt (v. 416), et Polyeucte a longtemps aimé Pauline avant d'obtenir sa main. Il a fallu ce sacrement pour gagner le cœur de la jeune fille, qui

« [a donné] [...] par devoir à son affection
Tout ce que l'autre avait par inclination » (v. 215-216).

Mais « le chef de la noblesse » (v. 209) d'Arménie, qui sacrifie ses grandeurs et son crédit, est également capable de renoncer à son bonheur conjugal si difficilement acquis et si récent.

« Je te suis odieuse après m'être donnée ! » (v. 1252),

s'écrie Pauline. A ces reproches qui rappellent ceux d'Amerose, il trouve la même réponse qu'Alcimène. Ce n'est pas vrai qu'il préfère « la mort à l'amour de Pauline » (v. 1287) ; en gagnant le ciel, il n'assure pas seulement son propre bonheur, il espère par son intercession obtenir la conversion et le salut de Pauline (v. 1263-1266). C'est du moins ce qu'il conçoit lors de sa « seconde conversion » [15]*. A l'orgueil narcissique, dont il semblait d'abord possédé, et qui ne faisait du martyre qu'une sorte d'héroïsme aristocratique, succède, devant les plaintes de sa femme, une nouvelle vision de la foi et de la mort. Si le monde visible est pénétré, comme ensoleillé, par la sagesse et la justice divines, si l'obéissance due au prince ne se réalise pleinement que dans la soumission au Seigneur, l'amour conjugal, approfondi et purifié, n'est plus que l'aspiration au ciel.*

La vie de Polyeucte est parfaitement exemplaire. Il lui a fallu conquérir les honneurs, connaître et accomplir son devoir, posséder la femme aimée, pour découvrir que Dieu était le lieu commun de toutes les valeurs. Dieu ne lui demande pas de les renier ; il lui fait comprendre qu'il ne peut pleinement les réaliser qu'en allant jusqu'à lui.

Ce chemin que suit le martyr, sa femme l'emprunte à son tour. Pauline entre le chevaleresque et puissant Sévère qu'elle a jadis aimé, et son époux, qui la délaisse pour mieux la sauver, est comme l'allégorie de l'humanité, qui passe des vertus païennes aux vertus chrétiennes. Pauline est d'abord une femme de devoir. C'est pour obéir à son père qu'elle a donné sa main à Polyeucte, et elle a su oublier Sévère pour s'attacher à son époux. Le retour de Sévère, qui ranime un instant sa passion d'antan (v. 505), et la décision de Polyeucte, qui paraît l'abandonner, pourraient la conduire à renier son époux. C'est ce qu'envisage Félix (v. 1054-1056). Mais elle n'hésite pas un instant :

« Je l'aimai par devoir ; ce devoir dure encore » (v. 790).

En effet, comme il convient d'obéir à Félix en dépit de ses faiblesses, à Décie malgré ses erreurs, Pauline doit garder son affection à son époux, même s'il lui semble s'égarer dans le christianisme.

Ce devoir l'amène à tenter de le sauver : c'est la longue scène de supplication où par sa bouche il semble que tout l'univers s'efforce de séduire encore, de retenir, le jeune homme ; c'est aussi l'éloquent appel qu'elle adresse à Sévère :

« Vous êtes généreux ; soyez-le jusqu'au bout » (v. 1349).

Polyeucte ne veut pas abjurer, et toute la vertu conjugale de Pauline — amour et devoir — échouerait donc. Ce n'est que dans la foi qu'elle peut rejoindre son mari. En aimant Dieu, Polyeucte ne trahissait pas son empereur, et n'abandonnait pas son épouse. Il faudra que Pauline fasse la même découverte : ce n'est que dans la connaissance du Seigneur, que l'amour conjugal peut vraiment s'accomplir... Seuls, de faux problèmes, de fausses ombres, nous éloignent de Dieu ; en lui, nos honneurs, nos devoirs civiques, nos devoirs et nos sentiments privés, trouvent leur sens véritable et leur stabilité, comme si l'on passait des confusions du temps aux « éternelles clartés » (v. 1287).

Mais ce n'est pas une évidence rationnelle, c'est la grâce, qui entraîne Polyeucte, Pauline, et enfin Félix. Une grâce d'ailleurs qui emprunte pour toucher chaque héros un chemin différent [16]. C'est le sacrement du baptême, qui éclaire Polyeucte. Ainsi passe-t-il des hésitations du premier acte (sc. 1) à l'ardeur du second acte (sc. 6). Néarque fait la théorie de cette métamorphose :

« Vous sortez du baptême, et ce qui vous anime,
C'est sa grâce qu'en vous n'affaiblit aucun crime [...]
Mais cette même grâce, en moi diminuée
Et par mille péchés sans cesse exténuée... » (v. 693-704).

Polyeucte sera également soutenu par l'intercession de son ami mort avant lui, qui « du haut du ciel », lui « prête la main » (v. 1092).

Pauline est convertie par l'aspersion du sang du martyr :

« Mon époux en mourant m'a laissé ses lumières ;
Son sang, dont tes bourreaux viennent de me couvrir,
M'a dessillé les yeux, et me les vient d'ouvrir » (v. 1724-1726).

Polyeucte a pu également intercéder pour elle, comme il le lui a promis (v. 126. - 1266). Il intercède aussi pour Félix :

« C'est lui, n'en doutez point, dont le sang innocent
Pour son persécuteur prie un Dieu tout-puissant » (v. 1773-1774).

*Grâce due au sacrement du baptême, à l'aspersion du sang d'un martyr, ou à l'intercession d'un martyr, tout cela est profondément orthodoxe. Corneille s'est souvent souvenu de l'*Imitation*, et ce dévot, comme le qualifie Tallemant [17], est naturellement revenu à la plus ancienne tradition religieuse pour représenter et expliquer le martyre de Polyeucte. Cependant Claude Séguenot avait publié, en 1638, une édition annotée du discours de Saint Augustin,* De la Sainte Virginité. *Il y affirmait que « la grâce qui nous fait et vouloir et agir dépend du bon plaisir et de la seule volonté gratuite de Dieu » [18] ; il y critiquait la conception moliniste, cette « grâce [...] dépendante de la créature assujettie au franc arbitre, en sorte qu'en tout temps et en tout lieu elle se donne à qui la veut » [19]. Séguenot fut condamné pour hérésie, et Saint-Cyran, accusé d'avoir écrit son livre, fut mis à la Bastille, où il était encore après la mort de Richelieu, au moment où* Polyeucte *fut créé. Les solitaires, après l'arrestation de Saint-Cyran, s'étaient retirés à Port-Royal, puis à la Ferté-Milon. L'*Augustinus *de Jansénius avait été imprimé en France en 1640, et Richelieu, dès 1641, voulait le faire condamner. Le jésuite, Antoine Sirmond, poussé par le ministre, écrivit alors contre les jansénistes. Il liguait contre lui le salésien Camus, Séguenot, Saint-Cyran. Un autre protégé de Richelieu, La Mothe le Vayer, publiait, en 1642, l'essai* De la Vertu des Payens, *où il affirmait la valeur de la « sceptique chrétienne » [20] et soutenait surtout qu'« après saint Thomas la meilleure partie des docteurs n'exclut pas les infidèles de la pratique de beaucoup de vertus » [21].*

Quid tibi Bignoni prodest meruisse diserti
Judicium et tanto quid placuisse viro ?,

s'exclame Ménage dans l'Epicedium qu'il consacre à Corneille [22]. Jérôme Bignon protégea Saint-Cyran, et nous avons vu que Corneille, au moment où il écrivait Polyeucte, semble lié à Charles de Schomberg, et peut-être à Jeanne et Roger de Liancourt. Or, Mme de Liancourt et son mari étaient « grands jansénistes » [23]. Ira-t-on jusqu'à supposer que la tragédie vit le jour parmi les Augustiniens, et que « Corneille, selon le mot de Sainte-Beuve, est de Port-Royal par Polyeucte » [24] ? Mais on sait que l'auteur du Cid aima toujours les Jésuites, et n'hésita jamais à leur marquer sa reconnaissance.

Peut-être est-il un peu naïf de vouloir à tout prix que Corneille ait été affilié plus ou moins secrètement à quelque parti religieux. Pierre Corneille n'est pas un théologien. C'est un chrétien selon la tradition française, peu mystique peut-être, mais capable de chercher une solution raisonnable à tous les problèmes qu'il entend débattre autour de lui.

Doit-on voir en Polyeucte la tragédie de la grâce ou du libre arbitre ? Les trois sortes de grâce — sacrement, aspersion, intercession — qui interviennent ici, n'ont rien de vraiment janséniste. Néarque paraît passablement moliniste, lorsqu'il affirme que Dieu

« [...] est toujours tout juste et tout bon, mais sa grâce
Ne descend pas toujours avec même efficace ;
Après certains moments que perdent nos longueurs,
Elle quitte ces traits qui pénètrent les cœurs... » (v. 29-32).

Ne semble-t-il pas penser qu'il dépend de nous que la bonté divine nous touche ? Que notre paresse ou notre mauvaise volonté suffisent à l'affaiblir ou à la repousser ? Mais ne serait-ce pas tout simplement la vieille conception thomiste, que « la grâce ne saurait agir sans l'assentiment volontaire de l'individu et [...] exige de sa part un effort constant » [25]?

Rien, en fait, ne nous paraît précisément janséniste dans cette tragédie, mais elle est également éloignée des facilités molinistes. Rude et volontaire, le christianisme de Corneille semble à la fois ignorer le pessimisme de Port-Royal et les effusions jésuites. Le jansénisme, au temps de Polyeucte, commence à remuer les esprits, mais le poète n'est pas obligé de soupçonner l'importance que prendront ces polémiques. Lecteur de l'Imitation, dévot de paroisse, il en reste sereinement aux conceptions thomistes qui lui semblent l'orthodoxie même, et ainsi est-il tout près de Jean-Pierre Camus, dont les romans ont nourri certains épisodes de sa tragédie.

Le disert et chevaleresque Sévère, la tendre Pauline signifient évidemment contre la rigueur de Port-Royal que les vertus païennes existent et sont vénérables, mais peut-être doivent-elles, épurées, approfondies, rejoindre la foi chrétienne. C'est sans doute ce que montre Pauline. C'est ce que dit Sévère, quand il envisage autre chose que le laxisme sceptique où son intelligence l'a conduit :

« [...] Peut-être qu'un jour je les connaîtrai mieux » (v. 1797).

Ainsi les vertus païennes sont-elles comme une première approximation, incomplète, mais nullement méprisable, de la vertu chrétienne.

Parmi toutes les controverses de son temps qu'il n'a pas pu ignorer, mais qui ne l'ont pas forcément passionné, Corneille semble affirmer calmement sa fidélité à la religion dont on l'a nourri, c'est-à-dire à un thomisme qui respecte la sagesse antique et qui exige au cœur de chaque croyant l'union de la grâce divine et d'une adhésion volontaire.

Religion sans facilités, et sans désespoir. Comme l'atteste toute la construction de la tragédie. Sévère, qui pourrait tomber dans une passion captative et sans honneur, s'élève jusqu'au dénouement. Pauline, qui pourrait revenir à son amour de jeunesse, et donc à l'intelligence et à la générosité romaines, rejoint son époux dans la foi. Polyeucte sacrifie ses biens, ses honneurs, son devoir civique, son épouse, pour un Dieu qui lui rend tout ce qu'il lui offre. D'un acte à l'autre, les personnages suivent une courbe ascendante, et, pour ainsi dire, s'encouragent mutuellement à monter. Cette ascension est rude, et parfois ardue ; n'apparaissent ni les anges, ni les palmes, qui décorent les chapelles baroques ou rococo. L'effort s'impose pour mériter et accomplir la grâce. L'humanisme païen tend vers la sainteté, qu'il n'atteint qu'en se transcendant.

L'intelligence des êtres — Pauline, Sévère —, la rigueur et pourtant la souplesse de la composition, la sensibilité qui émane de certaines grandes scènes — les retrouvailles de Pauline et de Sévère, les supplications de Pauline à Polyeucte — font de cette tragédie un chef-d'œuvre. On s'est étonné de la conversion de Félix ; ce personnage, faible sans doute, mais moins vile qu'on ne l'a dit, se cherche durant tout le drame, et ses tergiversations et ses déchirements, qu'il avoue avec une sorte de naïveté, préparent l'action de la grâce, pour laquelle Polyeucte intercède.

Peu d'œuvres nous font aussi bien comprendre, par delà les épineuses querelles ou les conflits d'influences, l'esprit de l'Eglise classique — l'intelligence qui s'affirme dans le sens de l'histoire et la clairvoyance psychologique , l'humanisme qui permet la compréhension et le respect des vertus païennes et, au bout de cette culture et de cette sagesse, une fervente confiance en un Dieu, dont la grâce transcende, sans les ruiner, tous nos efforts et toutes nos conquêtes.

C'est ainsi que les quatre premiers actes nous ont conduits par un mouvement progressif jusqu'aux miracles du dénouement ; rien n'est oublié, mais tout change alors de sens, comme la venue du Christ et la prédication des apôtres ont couronné la glorieuse histoire de l'humanisme antique. La tragédie, c'est d'abord cette extraordinaire transition, qui fait passer de la Nature à la Grâce, de la Culture au Sacré, sans rupture, et pourtant miraculeusement.

« Le style n'en est pas si fort, ni si majestueux, que celui de Cinna *et de* Pompée *»* [26]*. En effet, malgré l'éclat de Polyeucte et de Sévère et la puissance de Félix, ce ne sont pas ici des jeux de princes, qui nous sont représentés. C'est l'intrusion du surnaturel dans une famille, où traînent encore les souvenirs d'un roman d'amour... On ne rencontrera donc pas la pompe du Titien, ni l'exubérance de Rubens ; l'humilité, l'apparent réalisme de Rembrandt, conviennent — ce concret souvent modeste, où surgit, comme à Emmaüs, le surnaturel. Monde de la spiritualité donc, et non de la force, ni de l'intelligence.*

Après avoir été inlassablement reprise, après avoir été exaltée par la critique et les programmes scolaires, cette tragédie a peut-être perdu, à notre époque, un peu de sa gloire. Sans doute souffre-t-elle d'avoir été trop vénérée et de paraître liée à des formes de culture et d'éducation désormais désuètes. Il n'est pas interdit de s'affranchir d'un culte stérilisant et de formuler quelques « doutes sur Polyeucte » [27]. *La pièce ne peut qu'y gagner. Dépouillée des excessives louanges qu'un respect conventionnel lui a longtemps décernées, elle n'en devient que plus vivante* [28].

A.N.

Editions collationnées :
Ed. séparées : 1643 in-4° ; 1648 in-4° ; 1664 in-12.
Recueils : 1648 in-12 ; 1652 in-12 ; 1654 in-12 ; 1655 in-12 ; 1656 in-12 ; 1660 in-8° ; 1663 in-fol ; 1664 in-8° ; 1668 in-12 ; 1682 in-12.

NOTES

1 *Revue d'histoire du théâtre,* 1956, p. 20-21.
2 *Revue d'histoire littéraire de la France,* 1964, p. 377-413.
3 Tallemant, *Historiettes,* éd. Adam, La Pléiade, t. 1, p. 344 et 1020.
4 *Ibid., loc. cit.*
5 Voir Loukovitch, *La tragédie religieuse* [...], et Lancaster, *History of french dramatic literature* [...], t. II, p. 321.
6 Voir l'article de M. Fumaroli, dans *Mélanges offerts à R. Pintard,* p. 73-89.
7 Voir l'article de H. Hauvette, *Annales de l'Université de Grenoble,* 1897, 4e trimestre.
8 Voir N. Magendie, *Revue d'histoire littéraire de la France,* 1932, p. 383-390. A ces sources peut s'ajouter la *Fillis de Scire,* à laquelle a songé M. Fumaroli, dans *Mélanges offerts à G. Mongradien,* p. 313-326.
9 *Agatonphile,* Paris, 1638, p. 559-560.
10 *Ibid.,* p. 560.
11 *Ibid.,* p. 746.
12 *Ibid.,* p. 781.
13 Voir l'article de R. Garapon, dans *Mélanges offerts à R. Lebègue,* p. 201-210.
14 Polyeucte respecte son prince :
« Des aïeux de Décie on vante la mémoire,
Et ce nom précieux encore à vos Romains,
Au bout de six cents ans, lui met l'empire aux mains » (v. 1207-1210).
15 Selon l'expression de J. Pineau, dans *Revue d'histoire littéraire de la France,* 1975, p. 531.
16 P. Martino, *Revue d'histoire littéraire de la France,* 1936, p. 66-68.
17 Ed. Adam, La Pléiade, t. II, p. 907.
18 Paris, 1638, p. 140.
19 *Ibid.,* p. 144.
20 Paris, 1642, p. 275.
21 *Ibid.,* p. 3-4.
22 Voir l'article de R. Pintard, *Revue d'histoire littéraire de la France,* 1964, p. 377-413. Ménage imagine que Corneille est déjà mort : « Que te sert-il désormais d'avoir mérité l'éloge du savant Bignon et d'avoir plu à un homme si éminent ? ».
23 Tallemant, t. II, p. 147.
24 *Port-Royal,* La Pléiade, t. I, p. 187.
25 M.-A. Ruff-Languillaire, *Annales de la Faculté de Lettres d'Aix,* 1945, p. 47.
26 *Examen.*
27 R. Chauviré, *French Studies,* 1948, p. 1-34.
28 La pièce fut jouée en 1960 à la Comédie-Française : les critiques ont remarqué le jeu assez prosaïque des acteurs ; il semblait que Jean Marchat s'était plu à incliner *Polyeucte* vers la comédie. Encore trois reprises en 1962 : au Vieux-Colombier, au théâtre Sarah-Bernhardt, à l'Alliance-Française, et une, en 1969, à la Comédie-Française.

A LA REINE RÉGENTE [1]

MADAME,

Quelque connaissance que j'aie de ma faiblesse, quelque profond respect* qu'imprime Votre Majesté dans les âmes de ceux qui l'approchent, j'avoue que je me jette à ses pieds sans timidité, sans défiance, et que je me tiens assuré de lui plaire, parce que je suis assuré de lui parler de ce qu'elle aime le mieux. Ce n'est qu'une pièce de théâtre que je lui présente, mais qui* l'entretiendra de Dieu. La dignité de la matière est si haute, que l'impuissance de l'artisan ne la peut ravaler ; et votre âme royale se plaît trop à cette sorte d'entretien pour s'offenser des défauts d'un ouvrage où elle rencontrera les délices de son cœur. C'est par là, MADAME, que j'espère obtenir de Votre Majesté le pardon du long temps que j'ai attendu à lui rendre cette sorte d'hommage. Toutes les fois que j'ai mis sur notre scène des vertus morales ou politiques, j'en ai toujours cru les tableaux trop peu dignes de paraître devant elle, quand j'ai considéré qu'avec quelque soin que je les pusse choisir dans l'histoire, et quelques ornements dont l'artifice les pût enrichir, elle en voyait de plus grands exemples dans elle-même. Pour rendre les choses proportionnées, il fallait aller à la plus haute espèce, et n'entreprendre pas de rien offrir de cette nature à une reine très chrétienne, et qui l'est beaucoup plus encore par ses actions que par son titre, à moins que de lui offrir un portrait des vertus chrétiennes, dont l'amour et la gloire de Dieu formassent les plus beaux traits, et qui rendît les plaisirs qu'elle y pourra prendre aussi propres à exercer sa piété qu'à délasser son esprit. C'est à cette extraordinaire et admirable piété, MADAME, que la France est redevable des bénédictions qu'elle voit tomber sur les premières armes de son roi [2] ; les heureux succès qu'elles ont obtenus en sont les rétributions éclatantes, et des coups du ciel qui répand abondamment sur tout le royaume les récompenses et les grâces que Votre Majesté a méritées. Notre perte semblait infaillible après celle de notre grand monarque ; toute l'Europe avait déjà pitié de nous, et s'imaginait que nous nous allions précipiter dans un extrême désordre, parce qu'elle nous voyait dans une extrême désolation : cependant la prudence et les soins de Votre Majesté, les bons conseils qu'elle a pris, les grands courages qu'elle a choisis pour les exécuter ont agi si puissamment dans tous les besoins de l'État, que cette première année de sa régence a non seulement égalé les plus glorieuses de l'autre règne, mais a même effacé, par la prise de Thionville [3], le souvenir du malheur qui, devant ses murs, avait interrompu une si longue suite de victoires [4]. Permettez que je me laisse emporter au ravissement que me donne cette pensée, et que je m'écrie dans ce transport :

Que vos soins, grande reine, enfantent de miracles !
Bruxelles et Madrid en sont tout interdits ;
Et si notre Apollon me les avait prédits,
J'aurais moi-même osé douter de ses oracles.

Sous vos commandements on force tous obstacles
On porte l'épouvante aux cœurs les plus hardis.
Et par des coups d'essai vos États agrandis
Des drapeaux ennemis font d'illustres spectacles.

La Victoire elle-même accourant à mon roi,
Et mettant à ses pieds Thionville et Rocroi,
Fait retentir ces vers sur les bords de la Seine :*

France, attends tout d'un règne ouvert en triomphant,
Puisque tu vois déjà les ordres de ta reine
Faire un foudre en tes mains des armes d'un enfant.

Il ne faut point douter que des commencements si merveilleux ne soient soutenus par des progrès encore plus étonnants. Dieu ne laisse point ses ouvrages imparfaits : il les achèvera, MADAME, et rendra non seulement la régence de Votre Majesté, mais encore toute sa vie, un enchaînement continuel de prospérités. Ce sont les vœux de toute la France, et ce sont ceux que fait avec plus de zèle,

MADAME,

DE VOTRE MAJESTÉ

Le très humble, très obéissant et très fidèle serviteur et sujet,

P. CORNEILLE

ABRÉGÉ DU MARTYRE DE SAINT POLYEUCTE

ÉCRIT PAR SIMÉON MÉTAPHRASTE ET RAPPORTÉ PAR SURIUS [5]

L'ingénieuse tissure des fictions avec la vérité, où consiste le plus beau secret de la poésie, produit d'ordinaire deux sortes d'effets selon la diversité des esprits qui la voient. Les uns se laissent si bien persuader à cet enchaînement, qu'aussitôt qu'ils ont remarqué quelques événements véritables, ils s'imaginent la même chose des motifs qui les font naître et des circonstances qui les accompagnent ; les autres, mieux avertis de notre artifice, soupçonnent de fausseté tout ce qui n'est pas de leur connaissance, si bien que quand nous traitons quelque histoire écartée dont ils ne trouvent rien dans leur souvenir, ils l'attribuent tout entière à l'effort de notre imagination, et la prennent pour une aventure de roman.

L'un et l'autre de ces effets serait dangereux en cette rencontre : il y va de la gloire de Dieu, qui se plaît dans celle de ses saints, dont la mort si précieuse devant ses yeux ne doit pas passer pour fabuleuse devant ceux des hommes. Au lieu de sanctifier notre théâtre par sa représentation, nous y profanerions la sainteté de leurs souffrances, si nous permettions que la crédulité des uns et la défiance des autres, également abusées par ce mélange, se méprissent également en la vénération qui leur est due, et que les premiers la rendissent mal à propos à ceux qui ne la méritent pas, pendant que les autres la dénieraient à ceux à qui elle appartient.

Saint Polyeucte est un martyr dont, s'il m'est permis de parler ainsi, beaucoup ont plutôt appris le nom à la comédie qu'à l'église. Le *Martyrologe romain* en fait mention sur le 13 de février, mais en deux mots, suivant sa coutume [6] ; Baronius, dans ses *Annales*, n'en dit qu'une ligne [7] ; le seul Surius, ou plutôt Mosander, qui l'a augmenté dans les dernières impressions, en rapporte la mort assez au long sur le 9 de janvier ; et j'ai cru qu'il était de mon devoir d'en mettre ici l'abrégé. Comme il a été à propos d'en rendre la représentation agréable, afin que le plaisir pût en insinuer plus doucement l'utilité, et lui servir comme de véhicule pour la porter dans l'âme du peuple, il est juste aussi de lui donner cette lumière pour démêler la vérité d'avec ses ornements, et lui faire reconnaître ce qui lui doit imprimer du respect comme saint, et ce qui le doit seulement divertir comme industrieux. Voici donc ce que ce dernier nous apprend :

Polyeucte et Néarque étaient deux cavaliers étroitement liés ensemble d'amitié ; ils vivaient en l'an 250, sous l'empire de Décius ; leur demeure était dans Mélitène, capitale d'Arménie ; leur religion différente : Néarque étant chrétien, et Polyeucte suivant encore la secte des gentils, mais ayant toutes les qualités* dignes d'un chrétien, et une grande inclination à le devenir. L'empereur ayant fait publier un édit très rigoureux contre les chrétiens, cette publication donna un grand trouble à Néarque, non par la crainte des supplices dont il était menacé, mais pour l'appréhension qu'il eut que leur amitié ne souffrît quelque séparation ou refroidissement par cet édit, vu les peines qui y étaient proposées à ceux de sa religion, et les honneurs promis à ceux du parti contraire ; il en conçut un si profond déplaisir, que son ami s'en aperçut ; et l'ayant obligé de lui en dire la cause, il prit de là occasion de lui ouvrir son cœur : « Ne craignez point, lui dit-il*, que l'édit de l'empereur nous désunisse ; j'ai vu cette nuit le Christ que vous adorez ; il m'a dépouillé d'une robe sale pour me revêtir d'une autre toute lumineuse, et m'a fait monter sur un cheval ailé pour le suivre : cette vision m'a résolu entièrement à faire ce qu'il y a longtemps que je médite ; le seul nom de chrétien me manque ; et vous-même, toutes les fois que vous m'avez parlé de votre grand Messie*, vous avez pu remarquer que je vous ai toujours écouté avec respect ; et quand vous m'avez lu sa vie et ses enseignements, j'ai toujours admiré la sainteté de ses actions et de ses discours. O Néarque ! si je ne me croyais pas indigne d'aller à lui sans être initié dans ses mystères et avoir reçu la grâce de ses sacrements, que vous verriez éclater l'ardeur que j'ai de mourir pour sa gloire et le soutien de ses éternelles vérités ! » Néarque l'ayant éclairci du scrupule* où il était par l'exemple du bon larron, qui en un moment mérita le ciel, bien qu'il n'eût pas reçu le baptême, aussitôt notre martyr, plein d'une sainte ferveur, prend l'édit de l'empereur, crache dessus, et le déchire en morceaux qu'il jette au vent ; et voyant des idoles que le peuple portait sur les autels pour les adorer, il les arrache à ceux qui les portaient, les brise contre terre et les foule aux pieds, étonnant tout le monde et son ami même par la chaleur de ce zèle qu'il n'avait pas espéré.

Son beau-père Félix, qui avait la commission de l'empereur pour persécuter les chrétiens, ayant vu lui-même ce qu'avait fait son gendre, saisi de douleur de voir l'espoir et l'appui de sa famille perdus, tâche d'ébranler sa constance, premièrement par de belles paroles, ensuite par des menaces, enfin par des coups qu'il lui fait donner par ses bourreaux sur tout le visage ; mais n'en ayant pu venir à bout, pour dernier effort il lui envoie sa fille Pauline, afin de voir si ses larmes n'auraient point plus de pouvoir sur l'esprit d'un mari que n'avaient eu ses artifices et ses rigueurs. Il n'avance rien davantage par là ; au contraire, voyant que sa fermeté convertissait beaucoup de païens, il le condamne à perdre la tête. Cet arrêt fut exécuté sur l'heure ; et le saint martyr, sans autre baptême que de son sang, s'en alla prendre possession de la gloire que Dieu a promise à ceux qui renonceraient à eux-mêmes pour l'amour de lui.

Voilà en peu de mots ce qu'en dit Surius ; le songe de Pauline, l'amour de Sévère, le baptême effectif de Polyeucte, le sacrifice pour la victoire de l'empereur, la dignité de Félix que je fais gouverneur d'Arménie, la mort de Néarque, la conversion de Félix et de Pauline, sont des inventions et des embellissements de théâtre. La seule victoire de l'empereur contre les Perses a quelque fondement dans l'histoire ; et, sans chercher d'autres auteurs, elle est rapportée par M. Coeffeteau dans son *Histoire romaine* [8] ; mais il ne dit pas, ni qu'il leur imposa tribut, ni qu'il envoya faire des sacrifices de remerciement en Arménie.

Si j'ai ajouté ces incidents et ces particularités selon l'art ou non, les savants en jugeront ; mon but ici n'est pas de les justifier, mais seulement d'avertir le lecteur de ce qu'il en peut croire.

EXAMEN

Ce martyre est rapporté par Surius sur le neuvième de janvier. Polyeucte vivait en l'année 250, sous l'empereur Décius. Il était Arménien, ami de Néarque, et gendre de Félix, qui avait la commission de l'empereur pour faire exécuter ses édits contre les chrétiens. Cet ami l'ayant résolu à se faire chrétien, il déchira ces édits qu'on publiait, arracha les idoles des mains de ceux qui les portaient sur les autels pour les adorer, les brisa contre terre, résista aux larmes de sa femme Pauline, que Félix employa auprès de lui pour le ramener à leur culte, et perdit la vie par l'ordre de son beau-père, sans autre baptême que celui de son sang. Voilà ce que m'a prêté l'histoire ; le reste est de mon invention.

Pour donner plus de dignité à l'action, j'ai fait Félix gouverneur d'Arménie, et ai pratiqué un sacrifice public, afin de rendre l'occasion plus illustre, et donner un prétexte à Sévère de venir en cette province, sans faire éclater son amour avant qu'il en eût l'aveu de Pauline. Ceux qui veulent arrêter nos héros dans une médiocre bonté où quelques interprètes d'Aristote bornent leur vertu, ne trouveront pas ici leur compte, puisque celle de Polyeucte va jusqu'à la sainteté, et n'a aucun mélange de faiblesse. J'en ai déjà parlé ailleurs [9] ; et pour confirmer ce que j'en ai dit par quelques autorités, j'ajouterai ici que Minturnus [10],* dans son *Traité du Poète,* agite cette question, *si la Passion de Jésus-Christ et les martyres des saints doivent être exclus du théâtre à cause qu'ils passent cette médiocre bonté,* et résout en ma faveur. Le célèbre Heinsius, qui non seulement a traduit la *Poétique* de notre philosophe, mais a fait un *Traité de la Constitution de la Tragédie* selon sa pensée, nous en a donné une sur le martyre des Innocents [11]. L'illustre Grotius a mis sur la scène la Passion même de Jésus-Christ et l'histoire de Joseph [12] ; et le savant Buchanan a fait la même chose de celle de Jephté, et de la mort de saint Jean-Baptiste [13]. C'est sur ces exemples que j'ai hasardé ce poème, où je me suis donné des licences qu'ils n'ont pas prises, de changer l'histoire en quelque chose, et d'y mêler des épisodes d'invention : aussi m'était-il plus permis sur cette matière qu'à eux sur celle qu'ils ont choisie. Nous ne devons qu'une croyance pieuse à la vie des saints, et nous avons le même droit sur ce que nous en tirons pour le porter sur le théâtre, que sur ce que nous empruntons des autres histoires ; mais nous devons une foi chrétienne et indispensable à tout ce qui est dans la *Bible,* qui ne nous laisse aucune liberté d'y rien changer. J'estime toutefois qu'il ne nous est pas défendu d'y ajouter quelque chose, pourvu qu'il ne détruise rien de ces vérités dictées par le Saint-Esprit. Buchanan ni Grotius ne l'ont pas fait dans leurs poèmes, mais aussi ne les ont-ils pas rendus assez fournis pour notre théâtre, et ne s'y sont proposé pour exemple que la constitution plus simple des anciens. Heinsius a plus osé qu'eux dans celui que j'ai nommé : les anges qui bercent l'enfant Jésus, et l'ombre de Marianne avec les furies qui agitent l'esprit d'Hérode, sont des agréments qu'il n'a pas trouvés dans l'Évangile. Je crois même qu'on en peut supprimer quelque chose, quand il y a apparence qu'il ne plairait pas sur le théâtre, pourvu qu'on ne mette rien en la place ; car alors ce serait changer l'histoire, ce que le respect que nous devons à l'Écriture ne permet point. Si j'avais à y exposer celle de David et de Bersabée, je ne décrirais pas comme il en devint amoureux en la voyant se baigner dans une fontaine, de peur que l'image de cette nudité ne fît une impression trop chatouilleuse dans l'esprit de l'auditeur ; mais je me contenterais de le peindre avec de l'amour pour elle, sans parler aucunement de quelle manière cet amour se serait emparé de son cœur.

Je reviens à *Polyeucte,* dont le succès a été très heureux. Le style n'en est pas si fort ni si majestueux que celui de *Cinna* et de *Pompée* [14], mais il a quelque chose de plus touchant, et les tendresses de l'amour humain y font un si agréable mélange avec la fermeté du divin, que sa représentation satisfait tout ensemble les dévots et les gens du monde. A mon gré, je n'ai point fait de pièce où l'ordre du théâtre soit plus beau et l'enchaînement des scènes mieux ménagé. L'unité d'action, et celle de jour et de lieu, y ont leur justesse ; et les scrupules qui peuvent naître touchant ces deux dernières se dissiperont aisément, pour peu qu'on me veuille prêter de cette faveur que l'auditeur nous doit toujours, quand l'occasion s'en offre, en reconnaissance de la peine que nous avons prise à le divertir.

Il est hors de doute que, si nous appliquons ce poème à nos coutumes, le sacrifice se fait trop tôt après la venue de Sévère ; et cette précipitation sortira du vraisemblable par la nécessité d'obéir à la règle. Quand le roi envoie ses ordres dans les villes pour y faire rendre des actions de grâces pour ses victoires, ou pour d'autres bénédictions qu'il reçoit du ciel, on ne les exécute pas dès le jour même , mais aussi il faut du temps pour assembler le clergé, les magistrats et les corps de ville, et c'est ce qui en fait différer l'exécution. Nos acteurs n'avaient ici aucune de ces assemblées à faire.

Il suffisait de la présence de Sévère et de Félix, et du ministère du grand prêtre ; ainsi nous n'avons eu aucun besoin de remettre ce sacrifice en un autre jour. D'ailleurs, comme Félix craignait ce favori, qu'il croyait irrité du mariage de sa fille, il était bien aise de lui donner le moins d'occasion de tarder qu'il lui était possible, et de tâcher, durant son peu de séjour, à gagner son esprit par une prompte complaisance, et montrer tout ensemble une impatience d'obéir aux volontés de l'empereur.

L'autre scrupule regarde l'unité de lieu, qui est assez exacte, puisque tout s'y passe dans une salle ou antichambre commune aux appartements de Félix et de sa fille. Il semble que la bienséance y soit un peu forcée pour conserver cette unité au second acte, en ce que Pauline vient jusque dans cette antichambre pour trouver Sévère, dont elle devrait attendre la visite dans son cabinet. A quoi je réponds qu'elle a eu deux raisons de venir au-devant de lui : l'une pour faire plus d'honneur à un homme, dont son père redoutait l'indignation, et qu'il lui avait commandé d'adoucir en sa faveur ; l'autre, pour rompre plus aisément la conversation avec lui, en se retirant dans son cabinet, s'il ne voulait pas la quitter à sa prière, et se délivrer, par cette retraite, d'un entretien dangereux pour elle, ce qu'elle n'eût pu faire, si elle eût reçu sa visite dans son appartement.

Sa confidence avec Stratonice, touchant l'amour qu'elle avait eu pour ce cavalier, me fait faire une réflexion sur le temps qu'elle prend pour cela. Il s'en fait beaucoup sur nos théâtres d'affections qui ont déjà duré deux ou trois ans, dont on attend à révéler le secret justement au jour de l'action qui se présente*, et non seulement sans aucune raison de choisir ce jour-là, plutôt qu'un autre pour le déclarer, mais lors même que vraisemblablement on s'en est dû ouvrir beaucoup auparavant avec la personne à qui on en fait confidence. Ce sont choses dont il faut instruire le spectateur en les faisant apprendre par un des acteurs à l'autre, mais il faut* prendre garde avec soin que celui à qui on les apprend ait eu lieu de les ignorer jusque-là aussi bien que le spectateur et que quelque occasion tirée du sujet oblige celui qui les récite à rompre enfin un silence qu'il a gardé si longtemps. L'Infante, dans *Le Cid* [15], avoue à Léonor l'amour secret qu'elle a pour lui, et l'aurait pu faire un an ou six mois plus tôt. Cléopâtre, dans *Pompée*, ne prend pas des mesures plus justes avec Charmion ; elle lui conte la passion de César pour elle, et comme

Chaque jour ses courriers
Lui portent en tribut ses vœux et ses lauriers [16].

Cependant, comme il ne paraît personne avec qui elle ait plus d'ouverture de cœur qu'avec cette Charmion, il y a grande apparence que c'était elle-même dont cette reine se servait* pour introduire ces courriers, et qu'ainsi elle devait savoir déjà tout ce commerce entre César et sa maîtresse. Du moins il fallait marquer quelque raison qui lui eût laissé ignorer jusque-là tout ce qu'elle lui apprend, et de quel autre ministère cette princesse s'était servie pour recevoir ces courriers. Il n'en va pas de même ici. Pauline ne s'ouvre avec Stratonice que pour lui faire entendre le songe qui la trouble et les sujets qu'elle a de s'en alarmer ; et comme elle n'a fait ce songe que la nuit d'auparavant, et qu'elle ne lui eût jamais révélé son secret sans cette occasion qui l'y oblige, on peut dire qu'elle n'a point eu lieu de lui faire cette confidence plus tôt qu'elle ne l'a faite.*

Je n'ai point fait de narration de la mort de Polyeucte, parce que je n'avais personne pour la faire ni pour l'écouter, que des païens qui ne la pouvaient ni écouter, ni faire que comme ils avaient fait et écouté celle de Néarque, ce qui aurait été une répétition et marque de stérilité, et, en outre, n'aurait pas répondu à la dignité de l'action principale, qui est terminée par là. Ainsi j'ai mieux aimé la faire connaître par un saint emportement de Pauline, que cette mort a convertie, que par un récit qui n'eût point eu de grâce dans une bouche indigne de le prononcer.* Félix son père se convertit après elle ; et ces deux conversions, quoique miraculeuses, sont si ordinaires dans les martyres, qu'elles ne sortent point de la vraisemblance, parce qu'elles ne sont pas de ces événements rares et singuliers qu'on ne peut tirer en exemple ; et elles servent à remettre le calme dans les esprits de Félix, de Sévère et de Pauline, que sans cela j'aurais eu bien de la peine à retirer du théâtre dans un état qui rendît la pièce complété, en ne laissant rien à souhaiter à la curiosité de l'auditeur.

LES ACTEURS

FÉLIX, sénateur romain, gouverneur d'Arménie.

POLYEUCTE, seigneur arménien, gendre de Félix.*

SÉVÈRE, chevalier romain, favori de l'empereur Décie.*

NÉARQUE, seigneur arménien, ami de Polyeucte.

PAULINE, fille de Félix et femme de Polyeucte.

STRATONICE, confidente de Pauline.

ALBIN, confident de Félix.

FABIAN, domestique de Sévère.

CLÉON, domestique de Félix.

TROIS GARDES

La scène est à Mélitène, capitale d'Arménie, dans le palais de Félix.

ACTE PREMIER

SCÈNE PREMIÈRE

POLYEUCTE, NÉARQUE

NÉARQUE

Quoi ! Vous vous arrêtez aux songes d'une femme !
De si faibles sujets troublent cette grande âme !
Et ce cœur tant de fois dans la guerre éprouvé
S'alarme d'un péril qu'une femme a rêvé [1] !

POLYEUCTE

Je sais ce qu'est un songe, et le peu de croyance
Qu'un homme doit donner à son extravagance,
Qui d'un amas confus des vapeurs de la nuit
Forme de vains objets que le réveil détruit ;
Mais vous ne savez pas ce que c'est qu'une femme ;
Vous ignorez quels droits elle a sur toute l'âme,*
Quand, après un long temps qu'elle a su nous charmer,
Les flambeaux de l'hymen viennent de s'allumer.
Pauline, sans raison dans la douleur plongée,
Craint et croit déjà voir ma mort qu'elle a songée ;
Elle oppose ses pleurs au dessein que je fais,
Et tâche à m'empêcher de sortir du palais.
Je méprise sa crainte, et je cède à ses larmes ;
Elle me fait pitié sans me donner d'alarmes ;
Et mon cœur, attendri sans être intimidé,
N'ose déplaire aux yeux dont il est possédé.
L'occasion, Néarque, est-elle si pressante
Qu'il faille être insensible aux soupirs d'une amante ?*
Par un peu de remise épargnons son ennui,
Pour faire en plein repos ce qu'il trouble aujourd'hui.

NÉARQUE

Avez-vous cependant une pleine assurance
D'avoir assez de vie ou de persévérance ?
Et Dieu, qui tient votre âme et vos jours dans sa main,*
Promet-il à vos vœux de le pouvoir demain ?*
Il est toujours tout juste et tout bon, mais sa grâce
Ne descend pas toujours avec même efficace ;
Après certains moments que perdent nos longueurs,
Elle quitte ces traits qui pénètrent les cœurs ;
Le nôtre s'endurcit, la repousse, l'égare ;
Le bras qui la versait en devient plus avare,

Et cette sainte ardeur qui doit porter au bien
Tombe plus rarement, ou n'opère plus rien [2].
Celle qui vous pressait de courir au baptême,
Languissante déjà, cesse d'être la même,
Et pour quelques soupirs qu'on vous a fait ouïr,
Sa flamme se dissipe et va s'évanouir [3].

POLYEUCTE

Vous me connaissez mal : la même ardeur me brûle,
Et le désir s'accroît quand l'effet se recule [4].
Ces pleurs, que je regarde avec un œil d'époux,
Me laissent dans le cœur aussi chrétien que vous ;
Mais pour en recevoir le sacré caractère
Qui lave nos forfaits dans une eau salutaire,
Et qui, purgeant notre âme et dessillant nos yeux,*
Nous rend le premier droit que nous avions aux cieux,
Bien que je le préfère aux grandeurs d'un empire,*
Comme le bien suprême et le seul où j'aspire,
Je crois, pour satisfaire un juste et saint amour,
Pouvoir un peu remettre, et différer d'un jour.

NÉARQUE

Ainsi du genre humain l'ennemi vous abuse :
Ce qu'il ne peut de force, il l'entreprend de fuse.
Jaloux des bons desseins qu'il tâche d'ébranler,
Quand il ne les peut rompre, il pousse à reculer ;
D'obstacle sur obstacle il va troubler le vôtre,
Aujourd'hui par des pleurs, chaque jour par quelque autre ;
Et ce songe rempli de noires visions*
N'est que le coup d'essai de ses illusions.
Il met tout en usage, et prière et menace ;
Il attaque toujours, et jamais ne se lasse ;
Il croit pouvoir enfin ce qu'encore il n'a pu,
Et que ce qu'on diffère est à demi rompu [5].
Rompez ses premiers coups ; laissez pleurer Pauline.
Dieu ne veut point d'un cœur où le monde domine,
Qui regarde en arrière, et, douteux en son choix.
Lorsque sa voix l'appelle, écoute une autre voix.

POLYEUCTE

Pour se donner à lui faut-il n'aimer personne ?

NÉARQUE

Nous pouvons tout aimer, il le souffre, il l'ordonne ;
Mais, à vous dire tout, ce seigneur des seigneurs*
Veut le premier amour et les premiers honneurs.
Comme rien n'est égal à sa grandeur suprême,
Il faut ne rien aimer qu'après lui, qu'en lui-même,*
Négliger, pour lui plaire, et femme et biens et rang,
Exposer pour sa gloire et verser tout son sang [6].
Mais que vous êtes loin de cette ardeur parfaite*
Qui vous est nécessaire, et que je vous souhaite !
Je ne puis vous parler que les larmes aux yeux.*
Polyeucte, aujourd'hui qu'on nous hait en tous lieux,
Qu'on croit servir l'État quand on nous persécute,

Qu'aux plus âpres tourments un chrétien est en butte,
Comment en pourrez-vous surmonter les douleurs,
Si vous ne pouvez pas résister à des pleurs ?

POLYEUCTE

Vous ne m'étonnez point ; la pitié qui me blesse,
Sied bien aux plus grands cœurs, et n'a point de faiblesse.*
Sur mes pareils, Néarque, un bel œil est bien fort :
Tel craint de le fâcher qui ne craint pas la mort ;
Et s'il faut affronter les plus cruels supplices,
Y trouver des appas, en faire mes délices,
Votre Dieu, que je n'ose encor nommer le mien,
M'en donnera la force en me faisant chrétien.

NÉARQUE

Hâtez-vous donc de l'être.

POLYEUCTE

Oui, j'y cours, cher Néarque ;
Je brûle d'en porter la glorieuse marque.
Mais Pauline s'afflige, et ne peut consentir,
Tant ce songe la trouble, à me laisser sortir.

NÉARQUE

Votre retour pour elle en aura plus de charmes ;
Dans une heure au plus tard vous essuierez ses larmes,
Et l'heur de vous revoir lui semblera plus doux,
Plus elle aura pleuré pour un si cher époux.
Allons, on nous attend.

POLYEUCTE

Apaisez donc sa crainte,
Et calmez la douleur dont son âme est atteinte.
Elle revient.

NÉARQUE

Fuyez.

POLYEUCTE

Je ne puis.

NÉARQUE

Il le faut ;
Fuyez un ennemi qui sait votre défaut,
Qui le trouve aisément, qui blesse par la vue,
Et dont le coup mortel vous plaît quand il vous tue.

SCÈNE II

POLYEUCTE, NÉARQUE, PAULINE, STRATONICE

POLYEUCTE

Fuyons, puisqu'il le faut. Adieu, Pauline, adieu
Dans une heure au plus tard je reviens en ce lieu.

PAULINE

Quel sujet si pressant à sortir vous convie ?
Y va-t-il de l'honneur ? Y va-t-il de la vie ?

POLYEUCTE

Il y va de bien plus.

PAULINE

Quel est donc ce secret ?

POLYEUCTE

Vous le saurez un jour. Je vous quitte à regret ;
Mais enfin il le faut.

PAULINE

Vous m'aimez ?

POLYEUCTE

Je vous aime,
Le ciel m'en soit témoin, cent fois plus que moi-même ;
Mais...

PAULINE

Mais mon déplaisir ne vous peut émouvoir !
Vous avez des secrets que je ne puis savoir !
Quelle preuve d'amour ! Au nom de l'hyménée,
Donnez à mes soupirs cette seule journée.

POLYEUCTE

Un songe vous fait peur ?

PAULINE

Ses présages sont vains,
Je le sais, mais enfin je vous aime, et je crains.

POLYEUCTE

Ne craignez rien de mal pour une heure d'absence.
Adieu : vos pleurs sur moi prennent trop de puissance [7] ;
Je sens déjà mon cœur prêt à se révolter,
Et ce n'est qu'en fuyant que j'y puis résister.

SCÈNE III

PAULINE, STRATONICE

PAULINE

Va, néglige mes pleurs, cours, et te précipite
Au-devant de la mort que les dieux m'ont prédite ;
Suis cet agent fatal de tes mauvais destins,
Qui peut-être te livre aux mains des assassins.
Tu vois, ma Stratonice, en quel siècle nous sommes,*
Voilà notre pouvoir sur les esprits des hommes ;
Voilà ce qui nous reste, et l'ordinaire effet

De l'amour qu'on nous offre, et des vœux qu'on nous fait.
Tant qu'ils ne sont qu'amants nous sommes souveraines,
Et jusqu'à la conquête ils nous traitent de reines ;*
Mais après l'hyménée ils sont rois à leur tour.

STRATONICE

Polyeucte pour vous ne manque point d'amour ;
S'il ne vous traite ici d'entière confidence [8],
S'il part malgré vos pleurs, c'est un trait de prudence ;
Sans vous en affliger, présumez avec moi
Qu'il est plus à propos qu'il vous cèle pourquoi ;
Assurez-vous sur lui qu'il en a juste cause.
Il est bon qu'un mari nous cache quelque chose,
Qu'il soit quelquefois libre, et ne s'abaisse pas
A nous rendre toujours compte de tous ses pas.
On n'a tous deux qu'un cœur qui sent mêmes traverses ;
Mais ce cœur a pourtant ses fonctions diverses,
Et la loi de l'hymen qui vous tient assemblés
N'ordonne pas qu'il tremble alors que vous tremblez.
Ce qui fait vos frayeurs ne peut le mettre en peine ;
Il est Arménien, et vous êtes Romaine,
Et vous pouvez savoir que nos deux nations
N'ont pas sur ce sujet mêmes impressions.
Un songe en notre esprit passe pour ridicule,
Il ne nous laisse espoir, ni crainte, ni scrupule ;
Mais il passe dans Rome avec autorité
Pour fidèle miroir de la fatalité.

PAULINE

Quelque peu de crédit que chez vous il obtienne,*
Je crois que ta frayeur égalerait la mienne,
Si de telles horreurs t'avaient frappé l'esprit,
Si je t'en avais fait seulement le récit.

STRATONICE

A raconter ses maux souvent on les soulage.

PAULINE

Écoute, mais il faut te dire davantage,
Et que, pour mieux comprendre un si triste discours,
Tu saches ma faiblesse et mes autres amours :
Une femme d'honneur peut avouer sans honte
Ces surprises des sens que la raison surmonte ;
Ce n'est qu'en ces assauts qu'éclate la vertu,
Et l'on doute d'un cœur qui n'a point combattu.
Dans Rome, où je naquis, ce malheureux visage
D'un chevalier romain captiva le courage ;
Il s'appelait Sévère ; excuse les soupirs
Qu'arrache encore un nom trop cher à mes désirs.

STRATONICE

Est-ce lui qui naguère aux dépens de sa vie
Sauva des ennemis votre empereur Décie,
Qui leur tira mourant la victoire des mains,
Et fit tourner le sort des Perses aux Romains ?

Lui, qu'entre tant de morts immolés à son maître,
On ne put rencontrer, ou du moins reconnaître,
A qui Décie enfin, pour des exploits si beaux,
Fit si pompeusement dresser de vains tombeaux ?

PAULINE

Hélas ! C'était lui-même, et jamais notre Rome
N'a produit plus grand cœur, ni vu plus honnête homme.
Puisque tu le connais, je ne t'en dirai rien.
Je l'aimai, Stratonice ; il le méritait bien.
Mais que sert le mérite où manque la fortune ?
L'un était grand en lui, l'autre faible et commune ;
Trop invincible obstacle, et dont trop rarement
Triomphe auprès d'un père un vertueux amant ?

STRATONICE

La digne occasion d'une rare constance !

PAULINE

Dis plutôt d'une indigne et folle résistance.
Quelque fruit qu'une fille en puisse recueillir,
Ce n'est une vertu que pour qui veut faillir.
Parmi ce grand amour que j'avais pour Sévère,
J'attendais un époux de la main de mon père,
Toujours prête à le prendre ; et jamais ma raison
N'avoua de mes yeux l'aimable trahison.
Il possédait mon cœur, mes désirs, ma pensée ;
Je ne lui cachais point combien j'étais blessée ;
Nous soupirions ensemble et pleurions nos malheurs ;
Mais au lieu d'espérance, il n'avait que des pleurs
Et malgré des soupirs si doux, si favorables,
Mon père et mon devoir étaient inexorables.
Enfin je quittai Rome et ce parfait amant,
Pour suivre ici mon père en son gouvernement ;
Et lui, désespéré, s'en alla dans l'armée
Chercher d'un beau trépas l'illustre renommée.
Le reste, tu le sais. Mon abord en ces lieux
Me fit voir Polyeucte, et je plus à ses yeux ;
Et comme il est ici le chef de la noblesse,
Mon père fut ravi qu'il me prît pour maîtresse,
Et par son alliance il se crut assuré
D'être plus redoutable et plus considéré ;
Il approuva sa flamme, et conclut l'hyménée,
Et moi, comme à son lit je me vis destinée,
Je donnai par devoir à son affection
Tout ce que l'autre avait par inclination.
Si tu peux en douter, juge-le par la crainte
Dont en ce triste jour tu me vois l'âme atteinte.*

STRATONICE

Elle fait assez voir à quel point vous l'aimez.
Mais quel songe, après tout, tient vos sens alarmés ?

PAULINE

Je l'ai vu cette nuit, ce malheureux Sévère,

La vengeance à la main, l'œil ardent de colère ;
Il n'était point couvert de ces tristes lambeaux
Qu'une ombre désolée emporte des tombeaux ;
Il n'était point percé de ces coups pleins de gloire
Qui, retranchant sa vie, assurent sa mémoire.
Il semblait triomphant, et tel que sur son char
Victorieux dans Rome entre notre César.
Après un peu d'effroi que m'a donné sa vue :
« Porte à qui tu voudras la faveur qui m'est due,
Ingrate, m'a-t-il dit ; et ce jour expiré,
Pleure à loisir l'époux que tu m'as préféré. »
A ces mots, j'ai frémi, mon âme s'est troublée ;
Ensuite des chrétiens une impie assemblée,
Pour avancer l'effet de ce discours fatal
A jeté Polyeucte aux pieds de son rival.
Soudain à son secours j'ai réclamé mon père ;
Hélas ! C'est de tout point ce qui me désespère.
J'ai vu mon père même, un poignard à la main,
Entrer le bras levé pour lui percer le sein.
Là, ma douleur trop forte a brouillé ces images ;
Le sang de Polyeucte a satisfait leurs rages.
Je ne sais ni comment ni quand ils l'ont tué,
Mais je sais qu'à sa mort tous ont contribué.
Voilà quel est mon songe [9].

STRATONICE

Il est vrai qu'il est triste [10],
Mais il faut que votre âme à ces frayeurs résiste ;
La vision, de soi, peut faire quelque horreur,
Mais non pas vous donner une juste terreur.
Pouvez-vous craindre un mort, pouvez-vous craindre un père
Qui chérit votre époux, que votre époux révère,
Et dont le juste choix vous a donnée à lui
Pour s'en faire en ces lieux un ferme et sûr appui ?

PAULINE

Il m'en a dit autant, et rit de mes alarmes,
Mais je crains des chrétiens les complots et les charmes,
Et que sur mon époux leur troupeau ramassé
Ne venge tant de sang que mon père a versé.

STRATONICE

Leur secte est insensée, impie et sacrilège,
Et dans son sacrifice use de sortilège ;
Mais sa fureur ne va qu'à briser nos autels ;
Elle n'en veut qu'aux dieux, et non pas aux mortels.
Quelque sévérité que sur eux on déploie,
Ils souffrent sans murmure, et meurent avec joie ;
Et, depuis qu'on les traite en criminels d'État,
On ne peut les charger d'aucun assassinat.

PAULINE

Tais-toi, mon père vient.

SCÈNE IV

FÉLIX, ALBIN, PAULINE, STRATONICE

FÉLIX

Ma fille, que ton songe*
En d'étranges frayeurs ainsi que toi me plonge !*
Que j'en crains les effets, qui semblent s'approcher !

PAULINE

Quelle subite alarme ainsi vous peut toucher ?*

FÉLIX

Sévère n'est point mort.

PAULINE

Quel mal nous fait sa vie ?

FÉLIX

Il est le favori de l'empereur Décie.

PAULINE

Après l'avoir sauvé des mains des ennemis,
L'espoir d'un si haut rang lui devenait permis ;
Le destin, aux grands cœurs si souvent mal propice,
Se résout quelquefois à leur faire justice.

FÉLIX

Il vient ici lui-même.

PAULINE

Il vient !

FÉLIX

Tu le vas voir.

PAULINE

C'en est trop, mais comment le pouvez-vous savoir ?

FÉLIX

Albin l'a rencontré dans la proche campagne ;
Un gros de courtisans en foule l'accompagne,
Et montre assez quel est son rang et son crédit.
Mais, Albin, redis-lui ce que ses gens t'ont dit.

ALBIN

Vous savez quelle fut cette grande journée
Que sa perte pour nous rendit si fortunée,
Où l'empereur captif, par sa main dégagé,
Rassura son parti déjà découragé,
Tandis que sa vertu succomba sous le nombre ;
Vous savez les honneurs qu'on fit faire à son ombre,
Après qu'entre les morts on ne le put trouver.
Le roi de Perse aussi l'avait fait enlever.
Témoin de ses hauts faits et de son grand courage,*

Ce monarque en voulut connaître le visage ;
On le mit dans sa tente, où, tout percé de coups,
Tout mort qu'il paraissait, il fit mille jaloux.*
Là, bientôt il montra quelque signe de vie ;
Ce prince généreux en eût l'âme ravie,*
Et sa joie, en dépit de son dernier malheur,
Du bras qui le causait honora la valeur ;
Il en fit prendre soin, la cure en fut secrète,
Et comme au bout d'un mois sa santé fut parfaite,*
Il offrit dignités, alliance, trésors,
Et pour gagner Sévère, il fit cent vains efforts.
Après avoir comblé ses refus de louange,
Il envoie à Décie en proposer l'échange,
Et soudain l'empereur, transporté de plaisir,
Offre au Perse son frère et cent chefs à choisir.
Ainsi revint au camp le valeureux Sévère
De sa haute vertu recevoir le salaire ;
La faveur de Décie en fut le digne prix.
De nouveau l'on combat, et nous sommes surpris.
Ce malheur toutefois sert à croître sa gloire :
Lui seul rétablit l'ordre, et gagne la victoire,
Mais si belle, et si pleine, et par tant de beaux faits,
Qu'on nous offre tribut, et nous faisons la paix.
L'empereur, qui lui montre une amour infinie,*
Après ce grand succès l'envoi en Arménie ;
Il vient en apporter la nouvelle en ces lieux,
Et par un sacrifice en rendre hommage aux dieux.*

FÉLIX

O ciel ! En quel état ma fortune est réduite !

ALBIN

Voilà ce que j'ai su d'un homme de sa suite,
Et j'ai couru, seigneur, pour vous y disposer.

FÉLIX

Ah ! Sans doute, ma fille, il vient pour t'épouser ;
L'ordre d'un sacrifice est pour lui peu de chose,
C'est un prétexte faux dont l'amour est la cause.

PAULINE

Cela pourrait bien être ; il m'aimait chèrement.

FÉLIX

Que ne permettra-t-il à son ressentiment ?
Et jusques à quel point ne porte sa vengeance
Une juste colère avec tant de puissance ?
Il nous perdra, ma fille.

PAULINE

Il est trop généreux.

FÉLIX

Tu veux flatter en vain un père malheureux ;
Il nous perdra ma fille ! Ah ! Regret qui me tue

De n'avoir pas aimé la vertu toute nue !
Ah ! Pauline ! En effet, tu m'as trop obéi ;
Ton courage était bon, ton devoir l'a trahi.
Que ta rébellion m'eût été favorable !
Qu'elle m'eût garanti d'un état déplorable !
Si quelque espoir me reste, il n'est plus aujourd'hui
Qu'en l'absolu pouvoir qu'il te donnait sur lui ;
Ménage en ma faveur l'amour qui le possède,
Et d'où provient mon mal fais sortir le remède.

PAULINE

Moi ! Moi ! Que je revoie un si puissant vainqueur,
Et m'expose à des yeux qui me percent le cœur !
Mon père, je suis femme, et je sais ma faiblesse ;
Je sens déjà mon cœur qui pour lui s'intéresse,
Et poussera sans doute, en dépit de ma foi,
Quelque soupir indigne et de vous et de moi.
Je ne le verrai point.

FÉLIX

Rassure un peu ton âme.

PAULINE

Il est toujours aimable, et je suis toujours femme ;
Dans le pouvoir sur moi que ses regards ont eu
Je n'ose m'assurer de toute ma vertu.*
Je ne le verrai point.

FÉLIX

Il faut le voir, ma fille,
Ou tu trahis ton père et toute ta famille.

PAULINE

C'est à moi d'obéir, puisque vous commandez,
Mais voyez les périls où vous me hasardez.

FÉLIX

Ta vertu m'est connue.

PAULINE

Elle vaincra sans doute ;
Ce n'est pas le succès que mon âme redoute.
Je crains ce dur combat et ces troubles puissants
Que fait déjà chez moi la révolte des sens ; *
Mais puisqu'il faut combattre un ennemi que j'aime,
Souffrez que je me puisse armer contre moi-même,
Et qu'un peu de loisir me prépare à le voir.

FÉLIX

Jusqu'au-devant des murs je vais le recevoir ;
Rappelle cependant tes forces étonnées,
Et songe qu'en tes mains tu tiens nos destinées.

PAULINE

Oui, je vais de nouveau dompter mes sentiments
Pour servir de victime à vos commandements.

ACTE II

SCÈNE PREMIÈRE

SÉVÈRE, FABIAN

SÉVÈRE

Cependant que Félix donne ordre au sacrifice,
Pourrai-je prendre un temps à mes vœux si propice ?
Pourrai-je voir Pauline, et rendre à ses beaux yeux
L'hommage souverain que l'on va rendre aux dieux ?
Je ne t'ai point celé que c'est ce qui m'amène,
Le reste est un prétexte à soulager ma peine ; *
Je viens sacrifier, mais c'est à ses beautés
Que je viens immoler toutes mes volontés.

FABIAN

Vous la verrez, seigneur.

SÉVÈRE

Ah ! Quel comble de joie !
Cette chère beauté consent que je la voie !*
Mais ai-je sur son âme encor quelque pouvoir ?
Quelque reste d'amour s'y fait-il encor voir ?*
Quel trouble, quel transport lui cause ma venue ?
Puis-je tout espérer de cette heureuse vue ?
Car je voudrais mourir plutôt que d'abuser
Des lettres de faveur que j'ai pour l'épouser ;
Elles sont pour Félix, non pour triompher d'elle.
Jamais à ses désirs mon cœur ne fut rebelle ;
Et si mon mauvais sort avait changé le sien,
Je me vaincrais moi-même, et ne prétendrais rien.

FABIAN

Vous la verrez, c'est tout ce que je vous puis dire.

SÉVÈRE

D'où vient que tu frémis et que ton cœur soupire ?
Ne m'aime-t-elle plus ? Eclaircis-moi ce point.

FABIAN

M'en croirez-vous seigneur ? Ne la revoyez point ;*
Portez en lieu plus haut l'honneur de vos caresses.
Vous trouverez à Rome assez d'autres maîtresses,
Et, dans ce haut degré de puissance et d'honneur,
Les plus grands y tiendront votre amour à bonheur.

SÉVÈRE

Qu'à des pensers si bas mon âme se ravale !
Que je tienne Pauline à mon sort inégale !
Elle en a mieux usé, je la dois imiter ;
Je n'aime mon bonheur que pour la mériter.
Voyons-la, Fabian, ton discours m'importune ;
Allons mettre à ses pieds cette haute fortune,

Je l'ai dans les combats trouvée heureusement
En cherchant une mort digne de son amant ;
Ainsi ce rang est sien, cette faveur est sienne,
Et je n'ai rien enfin que d'elle je ne tienne.

FABIAN

Non, mais encore un coup ne la revoyez point.

SÉVÈRE

Ah ! C'en est trop enfin, éclaircis-moi ce point ;
As-tu vu des froideurs quand tu l'en as priée ?

FABIAN

Je tremble à vous le dire ; elle est...

SÉVÈRE

Quoi ?

FABIAN

Mariée [11].

SÉVÈRE

Soutiens-moi, Fabian ; ce coup de foudre est grand,
Et frappe d'autant plus, que plus il me surprend.

FABIAN

Seigneur, qu'est devenu ce généreux courage ?

SÉVÈRE

La constance est ici d'un difficile usage ;
De pareils déplaisirs accablent un grand cœur ;
La vertu la plus mâle en perd toute vigueur,
Et quand d'un feu si beau les âmes sont éprises,
La mort les trouble moins que de telles surprises.
Je ne suis plus à moi quand j'entends ce discours.*
Pauline est mariée !

FABIAN

Oui, depuis quinze jours ;
Polyeucte, un seigneur des premiers d'Arménie,
Goûte de son hymen la douceur infinie.

SÉVÈRE

Je ne la puis du moins blâmer d'un mauvais choix ;
Polyeucte a du nom, et sort du sang des rois.
Faibles soulagements d'un malheur sans remède !
Pauline, je verrai qu'un autre vous possède !
O ciel, qui malgré moi me renvoyez au jour,
O sort, qui redonniez l'espoir à mon amour,
Reprenez la faveur que vous m'avez prêtée [12],
Et rendez-moi la mort que vous m'avez ôtée [13] !
Voyons-la toutefois, et dans ce triste lieu
Achevons de mourir en lui disant adieu ;
Que mon cœur, chez les morts emportant son image,
De son dernier soupir puisse lui faire hommage.*

FABIAN

Seigneur, considérez...

SÉVÈRE

Tout est considéré.
Quel désordre peut craindre un cœur désespéré ?
N'y consent-elle pas ?

FABIAN

Oui, seigneur, mais...

SÉVÈRE

N'importe.

FABIAN

Cette vive douleur en deviendra plus forte.

SÉVÈRE

Et ce n'est pas un mal que je veuille guérir ;
Je ne veux que la voir, soupirer, et mourir.

FABIAN

Vous vous échapperez sans doute en sa présence ;
Un amant qui perd tout n'a plus de complaisance ;
Dans un tel entretien il suit sa passion,*
Et ne pousse qu'injure et qu'imprécation.

SÉVÈRE

Juge autrement de moi, mon respect dure encore ;
Tout violent qu'il est, mon désespoir l'adore.
Quels reproches aussi peuvent m'être permis ?
De quoi puis-je accuser qui ne m'a rien promis ?
Elle n'est point parjure, elle n'est point légère ;
Son devoir m'a trahi, mon malheur, et son père.
Mais son devoir fut juste, et son père eut raison ;
J'impute à mon malheur toute la trahison.
Un peu moins de fortune, et plus tôt arrivée,
Eût gagné l'un par l'autre, et me l'eût conservée ;
Trop heureux, mais trop tard, je n'ai pu l'acquérir ;
Laisse-la moi donc voir, soupirer et mourir [14].

FABIAN

Oui, je vais l'assurer qu'en ce malheur extrême
Vous êtes assez fort pour vous vaincre vous-même.
Elle a craint comme moi ces premiers mouvements
Qu'une perte imprévue arrache aux vrais amants,
Et dont la violence excite assez de trouble,
Sans que l'objet présent l'irrite et le redouble.*

SÉVÈRE

Fabian, je la vois.

FABIAN

Seigneur, souvenez-vous...

SÉVÈRE

Hélas ! Elle aime un autre, un autre est son époux.

SCÈNE II

SÉVÈRE, PAULINE, STRATONICE, FABIAN

PAULINE

Oui, je l'aime, seigneur, et n'en fais point d'excuse ;*
Que tout autre que moi vous flatte et vous abuse,
Pauline a l'âme noble, et parle à cœur ouvert.
Le bruit de votre mort n'est point ce qui vous perd ;
Si le ciel en mon choix eût mis mon hyménée,
A vos seules vertus je me serais donnée,
Et toute la rigueur de votre premier sort
Contre votre mérite eût fait un vain effort ;
Je découvrais en vous d'assez illustres marques*
Pour vous préférer même aux plus heureux monarques,
Mais puisque mon devoir m'imposait d'autres lois,
De quelque amant pour moi que mon père eût fait choix,
Quand à ce grand pouvoir que la valeur vous donne
Vous auriez ajouté l'éclat d'une couronne,
Quand je vous aurais vu, quand je l'aurais haï,
J'en aurais soupiré, mais j'aurais obéi,
Et sur mes passions ma raison souveraine
Eût blâmé mes soupirs et dissipé ma haine.

SÉVÈRE

Que vous êtes heureuse ! Et qu'un peu de soupirs
Fait un aisé remède à tous vos déplaisirs !*
Ainsi, de vos désirs toujours reine absolue,
Les plus grands changements vous trouvent résolue ;
De la plus forte ardeur vous portez vos esprits*
Jusqu'à l'indifférence et peut-être au mépris,
Et votre fermeté fait succéder sans peine
La faveur au dédain, et l'amour à la haine.*
Qu'un peu de votre humeur ou de votre vertu
Soulagerait les maux de ce cœur abattu !
Un soupir, une larme à regret épandue
M'aurait déjà guéri de vous avoir perdue ;
Ma raison pourrait tout sur l'amour affaibli,
Et de l'indifférence irait jusqu'à l'oubli ;
Et, mon feu désormais se réglant sur le vôtre,
Je me tiendrais heureux entre les bras d'une autre.*
O trop aimable objet, qui m'avez trop charmé,
Est-ce là comme on aime, et m'avez-vous aimé ?

PAULINE

Je vous l'ai trop fait voir, seigneur, et si mon âme*
Pouvait bien étouffer les restes de sa flamme,
Dieux, que j'éviterais de rigoureux tourments !
Ma raison, il est vrai, dompte mes sentiments,*
Mais, quelque autorité que sur eux elle ait prise,

Elle n'y règne pas, elle les tyrannise ;
Et, quoique le dehors soit sans émotion,
Le dedans n'est que trouble et que sédition.
Un je ne sais quel charme encor vers vous m'emporte ;
Votre mérite est grand, si ma raison est forte ;
Je le vois, encor tel qu'il alluma mes feux,
D'autant plus puissamment solliciter mes vœux
Qu'il est environné de puissance et de gloire,
Qu'en tous lieux après vous il traîne la victoire,
Que j'en sais mieux le prix, et qu'il n'a point déçu
Le généreux espoir que j'en avais conçu.
Mais ce même devoir qui le vainquit dans Rome,
Et qui me range ici dessous les lois d'un homme,
Repousse encor si bien l'effort de tant d'appas,
Qu'il déchire mon âme et ne l'ébranle pas.
C'est cette vertu même, à nos désirs cruelle,
Que vous louiez alors en blasphémant contre elle ;
Plaignez-vous-en encor, mais louez sa rigueur
Qui triomphe à la fois de vous et de mon cœur,
Et voyez qu'un devoir moins ferme et moins sincère*
N'aurait pas mérité l'amour du grand Sévère.

SÉVÈRE

Ah ! Madame, excusez une aveugle douleur*
Qui ne connaît plus rien que l'excès du malheur :
Je nommais inconstance, et prenais pour un crime,*
De ce juste devoir l'effort le plus sublime.
De grâce, montrez moins à mes sens désolés
La grandeur de ma perte et ce que vous valez ;
Et cachant par pitié cette vertu si rare,
Qui redouble mes feux lorsqu'elle nous sépare,
Faites voir des défauts qui puissent à leur tour
Affaiblir ma douleur avecque mon amour.

PAULINE

Hélas ! Cette vertu, quoique enfin invincible,
Ne laisse que trop voir une âme trop sensible.
Ces pleurs en sont témoins, et ces lâches soupirs
Qu'arrachent de nos feux les cruels souvenirs [15] :
Trop rigoureux effets d'une aimable présence
Contre qui mon devoir a trop peu de défense !
Mais si vous estimez ce vertueux devoir,
Conservez-m'en la gloire, et cessez de me voir.
Epargnez-moi des pleurs qui coulent à ma honte,
Epargnez-moi des feux qu'à regret je surmonte,
Enfin épargnez-moi ces tristes entretiens,
Qui ne font qu'irriter vos tourments et les miens.

SÉVÈRE

Que je me prive ainsi du seul bien qui me reste !

PAULINE

Sauvez-vous d'une vue à tous les deux funeste.

SÉVÈRE

Quel prix de mon amour ! Quel fruit de mes travaux !

PAULINE

C'est le remède seul qui peut guérir nos maux.

SÉVÈRE

Je veux mourir des miens ; aimez-en la mémoire.

PAULINE

Je veux guérir des miens ; ils souilleraient ma gloire [16].

SÉVÈRE

Ah ! Puisque votre gloire en prononce l'arrêt,
Il faut que ma douleur cède à son intérêt.
Est-il rien que sur moi cette gloire n'obtienne ?*
Elle me rend les soins que je dois à la mienne.
Adieu : je vais chercher au milieu des combats
Cette immortalité que donne un beau trépas,
Et remplir dignement, par une mort pompeuse,
De mes premiers exploits l'attente avantageuse ;
Si toutefois, après ce coup mortel du sort,
J'ai de la vie assez pour chercher une mort.

PAULINE

Et moi, dont votre vue augmente le supplice,
Je l'éviterai même en votre sacrifice ;*
Et seule dans ma chambre enfermant mes regrets,
Je vais pour vous aux dieux faire des vœux secrets.

SÉVÈRE

Puisse le juste ciel, content de ma ruine,
Combler d'heur et de jours Polyeucte et Pauline !

PAULINE

Puisse trouver Sévère, après tant de malheur,
Une félicité digne de sa valeur !

SÉVÈRE

Il la trouvait en vous.

PAULINE

Je dépendais d'un père.

SÉVÈRE

O devoir qui me perd et qui me désespère !
Adieu, trop vertueux objet, et trop charmant.

PAULINE

Adieu, trop malheureux et trop parfait amant.

SCÈNE III

PAULINE, STRATONICE

STRATONICE

Je vous ai plaints tous deux, j'en verse encor des larmes,
Mais du moins votre esprit est hors de ses alarmes :

Vous voyez clairement que votre songe est vain ;
Sévère ne vient pas la vengeance à la main.

PAULINE

Laisse-moi respirer du moins, si tu m'as plainte ;
Au fort de ma douleur tu rappelles ma crainte ;
Souffre un peu de relâche à mes esprits troublés,
Et ne m'accable point par des maux redoublés.

STRATONICE

Quoi ! Vous craignez encor ?

PAULINE

Je tremble, Stratonice ;
Et, bien que je m'effraye avec peu de justice,*
Cette injuste frayeur sans cesse reproduit
L'image des malheurs que j'ai vus cette nuit.

STRATONICE

Sévère est généreux.

PAULINE

Malgré sa retenue,
Polyeucte sanglant frappe toujours ma vue.

STRATONICE

Vous voyez ce rival faire des vœux pour lui.*

PAULINE

Je crois même au besoin qu'il serait son appui ;
Mais, soit cette croyance ou fausse, ou véritable,
Son séjour en ce lieu m'est toujours redoutable ;
A quoi que sa vertu puisse le disposer,*
Il est puissant, il m'aime, et vient pour m'épouser.

SCÈNE IV

POLYEUCTE, NÉARQUE, PAULINE STRATONICE

POLYEUCTE

C'est trop verser de pleurs ; il est temps qu'ils tarissent.
Que votre douleur cesse, et vos craintes finissent ;
Malgré les faux avis par vos dieux envoyés,
Je suis vivant, madame, et vous me revoyez.

PAULINE

Le jour est encor long, et, ce qui plus m'effraie,
La moitié de l'avis se trouve déjà vraie ;
J'ai cru Sévère mort, et je le vois ici.

POLYEUCTE

Je le sais, mais enfin j'en prends peu de souci.
Je suis dans Mélitène, et, quel que soit Sévère,

Votre père y commande, et l'on m'y considère ;
Et je ne pense pas qu'on puisse avec raison
D'un cœur tel que le sien craindre une trahison.
On m'avait assuré qu'il vous faisait visite,
Et je venais lui rendre un honneur qu'il mérite.

PAULINE

Il vient de me quitter assez triste et confus,
Mais j'ai gagné sur lui qu'il ne me verra plus.

POLYEUCTE

Quoi ! Vous me soupçonnez déjà de quelque ombrage ?

PAULINE

Je ferais à tous trois un trop sensible outrage.
J'assure mon repos, que troublent ses regards.
La vertu la plus ferme évite les hasards ;
Qui s'expose au péril veut bien trouver sa perte ;
Et, pour vous en parler avec une âme ouverte,
Depuis qu'un vrai mérite a pu nous enflammer,
Sa présence toujours a droit de nous charmer.
Outre qu'on doit rougir de s'en laisser surprendre,
On souffre à résister, on souffre à s'en défendre ;
Et, bien que la vertu triomphe de ces feux,
La victoire est pénible, et le combat honteux.

POLYEUCTE

O vertu trop parfaite et devoir trop sincère,
Que vous devez coûter de regrets à Sévère !
Qu'aux dépens d'un beau feu vous me rendez heureux !
Et que vous êtes doux à mon cœur amoureux !
Plus je vois mes défauts et plus je vous contemple,
Plus j'admire... [17]

SCÈNE V

POLYEUCTE, PAULINE, NÉARQUE STRATONICE, CLÉON

CLÉON

Seigneur, Félix vous mande au temple ;
La victime est choisie, et le peuple à genoux,
Et pour sacrifier on n'attend plus que vous.

POLYEUCTE

Va, nous allons te suivre. Y venez-vous, madame ?

PAULINE

Sévère craint ma vue, elle irrite sa flamme ;
Je lui tiendrai parole, et ne veux plus le voir.
Adieu : vous l'y verrez ; pensez à son pouvoir
Et ressouvenez-vous que sa faveur est grande.*

POLYEUCTE

Allez, tout son crédit n'a rien que j'appréhende ;
Et comme je connais sa générosité,
Nous ne nous combattrons que de civilité.

SCÈNE VI

POLYEUCTE, NÉARQUE

NÉARQUE

Où pensez-vous aller ?

POLYEUCTE

Au temple, où l'on m'appelle.

NÉARQUE

Quoi ! Vous mêler aux vœux d'une troupe infidèle !
Oubliez-vous déjà que vous êtes chrétien ?

POLYEUCTE

Vous par qui je le suis, vous en souvient-il bien ?

NÉARQUE

J'abhorre les faux dieux.

POLYEUCTE

Et moi, je les déteste.

NÉARQUE

Je tiens leur culte impie.

POLYEUCTE

Et je le tiens funeste.

NÉARQUE

Fuyez donc leurs autels.

POLYEUCTE

Je les veux renverser,
Et mourir dans leur temple, ou les y terrasser.*
Allons, mon cher Néarque, allons aux yeux des hommes
Braver l'idolâtrie, et montrer qui nous sommes :
C'est l'attente du ciel, il nous la faut remplir ;
Je viens de la promettre, et je vais l'accomplir.*
Je rends grâces au Dieu que tu m'as fait connaître
De cette occasion qu'il a sitôt fait naître,
Où déjà sa bonté, prête à me couronner,
Daigne éprouver la foi qu'il vient de me donner.

NÉARQUE

Ce zèle est trop ardent, souffrez qu'il se modère.

POLYEUCTE

On n'en peut avoir trop pour le Dieu qu'on révère.

NÉARQUE

Vous trouverez la mort.

POLYEUCTE

Je la cherche pour lui.

NÉARQUE

Et si ce cœur s'ébranle ?

POLYEUCTE

Il sera mon appui.

NÉARQUE

Il ne commande point que l'on s'y précipite.

POLYEUCTE

Plus elle est volontaire, et plus elle mérite.

NÉARQUE

Il suffit, sans chercher, d'attendre et de souffrir.

POLYEUCTE

On souffre avec regret quand on n'ose s'offrir.

NÉARQUE

Mais dans ce temple enfin la mort est assurée.

POLYEUCTE

Mais dans le ciel déjà la palme est préparée.

NÉARQUE

Par une sainte vie il faut la mériter.*

POLYEUCTE

Mes crimes, en vivant, me la pourraient ôter.
Pourquoi mettre au hasard ce que la mort assure [18] ?
Quand elle ouvre le ciel, peut-elle sembler dure ?
Je suis chrétien, Néarque, et le suis tout à fait ;
La foi que j'ai reçue aspire à son effet.
Qui fuit croit lâchement, et n'a qu'une foi morte.

NÉARQUE

Ménagez votre vie, à Dieu même elle importe ;*
Vivez pour protéger les chrétiens en ces lieux.

POLYEUCTE

L'exemple de ma mort les fortifiera mieux.

NÉARQUE

Vous voulez donc mourir ?

POLYEUCTE

Vous aimez donc à vivre ?

NÉARQUE

Je ne puis déguiser que j'ai peine à vous suivre.

Sous l'horreur des tourments je crains de succomber.

POLYEUCTE

Qui marche assurément n'a point peur de tomber ;
Dieu fait part, au besoin, de sa force infinie.
Qui craint de le nier, dans son âme le nie ;
Il croit le pouvoir faire, et doute de sa foi.

NÉARQUE

Qui n'appréhende rien présume trop de soi.

POLYEUCTE

J'attends tout de sa grâce, et rien de ma faiblesse.
Mais, loin de me presser, il faut que je vous presse !
D'où vient cette froideur ?

NÉARQUE

Dieu même a craint la mort.

POLYEUCTE

Il s'est offert pourtant ; suivons ce saint effort,
Dressons-lui des autels sur des monceaux d'idoles.
Il faut (je me souviens encor de vos paroles)
Négliger, pour lui plaire, et femme et biens et rang,
Exposer pour sa gloire et verser tout son sang [19].
Hélas ! Qu'avez-vous fait de cette amour parfaite
Que vous me souhaitiez, et que je vous souhaite ?
S'il vous en reste encor, n'êtes-vous point jaloux,
Qu'à grand'peine chrétien j'en montre plus que vous ?

NÉARQUE

Vous sortez du baptême, et ce qui vous anime,
C'est sa grâce qu'en vous n'affaiblit aucun crime.
Comme encor tout entière, elle agit pleinement,
Et tout semble possible à son feu véhément [20],
Mais cette même grâce, en moi diminuée
Et par mille péchés sans cesse exténuée,
Agit aux grands effets avec tant de langueur,
Que tout semble impossible à son peu de vigueur.
Cette indigne mollesse et ces lâches défenses
Sont des punitions qu'attirent mes offenses ;
Mais Dieu, dont on ne doit jamais se défier,
Me donne votre exemple à me fortifier.
Allons, cher Polyeucte, allons aux yeux des hommes
Braver l'idolâtrie, et montrer qui nous sommes ;
Puissé-je vous donner l'exemple de souffrir,
Comme vous me donnez celui de vous offrir !

POLYEUCTE

A cet heureux transport que le ciel vous envoie,
Je reconnais Néarque, et j'en pleure de joie.
Ne perdons plus de temps ; le sacrifice est prêt ;
Allons-y du vrai Dieu soutenir l'intérêt ;
Allons fouler aux pieds ce foudre ridicule
Dont arme un bois pourri ce peuple trop crédule ;
Allons en éclairer l'aveuglement fatal ;

Allons briser ces dieux de pierre et de métal ;
Abandonnons nos jours à cette ardeur céleste ;
Faisons triompher Dieu : qu'il dispose du reste.

NÉARQUE

Allons faire éclater sa gloire aux yeux de tous,
Et répondre avec zèle à ce qu'il veut de nous [21].*

ACTE III

SCÈNE PREMIÈRE

PAULINE

Que de soucis flottants, que de confus nuages
Présentent à mes yeux d'inconstantes images !
Douce tranquillité, que je n'ose espérer,
Que ton divin rayon tarde à les éclairer !
Mille agitations, que mes troubles produisent,*
Dans mon cœur ébranlé tout à tour se détruisent ;
Aucun espoir n'y coule où j'ose persister ;
Aucun effroi n'y règne où j'ose m'arrêter.
Mon esprit, embrassant tout ce qu'il s'imagine,
Voit tantôt mon bonheur et tantôt ma ruine,*
Et suit leur vaine idée avec si peu d'effet,*
Qu'il ne peut espérer ni craindre tout à fait.
Sévère incessamment brouille ma fantaisie : [22]
J'espère en sa vertu, je crains sa jalousie,
Et je n'ose penser que d'un œil égal
Polyeucte en ces lieux puisse voir son rival.
Comme entre deux rivaux la haine est naturelle,
L'entrevue aisément se termine en querelle ;
L'un voit aux mains d'autrui ce qu'il croit mériter,
L'autre un désespéré qui peut trop attenter.*
Quelque autre raison qui règle leur courage,
L'un conçoit de l'envie, et l'autre de l'ombrage ;
La honte d'un affront que chacun d'eux croit voir
Ou de nouveau reçue, ou prête à recevoir,
Consumant dès l'abord toute leur patience,
Forme de la colère et de la défiance,
Et, saisissant ensemble et l'époux et l'amant,
En dépit d'eux les livre à leur ressentiment.
Mais que je me figure une étrange chimère !
Et que je traite mal Polyeucte et Sévère,
Comme si la vertu de ces fameux rivaux
Ne pouvait s'affranchir de ces communs défauts !
Leurs âmes à tous deux d'elles-mêmes maîtresses
Sont d'un ordre trop haut pour de telles bassesses ;
Ils se verront au temple en hommes généreux.
Mais las ! ils se verront, et c'est beaucoup pour eux.
Que sert à mon époux d'être dans Mélitène,
Si contre lui Sévère arme l'aigle romaine,
Si mon père y commande, et craint ce favori,
Et se repent déjà du choix de mon mari ?

Si peu que j'ai d'espoir ne luit qu'avec contrainte ;
En naissant il avorte, et fait place à la crainte ;
Ce qui doit l'affermir sert à le dissiper.
Dieux ! Faites que ma peur puisse enfin se tromper !
Mais sachons-en l'issue.

SCÈNE II

PAULINE, STRATONICE

PAULINE

Eh bien, ma Stratonice,
Comment s'est terminé ce pompeux sacrifice ?
Ces rivaux généreux au temple se sont vus ?

STRATONICE

Ah ! Pauline !

PAULINE

Mes vœux ont-il été déçus ?
J'en vois sur ton visage une mauvaise marque.
Se sont-ils querellés ?

STRATONICE

Polyeucte, Néarque,
Les chrétiens...

PAULINE

Parle donc : les chrétiens...

STRATONICE

Je ne puis.

PAULINE

Tu prépares mon âme à d'étranges ennuis.

STRATONICE

Vous n'en sauriez avoir une plus juste cause.

PAULINE

L'ont-ils assassiné ?

STRATONICE

Ce serait peu de chose.
Tout votre songe est vrai, Polyeucte, n'est plus...

PAULINE

Il est mort !

STRATONICE

Non, il vit ; mais, ô pleurs superflus !
Ce courage si grand, cette âme si divine,
N'est plus digne du jour, ni digne de Pauline.
Ce n'est plus cet époux si charmant à vos yeux ;
C'est l'ennemi commun de l'État et des dieux,

Un méchant, un infâme, un rebelle, un perfide,
Un traître, un scélérat, un lâche, un parricide,
Une peste exécrable à tous les gens de bien,
Un sacrilège impie, en un mot, un chrétien [23].

PAULINE

Ce mot aurait suffi sans ce torrent d'injures.

STRATONICE

Ces titres aux chrétiens sont-ce des impostures ?

PAULINE

Il est ce que tu dis, s'il embrasse leur foi,
Mais il est mon époux, et tu parles à moi.

STRATONICE

Ne considérez plus que le Dieu qu'il adore.

PAULINE

Je l'aimai par devoir ; ce devoir dure encore.

STRATONICE

Il vous donne à présent sujet de le haïr ;
Qui trahit tous nos dieux aurait pu vous trahir.*

PAULINE

Je l'aimerais encor, quand il m'aurait trahie,
Et si de tant d'amour tu peux être ébahie,*
Apprends que mon devoir ne dépend point du sien :
Qu'il y manque, s'il veut ; je dois faire le mien.
Quoi ! S'il aimait ailleurs, serais-je dispensée
A suivre, à son exemple, une ardeur insensée ?
Quelque chrétien qu'il soit, je n'en ai point d'horreur ;
Je chéris sa personne, et je hais son erreur.
Mais quel ressentiment en témoigne mon père ?

STRATONICE

Une secrète rage, un excès de colère,
Malgré qui toutefois un reste d'amitié
Montre pour Polyeucte encor quelque pitié.
Il ne veut point sur lui faire agir sa justice,
Que du traître Néarque il n'ait vu le supplice.

PAULINE

Quoi ! Néarque en est donc ?

STRATONICE

Néarque l'a séduit ;
De leur vieille amitié c'est là l'indigne fruit.
Ce perfide, tantôt, en dépit de lui-même,
L'arrachant de vos bras, le traînait au baptême.
Voilà ce grand secret et si mystérieux
Que n'en pouvait tirer votre amour curieux.

PAULINE

Tu me blâmais alors d'être trop importune.

STRATONICE

Je ne prévoyais pas une telle infortune.

PAULINE

Avant qu'abandonner mon âme à mes douleurs,
Il me faut essayer la force de mes pleurs ;
En qualité de femme, ou de fille, j'espère
Qu'ils vaincront un époux, ou fléchiront un père.
Que si sur l'un et l'autre ils manquent de pouvoir,
Je ne prendrai conseil que de mon désespoir.
Apprends-moi cependant ce qu'ils ont fait au temple.

STRATONICE

C'est une impiété qui n'eut jamais d'exemple.
Je ne puis y penser sans frémir à l'instant,
Et crains de faire un crime en vous la racontant.
Apprenez en deux mots leur brutale insolence.
Le prêtre avait à peine obtenu du silence,
Et devers l'orient assuré son aspect,
Qu'ils ont fait éclater leur manque de respect.*
A chaque occasion de la cérémonie,
A l'envi l'un et l'autre étalait sa manie,
Des mystères sacrés hautement se moquait,
Et traitait de mépris les dieux qu'on invoquait.
Tout le peuple en murmure, et Félix s'en offense ;
Mais tous deux s'emportant à plus d'irrévérence :
« Quoi ! lui dit Polyeucte en élevant sa voix,
Adorez-vous des dieux ou de pierre ou de bois ? »
Ici dispensez-moi du récit des blasphèmes
Qu'ils ont vomis tous deux contre Jupiter mêmes :
L'adultère et l'inceste en étaient les plus doux.
« Oyez, dit-il ensuite, oyez, peuple, oyez tous :*
Le Dieu de Polyeucte et celui de Néarque
De la terre et du ciel est l'absolu monarque,
Seul être indépendant, seul maître du destin,*
Seul principe éternel, et souveraine fin.
C'est ce Dieu des chrétiens qu'il faut qu'on remercie
Des victoires qu'il donne à l'empereur Décie ;
Lui seul tient en sa main le succès des combats ;
Il le veut élever, il le peut mettre à bas ;*
Sa bonté, son pouvoir, sa justice est immense ;
C'est lui seul qui punit, lui seul qui récompense ;
Vous adorez en vain des monstres impuissants. »
Se jetant à ces mots sur le vin et l'encens,
Après en avoir mis les saints vases par terre,
Sans crainte de Félix, sans crainte du tonnerre,
D'une fureur pareille ils courent à l'autel.
Cieux ! A-t-on vu jamais, a-t-on rien vu de tel [24] !
Du plus puissant des dieux nous voyons la statue
Par une main impie à leurs pieds abattue ;
Les mystères troublés, le temple profané,
La fuite et les clameurs d'un peuple mutiné
Qui craint d'être accablé sous le courroux céleste.
Félix... Mais le voici qui vous dira le reste.

PAULINE

Que son visage est sombre et plein d'émotion !
Qu'il montre de tristesse et d'indignation !

SCÈNE III

FÉLIX, PAULINE, STRATONICE

FÉLIX

Une telle insolence avoir osé paraître !
En public ! A ma vue ! Il en mourra, le traître.

PAULINE

Souffrez que votre fille embrasse vos genoux.

FÉLIX

Je parle de Néarque, et non de votre époux.
Quelque indigne qu'il soit de ce doux nom de gendre,
Mon âme lui conserve un sentiment plus tendre ;
La grandeur de son crime et de mon déplaisir
N'a pas éteint l'amour qui me l'a fait choisir.

PAULINE

Je n'attendais pas moins de la bonté d'un père.

FÉLIX

Je pouvais l'immoler à ma juste colère,
Car vous n'ignorez pas à quel comble d'horreur
De son audace impie a monté la fureur ;
Vous l'avez pu savoir du moins de Stratonice.

PAULINE

Je sais que de Néarque il doit voir le supplice.

FÉLIX

Du conseil qu'il doit prendre il sera mieux instruit,
Quand il verra punir celui qui l'a séduit.
Au spectacle sanglant d'un ami qu'il faut suivre,
La crainte de mourir et le désir de vivre
Ressaisissent une âme avec tant de pouvoir,
Que qui voit le trépas cesse de le vouloir.
L'exemple touche plus que ne fait la menace ;
Cette indiscrète ardeur tourne bientôt en glace,
Et nous verrons bientôt son cœur inquiété *
Me demander pardon de tant d'impiété.

PAULINE

Vous pouvez espérer qu'il change de courage ?

FÉLIX

Aux dépens de Néarque il doit se rendre sage.

PAULINE

Il le doit ; mais, hélas ! où me renvoyez-vous ?
Et quels tristes hasards ne court point mon époux,

Si de son inconstance il faut qu'enfin j'espère
Le bien que j'espérais de la bonté d'un père ?

FÉLIX

Je vous en fais trop voir, Pauline, à consentir*
Qu'il évite la mort par un prompt repentir.
Je devais même peine à des crimes semblables,*
Et, mettant différence entre ces deux coupables,
J'ai trahi la justice à l'amour paternel !
Je me suis fait pour lui moi-même criminel,
Et j'attendais de vous, au milieu de vos craintes,
Plus de remerciements que je n'entends de plaintes.

PAULINE

De quoi remercier qui ne me donne rien ?
Je sais quelle est l'humeur et l'esprit d'un chrétien.
Dans l'obstination jusqu'au bout il demeure ;
Vouloir son repentir, c'est ordonner qu'il meure.

FÉLIX

Sa grâce est en sa main, c'est à lui d'y rêver.

PAULINE

Faites-la tout entière.

FÉLIX

Il la peut achever.

PAULINE

Ne l'abandonnez pas aux fureurs de sa secte.

FÉLIX

Je l'abandonne aux lois, qu'il faut que je respecte.

PAULINE

Est-ce ainsi que d'un gendre un beau-père est l'appui ?

FÉLIX

Qu'il fasse autant pour soi comme je fais pour lui.

PAULINE

Mais il est aveuglé.

FÉLIX

Mais il se plaît à l'être.
Qui chérit son erreur ne la veut pas connaître.

PAULINE

Mon père, au nom des dieux...

FÉLIX

Ne les réclamez pas,
Ces dieux dont l'intérêt demande son trépas.

PAULINE

Ils écoutent nos vœux.

FÉLIX

Eh bien, qu'il leur en fasse !

PAULINE

Au nom de l'empereur dont vous tenez la place.

FÉLIX

J'ai son pouvoir en main, mais, s'il me l'a commis,
C'est pour le déployer contre ses ennemis.

PAULINE

Polyeucte l'est-il ?

FÉLIX

Tous chrétiens sont rebelles.

PAULINE

N'écoutez point pour lui ces maximes cruelles ;
En épousant Pauline il s'est fait votre sang.

FÉLIX

Je regarde sa faute, et ne vois plus son rang.
Quand le crime d'État se mêle au sacrilège,*
Le sang ni l'amitié n'ont plus de privilège.

PAULINE

Quel excès de rigueur !

FÉLIX

Moindre que son forfait.

PAULINE

O de mon songe affreux trop véritable effet !
Voyez-vous qu'avec lui vous perdez votre fille ?*

FÉLIX

Les dieux et l'empereur sont plus que ma famille.

PAULINE

La perte de tous deux ne vous peut arrêter !

FÉLIX

J'ai les dieux et Décie ensemble à redouter.
Mais nous n'avons encore à craindre rien de triste.
Dans son aveuglement pensez-vous qu'il persiste ?
S'il nous semblait tantôt courir à son malheur,
C'est d'un nouveau chrétien la première chaleur.

PAULINE

Si vous l'aimez encor, quittez cette espérance
Que deux fois en un jour il change de croyance ;
Outre que les chrétiens ont plus de dureté,
Vous attendez de lui trop de légèreté.
Ce n'est point une erreur avec le lait sucée,
Que sans l'examiner son âme ait embrassée.*
Polyeucte est chrétien parce qu'il l'a voulu,

Et vous portait au temple un esprit résolu.
Vous devez présumer de lui comme du reste ;
Le trépas n'est pour eux ni honteux ni funeste ;
Ils cherchent de la gloire à mépriser nos dieux ;*
Aveugles pour la terre, ils aspirent aux cieux,
Et croyant que la mort leur en ouvre la porte,
Tourmentés, déchirés, assassinés, n'importe,
Les supplices leur sont ce qu'à nous les plaisirs,
Et les mènent au but où tendent leurs désirs ;
La mort la plus infâme, ils l'appellent martyre.

FÉLIX

Eh bien donc ! Polyeucte aura ce qu'il désire :
N'en parlons plus.

PAULINE

Mon père...

SCÈNE IV

FÉLIX, ALBIN, PAULINE, STRATONICE

FÉLIX

Albin, en est-ce fait ?

ALBIN

Oui, seigneur, et Néarque a payé son forfait.

FÉLIX

Et notre Polyeucte a vu trancher sa vie ?

ALBIN

Il l'a vu, mais hélas ! avec un œil d'envie.
Il brûle de le suivre, au lieu de reculer,
Et son cœur s'affermit au lieu de s'ébranler.

PAULINE

Je vous le disais bien. Encore un coup, mon père,
Si jamais mon respect a pu vous satisfaire,
Si vous l'avez prisé, si vous l'avez chéri...

FÉLIX

Vous aimez trop, Pauline, un indigne mari.

PAULINE

Je l'ai de votre main ; mon amour est sans crime ;
Il est de votre choix la glorieuse estime,
Et j'ai, pour l'accepter, éteint le plus beau feu *
Qui d'une âme bien née ait mérité l'aveu.
Au nom de cette aveugle et prompte obéissance
Que j'ai toujours rendue aux lois de la naissance,
Si vous avez pu tout sur moi, sur mon amour,
Que je puisse sur vous quelque chose à mon tour !
Par ce juste pouvoir à présent trop à craindre,
Par ces beaux sentiments qu'il m'a fallu contraindre,

Ne m'ôtez pas vos dons ; ils sont chers à mes yeux,
Et m'ont assez coûté pour m'être précieux.

FÉLIX

Vous m'importunez trop ; bien que j'aie un cœur tendre,*
Je n'aime la pitié qu'au prix que j'en veux prendre ;
Employez mieux l'effort de vos justes douleurs ;
Malgré moi m'en toucher, c'est perdre et temps et pleurs ;
J'en veux être le maître, et je veux bien qu'on sache
Que je la désavoue alors qu'on me l'arrache.
Préparez-vous à voir ce malheureux chrétien,
Et faites votre effort quand j'aurai fait le mien.
Allez ; n'irritez plus un père qui vous aime,
Et tâchez d'obtenir votre époux de lui-même.
Tantôt jusqu'en ce lieu je le ferai venir ; *
Cependant quittez-nous, je veux l'entretenir.

PAULINE

De grâce, permettez...

FÉLIX

Laissez-nous seuls, vous dis-je ;
Votre douleur m'offense autant qu'elle m'afflige.
A gagner Polyeucte appliquez tous vos soins ;
Vous avancerez plus en m'importunant moins.

SCÈNE V

FÉLIX, ALBIN

FÉLIX

Albin, comme est-il mort ?

ALBIN

En brutal, en impie,
En bravant les tourments, en dédaignant la vie,
Sans regret, sans murmure, et sans étonnement,
Dans l'obstination et l'endurcissement,
Comme un chrétien enfin, le blasphème à la bouche.

FÉLIX

Et l'autre ?

ALBIN

Je l'ai dit déjà, rien ne le touche ;
Loin d'en être abattu, son cœur en est plus haut ;
On l'a violenté pour quitter l'échafaud.
Il est dans la prison où je l'ai vu conduire,
Mais vous êtes bien loin encor de le réduire.*

FÉLIX

Que je suis malheureux !

ALBIN

Tout le monde vous plaint.

FÉLIX

On ne sait pas les maux dont mon cœur est atteint :
De pensers sur pensers mon âme est agitée,
De soucis sur soucis elle est inquiétée ;
Je sens l'amour, la haine, et la crainte, et l'espoir,
La joie et la douleur, tour à tour l'émouvoir ;
J'entre en des sentiments qui ne sont pas croyables ;
J'en ai de violents, j'en ai de pitoyables ;
J'en ai de généreux qui n'oseraient agir ;
J'en ai même de bas, et qui me font rougir.
J'aime ce malheureux que j'ai choisi pour gendre,
Je hais l'aveugle erreur qui le vient de surprendre ;
Je déplore sa perte, et, le voulant sauver,
J'ai la gloire des dieux ensemble à conserver ;
Je redoute leur foudre et celui de Décie ;
Il y va de ma charge, il y va de ma vie.
Ainsi tantôt pour lui je m'expose au trépas,*
Et tantôt je le perds pour ne me perdre pas.

ALBIN

Décie excusera l'amitié d'un beau-père,
Et d'ailleurs Polyeucte est d'un sang qu'on révère.

FÉLIX

A punir les chrétiens son ordre est rigoureux,
Et plus l'exemple est grand, plus il est dangereux.
On ne distingue point quand l'offense est publique,
Et lorsqu'on dissimule un crime domestique,
Par quelle autorité peut-on, par quelle loi,
Châtier en autrui ce qu'on souffre chez soi ?

ALBIN

Si vous n'osez avoir d'égard à sa personne,
Écrivez à Décie afin qu'il en ordonne.

FÉLIX

Sévère me perdrait, si j'en usais ainsi ;
Sa haine et son pouvoir font mon plus grand souci.
Si j'avais différé de punir un tel crime,
Quoiqu'il soit généreux, quoiqu'il soit magnanime,
Il est homme et sensible, et je l'ai dédaigné ;
Et de tant de mépris son esprit indigné,*
Que met au désespoir cet hymen de Pauline,
Du courroux de Décie obtiendrait ma ruine.
Pour venger un affront tout semble être permis,
Et les occasions tentent les plus remis.
Peut-être (et ce soupçon n'est pas sans apparence)
Il rallume en son cœur déjà quelque espérance ;
Et, croyant bientôt voir Polyeucte puni,
Il rappelle un amour à grand'peine banni.
Juge si sa colère, en ce cas implacable,
Me ferait innocent de sauver un coupable,
Et s'il m'épargnerait, voyant par mes bontés
Une seconde fois ses desseins avortés.
Te dirais-je un penser indigne, bas et lâche ?
Je l'étouffe, il renaît ; il me flatte, et me fâche ;

L'ambition toujours me le vient présenter,
Et tout ce que je puis, c'est de le détester.
Polyeucte est ici l'appui de ma famille,
Mais si, par son trépas, l'autre épousait ma fille,
J'acquerrais bien par là de plus puissants appuis
Qui me mettraient plus haut cent fois que je ne suis.
Mon cœur en prend par force une maligne joie ;
Mais que plutôt le ciel à tes yeux me foudroie,
Qu'à des pensers si bas je puisse consentir,
Que jusque-là ma gloire ose se démentir !

ALBIN

Votre cœur est trop bon, et votre âme trop haute.
Mais vous résolvez-vous à punir cette faute ?

FÉLIX

Je vais dans la prison faire tout mon effort
A vaincre cet esprit par l'effroi de la mort,
Et nous verrons après ce que pourra Pauline.*

ALBIN

Que ferez-vous enfin, si toujours il s'obstine ?

FÉLIX

Ne me presse point tant ; dans un tel déplaisir
Je ne puis que résoudre, et ne sais que choisir.

ALBIN

Je dois vous avertir, en serviteur fidèle,
Qu'en sa faveur déjà la ville se rebelle,
Et ne peut voir passer par la rigueur des lois
Sa dernière espérance et le sang de ses rois.
Je tiens sa prison même assez mal assurée :*
J'ai laissé tout autour une troupe éplorée ;
Je crains qu'on ne la force.

FÉLIX

Il faut donc l'en tirer,
Et l'amener ici pour nous en assurer.

ALBIN

Tirez-l'en donc vous-même, et d'un espoir de grâce
Apaisez la fureur de cette populace.

FÉLIX

Allons, et s'il persiste à demeurer chrétien,
Nous en disposerons sans qu'elle en sache rien.

ACTE IV

SCÈNE PREMIÈRE

POLYEUCTE, CLÉON, TROIS AUTRES GARDES

POLYEUCTE

Gardes, que me veut-on ?

CLÉON

Pauline vous demande.

POLYEUCTE

O présence, ô combat que surtout j'appréhende !
Félix, dans la prison j'ai triomphé de toi,
J'ai ri de ta menace, et t'ai vu sans effroi ;
Tu prends pour t'en venger de plus puissantes armes ;
Je craignais beaucoup moins tes bourreaux que ses larmes.
Seigneur, qui vois ici les périls que je cours,
En ce pressant besoin redouble ton secours ;
Et toi qui, tout sortant encor de la victoire,
Regardes mes travaux du séjour de la gloire,
Cher Néarque, pour vaincre un si fort ennemi,
Prête du haut du ciel la main à ton ami.
Gardes, oseriez-vous me rendre un bon office ?
Non pour me dérober aux rigueurs du supplice,*
Ce n'est pas mon dessein qu'on me fasse évader ;
Mais comme il suffira de trois à me garder,
L'autre m'obligerait d'aller quérir Sévère ;
Je crois que sans péril on peut me satisfaire.*
Si j'avais pu lui dire un secret important,
Il vivrait plus heureux, et je mourrais content.

CLÉON

Si vous me l'ordonnez, j'y cours en diligence.*

POLYEUCTE

Sévère à mon défaut fera ta récompense.
Va, ne perds point de temps, et reviens promptement.

CLÉON

Je serai de retour, seigneur, dans un moment.

SCÈNE II

POLYEUCTE

*Les gardes se retirent aux coins du théâtre.**

Source délicieuse, en misères féconde [25],
Que voulez-vous de moi, flatteuses voluptés ?
Honteux attachements de la chair et du monde,
Que ne me quittez-vous quand je vous ai quittés ?
Allez, honneurs, plaisirs, qui me livrez la guerre :

Toute votre félicité,
Sujette à l'instabilité,
En moins de rien tombe par terre [26],
Et comme elle a l'éclat du verre,
Elle en a la fragilité [27].

Ainsi n'espérez pas qu'après vous je soupire ;
Vous étalez en vain vos charmes impuissants ;
Vous me montrez en vain par tout ce vaste empire
Les ennemis de Dieu pompeux et florissants.
Il étale à son tour des revers équitables
Par qui les grands sont confondus,
Et les glaives qu'il tient pendus
Sur les plus fortunés coupables [28]*
Sont d'autant plus inévitables,
Que leurs coups sont moins attendus.

Tigre altéré de sang, Décie impitoyable,*
Ce Dieu t'a trop longtemps abandonné les siens ;
De ton heureux destin vois la suite effroyable :
Le Scythe va venger la Perse et les chrétiens [29].
Encore un peu plus outre, et ton heure est venue ;
Rien ne t'en saurait garantir,
Et la foudre qui va partir,
Toute prête à crever la nue,
Ne peut plus être retenue
Par l'attente du repentir.

Que cependant Félix m'immole à ta colère ;
Qu'un rival plus puissant éblouisse ses yeux ;*
Qu'aux dépens de ma vie il s'en fasse beau-père,
Et qu'à titre d'esclave il commande en ces lieux ;
Je consens, ou plutôt j'aspire à ma ruine.
Monde, pour moi tu n'as plus rien*
Je porte en un cœur tout chrétien
Une flamme toute divine,
Et je ne regarde Pauline
Que comme un obstacle à mon bien.

Saintes douceurs du ciel, adorables idées,
Vous remplissez un cœur qui vous peut recevoir ;
De vos sacrés attraits les âmes possédées
Ne conçoivent plus rien qui les puisse émouvoir [30].
Vous promettez beaucoup, et donnez davantage ;
Vos biens ne sont point inconstants,
Et l'heureux trépas que j'attends
Ne vous sert que d'un doux passage
Pour nous introduire au partage
Qui nous rend à jamais contents.

C'est vous, ô feu divin que rien ne peut éteindre.
Qui m'allez faire voir Pauline sans la craindre.
Je la vois, mais mon cœur, d'un saint zèle enflammé,
N'en goûte plus l'appas dont il était charmé ;
Et mes yeux éclairés des célestes lumières,
Ne trouvent plus aux siens leurs grâces coutumières [31].

SCÈNE III

POLYEUCTE, PAULINE, GARDES

POLYEUCTE

Madame, quel dessein vous fait me demander ?
Est-ce pour me combattre ou pour me seconder ?
Cet effort généreux de votre amour parfaite *
Vient-il à mon secours, vient-il à ma défaite ?
Apportez-vous ici la haine ou l'amitié,
Comme mon ennemie, ou ma chère moitié ?

PAULINE

Vous n'avez point ici d'ennemi que vous-même ;
Seul vous vous haïssez, lorsque chacun vous aime ;*
Seul vous exécutez tout ce que j'ai rêvé ;
Ne veuillez pas vous perdre, et vous êtes sauvé.
A quelque extrémité que votre crime passe,
Vous êtes innocent si vous vous faites grâce.
Daignez considérer le sang dont vous sortez,
Vos grandes actions, vos rares qualités ;
Chéri de tout le peuple, estimé chez le prince,
Gendre du gouverneur de toute la province,
Je ne vous compte à rien le nom de mon époux :
C'est un bonheur pour moi qui n'est pas grand pour vous ;
Mais après vos exploits, après votre naissance,
Après votre pouvoir, voyez notre espérance,
Et n'abandonnez pas à la main d'un bourreau
Ce qu'à nos justes vœux promet un sort si beau.

POLYEUCTE

Je considère plus ; je sais mes avantages,
Et l'espoir que sur eux forment les grands courages.
Ils n'aspirent enfin qu'à des biens passagers,
Que troublent les soucis, que suivent les dangers ;
La mort nous les ravit, la fortune s'en joue ;
Aujourd'hui dans le trône, et demain dans la boue,
Et leur plus haut éclat fait tant de mécontents,
Que peu de vos Césars en ont joui longtemps.
J'ai de l'ambition, mais plus noble et plus belle ;
Cette grandeur périt, j'en veux une immortelle [32],
Un bonheur assuré, sans mesure et sans fin,
Au-dessus de l'envie, au-dessus du destin.
Est-ce trop l'acheter que d'une triste vie
Qui tantôt, qui soudain me peut être ravie ;
Qui ne me fait jouir que d'un instant qui fuit,
Et ne peut m'assurer de celui qui le suit ?

PAULINE

Voilà de vos chrétiens les ridicules songes ;
Voilà jusqu'à quel point vous charment leurs mensonges :
Tout votre sang est peu pour un bonheur si doux !
Mais, pour en disposer, ce sang est-il à vous ?
Vous n'avez pas la vie ainsi qu'un héritage ;
Le jour qui vous la donne en même temps l'engage ;

Vous la devez au prince, au public, à l'État.

POLYEUCTE

Je la voudrais pour eux perdre dans un combat ;
Je sais quel en est l'heur, et quelle en est la gloire.
Des aïeux de Décie on vante la mémoire,
Et ce nom, précieux encore à vos Romains,
Au bout de six cents ans lui met l'empire aux mains.
Je dois ma vie au peuple, au prince, à sa couronne ;
Mais je la dois bien plus au Dieu qui me la donne.
Si mourir pour son prince est un illustre sort,
Quand on meurt pour son Dieu, quelle sera la mort !

PAULINE

Quel dieu !

POLYEUCTE

Tout beau, Pauline : il entend vos paroles,
Et ce n'est pas un dieu comme vos dieux frivoles,
Insensibles et sourds, impuissants, mutilés,
De bois, de marbre, ou d'or, comme vous les voulez ;
C'est le Dieu des chrétiens, c'est le mien, c'est le vôtre,
Et la terre et le ciel n'en connaissent point d'autre.

PAULINE

Adorez-le dans l'âme, et n'en témoignez rien.

POLYEUCTE

Que je sois tout ensemble idolâtre et chrétien !

PAULINE

Ne feignez qu'un moment, laissez partir Sévère,
Et donnez lieu d'agir aux bontés de mon père.

POLYEUCTE

Les bontés de mon Dieu sont bien plus à chérir ;
Il m'ôte des périls que j'aurais pu courir,
Et, sans me laisser lieu de tourner en arrière,
Sa faveur me couronne entrant dans la carrière ;
Du premier coup de vent il me conduit au port,
Et, sortant du baptême, il m'envoie à la mort.
Si vous pouviez comprendre, et le peu qu'est la vie,
Et de quelles douceurs cette mort est suivie... !
Mais que sert de parler de ces trésors cachés
A des esprits que Dieu n'a pas encor touchés ?

PAULINE

Cruel ! Car il est temps que ma douleur éclate,
Et qu'un juste reproche accable une âme ingrate,
Est-ce là ce beau feu ? Sont-ce là tes serments ?
Témoignes-tu pour moi les moindres sentiments ?
Je ne te parlais point de l'état déplorable
Où ta mort va laisser ta femme inconsolable ;
Je croyais que l'amour t'en parlerait assez,
Et je ne voulais pas de sentiments forcés ;

Mais cette amour si ferme et si bien méritée
Que tu m'avais promise, et que je t'ai portée,
Quand tu me veux quitter, quand tu me fais mourir,
Te peut-elle arracher une larme, un soupir ?
Tu me quittes, ingrat, et le fais avec joie ;*
Tu ne la caches pas, tu veux que je la voie,
Et ton cœur, insensible à ces tristes appas,
Se figure un bonheur où je ne serai pas !
C'est donc là le dégoût qu'apporte l'hyménée ?
Je te suis odieuse après m'être donnée [33] !

POLYEUCTE

Hélas !

PAULINE

Que cet hélas a de peine à sortir !
Encor s'il commençait un heureux repentir,*
Que, tout forcé qu'il est, j'y trouverais de charmes !
Mais courage, il s'émeut, je vois couler des larmes.

POLYEUCTE

J'en verse, et plût à Dieu qu'à force d'en verser
Ce cœur trop endurci se pût enfin percer !
Le déplorable état où je vous abandonne
Est bien digne des pleurs que mon amour vous donne,
Et si l'on peut au ciel sentir quelques douleurs,*
J'y pleurerai pour vous l'excès de vos malheurs.
Mais si, dans ce séjour de gloire et de lumière,
Ce Dieu tout juste et bon peut souffrir ma prière,
S'il y daigne écouter un conjugal amour,
Sur votre aveuglement il répandra le jour.
Seigneur, de vos bontés il faut que je l'obtienne ;
Elle a trop de vertus pour n'être pas chrétienne.
Avec trop de mérite il vous plut la former,
Pour ne vous pas connaître et ne vous pas aimer,
Pour vivre des enfers esclave infortunée,
Et sous leur triste joug mourir comme elle est née [34].

PAULINE

Que dis-tu, malheureux ? Qu'oses-tu souhaiter ?

POLYEUCTE

Ce que de tout mon sang je voudrais acheter.

PAULINE

Que plutôt...

POLYEUCTE

C'est en vain qu'on se met en défense :
Ce Dieu touche les cœurs lorsque moins on y pense.
Ce bienheureux moment n'est pas encor venu ;
Il viendra, mais le temps ne m'en est pas connu.

PAULINE

Quittez cette chimère, et m'aimez.

POLYEUCTE

Je vous aime,
Beaucoup moins que mon Dieu, mais bien plus que moi-même.

PAULINE

Au nom de cet amour, ne m'abandonnez pas.

POLYEUCTE

Au nom de cet amour, daignez suivre mes pas.*

PAULINE

C'est peu de me quitter, tu veux donc me séduire ?

POLYEUCTE

C'est peu d'aller au ciel, je vous y veux conduire.

PAULINE

Imaginations !

POLYEUCTE

Célestes vérités !

PAULINE

Étrange aveuglement !

POLYEUCTE

Éternelles clartés !

PAULINE

Tu préfères la mort à l'amour de Pauline !

POLYEUCTE

Vous préférez le monde à la bonté divine !

PAULINE

Va, cruel, va mourir ; tu ne m'aimas jamais.

POLYEUCTE

Vivez heureuse au monde, et me laissez en paix.

PAULINE

Oui, je t'y vais laisser ; ne t'en mets plus en peine ;
Je vais...

SCÈNE IV

POLYEUCTE, PAULINE, SÉVÈRE, FABIAN, GARDES

PAULINE

Mais quel dessein en ce lieu vous amène,
Sévère ? Aurait-on cru qu'un cœur si généreux*
Pût venir jusqu'ici braver un malheureux ?

POLYEUCTE

Vous traitez mal, Pauline, un si rare mérite :
A ma seule prière il rend cette visite.
Je vous ai fait, seigneur, une incivilité,*
Que vous pardonnerez à ma captivité.
Possesseur d'un trésor dont je n'étais pas digne,
Souffrez avant ma mort que je vous le résigne,*
Et laisse la vertu la plus rare à nos yeux
Qu'une femme jamais pût recevoir des cieux
Aux mains du plus vaillant et du plus honnête homme
Qu'ait adoré la terre et qu'ait vu naître Rome.
Vous êtes digne d'elle, elle est digne de vous ;
Ne la refusez pas de la main d'un époux ;
S'il vous a désunis, sa mort vous va rejoindre.
Qu'un feu jadis si beau n'en devienne pas moindre,
Rendez-lui votre cœur, et recevez sa foi,
Vivez heureux ensemble, et mourez comme moi ;
C'est le bien qu'à tous deux Polyeucte désire [35].
Qu'on me mène à la mort, je n'ai plus rien à dire.
Allons, gardes, c'est fait.

SCÈNE V

SÉVÈRE, PAULINE, FABIAN

SÉVÈRE

Dans mon étonnement,
Je suis confus pour lui de son aveuglement ;
Sa résolution a si peu de pareilles,
Qu'à peine je me fie encore à mes oreilles.
Un cœur qui vous chérit (mais quel cœur assez bas
Aurait pu vous connaître, et ne vous chérir pas ?),
Un homme aimé de vous, sitôt qu'il vous possède,
Sans regret il vous quitte ; il fait plus, il vous cède ;
Et comme si vos feux étaient un don fatal,
Il en fait un présent lui-même à son rival !
Certes, ou les chrétiens ont d'étranges manies [36],
Ou leurs félicités doivent être infinies,
Puisque, pour y prétendre, ils osent rejeter
Ce que de tout l'empire il faudrait acheter.
Pour moi, si mes destins, un peu plus tôt propices,
Eussent de votre hymen honoré mes services,
Je n'aurais adoré que l'éclat de vos yeux,
J'en aurais fait mes rois, j'en aurais fait mes dieux ;
On m'aurait mis en poudre, on m'aurait mis en cendre,
Avant que...

PAULINE

Brisons là ; je crains de trop entendre,
Et que cette chaleur, qui sent vos premiers feux,
Ne pousse quelque suite indigne de tous deux.
Sévère, connaissez Pauline tout entière
Mon Polyeucte touche à son heure dernière ;
Pour achever de vivre il n'a plus qu'un moment ;

Vous en êtes la cause, encor qu'innocemment.
Je ne sais si votre âme, à vos désirs ouverte,
Aurait osé former quelque espoir sur sa perte,
Mais sachez qu'il n'est point de si cruel trépas
Où d'un front assuré je ne porte mes pas,
Qu'il n'est point aux enfers d'horreurs que je n'endure,*
Plutôt que de souiller une gloire si pure,
Que d'épouser un homme, après son triste sort,
Qui de quelque façon soit cause de sa mort,
Et, si vous me croyiez d'une âme si peu saine,
L'amour que j'eus pour vous tournerait toute en haine [37].
Vous êtes généreux ; soyez-le jusqu'au bout.
Mon père est en état de vous accorder tout.
Il vous craint ; et j'avance encor cette parole,
Que s'il perd mon époux, c'est à vous qu'il l'immole.
Sauvez ce malheureux, employez-vous pour lui ;
Faites-vous un effort pour lui servir d'appui.
Je sais que c'est beaucoup que ce que je demande,
Mais plus l'effort est grand, plus la gloire en est grande.
Conserver un rival dont vous êtes jaloux,
C'est un trait de vertu qui n'appartient qu'à vous [38],
Et si ce n'est assez de votre renommée,
C'est beaucoup qu'une femme autrefois tant aimée,
Et dont l'amour peut-être encor vous peut toucher,
Doive à votre grand cœur ce qu'elle a de plus cher.
Souvenez-vous enfin que vous êtes Sévère.
Adieu. Résolvez seul ce que vous voulez faire ;*
Si vous n'êtes pas tel que je l'ose espérer,
Pour vous priser encor je le veux ignorer [39].

SCÈNE VI

SÉVÈRE, FABIAN

SÉVÈRE

Qu'est-ceci, Fabian ? Quel nouveau coup de foudre
Tombe sur mon bonheur et le réduit en poudre ?
Plus je l'estime près, plus il est éloigné ;
Je trouve tout perdu quand je crois tout gagné,
Et toujours la fortune, à me nuire obstinée,
Tranche mon espérance aussitôt qu'elle est née.
Avant qu'offrir des vœux je reçois des refus ;
Toujours triste, toujours et honteux et confus
De voir que lâchement elle ait osé renaître,
Qu'encor plus lâchement elle ait osé paraître,
Et qu'une femme enfin dans la calamité*
Me fasse des leçons de générosité.
Votre belle âme est haute autant que malheureuse,
Mais elle est inhumaine autant que généreuse,
Pauline, et vos douleurs avec trop de rigueur
D'un amant tout à vous tyrannisent le cœur.
C'est donc peu de vous perdre, il faut que je vous donne,
Que je serve un rival lorsqu'il vous abandonne,
Et que, par un cruel et généreux effort,
Pour vous rendre en ses mains je l'arrache à la mort !

FABIAN

Laissez à son destin cette ingrate famille ;
Qu'il accorde, s'il veut, le père avec la fille,
Polyeucte et Félix, l'épouse avec l'époux ;
D'un si cruel effort quel prix espérez-vous ?

SÉVÈRE

La gloire de montrer à cette âme si belle
Que Sévère l'égale, et qu'il est digne d'elle,
Qu'elle m'était bien due, et que l'ordre des cieux
En me la refusant m'est trop injurieux.

FABIAN

Sans accuser le sort ni le ciel d'injustice.
Prenez garde au péril qui suit un tel service ;
Vous hasardez beaucoup, seigneur, pensez-y bien.
Quoi ! Vous entreprenez de sauver un chrétien !
Pouvez-vous ignorer pour cette secte impie
Quelle est et fut toujours la haine de Décie ?
C'est un crime vers lui si grand, si capital,
Qu'à votre faveur même il peut être fatal.

SÉVÈRE

Cet avis serait bon pour quelque âme commune.
S'il tient entre ses mains ma vie et ma fortune,
Je suis encor Sévère ; et tout ce grand pouvoir
Ne peut rien sur ma gloire, et rien sur mon devoir.
Ici l'honneur m'oblige, et j'y veux satisfaire ;
Qu'après le sort se montre ou propice ou contraire,
Comme son naturel est toujours inconstant,
Périssant glorieux, je périrai content.
Je te dirai bien plus, mais avec confidence,
La secte des chrétiens n'est pas ce que l'on pense :
On les hait ; la raison, je ne la connais point,
Et je ne vois Décie injuste qu'en ce point.
Par curiosité j'ai voulu les connaître ;
On les tient pour sorciers dont l'enfer est le maître,
Et sur cette croyance on punit du trépas
Des mystères secrets que nous n'entendons pas.
Mais Cérès Éleusine, et la Bonne Déesse,
Ont leurs secrets comme eux à Rome et dans la Grèce ;
Encore impunément nous souffrons en tous lieux,
Leur dieu seul excepté, toute sorte de dieux ;
Tous les monstres d'Egypte ont leurs temples dans Rome ;
Nos aïeux à leur gré faisaient un dieu d'un homme,
Et, leur sang parmi nous conservant leurs erreurs,
Nous remplissons le ciel de tous nos empereurs,
Mais, à parler sans fard de tant d'apothéoses,
L'effet est bien douteux de ces métamorphoses.
Les chrétiens n'ont qu'un Dieu, maître absolu de tout,
De qui le seul vouloir fait tout ce qu'il résout.
Mais, si j'ose entre nous dire ce que me semble,
Les nôtres bien souvent s'accordent mal ensemble,
Et, me dût leur colère écraser à tes yeux,
Nous en avons beaucoup pour être de vrais dieux [40].

Enfin chez les chrétiens les mœurs sont innocentes,*
Les vices détestés, les vertus florissantes ;
Ils font des vœux pour nous qui les persécutons,
Et, depuis tant de temps que nous les tourmentons,
Les a-t-on vus mutins ? Les a-t-on vus rebelles ?
Nos princes ont-ils eu des soldats plus fidèles ?
Furieux dans la guerre, ils souffrent nos bourreaux,
Et, lions au combat, ils meurent en agneaux.
J'ai trop de pitié d'eux pour ne les pas défendre.
Allons trouver Félix, commençons par son gendre,
Et contentons ainsi, d'une seule action,
Et Pauline et ma gloire et ma compassion.

ACTE V

SCÈNE PREMIÈRE

FÉLIX, ALBIN, CLÉON

FÉLIX

Albin, as-tu bien vu la fourbe de Sévère ?
As-tu bien vu sa haine ? Et vois-tu ma misère ?

ALBIN

Je n'ai vu rien en lui qu'un rival généreux,
Et ne vois rien en vous qu'un père rigoureux.

FÉLIX

Que tu discernes mal le cœur d'avec la mine !*
Dans l'âme il hait Félix et dédaigne Pauline ;
Et, s'il l'aima jadis, il estime aujourd'hui
Les restes d'un rival trop indignes de lui,
Il parle en sa faveur, il me prie, il menace,
Et me perdra, dit-il, si je ne luis fais grâce.
Tranchant du généreux, il croit m'épouvanter ;
L'artifice est trop lourd pour ne pas l'éventer.
Je sais des gens de cour quelle est la politique,*
J'en connais mieux que lui la plus fine pratique.
C'est en vain qu'il tempête et feint d'être en fureur ;
Je vois ce qu'il prétend auprès de l'empereur.
De ce qu'il me demande il m'y ferait un crime ;
Epargnant son rival, je serais sa victime,
Et s'il avait affaire à quelque maladroit,
Le piège est bien tendu, sans doute il le perdroit ;
Mais un vieux courtisan est un peu moins crédule :*
Il voit quand on le joue, et quand on dissimule,
Et moi j'en ai tant vu de toutes les façons,
Qu'à lui-même au besoin j'en ferais des leçons.

ALBIN

Dieu ! Que vous vous gênez par cette défiance !

FÉLIX

Pour subsister en cour c'est la haute science.
Quand un homme une fois a droit de nous haïr,
Toute son amitié nous doit être suspecte.
Si Polyeucte enfin n'abandonne sa secte,
Quoi que son protecteur ait pour lui dans l'esprit,
Je suivrai hautement l'ordre qui m'est prescrit.

ALBIN

Grâce, grâce, seigneur, que Pauline l'obtienne !

FÉLIX

Celle de l'empereur ne suivrait pas la mienne ;
Et, loin de le tirer de ce pas dangereux,*
Ma bonté ne ferait que nous perdre tous deux.

ALBIN

Mais Sévère promet...

FÉLIX

Albin, je m'en défie,
Et connais mieux que lui la haine de Décie ;
En faveur des chrétiens s'il choquait son courroux,
Lui-même assurément se perdrait avec nous.
Je veux tenter pourtant encore une autre voie.
Amenez Polyeucte, et si je le renvoie,*
S'il demeure insensible à ce dernier effort,
Au sortir de ce lieu qu'on lui donne la mort.*

ALBIN

Votre ordre est rigoureux.

FÉLIX

Il faut que je le suive,
Si je veux empêcher qu'un désordre n'arrive.
Je vois le peuple ému pour prendre son parti,
Et toi-même tantôt tu m'en as averti.
Dans ce zèle pour lui qu'il fait déjà paraître,
Je ne sais si longtemps j'en pourrais être maître ;
Peut-être dès demain, dès la nuit, dès ce soir,
J'en verrais des effets que je ne veux pas voir,
Et Sévère aussitôt, courant à sa vengeance,
M'irait calomnier de quelque intelligence.
Il faut rompre ce coup, qui me serait fatal.

ALBIN

Que tant de prévoyance est un étrange mal ! *
Tout vous nuit, tout vous perd, tout vous fait de l'ombrage,
Mais voyez que sa mort mettra ce peuple en rage,
Que c'est mal le guérir que le désespérer.

FÉLIX

En vain après sa mort il voudra murmurer,
Et s'il ose venir à quelque violence,
C'est à faire à céder deux jours à l'insolence ;

J'aurai fait mon devoir, quoi qu'il puisse arriver.*
Mais Polyeucte vient, tâchons à le sauver.*
Soldats, retirez-vous, et gardez bien la porte.

SCÈNE II

FÉLIX, POLYEUCTE, ALBIN

FÉLIX

As-tu donc pour la vie une haine si forte,
Malheureux Polyeucte ? Et la loi des chrétiens
T'ordonne-t-elle ainsi d'abandonner les tiens ?

POLYEUCTE

Je ne hais point la vie, et j'en aime l'usage
Mais sans attachement qui sente l'esclavage,
Toujours prêt à la rendre au Dieu dont je la tiens ;
La raison me l'ordonne, et la loi des chrétiens,
Et je vous montre à tous par là comme il faut vivre,
Si vous avez le cœur assez bon pour me suivre.

FÉLIX

Te suivre dans l'abîme où tu te veux jeter ?

POLYEUCTE

Mais plutôt dans la gloire où je m'en vais monter.

FÉLIX

Donne-moi pour le moins le temps de la connaître ;
Pour me faire chrétien, sers-moi de guide à l'être,
Et ne dédaigne pas de m'instruire en ta foi,
Ou toi-même à ton Dieu tu répondras de moi.

POLYEUCTE

N'en riez point, Félix, il sera votre juge ;
Vous ne trouverez point devant lui de refuge ;
Les rois et les bergers y sont d'un même rang.
De tous les siens sur vous il vengera le sang.

FÉLIX

Je n'en répandrai plus, et quoi qu'il en arrive,
Dans la foi des chrétiens je souffrirai qu'on vive ;
J'en serai protecteur.

POLYEUCTE

Non, non, persécutez,
Et soyez l'instrument de nos félicités ;
Celle d'un vrai chrétien n'est que dans les souffrances ; *
Les plus cruels tourments lui sont des récompenses.
Dieu, qui rend le centuple aux bonnes actions,
Pour comble donne encor les persécutions ;
Mais ces secrets pour vous sont fâcheux à comprendre ;
Ce n'est qu'à ses élus que Dieu les fait entendre.

FÉLIX

Je te parle sans fard, et veux être chrétien.

POLYEUCTE

Qui peut donc retarder l'effet d'un si grand bien ?

FÉLIX

La présence importune...

POLYEUCTE

Et de qui ? De Sévère ?

FÉLIX

Pour lui seul contre toi j'ai feint tant de colère ;
Dissimule un moment jusques à son départ.

POLYEUCTE

Félix, c'est donc ainsi que vous parlez sans fard ?
Portez à vos païens, portez à vos idoles
Le sucre empoisonné que sèment vos paroles.*
Un chrétien ne craint rien, ne dissimule rien ;
Aux yeux de tout le monde il est toujours chrétien.

FÉLIX

Ce zèle de ta foi ne sert qu'à te séduire,
Si tu cours à la mort plutôt que de m'instruire.

POLYEUCTE

Je vous en parlerais ici hors de saison ;
Elle est un don du ciel, et non de la raison,
Et c'est là que bientôt, voyant Dieu face à face,
Plus aisément pour vous j'obtiendrai cette grâce.

FÉLIX

Ta perte cependant me va désespérer.

POLYEUCTE

Vous avez en vos mains de quoi la réparer ;
En vous ôtant un gendre, on vous en donne un autre
Dont la condition répond mieux à la vôtre ;
Ma perte n'est pour vous qu'un change avantageux.

FÉLIX

Cesse de me tenir ce discours outrageux.
Je t'ai considéré plus que tu ne mérites,
Mais, malgré ma bonté, qui croît plus tu l'irrites,*
Cette insolence enfin te rendrait odieux,
Et je me vengerais aussi bien que nos dieux.

POLYEUCTE

Quoi ! Vous changez bientôt d'humeur et de langage :
Le zèle de vos dieux rentre en votre courage !
Celui d'être chrétien s'échappe ! Et par hasard
Je vous viens d'obliger à me parler sans fard !

FÉLIX

Va, ne présume pas que, quoi que je te jure,
De tes nouveaux docteurs je suive l'imposture.
Je flattais ta manie afin de t'arracher
Du honteux précipice où tu vas trébucher ;
Je voulais gagner temps pour ménager ta vie
Après l'éloignement d'un flatteur de Décie,
Mais j'ai trop fait d'injure à nos dieux tout-puissants ;
Choisis de leur donner ton sang, ou de l'encens.

POLYEUCTE

Mon choix n'est point douteux. Mais j'aperçois Pauline.
O ciel !

SCÈNE III

FÉLIX, POLYEUCTE, PAULINE, ALBIN

PAULINE

Qui de vous deux aujourd'hui m'assassine ?
Sont-ce tous deux ensemble, ou chacun à son tour ?
Ne pourrai-je fléchir la nature ou l'amour ?
Et n'obtiendrai-je rien d'un époux ni d'un père ?

FÉLIX

Parlez à votre époux.

POLYEUCTE

Vivez avec Sévère.

PAULINE

Tigre, assassine-moi du moins sans m'outrager.

POLYEUCTE

Mon amour, par pitié, cherche à vous soulager ;*
Il voit quelle douleur dans l'âme vous possède,
Et sait qu'un autre amour en est le seul remède.
Puisqu'un si grand mérite a pu vous enflammer,
Sa présence toujours a droit de vous charmer :
Vous l'aimiez, il vous aime, et sa gloire augmentée...

PAULINE

Que t'ai-je fait, cruel, pour être ainsi traitée,
Et pour me reprocher, au mépris de ma foi,
Un amour si puissant que j'ai vaincu pour toi ?
Vois, pour te faire vaincre un si fort adversaire,
Quels efforts à moi-même il a fallu me faire,
Quels combats j'ai donnés pour te donner un cœur
Si justement acquis à son premier vainqueur,
Et si l'ingratitude en ton cœur ne domine,
Fais quelque effort sur toi pour te rendre à Pauline ;
Apprends d'elle à forcer ton propre sentiment ;
Prends sa vertu pour guide en ton aveuglement ;

Souffre que de toi-même elle obtienne ta vie,
Pour vivre sous tes lois à jamais asservie.
Si tu peux rejeter de si justes désirs,
Regarde au moins ses pleurs, écoute ses soupirs ;
Ne désespère pas une âme qui t'adore.

POLYEUCTE

Je vous l'ai déjà dit, et vous le dis encore,
Vivez avec Sévère, ou mourez avec moi.
Je ne méprise point vos pleurs, ni votre foi ;
Mais, de quoi que pour vous notre amour m'entretienne [41],
Je ne vous connais plus, si vous n'êtes chrétienne.
C'en est assez, Félix, reprenez ce courroux,
Et sur cet insolent vengez vos dieux, et vous.

PAULINE

Ah ! Mon père, son crime à peine est pardonnable,
Mais s'il est insensé, vous êtes raisonnable.
La nature est trop forte, et ses aimables traits
Imprimés dans le sang ne s'effacent jamais.
Un père est toujours père, et sur cette assurance
J'ose appuyer encore un reste d'espérance.
Jetez sur votre fille un regard paternel.
Ma mort suivra la mort de ce cher criminel,
Et les dieux trouveront sa peine illégitime,
Puisqu'elle confondra l'innocence et le crime,
Et qu'elle changera, par ce redoublement,
En injuste rigueur un juste châtiment.
Nos destins, par vos mains rendus inséparables,
Nous doivent rendre heureux ensemble, ou misérables,
Et vous seriez cruel jusques au dernier point,
Si vous désunissiez ce que vous avez joint.
Un cœur à l'autre uni jamais ne se retire,
Et pour l'en séparer il faut qu'on le déchire.
Mais vous êtes sensible à mes justes douleurs,
Et d'un œil paternel vous regardez mes pleurs.

FÉLIX

Oui, ma fille, il est vrai qu'un père est toujours père ;
Rien n'en peut effacer le sacré caractère ;
Je porte un cœur sensible, et vous l'avez percé.
Je me joins avec vous contre cet insensé.
Malheureux Polyeucte, es-tu seul insensible ?
Et veux-tu rendre seul ton crime irrémissible ?
Peux-tu voir tant de pleurs d'un œil si détaché ?*
Peux-tu voir tant d'amour sans en être touché ?
Ne reconnais-tu plus ni beau-père, ni femme,
Sans amitié pour l'un, et pour l'autre sans flamme ?
Pour reprendre les noms et de gendre et d'époux,
Veux-tu nous voir tous deux embrasser tes genoux ?

POLYEUCTE

Que tout cet artifice est de mauvaise grâce !
Après avoir deux fois essayé la menace,
Après m'avoir fait voir Néarque dans la mort,

Après avoir tenté l'amour et son effort,
Après m'avoir montré cette soif du baptême,
Pour opposer à Dieu l'intérêt de Dieu même,
Vous vous joignez ensemble ! Ah ! Ruses de l'enfer !
Faut-il tant de fois vaincre avant que triompher !
Vos résolutions usent trop de remise ;
Prenez la vôtre enfin, puisque la mienne est prise.
Je n'adore qu'un Dieu, maître de l'univers,
Sous qui tremblent le ciel, la terre, et les enfers,
Un Dieu qui, nous aimant d'une amour infinie,
Voulut mourir pour nous avec ignominie,
Et qui, par un effort de cet excès d'amour,*
Veut pour nous en victime être offert chaque jour.
Mais j'ai tort d'en parler à qui ne peut m'entendre.
Voyez l'aveugle erreur que vous osez défendre ;
Des crimes les plus noirs vous souillez tous vos dieux ;
Vous n'en punissez point qui n'ait son maître aux cieux :
La prostitution, l'adultère, l'inceste,
Le vol, l'assassinat, et tout ce qu'on déteste,
C'est l'exemple qu'à suivre offrent vos immortels [42].
J'ai profané leur temple, et brisé leurs autels ;
Je le ferais encor, si j'avais à le faire [43],
Même aux yeux de Félix, même aux yeux de Sévère,
Même aux yeux du sénat, aux yeux de l'empereur.

FÉLIX

Enfin ma bonté cède à ma juste fureur [44] :
Adore-les, ou meurs !

POLYEUCTE

Je suis chrétien.

FÉLIX

Impie !
Adore-les, te dis-je, ou renonce à la vie.

POLYEUCTE

Je suis chrétien.

FÉLIX

Tu l'es ? O cœur trop obstiné !*
Soldats, exécutez l'ordre que j'ai donné.

PAULINE

Où le conduisez-vous ?

FÉLIX

A la mort.

POLYEUCTE

A la gloire.
Chère Pauline, adieu ; conservez ma mémoire.

PAULINE

Je te suivrai partout, et mourrai si tu meurs.*

POLYEUCTE

Ne suivez point mes pas, ou quittez vos erreurs.

FÉLIX

Qu'on l'ôte de mes yeux, et que l'on m'obéisse.
Puisqu'il aime à périr, je consens qu'il périsse.

SCÈNE IV

FÉLIX, ALBIN

FÉLIX

Je me fais violence, Albin, mais je l'ai dû ;
Ma bonté naturelle aisément m'eût perdu.
Que la rage du peuple à présent se déploie,*
Que Sévère en fureur tonne, éclate, foudroie,
M'étant fait cet effort, j'ai fait ma sûreté.
Mais n'es-tu point surpris de cette dureté ?
Vois-tu comme le sien des cœurs impénétrables,
Ou des impiétés à ce point exécrables ?
Du moins j'ai satisfait mon esprit affligé :*
Pour amollir son cœur je n'ai rien négligé ;
J'ai feint même à tes yeux des lâchetés extrêmes,
Et certes, sans l'horreur de ses derniers blasphèmes,
Qui m'ont rempli soudain de colère et d'effroi,
J'aurais eu de la peine à triompher de moi.

ALBIN

Vous maudirez peut-être un jour cette victoire,
Qui tient je ne sais quoi d'une action trop noire
Indigne de Félix, indigne d'un Romain,
Répandant votre sang par votre propre main.

FÉLIX

Ainsi l'ont autrefois versé Brute et Manlie ;
Mais leur gloire en a crû, loin d'en être affaiblie, *
Et quand nos vieux héros avaient de mauvais sang,
Ils eussent, pour le perdre, ouvert leur propre flanc.

ALBIN

Votre ardeur vous séduit ; mais, quoi qu'elle vous die,
Quand vous la sentirez une fois refroidie,
Quand vous verrez Pauline, et que son désespoir
Par ses pleurs et ses cris saura vous émouvoir...*

FÉLIX

Tu me fais souvenir qu'elle a suivi ce traître,
Et que ce désespoir qu'elle fera paraître
De mes commandements pourra troubler l'effet.
Va donc ; cours y mettre ordre, et voir ce qu'elle fait ;*
Romps ce que ses douleurs y donneraient d'obstacle.
Tire-la, si tu peux, de ce triste spectacle ;
Tâche à la consoler. Va donc ; qui te retient ?

ALBIN

Il n'en est pas besoin, seigneur, elle revient.

SCÈNE V

FÉLIX, PAULINE, ALBIN

PAULINE

Père barbare, achève, achève ton ouvrage ;
Cette seconde hostie est digne de ta rage ;
Joins ta fille à ton gendre ; ose : que tardes-tu ?
Tu vois le même crime, ou la même vertu ;
Ta barbarie en elle a les mêmes matières.
Mon époux en mourant m'a laissé ses lumières ;
Son sang, dont tes bourreaux viennent de me couvrir,
M'a dessillé les yeux, et me les vient d'ouvrir.
Je vois, je sais, je crois, je suis désabusée ;
De ce bienheureux sang tu me vois baptisée.
Je suis chrétienne enfin, n'est-ce point assez dit ?
Conserve en me perdant ton rang et ton crédit ;
Redoute l'empereur, appréhende Sévère :
Si tu ne veux périr, ma perte est nécessaire ;
Polyeucte m'appelle à cet heureux trépas ;
Je vois Néarque et lui qui me tendent les bras.
Mène, mène-moi voir tes dieux que je déteste ;
Ils n'en ont brisé qu'un, je briserai le reste.
On m'y verra braver tout ce que vous craignez,
Ces foudres impuissants qu'en leurs mains vous peignez,
Et, saintement rebelle aux lois de la naissance,
Une fois envers toi manquer d'obéissance.
Ce n'est point ma douleur que par là je fais voir ;
C'est la grâce qui parle, et non le désespoir.
Le faut-il dire encor ? Félix, je suis chrétienne ;
Affermis par ma mort ta fortune et la mienne ;
Le coup à l'un et l'autre en sera précieux,
Puisqu'il t'assure en terre en m'élevant aux cieux.

SCÈNE VI

FÉLIX, SÉVÈRE, PAULINE, ALBIN, FABIAN

SÉVÈRE

Père dénaturé, malheureux politique,
Esclave ambitieux d'une peur chimérique,
Polyeucte est donc mort ! Et par vos cruautés
Vous pensez conserver vos tristes dignités !
La faveur que pour lui je vous avais offerte,
Au lieu de le sauver, précipite sa perte !
J'ai prié, menacé, mais sans vous émouvoir,
Et vous m'avez cru fourbe, ou de peu de pouvoir !
Eh bien ! à vos dépens vous verrez que Sévère*
Ne se vante jamais que de ce qu'il peut faire,
Et par votre ruine il vous fera juger

Que qui peut bien vous perdre eût pu vous protéger.
Continuez aux dieux ce service fidèle ;
Par de telles horreurs montrez-leur votre zèle.
Adieu, mais quand l'orage éclatera sur vous,
Ne doutez point du bras dont partiront les coups.

FÉLIX

Arrêtez-vous, seigneur, et d'une âme apaisée,*
Souffrez que je vous livre une vengeance aisée.
Ne me reprochez plus que par mes cruautés
Je tâche à conserver mes tristes dignités ;
Je dépose à vos pieds l'éclat de leur faux lustre.
Celle où j'ose aspirer est d'un rang plus illustre ;
Je m'y trouve forcé par un secret appas ;
Je cède à des transports que je ne connais pas,
Et par un mouvement que je ne puis entendre [45],
De ma fureur je passe au zèle de mon gendre.
C'est lui, n'en doutez point, dont le sang innocent
Pour son persécuteur prie un Dieu tout-puissant ;
Son amour épandu sur toute la famille
Tire après lui le père aussi bien que la fille.
J'en ai fait un martyr, sa mort me fait chrétien ;
J'ai fait tout son bonheur, il veut faire le mien.
C'est ainsi qu'un chrétien se venge et se courrouce.
Heureuse cruauté dont la suite est si douce !
Donne la main, Pauline. Apportez des liens ;
Immolez à vos dieux ces deux nouveaux chrétiens.
Je le suis, elle l'est, suivez votre colère.

PAULINE

Qu'heureusement enfin je retrouve mon père !
Cet heureux changement rend mon bonheur parfait.

FÉLIX

Ma fille, il n'appartient qu'à la main qui le fait.

SÉVÈRE

Qui ne serait touché d'un si tendre spectacle ?
De pareils changements ne vont point sans miracle.
Sans doute vos chrétiens, qu'on persécute en vain,
Ont quelque chose en eux qui surpasse l'humain :
Ils mènent une vie avec tant d'innocence,
Que le ciel leur en doit quelque reconnaissance ;
Se relever plus forts, plus ils sont abattus,
N'est pas aussi l'effet des communes vertus.
Je les aimai toujours, quoi qu'on m'en ait pu dire ;
Je n'en vois point mourir que mon cœur n'en soupire, *
Et peut-être qu'un jour je les connaîtrai mieux.
J'approuve cependant que chacun ait ses dieux,
Qu'il les serve à sa mode, et sans peur de la peine.
Si vous êtes chrétien, ne craignez plus ma haine ;
Je les aime, Félix, et de leur protecteur
Je n'en veux pas sur vous faire un persécuteur.*
Gardez votre pouvoir, reprenez-en la marque ;
Servez bien votre Dieu, servez notre monarque.

Je perdrai mon crédit envers Sa Majesté,
Ou vous verrez finir cette sévérité ;*
Par cette injuste haine il se fait trop d'outrage.

FÉLIX

Daigne le ciel en vous achever son ouvrage,
Et pour vous rendre un jour ce que vous méritez,
Vous inspirez bientôt toutes ses vérités ! *
Nous autres, bénissons notre heureuse aventure ;
Allons à nos martyrs donner la sépulture,
Baiser leurs corps sacrés, les mettre en digne lieu,
Et faire retentir partout le nom de Dieu.

POMPÉE *

TRAGÉDIE

POMPÉE, acte III, sc. 2.
Mise en scène de Jean Marchat.
Comédie Française, juin 1963. *(Jean-Louis Jemma, Jean Marchat).*
Ph. : Bernand 23264/53.

POMPÉE, acte IV, sc. 4.
Mise en scène de Joan Marchat.
Comédie Française, juin 1963. *(Louise Conte, Thérèse Marney, Christiane Carpentier, Jean Marchat, Georges Descrières).*
Ph. : Bernand 241254/35.

POMPÉE

NOTICE

Dans « le même hiver », avoue Corneille [1], ont été écrits Pompée et Le Menteur. Sans doute l'hiver 1642-1643. C'est alors, en effet, que Polyeucte fut créé, et le poète affirme que dans Pompée il a voulu répondre à ceux qui trouvaient que les vers de sa précédente tragédie manquaient de puissance.

La pièce fut représentée à la saison suivante au théâtre du Marais. On sait que la Beaupré jouait Cornélie et la Floridor Cléopâtre. L'œuvre remporta un succès certain.

Du tragique religieux et familial de Polyeucte, Corneille a voulu revenir au tragique politique. Les rois et les conquérants reparaissent sur la scène ; c'est donc le Corneille de Cinna qui apparemment fait sa rentrée. Il se nourrit de toute une tradition française, le Pompée de Chaulmer, la Cornélie de Garnier ; il s'inspire des vies de Pompée et de César écrites par Plutarque, du De Bello Civili de César, mais il le reconnaît lui-même, son maître est Lucain et bien des passages de la tragédie, les narrations, certains élans lyriques, émanent de la Pharsale.

Cette œuvre, comme la plupart des tragédies du XVIIe siècle, prétend à travers la peinture d'un grand événement historique, s'élever à une méditation sur les ressorts qui font la force et la décadence des empires, et cette méditation s'applique d'abord à l'actualité.

L'histoire, ainsi que le dit Corneille, a été à la fois « conservée » et « falsifiée » [2]. Le poète a inventé le retour de Cornélie en Egypte, et surtout il a enfermé en un simple vestibule et en une seule journée des événements qui se sont déroulés en plusieurs lieux et sur un long laps de temps ; « Pompée fut massacré devant les murs de Palusium qu'on appelle aujourd'hui Damiette, et César prit terre à Alexandrie » [3] ; la guerre de César et de Ptolémée dura presque un an.

Cette concentration n'est pas choquante et elle donne plus de force à la philosophie de l'histoire qui est ici proposée. Trois races s'opposent : les Romains, les rois, les ministres.

« Etre Romain, c'est être plus qu'un homme » (v. 194), Pompée, César et Cornélie l'attestent. César tient « le trône égal à l'infamie » (v. 810) ; il affirme qu'une « dame romaine » mérite plus d'honneurs que la reine (v. 1065-1070). C'est à lui, ainsi qu'à Pompée, que le père de Ptolémée a dû sa couronne (v. 131-132 ; 283-320 ; 867-870). Le conquérant méprise donc la cour dégénérée d'Alexandrie. Il y fait la loi, mais le règne de Rome n'est pas seulement le règne de la force ; c'est l'avènement d'une morale plus pure, d'un esprit chevaleresque :

« Je ne veux que [...] vaincre et pardonner,
[...] mes plus dangereux et mes plus grands adversaires,
Sitôt qu'ils sont vaincus, ne sont plus que mes frères » (v. 916-918).

A travers les discordes et la haine subsistent l'estime mutuelle et la sincérité (acte III, sc. 4). Un climat sublime entoure donc les Romains : Pompée, qui méprise la mort (v. 519-520), Cornélie enivrée de vengeance et capable pourtant de sauver César (acte IV, sc. 4) — un sublime qui tient du paradoxe et de l'impossible. César serait peut-être plus humain. Il ne laisse pas de ressentir quelque joie « par un mouvement commun à la nature » (v. 774), lorsqu'on lui montre la tête de son ennemi. Mais il sait refouler ce mouvement indigne ; il sait pleurer sur Pompée,

« Et forçant sa vertu d'être encor la maîtresse,
Se montre généreux par un trait de faiblesse » (v. 785-790).

Le héros est donc imprégné de stoïcisme. D'un certain stoïcisme, celui qui consiste à imposer à son cœur et à son corps l'empire de la raison et à ne consentir qu'à des émotions légitimes.

Mais ce Romain est modernisé ; il est de l'époque de Madeleine de Scudéry : toutes ses victoires, il en rend hommage à Cléopâtre (v. 396),

« Et de la même main, dont il quitte l'épée
Fumante encor du sang des amis de Pompée,
Il trace des soupirs, et d'un style plaintif
Dans son champ de victoire, il se dit [son] [...] captif » (v. 397-400).

Dans les entrevues avec Ptolémée, avec Cornélie, il ne voit qu'une gêne ou un retard qui l'empêchent de s'abandonner à sa passion (v. 943-944 ; 977-980). Amour raisonnable d'ailleurs et noble, qui le conduit de victoire en victoire et l'a fait triompher à Pharsale (v. 1269-1271).

Septime peut se vendre à Ptolémée et lui donner de mauvais conseils ; il ne supportera pas d'être humilié et chassé par César ; il préférera se donner la mort, ce qui le réhabilite un peu et montre que la vertu ne s'éteint pas complètement dans le cœur des Romains.

La valeur proprement surhumaine de Cornélie, de Pompée et même de César, l'amour romanesque de César pour Cléopâtre, nuisent évidemment au réalisme politique. Corneille, dans Nicomède, *dans* Sophonisbe, *sera plus hardi et plus sagace pour peindre les menées de Rome dans les royaumes d'Orient et d'Afrique.*

Cléopâtre et Ptolémée présentent deux images de la monarchie. Ils sont, l'un et l'autre, inférieurs aux héros romains. Ils ne connaissent pas la vertu stoïcienne ni le désintéressement. Ils n'agissent que par ambition, et c'est, dit Cléopâtre,

« La seule passion digne d'une princesse » (v. 434).

Encore convient-il, pour être digne de son sang, que cette ambition n'entraîne à aucune vilénie,

« [...] que la gloire anime ses ardeurs,
Qu'elle mène sans honte au faîte des grandeurs » (v. 435-436).

Un roi doit refuser le trône, s'il lui est offert « avec ignominie » (v. 438). C'est ainsi que Cléopâtre qui devrait, si elle obéissait à son intérêt, agir pour César et non pas pour Pompée (v. 286), défend le vaincu de Pharsale et suit son « devoir » (v. 440). Vertu moins haute, moins paradoxale sans doute, que celle de Cornélie, mais enfin la haute naissance des princes « soumet tout à leur gloire » (v. 373) et les rend capables de dominer leurs passions (v. 372).

Un mauvais roi est donc, pour ainsi dire, un être inconcevable, un monstre. Ptolémée commet des erreurs et des crimes, et comment est-ce possible ? Parce qu'il « ne se croit pas » (v. 374), parce qu'au lieu de suivre les nobles impulsions de son sang, il écoute ses conseillers. Chez les rois,

« [...] si le peuple [...] voit quelques dérèglements,
C'est quand l'avis d'autrui corrompt leurs sentiments » (v. 375-376).

Leur vertu ne peut être ternie que par les conseils des âmes basses (v. 274, 379).

Aux exhortations de sa sœur, Ptolémée réplique avec une caressante ironie, qui anime de quelques reflets d'Orient cette tragédie solennelle (acte I, sc. 3). Jean Schlumberger a pu admirer « la souplesse de ces deux chats royaux [...] à côté de la lourdeur romaine » [4]. Le pharaon n'a pas absolument oublié ce qu'il se doit. Les vulgaires conseils de ses ministres, il les intègre dans un plus noble dessein : venger les rois, humilier Rome (v. 189-208). Enfin, il sait mourir

« [...] avec toutes les marques
Que puissent laisser d'eux les plus dignes monarques » (v. 1633-1634).

C'est ainsi que le mauvais roi est purgé de ses fautes et que seuls ses ministres en portent la souillure. Ils lui ont désappris le chemin de l'honneur ; ils l'ont infecté de maximes machiavéliques (v. 49-50 ; 104 ; 105 ; 135-136 ; 163-164). Mais leur intelligence retorse est impuissante devant l'héroïsme. César épris de Cléopâtre et de l'honneur, Cléopâtre soucieuse avant tout de sa gloire, triomphent aisément de ces calculs et de ces pièges.

La leçon est aisée à comprendre. Le roi ne doit pas avoir de favoris. Seul, il est capable de gouverner et ne se déshonore jamais. Il ne doit pas se laisser dominer par des conseillers que leur basse origine rend incapables de comprendre la vraie politique. Ecrite après la mort de Richelieu, la tragédie semble bien contenir la condamnation du cardinal-ministre. Louis-le-juste eut tort de l'écouter :

« Car c'est ne régner pas qu'être deux à régner,
Un roi qui s'y résout est mauvais politique » (v. 232-233)
« [César] [...] vous plaint d'écouter ces lâches politiques
Qui n'inspirent aux rois que des mœurs tyranniques ;
Ainsi que la naissance, ils ont les esprits bas ;
En vain on les élève à régir des Etats ;
Un cœur né pour servir sait mal comme on commande » (v. 1193-1197).

La tragédie est dédiée à Mazarin, ce qui paraît presque ironique. Plus encore que Richelieu, cet Italien d'humble naissance, trop souple et trop fin, peut faire penser aux conseillers de Ptolémée. Mais peut-être Corneille voulait-il justement signifier qu'il n'avait pas songé à lui.

Condamnation du machiavélisme et de la tyrannie, tels que le ministre de Louis XIII les a incarnés, reconnaissance de l'absolue perfection des rois, s'ils savent régner sans favoris, définition de l'ambition des monarques, qui doit se concilier avec la gloire, et du véritable héroïsme que l'amour entretient, comme dans les romans de chevalerie : on ne peut dire que les idées politiques exprimées dans Pompée soient bien audacieuses, ni bien profondes. Beaucoup moins qu'elles ne le seront dans les tragédies suivantes, beaucoup moins qu'elles ne le furent dans Cinna.

L'originalité de Pompée n'est pas là. Elle réside dans ce que Louis Herland a appelé « les éléments précornéliens » [5]. Cette « piteuse tragédie », comme celles de Jodelle et de Montchrestien, semble souvent marquer une régression du poète qui renonce à ce qu'il avait apporté sur la scène. Il ne songe plus à peindre de jeunes amants, leurs tourments, leur triomphe. Il écrit une tragédie sans jeune premier. Il fait paraître avec Cornélie une matrone. Il emplit sa pièce de lieux communs : lamentations sur l'inconstance de la fortune, évocation de régions maudites, telle l'Egypte, thème de la femme fatale ; les plaintes, les larmes, les soupirs, y sont abondants. A ce pathétique s'ajoutent des éléments héroïques — Cornélie, la vertu romaine, et même Cléopâtre — des éléments épiques — les récits guerriers — des éléments romanesques — l'amour de César. Tout cela est banal et « précornélien », mais le poète en reprenant cet héritage cherche à le renouveler ; il aspire à plus de sobriété que ses devanciers : le pathétique reste mesuré ; l'épopée est assez sèche et sévère ; le romanesque n'est pas abusif.

Cette analyse est juste. Il est permis cependant d'aller plus loin. La réflexion politique dans cette tragédie reste fort simple. Les personnages sont assez élémentaires, voire conventionnels. L'action ne nous attache guère, et est-ce vraiment une action ? Corneille explique dans le Discours du Poème Dramatique que tous les problèmes soulevés par la mort de Pompée sont, au dénouement, résolus ; le spectateur peut quitter le théâtre, sachant le sort des ministres, celui de Ptolémée, celui de César, celui de Cléopâtre. Dans son examen de la tragédie, le poète redit que « les événements ont une telle dépendance l'un de l'autre, que la tragédie n'aurait pas été complète, si je ne l'eusse poussée jusqu'au terme où je le fais finir ». On peut accepter cette apologie, mais elle laisse échapper ce qu'il y a de plus original dans la structure de la tragédie, « Pompée n'est point, affirme Voltaire, une véritable tragédie, c'est une tentative que fit Corneille pour mettre sur la scène des morceaux excellents qui ne faisaient point un tout » [6]. Lente à débuter, puisque les deux premiers actes ne font qu'annoncer et narrer la mort de Pompée, cette pièce ne semble contenir qu'une suite de scènes. On peut entre elles discerner quelque enchaînement, mais les divers personnages, les desseins et les actes de chacun, semblent jusqu'à un certain point indépendants. Il n'est aucun rapport réel entre Cornélie assoiffée de vengeance, et Cléopâtre en lutte contre son frère. Ou plutôt la vraie action a lieu entre le premier et le deuxième acte, dans l'esquif où Pompée est percé de coups. Nous ne voyons ensuite que les conséquences de ce forfait ; l'assassin de Pompée, l'adversaire de Pompée, la veuve de Pompée, chacun n'apparaît que pour porter le reflet de sa mort ou signifier sa grandeur. Il importe seulement que le grand homme soit vengé et glorifié.

Nous devrions avoir quatre actes préparant le meurtre de Pompée. Nous devrions écouter, au cinquième acte, le récit de sa mort, avant d'assister au châtiment de ses assassins. L'action est ici concentrée en un seul acte. Viennent ensuite les récits, les déclamations, les moralités. Bref, la pièce est bien moins dramatique que rhétorique ou poétique. Les personnages ne sont plus que l'idée d'eux-mêmes ; la politique se ramène à quelques mythes élémentaires.

« Madame, avez-vous vu dans ces tapisseries les héros de romans ? » demande

Alcidon dans L'Impromptu de l'Hôtel de Condé pour évoquer César, tel que le jouait Molière. Tapisserie, héros de roman, n'est-ce pas la vérité de cette tragédie ? Dans chaque acte, dans chaque scène, l'esthétique, la composition, l'emportent sur la vie. Emplie de narrations (v. 283-320 ; 385-410 ; 449-567 ; 735-799 ; 1485-1516), de harangues (808-851 ; 985-1088 ; 1373-1423), de maximes (370, 636, 1593...), cette pièce n'est, en fait, qu'une fastueuse tapisserie : les héros, plus qu'humains, jouent la vengeance, l'amour, la lâcheté ; au loin, paraissent de somptueuses images — les galères dont les rames battent les flots, les carnages de la guerre, les bûchers funèbres. Images assez sèches d'ailleurs — comme emblématiques. On finit par comprendre que cette tragédie ait plu à Valéry. C'est tout autre chose qu'une « satire » du gouvernement de Richelieu ; c'est tout autre chose qu'une image de l'histoire romaine. C'est une Hérodiade ou une Sémiramis, comme l'écrit J. Schlumberger [7]. C'est une tragédie mallarméenne, avec ces acteurs presque immobiles, visant à imiter, sur un fond de mer et de batailles, les images idéales du Héros, de la Veuve, de la Princesse, n'étant plus d'ordinaire que des essences parmi les ombres et les dorures de l'histoire.

Sans doute cette tragédie ne peut-elle intéresser qu'en conservant son originalité paradoxale : une allure hiératique, un faste abstrait, des attitudes presque symboliques [8].

A.N.

Editions collationnées :
Ed. séparées : 1644 in-4° ; 1644 in-12.
Recueils : 1648 in-12 ; 1652 in-12 ; 1654 in-12 ; 1655 in-12 ; 1656 in-12 ; 1660 in-8° ; 1663 in-fol ; 1664 in-8° ; 1668 in-12 ; 1682 in-12.

NOTES

1 Epître dédicatoire du *Menteur*.
2 *Examen*.
3 *Ibid*.
4 *Plaisir à Corneille*, p. 106.
5 *Revue d'histoire littéraire de la France*, 1950, p. 1-15.
6 *Complete Works*, t. 54, p. 454.
7 *Plaisir à Corneille*, p. 99.
8 Les metteurs en scène ne semblent pas s'être orientés dans cette voie, ni Jean Marchat à la Comédie-Française, ni Jean Serge au Festival de Barentin, ni Jean-Louis Martin-Barbaz (Ensemble théâtral de Lyon, 1971).

A Mgr L'ÉMINENTISSIME CARDINAL MAZARIN [1]

MONSEIGNEUR,

Je présente le grand Pompée à Votre Éminence, c'est-à-dire le plus grand personnage de l'ancienne Rome au plus illustre de la nouvelle ; je mets sous la protection du premier ministre de notre jeune roi un héros qui, dans sa bonne fortune, fut le protecteur de beaucoup de rois, et qui, dans sa mauvaise, eut encore des rois pour ses ministres. Il espère de la générosité de Votre Éminence qu'elle ne dédaignera pas de lui conserver cette seconde vie que j'ai tâché de lui redonner, et que, lui rendant cette justice qu'elle fait rendre par tout le royaume, elle le vengera pleinement de la mauvaise politique de la cour d'Égypte. Il l'espère, et avec raison, puisque dans le peu de séjour qu'il a fait en France [2], il a déjà su de la voix publique que les maximes dont vous vous servez pour la conduite de cet État ne sont point fondées sur d'autres principes que ceux de la vertu. Il a su d'elle les obligations que vous a la France de l'avoir choisie pour votre seconde mère [3], qui vous est d'autant plus redevable, que les grands services que vous lui rendez sont de purs effets de votre inclination et de votre zèle, et non pas des devoirs de votre naissance. Il a su d'elle que Rome* s'est acquittée envers notre jeune monarque de ce qu'elle devait à ses prédécesseurs, par le présent qu'elle lui a fait de votre personne. Il a su d'elle enfin que la solidité de votre prudence et la netteté de vos lumières enfantent des conseils si avantageux pour le gouvernement, qu'il semble que ce soit vous à qui, par un esprit de prophétie, notre Virgile ait adressé ce vers il y a plus de seize siècles :

Tu regere imperio populos, Romane, memento [4].

Voilà, MONSEIGNEUR, ce que ce grand homme a appris en apprenant à parler français :

Pauca, sed a pleno venientia pectore veri [5].

Et comme la gloire de Votre Éminence est assez assurée sur la fidélité de cette voix publique, je n'y mêlerai point la faiblesse de mes pensées, ni la rudesse de mes expressions, qui pourraient diminuer quelque chose de son éclat ; et je n'ajouterai rien aux célèbres témoignages qu'elle vous rend, qu'une profonde vénération pour les hautes qualités qui vous les ont acquis, avec une protestation très sincère et très inviolable d'être toute ma vie,

MONSEIGNEUR,

De votre ÉMINENCE,

Le très humble, très obéissant et très fidèle serviteur.

CORNEILLE [6].

AU LECTEUR [7]

Si je voulais faire ici ce que j'ai fait en mes deux ouvrages,* et te donner le texte ou l'abrégé des auteurs dont cette histoire est tirée, afin que tu pusses remarquer en quoi je m'en serais écarté pour l'accommoder au théâtre, je ferais un avant-propos dix fois plus long que mon poème, et j'aurais à rapporter des livres entiers de presque tous ceux qui ont écrit l'histoire romaine. Je me contenterai de t'avertir que celui dont je me suis le plus servi a été le poète Lucain, dont la lecture m'a rendu si amoureux de la force de ses pensées et de la majesté de son raisonnement, qu'afin d'en enrichir notre langue, j'ai fait cet effort pour réduire en poème dramatique ce qu'il a traité en épique.* Tu trouveras ici cent ou deux cents vers traduits ou imités de lui. J'ai tâché de suivre ce grand homme dans le reste* et de prendre son caractère quand son exemple m'a manqué ; si je suis demeuré bien loin derrière, tu en jugeras. Cependant j'ai cru ne te déplaire pas de te donner ici trois passages qui ne viennent pas mal à mon sujet. Le premier est une épitaphe de Pompée, prononcée par Caton dans Lucain. Les deux autres sont deux peintures de Pompée et de César, tirées de Velleius Paterculus. Je les laisse en latin, de peur que ma traduction n'ôte trop de leur grâce et de leur force. Les dames se les feront expliquer.

EPITAPHIUM POMPEII MAGNI
(Cato, apud Lucanum, lib. IX.)

Civis obit, inquit, multum majoribus impar
Nosse modum juris, sed in hoc tamen utilis ævo,
Cui non ulla fuit justi reverentia : salva
Libertate potens, et solus plebe parata
Privatus servire sibi, rectorque senatus,
Sed regnantis, erat. Nil belli jure poposcit ;
Quæque dari voluit, voluit sibi posse negari.
Immodicas possedit opes, sed plura retentis
Intulit ; invasit ferrum, sed ponere norat.
Prætulit arma togæ, sed pacem armatus amavit.
Juvit sumpta ducem, juvit dimissa potestas.
Casta domus, luxuque carens, corruptaque nunquam
Fortuna domini. Clarum et venerabile nomen
Gentibus, et multum nostræ quod proderat urbi.
Olim vera fides, Sylla Marioque receptis
Libertatis obit ; Pompeio rebus adempto
Nunc et ficta perit ; Non jam regnare pudebit ;
Nec color imperii, nec frons erit ulla senatus.
O felix, cui summa dies fuit obvia victo,
Et cui quærendos Pharium scelus obtulit enses !
Forsitan in socerie potuisset vivere regno.
Scire mori, sors prima viris, sed proxima cogi.
Et mihi, si fatis aliena in jura venimus,
Da talem, Fortuna, Jubam : non deprecor hosti
Servari, dum me servet cervice recisa [8].

ICON POMPEII MAGNI
(Velleius Paterculus, lib. II, cap. XXIX.)

Fuit hic genitus matre Lucilia, stirpis senatoriæ ; forma excellens, non ea qua flos commendatur ætatis, sed dignitate et constantia, quæ in illam conveniens amplitudinem, fortunam quoque ejus ad ultimum vitæ comitata est diem : innocentia eximius, sanctitate præcipuus, eloquentia medius ; potentiæ quæ honoris causa ad eum deferretur, non ut ab eo occuparetur, cupidissimus ; dux bello peritissimus ; civis in toga (nisi ubi vereretur ne quem haberet parem) modestissimus, amicitiarum tenax, in offensis exorabilis, in reconcilianda gratia fidelissimus, in accipienda satisfactione facillimus, potentia sua nunquam aut raro ad impotentiam usus, pæne omnium votorum expers, nisi numeraretur inter maxima, in civitate libera dominaque gentium, indignari, cum omnes cives jure haberet pares, quemquam æqualem dignitate conspicere [9].

ICON C. J. CAESARIS
(Velleius Paterculus, lib. II, cap. XLI.)

Hic, nobilissima Juliorum genitus familia, et quod inter omnes antiquissimos constabat, ab Anchise ac Venere deducens genus, forma omnium civium excellentissimus, vigore animi acerrimus, munificentia effusissimus, animo super humanam et naturam et fidem evectus, magnitudine cogitationum, celeritate bellandi, patientia periculorum, Magno illi Alexandro, sed sobrio, neque iracundo simillimus : qui denique semper et somno et cibo in vitam, non in voluptatem, uteretur [10].

EXAMEN

A bien considérer cette pièce, je ne crois pas qu'il y en ait sur le théâtre où l'histoire soit plus conservée et plus falsifiée tout ensemble. Elle est si connue, que je n'ai osé en changer les événements, mais il s'y en trouvera peu qui soient arrivés comme je les fais arriver. Je n'y ai ajouté que ce qui regarde Cornélie, qui semble s'y offrir d'elle-même, puisque, dans la vérité historique, elle était dans le même vaisseau que son mari lorsqu'il aborda en Égypte, qu'elle le vit descendre dans la barque, où il fut assassiné à ses yeux par Septime [11], et qu'elle fut poursuivie sur mer par les ordres de Ptolomée [12]. C'est ce qui m'a donné occasion de feindre qu'on l'atteignit, et qu'elle fut ramenée devant César, bien que l'histoire n'en parle point. La diversité des lieux où les choses se sont passées, et la longueur du temps qu'elles ont consumé dans la vérité historique, m'ont réduit à cette falsification pour les ramener dans l'unité de jour et de lieu. Pompée fut massacré devant les murs de Pélusium, qu'on appelle aujourd'hui Damiette, et César prit terre à Alexandrie. Je n'ai nommé ni l'une ni l'autre ville, de peur que le nom de l'une n'arrêtât l'imagination de l'auditeur, et ne lui fît remarquer malgré lui la fausseté de ce qui s'est passé ailleurs. Le lieu particulier est, comme dans *Polyeucte*, un grand vestibule commun à tous les appartements du palais royal, et cette unité n'a rien que de vraisemblable, pourvu qu'on se détache de la vérité historique [13]. Le premier, le troisième et le quatrième acte y ont leur justesse manifeste ; il y peut avoir quelque difficulté pour le second et le cinquième, dont Cléopâtre ouvre l'un et Cornélie l'autre. Elles sembleraient toutes deux avoir plus de raison de parler dans leur appartement, mais l'impatience de la curiosité féminine les en peut faire sortir, l'une pour apprendre plus tôt les nouvelles de la mort de Pompée, ou par Achorée, qu'elle a envoyé en être témoin, ou par le premier qui entrera dans ce vestibule, et l'autre pour en savoir du combat de César et des Romains contre Ptolomée et les Égyptiens, pour empêcher que ce héros n'en aille donner* à Cléopâtre avant qu'à elle, et pour obtenir de lui d'autant plus tôt la permission de partir. En quoi on peut remarquer que, comme elle sait qu'il est amoureux de cette reine, et qu'elle peut douter qu'au retour de son combat, les trouvant ensemble, il ne lui fasse le premier compliment, le soin qu'elle a de conserver la dignité romaine lui fait prendre la parole la première, et obliger par là César à lui répondre avant qu'il puisse dire rien à l'autre.

Pour le temps, il m'a fallu réduire en soulèvement tumultuaire une guerre qui n'a pu durer guère moins d'un an, puisque Plutarque rapporte qu'incontinent après que César fut parti d'Alexandrie, Cléopâtre accoucha de Césarion [14]. Quand Pompée se présenta pour entrer en Égypte, cette princesse et le roi son frère avaient chacun leur armée prête à en venir aux mains l'une contre l'autre, et n'avaient garde ainsi de loger dans le même palais. César, dans ses *Commentaires*, ne parle point de ses amours avec elle, ni que la tête de Pompée lui fut présentée quand il arriva ; c'est Plutarque [15] et Lucain [16] qui nous apprennent l'un et l'autre, mais ils ne lui font présenter cette tête que par un des ministres du roi, nommé Théodote, et non par le roi même, comme je l'ai fait [17].

Il y a quelque chose d'extraordinaire dans le titre de ce poème, qui porte le nom d'un héros qui n'y parle point, mais il ne laisse pas d'en être, en quelque sorte, le principal acteur, puisque sa mort est la cause unique de tout ce qui s'y passe. J'ai justifié ailleurs [18] l'unité d'action qui s'y rencontre, par cette raison que les événements y ont une telle dépendance l'un de l'autre, que la tragédie n'aurait pas été complète, si je ne l'eusse poussée jusqu'au terme* où je la fais finir. C'est à ce dessein que, dès le premier acte, je fais connaître la venue de César, à qui la cour d'Égypte immole Pompée pour gagner les bonnes grâces du victorieux ; et ainsi il m'a fallu nécessairement faire voir quelle réception il ferait à leur lâche et cruelle politique. J'ai avancé l'âge de Ptolomée, afin qu'il pût agir, et que, portant le titre de roi, il tâchât d'en soutenir le caractère. Bien que les historiens et le poète Lucain l'appellent communément *rex puer* [19], « le roi enfant », il ne l'était pas à tel point qu'il ne fût en état d'épouser sa sœur Cléopâtre, comme l'avait ordonné son père. Hirtius dit qu'il était *puer jam adulta ætate* [20], et Lucain appelle Cléopâtre incestueuse, dans ce vers qu'il adresse à ce roi par apostrophe :

Incestæ sceptris cessure sorori [21] ;

soit qu'elle eût déjà contracté ce mariage incestueux, soit à cause qu'après la guerre d'Alexandrie, et la mort de Ptolomée, César la fît épouser à son jeune frère, qu'il rétablit dans le trône : d'où l'on peut tirer une conséquence infaillible, que si le plus jeune des deux frères était en âge de se marier quand César partit d'Egypte, l'aîné en était capable quand il y arriva, puisqu'il n'y tarda pas plus d'un an.

Le caractère de Cléopâtre garde une ressemblance ennoblie par ce qu'on y peut imaginer de plus illustre. Je ne la fais amoureuse que par ambition, et en sorte qu'elle semble n'avoir point d'amour qu'en tant qu'il peut servir à sa grandeur. Quoique la réputation qu'elle a laissée la fasse passer pour une femme lascive et abandonnée à ses plaisirs, et que Lucain, peut-être en haine de César, la nomme en quelque endroit *meretrix regina* [22], et fasse dire ailleurs à l'eunuque Photin, qui gouvernait sous le nom de son frère Ptolomée :

Quem non e nobis credit Cleopatra nocentem ?
A quo casta fuit [23] ?

je trouve qu'à bien examiner l'histoire, elle n'avait que de l'ambition sans amour, et que, par politique, elle se servait des avantages de sa beauté pour affermir sa fortune. Cela paraît visible, en ce que les historiens ne marquent point qu'elle ne se soit donnée qu'aux deux premiers hommes du monde, César et Antoine, et qu'après la déroute de ce dernier, elle n'épargna aucun artifice pour engager Auguste dans la même passion qu'ils avaient eue pour elle, et fit voir par là qu'elle ne s'était attachée qu'à la haute puissance d'Antoine, et non pas à sa personne.

Pour le style, il est plus élevé en ce poème qu'en aucun des miens, et ce sont, sans contredit, les vers les plus pompeux que j'aie faits. La gloire n'en est pas toute à moi ; j'ai traduit de Lucain tout ce que j'y ai trouvé de propre à mon sujet, et comme je n'ai point fait de scrupule d'enrichir notre langue du pillage que j'ai pu faire chez lui, j'ai tâché, pour le reste, à entrer si bien dans sa manière de former ses pensées et de s'expliquer, que ce qu'il m'a fallu y joindre du mien sentît son génie, et ne fût pas indigne d'être pris pour un larcin que je lui eusse fait [24]. J'ai parlé, en l'examen de *Polyeucte* [25], de ce que je trouve à dire en la confidence que fait Cléopâtre à Charmion au second acte [26] ; il ne me reste qu'un mot touchant les narrations d'Achorée [27], qui ont toujours passé pour fort belles, en quoi je ne veux pas aller contre le jugement du public, mais seulement faire remarquer de nouveau que celui qui les fait et les personnes qui les écoutent ont l'esprit assez tranquille, pour avoir toute la patience qu'il y faut donner [28]. Celle du troisième acte, qui est à mon gré la plus magnifique, a été accusée de n'être pas reçue par une personne digne de la recevoir, mais bien que Charmion qui l'écoute ne soit qu'une domestique de Cléopâtre, qu'on peut toutefois prendre pour sa dame d'honneur, étant envoyée exprès par cette reine pour l'écouter, elle tient lieu de cette reine même, qui cependant montre un orgueil digne d'elle, d'attendre la visite de César dans sa chambre sans aller au-devant de lui. D'ailleurs, Cléopâtre eût rompu tout le reste de ce troisième acte, si elle s'y fût montrée, et il m'a fallu la cacher par adresse de théâtre, et trouver pour cela dans l'action un prétexte qui fût glorieux pour elle, et qui ne laissât point paraître le secret de l'art qui m'obligeait à l'empêcher de se produire.

LES ACTEURS

JULES CÉSAR.
MARC ANTOINE.
LÉPIDE.
CORNÉLIE, femme de Pompée.
PTOLOMÉE, roi d'Égypte.
CLÉOPÂTRE, sœur de Ptolomée.
PHOTIN, chef du conseil d'Égypte.
ACHILLAS, lieutenant général des armées du roi d'Égypte.
SEPTIME, tribun romain, à la solde du roi d'Égypte.
CHARMION, dame d'honneur de Cléopâtre.
ACHORÉE, écuyer de Cléopâtre.
PHILIPPE, affranchi de Pompée.
TROUPE DE ROMAINS.
TROUPE D'ÉGYPTIENS.

La scène est en Alexandrie, dans le palais de Ptolomée.

ACTE PREMIER

SCÈNE PREMIÈRE

PTOLOMÉE, PHOTIN, ACHILLAS, SEPTIME [1]

PTOLOMÉE

Le destin se déclare, et nous venons d'entendre
Ce qu'il a résolu du beau-père et du gendre [2].
Quand les dieux étonnés semblaient se partager,
Pharsale a décidé ce qu'ils n'osaient juger.
Ses fleuves teints de sang, et rendus plus rapides
Par le débordement de tant de parricides,
Cet horrible débris d'aigles, d'armes, de chars,
Sur ses champs empestés confusément épars,
Ces montagnes de morts privés d'honneurs suprêmes [3],
Que la nature force à se venger eux-mêmes,
Et dont les troncs pourris exhalent dans les vents *
De quoi faire la guerre au reste des vivants,
Sont les titres affreux dont le droit de l'épée,
Justifiant César, a condamné Pompée [4].*
Ce déplorable chef du parti le meilleur,
Que sa fortune lasse abandonne au malheur,
Devient un grand exemple, et laisse à la mémoire
Des changements du sort une éclatante histoire.
Il fuit, lui qui, toujours triomphant et vainqueur,
Vit ses prospérités égaler son grand cœur ;
Il fuit, et dans nos ports, dans nos murs, dans nos villes ;
Et, contre son beau-père ayant besoin d'asiles,
Sa déroute orgueilleuse en cherche aux mêmes lieux
Où contre les Titans en trouvèrent les dieux :
Il croit que ce climat, en dépit de la guerre,
Ayant sauvé le ciel, sauvera bien la terre,
Et, dans son désespoir à la fin se mêlant,
Pourra prêter l'épaule au monde chancelant.*
Oui, Pompée avec lui porte le sort du monde,
Et veut que notre Égypte, en miracles féconde,
Serve à sa liberté de sépulcre ou d'appui,
Et relève sa chute, ou trébuche sous lui.
C'est de quoi, mes amis, nous avons à résoudre.
Il apporte en ces lieux les palmes ou la foudre ;
S'il couronna le père, il hasarde le fils [5],*
Et, nous l'ayant donnée, il expose Memphis [6].
Il faut le recevoir, ou hâter son supplice,*
Le suivre, ou le pousser dedans le précipice.

L'un me semble peu sûr, l'autre peu généreux,
Et je crains d'être injuste, et d'être malheureux.
Quoi que je fasse enfin, la fortune ennemie
M'offre bien des périls, ou beaucoup d'infamie.
C'est à moi de choisir, c'est à vous d'aviser
A quel choix vos conseils doivent me disposer.*
Il s'agit de Pompée, et nous aurons la gloire
D'achever le César ou troubler la victoire,
Et je puis dire enfin que jamais potentat *
N'eut à délibérer d'un si grand coup d'État.

PHOTIN

Seigneur, quand par le fer les choses sont vidées,*
La justice et le droit sont de vaines idées ;
Et qui veut être juste en de telles saisons
Balance le pouvoir, et non pas les raisons.
Voyez donc votre force, et regardez Pompée,
Sa fortune abattue, et sa valeur trompée ;
César n'est pas le seul qu'il fuit en cet état ;
Il fuit et le reproche et les yeux du sénat,
Dont plus de la moitié piteusement étale
Une indigne curée aux vautours de Pharsale ;
Il fuit Rome perdue, il fuit tous les Romains,
A qui par sa défaite il met les fers aux mains ;
Il fuit le désespoir des peuples et des princes
Qui vengeraient sur lui le sang de leurs provinces,*
Leurs États et d'argent et d'hommes épuisés,
Leurs trônes mis en cendre, et leurs sceptres brisés [7].
Auteur des maux de tous, il est à tous en butte,
Et fuit le monde entier écrasé sous sa chute.
Le défendrez-vous seul contre tant d'ennemis ?
Lui seul pouvait pour soi : cédez alors qu'il tombe.
Soutiendrez-vous un faix sous qui Rome succombe [8],
Sous qui tout l'univers se trouve foudroyé,
Sous qui le grand Pompée a lui-même ployé ?
Quand on veut soutenir ceux que le sort accable.
A force d'être juste on est souvent coupable [9] ;
Et la fidélité qu'on garde imprudemment,
Après un peu d'éclat, traîne un long châtiment [10],
Trouve un noble revers, dont les coups invincibles,
Pour être glorieux, ne sont pas moins sensibles.
Seigneur, n'attirez point le tonnerre en ces lieux ;*
Rangez-vous du parti des destins et des dieux [11] ;
Et sans les accuser d'injustice ou d'outrage,
Puisqu'ils font les heureux, adorez leur ouvrage [12].
Quels que soient leurs décrets, déclarez-vous pour eux,
Et, pour leur obéir, perdez le malheureux [13].
Pressé de toutes parts des colères célestes,
Il en vient dessus vous faire fondre les restes,
Et sa tête, qu'à peine il a pu dérober,
Toute prête de choir, cherche avec qui tomber [14].
Sa retraite chez vous en effet n'est qu'un crime ;
Elle marque sa haine, et non pas son estime ;
Il ne vient que vous perdre en venant prendre port ;
Et vous pouvez douter s'il est digne de mort !

Il devait mieux remplir nos vœux et notre attente [15],
Faire voir sur ses nefs la victoire flottante ;
Il n'eût ici trouvé que joie et que festins,
Mais, puisqu'il est vaincu, qu'il s'en prenne aux destins.
J'en veux à sa disgrâce, et non à sa personne ;
J'exécute à regret ce que le ciel ordonne,
Et du même poignard pour César destiné
Je perce en soupirant son cœur infortuné [16].
Vous ne pouvez enfin qu'aux dépens de sa tête
Mettre à l'abri la vôtre, et parer la tempête.
Laissez nommer sa mort un injuste attentat ;
La justice n'est pas une vertu d'État.
Le choix des actions ou mauvaises ou bonnes
Ne fait qu'anéantir la force des couronnes ;
Le droit des rois consiste à ne rien épargner ;
La timide équité détruit l'art de régner.
Quand on craint d'être injuste, on a toujours à craindre [17],
Et qui veut tout pouvoir doit oser tout enfreindre,
Fuir comme un déshonneur la vertu qui le perd,
Et voler sans scrupule au crime qui lui sert.*
C'est là mon sentiment. Achillas et Septime
S'attacheront peut-être à quelque autre maxime.
Chacun a son avis, mais quel que soit le leur,
Qui punit le vaincu ne craint point le vainqueur.*

ACHILLAS

Seigneur, Photin dit vrai ; mais quoique de Pompée
Je voie et la fortune et la valeur trompée,
Je regarde son sang comme un sang précieux,
Qu'au milieu de Pharsale ont respecté les dieux.
Non qu'en un coup d'État je n'approuve le crime,
Mais, s'il n'est nécessaire, il n'est point légitime ;
Et quel besoin ici d'une extrême rigueur ?
Qui n'est point au vaincu ne craint point le vainqueur [18].
Neutre jusqu'à présent, vous pouvez l'être encore ;
Vous pouvez adorer César, si l'on l'adore ;
Mais quoique vos encens le traitent d'immortel,
Cette grande victime est trop pour son autel,
Et sa tête immolée au dieu de la victoire
Imprime à votre nom une tache trop noire ;
Ne le pas secourir suffit sans l'opprimer.
En usant de la sorte, on ne vous peut blâmer.
Vous lui devez beaucoup, par lui Rome animée
A fait rendre le sceptre au feu roi Ptolomée,
Mais la reconnaissance et l'hospitalité
Sur les âmes des rois n'ont qu'un droit limité.
Quoi que doive un monarque, et dût-il sa couronne,
Il doit à ses sujets encor plus qu'à personne,
Et cesse de devoir quand la dette est d'un rang
A ne point s'acquitter qu'aux dépens de leur sang.*
S'il est juste d'ailleurs que tout se considère,
Que hasardait Pompée en servant votre père ?
Il se voulut par là faire voir tout-puissant,
Et vit croître sa gloire en le rétablissant.
Il le servit enfin, mais ce fut de la langue ;

La bourse de César fit plus que sa harangue.
Sans ses mille talents [19], Pompée et ses discours
Pour rentrer en Égypte étaient un froid secours.
Qu'il ne vante donc plus ses mérites frivoles,
Les effets de César valent bien ses paroles,
Et, si c'est un bienfait qu'il faut rendre aujourd'hui,
Comme il parla pour vous, vous parlerez pour lui.
Ainsi vous le pouvez et devez reconnaître.
Le recevoir chez vous, c'est recevoir un maître,
Qui, tout vaincu qu'il est, bravant le nom de roi,
Dans vos propres États vous donnerait la loi.
Fermez-lui donc vos ports, mais épargnez sa tête.
S'il le faut toutefois, ma main est toute prête ;
J'obéis avec joie, et je serais jaloux *
Qu'autre bras que le mien portât les premiers coups.

SEPTIME

Seigneur, je suis Romain, je connais l'un et l'autre.*
Pompée a besoin d'aide, il vient chercher la vôtre ;
Vous pouvez, comme maître absolu de son sort,
Le servir, le chasser, le livrer vif ou mort,
Des quatre le premier vous serait trop funeste ;
Souffrez donc qu'en deux mots j'examine le reste.
Le chasser, c'est vous faire un puissant ennemi,
Sans obliger par là le vainqueur qu'à demi,
Puisque c'est lui laisser et sur mer et sur terre
La suite d'une longue et difficile guerre [20],
Dont peut-être tous deux également lassés
Se vengeraient sur vous de tous les maux passés.
Le livrer à César n'est que la même chose ;
Il lui pardonnera, s'il faut qu'il en dispose,
Et, s'armant à regret de générosité,
D'une fausse clémence il fera vanité,
Heureux de l'asservir en lui donnant la vie,
Et de plaire par là même à Rome asservie !
Cependant que, forcé d'épargner son rival,
Aussi bien que Pompée il vous voudra du mal
Il faut le délivrer du péril et du crime,
Assurer sa puissance et sauver son estime,
Et du parti contraire en ce grand chef détruit,
Prendre sur vous le crime et lui laisser le fruit.*
C'est là mon sentiment, ce doit être le vôtre :
Par là vous gagnez l'un, et vous craignez plus l'autre [21],
Mais suivant d'Achillas le conseil hasardeux,
Vous n'en gagnez aucun, et les perdez tous deux.*

PTOLOMÉE

N'examinons donc plus la justice des causes,
Et cédons au torrent qui roule toutes choses.*
Je passe au plus de voix, et de mon sentiment
Je veux bien avoir part à ce grand changement.
Assez et trop longtemps l'arrogance de Rome
A cru qu'être Romain c'était être plus qu'homme
Abattons sa superbe avec sa liberté ;
Dans le sang de Pompée éteignons sa fierté.

Tranchons l'unique espoir où tant d'orgueil se fonde,
Et donnons un tyran à ces tyrans du monde,
Secondons le destin qui les veut mettre aux fers,*
Et prêtons-lui la main pour venger l'univers.
Rome, tu serviras, et ces rois que tu braves,
Et que ton insolence ose traiter d'esclaves,
Adoreront César avec moins de douleur,
Puisqu'il sera ton maître aussi bien que le leur.
Allez donc, Achillas, allez avec Septime
Nous immortaliser par cet illustre crime.
Qu'il plaise au ciel ou non, laissez-m'en le souci.*
Je crois qu'il veut sa mort, puisqu'il l'amène ici.

ACHILLAS

Seigneur, je crois tout juste alors qu'un roi l'ordonne.*

PTOLOMÉE

Allez, et hâtez-vous d'assurer ma couronne,
Et vous ressouvenez que je mets en vos mains
Le destin de l'Égypte et celui des Romains [22].

SCÈNE II

PTOLOMÉE, PHOTIN

PTOLOMÉE

Photin, ou je me trompe, ou ma sœur est déçue.
De l'abord de Pompée elle espère autre issue.
Sachant que de mon père il a le testament,
Elle ne doute point de son couronnement ;
Elle se croit déjà souveraine maîtresse
D'un sceptre partagé que sa bonté lui laisse,
Et, se promettant tout de leur vieille amitié,
De mon trône en son âme elle prend la moitié,*
Où de son vain orgueil les cendres rallumées
Poussent déjà dans l'air de nouvelles fumées [23].

PHOTIN

Seigneur, c'est un motif que je ne disais pas,*
Qui devait de Pompée avancer le trépas.
Sans doute il jugerait de la sœur et du frère
Suivant le testament du feu roi votre père,
Son hôte et son ami, qui l'en daigna saisir :*
Jugez après cela de votre déplaisir.
Ce n'est pas que je veuille, en vous parlant contre elle,
Rompre les sacrés nœuds d'une amour fraternelle [24] ;
Du trône et non du cœur je la veux éloigner,
Car c'est ne régner pas qu'être deux à régner ;
Un roi qui s'y résout est mauvais politique ;
Il détruit son pouvoir quand il le communique,
Et les raisons d'État... Mais, seigneur, la voici.*

SCÈNE III

PTOLOMÉE, CLÉOPÂTRE, PHOTIN

CLÉOPÂTRE

Seigneur, Pompée arrive, et vous êtes ici ?*

PTOLOMÉE

J'attends dans mon palais ce guerrier magnanime,
Et lui viens d'envoyer Achillas et Septime.

CLÉOPÂTRE

Quoi ! Septime à Pompée, à Pompée Achillas !

PTOLOMÉE

Si ce n'est assez d'eux, allez, suivez leurs pas.

CLÉOPÂTRE

Donc pour le recevoir c'est trop que de vous-même ?

PTOLOMÉE

Ma sœur, je dois garder l'honneur du diadème.

CLÉOPÂTRE

Si vous en portez un, ne vous en souvenez
Que pour baiser la main de qui vous le tenez,
Que pour en fairc hommage aux pieds d'un si grand homme.

PTOLOMÉE

Au sortir de Pharsale est-ce ainsi qu'on le nomme ?

CLÉOPÂTRE

Fût-il dans son malheur de tous abandonné,
Il est toujours Pompée, et vous a couronné.

PTOLOMÉE

Il n'en est plus que l'ombre, et couronna mon père,
Dont l'ombre et non pas moi lui doit ce qu'il espère ;
Il peut aller, s'il veut, dessus son monument.*
Recevoir ses devoirs et son remerciement.

CLÉOPÂTRE

Après un tel bienfait, c'est ainsi qu'on le traite !

PTOLOMÉE

Je m'en souviens, ma sœur, et je vois sa défaite.

CLÉOPÂTRE

Vous la voyez de vrai, mais d'un œil de mépris.

PTOLOMÉE

Le temps de chaque chose ordonne et fait le prix.
Vous qui l'estimez tant, allez lui rendre hommage ;
Mais songez qu'au port même il peut faire naufrage.

CLÉOPÂTRE

Il peut faire naufrage, et même dans le port !
Quoi ! Vous auriez osé lui préparer la mort !

PTOLOMÉE

J'ai fait ce que les dieux m'ont inspiré de faire,
Et que pour mon État j'ai jugé nécessaire.

CLÉOPÂTRE

Je ne le vois que trop, Photin et ses pareils
Vous ont empoisonné de leurs lâches conseils ;
Ces âmes que le ciel ne forma que de boue...

PHOTIN

Ce sont de nos conseils, oui, madame, et j'avoue...

CLÉOPÂTRE

Photin, je parle au roi ; vous répondrez pour tous
Quand je m'abaisserai jusqu'à parler à vous.

PTOLOMÉE, *à Photin*

Il faut un peu souffrir de cette humeur hautaine.
Je sais votre innocence, et je connais sa haine ;
Après tout, c'est ma sœur, oyez sans repartir.

CLÉOPÂTRE

Ah ! S'il est encor temps de vous en repentir,*
Affranchissez-vous d'eux et de leur tyrannie,
Rappelez la vertu par leurs conseils bannie,
Cette haute vertu dont le ciel et le sang
Enflent toujours les cœurs de ceux de notre rang.

PTOLOMÉE

Quoi ! d'un frivole espoir déjà préoccupée,
Vous me parlez en reine en parlant de Pompée ;
Et d'un faux zèle ainsi votre orgueil revêtu
Fait agir l'intérêt sous le nom de vertu !
Confessez-le, ma sœur, vous sauriez vous en taire,
N'était le testament du feu roi notre père :
Vous savez qu'il le garde.

CLÉOPÂTRE

Et vous saurez aussi
Que la seule vertu me fait parler ainsi,
Et que, si l'intérêt m'avait préoccupée,
J'agirais pour César, et non pas pour Pompée.
Apprenez un secret que je voulais cacher,
Et cessez désormais de me rien reprocher.
Quand ce peuple insolent qu'enferme Alexandrie
Fit quitter au feu roi son trône et sa patrie,
Et que jusque dans Rome il alla du sénat *
Implorer la pitié contre un tel attentat,
Il nous mena tous deux pour toucher son courage,
Vous, assez jeune encor, moi déjà dans un âge [25]

Où ce peu de beauté que m'ont donné les cieux
D'un assez vif éclat faisait briller mes yeux.
César en fut épris, et du moins j'eus la gloire *
De le voir hautement donner lieu de le croire [26],
Mais voyant contre lui le sénat irrité,
Il fit agir Pompée et son autorité.
Ce dernier nous servit à sa seule prière,
Qui de leur amitié fut la preuve dernière [27] ;
Vous en savez l'effet, et vous en jouissez.
Mais pour un tel amant ce ne fut pas assez ;
Après avoir pour nous employé ce grand homme,
Qui nous gagna soudain toutes les voix de Rome,
Son amour en voulut seconder les efforts,
Et, nous ouvrant son cœur, nous ouvrit ses trésors.
Nous eûmes de ses feux, encore en leur naissance,
Et les nerfs de la guerre, et ceux de la puissance,
Et les mille talents qui lui sont encor dus
Remirent en nos mains tous nos États perdus,
Le roi, qui s'en souvint à son heure fatale,
Me laissa comme à vous le dignité royale,
Et, par son testament, il vous fit cette loi *
Pour me rendre une part de ce qu'il tint de moi.
C'est ainsi qu'ignorant d'où vint ce bon office,
Vous appelez faveur ce qui n'est que justice,
Et l'osez accuser d'une aveugle amitié,
Quand du tout qu'il me doit il me rend la moitié.

PTOLOMÉE

Certes, ma sœur, le conte est fait avec adresse.

CLÉOPÂTRE

César viendra bientôt, et j'en ai lettre expresse ;
Et peut-être aujourd'hui vos yeux seront témoins
De ce que votre esprit s'imagine le moins.
Ce n'est pas sans sujet que je parlais en reine.
Je n'ai reçu de vous que mépris et que haine,
Et, de ma part du sceptre indigne ravisseur,
Vous m'avez plus traité en esclave qu'en sœur ;
Même, pour éviter des effets plus sinistres,
Il m'a fallu flatter vos insolents ministres,
Dont j'ai craint jusqu'ici le fer ou le poison.
Mais Pompée ou César m'en va faire raison,
Et, quoi qu'avec Photin Achillas en ordonne,
Ou l'une ou l'autre main me rendra ma couronne.
Cependant mon orgueil vous laisse à démêler
Quel était l'intérêt qui me faisait parler.

SCÈNE IV

PTOLOMÉE, PHOTIN

PTOLOMÉE

Que dites-vous, ami, de cette âme orgueilleuse ?*

PHOTIN

Seigneur, cette surprise est pour moi merveilleuse ;*
Je n'en sais que penser, et mon cœur étonné
D'un secret que jamais il n'aurait soupçonné,
Inconstant et confus dans son incertitude,
Ne se résout à rien qu'avec inquiétude.

PTOLOMÉE

Sauverons-nous Pompée ?

PHOTIN

Il faudrait faire effort,
Si nous l'avions sauvé, pour conclure sa mort.
Cléopâtre vous hait ; elle est fière, elle est belle,
Et si l'heureux César a de l'amour pour elle,
La tête de Pompée est l'unique présent
Qui vous fasse contre elle un rempart suffisant.

PTOLOMÉE

Ce dangereux esprit a beaucoup d'artifice.

PHOTIN

Son artifice est peu contre un si grand service.

PTOLOMÉE

Mais si, tout grand qu'il est, il cède à ses appas ?

PHOTIN

Il la faudra flatter, mais ne m'en croyez pas,
Et pour mieux empêcher qu'elle ne vous opprime,
Consultez-en encore Achillas et Septime.

PTOLOMÉE

Allons donc les voir faire, et montons à la tour [28] ;
Et nous en résoudrons ensemble à leur retour.

ACTE II

SCÈNE PREMIÈRE

CLÉOPÂTRE, CHARMION

CLÉOPÂTRE

Je l'aime, mais l'éclat d'une si belle flamme,
Quelque brillant qu'il soit, n'éblouit point mon âme,
Et toujours ma vertu retrace dans mon cœur
Ce qu'il doit au vaincu, brûlant pour le vainqueur.
Aussi qui l'ose aimer porte une âme trop haute
Pour souffrir seulement le soupçon d'une faute,
Et je le traiterais avec indignité
Si j'aspirais à lui par une lâcheté.

CHARMION

Quoi ! Vous aimez César, et si vous étiez crue,
L'Égypte pour Pompée armerait à sa vue,
En prendrait la défense, et, par un prompt secours,
Du destin de Pharsale arrêterait le cours ?
L'amour certes sur vous a bien peu de puissance.

CLÉOPÂTRE

Les princes ont cela de leur haute naissance ;
Leur âme dans leur sang prend des impressions
Qui dessous leur vertu rangent leurs passions ;
Leur générosité soumet tout à leur gloire ;*
Tout est illustre en eux quand ils daignent se croire, *
Et si le peuple y voit quelques dérèglements,
C'est quand l'avis d'autrui corrompt leurs sentiments.*
Ce malheur de Pompée achève la ruine ;
Le roi l'eût secouru, mais Photin l'assassine ;
Il croit cette âme basse, et se montre sans foi [29],
Mais, s'il croyait la sienne, il agirait en roi.

CHARMION

Ainsi donc de César l'amante et l'ennemie...

CLÉOPÂTRE

Je lui garde ma flamme exempte d'infamie,*
Un cœur digne de lui.

CHARMION

Vous possédez le sien ?

CLÉOPÂTRE

Je crois le posséder.

CHARMION

Mais le savez-vous bien ?

CLÉOPÂTRE

Apprends qu'une princesse aimant sa renommée,
Quand elle dit qu'elle aime, est sûre d'être aimée,*
Et que les plus beaux feux dont son cœur soit épris,
N'oseraient l'exposer aux hontes d'un mépris.
Notre séjour à Rome enflamma son courage ;
Là j'eus de son amour le premier témoignage,
Et, depuis jusqu'ici chaque jour ses courriers
M'apportent en tribut ses vœux et ses lauriers.
Partout, en Italie, aux Gaules, en Espagne,
La fortune le suit, et l'amour l'accompagne.
Son bras ne dompte point de peuples ni de lieux
Dont il ne rend hommage au pouvoir de mes yeux,
Et de la même main dont il quitte l'épée
Fumante encor du sang des amis de Pompée,
Il trace des soupirs, et d'un style plaintif
Dans son champ de victoire il se dit mon captif [30].
Oui, tout victorieux il m'écrit de Pharsale,
Et si sa diligence à ses feux est égale,

Ou plutôt si la mer ne s'oppose à ses feux,
L'Égypte le va voir me présenter ses vœux.
Il vient, ma Charmion, jusque dans nos murailles,
Chercher auprès de moi le prix de ses batailles,
M'offrir toute sa gloire, et soumettre à mes lois
Ce cœur et cette main qui commandent aux rois, *
Et ma rigueur, mêlée aux faveurs de la guerre,
Ferait un malheureux du maître de la terre.

CHARMION

J'oserais bien jurer que vos charmants appas*
Se vantent d'un pouvoir dont ils n'useront pas,
Et que le grand César n'a rien qui l'importune
Si vos seules rigueurs ont droit sur sa fortune.
Mais quelle est votre attente, et que prétendez-vous,
Puisque d'une autre femme il est déjà l'époux,
Et qu'avec Calphurnie un paisible hyménée
Par des liens sacrés tient son âme enchaînée ?

CLÉOPÂTRE

Le divorce, aujourd'hui si commun aux Romains,
Peut rendre en ma faveur tous ces obstacles vains :
César en sait l'usage et la cérémonie ;
Un divorce chez lui fit place à Calphurnie [31].

CHARMION

Par cette même voie il pourra vous quitter.

CLÉOPÂTRE

Peut-être mon bonheur saura mieux l'arrêter,
Peut-être mon amour aura quelque avantage*
Qui saura mieux pour moi ménager son courage.*
Mais laissons au hasard ce qui peut arriver ;
Achevons cet hymen, s'il se peut achever ;
Ne durât-il qu'un jour, ma gloire est sans seconde
D'être du moins un jour la maîtresse du monde.
J'ai de l'ambition, et soit vice ou vertu,
Mon cœur sous son fardeau veut bien être abattu ;
J'en aime la chaleur, et la nomme sans cesse
La seule passion digne d'une princesse.
Mais je veux que la gloire anime ses ardeurs,
Qu'elle mène sans honte au faîte des grandeurs ;
Et je la désavoue alors que sa manie
Nous présente le trône avec ignominie.
Ne t'étonne donc plus, Charmion, de me voir
Défendre encor Pompée et suivre mon devoir ;
Ne pouvant rien de plus pour sa vertu séduite,
Dans mon âme en secret je l'exhorte à la fuite,
Et voudrais qu'un orage, écartant ses vaisseaux,
Malgré lui l'enlevât aux mains de ses bourreaux.
Mais voici de retour le fidèle Achorée,
Par qui j'en apprendrai la nouvelle assurée.

SCÈNE II

CLÉOPÂTRE, ACHORÉE, CHARMION

CLÉOPÂTRE

En est-ce déjà fait, et nos bords malheureux
Sont-ils déjà souillés d'un sang si généreux ?

ACHORÉE

Madame, j'ai couru par votre ordre au rivage ;
J'ai vu la trahison, j'ai vu toute sa rage ;
Du plus grand des mortels j'ai vu trancher le sort [32],
J'ai vu dans son malheur la gloire de sa mort,
Et puisque vous voulez qu'ici je vous raconte
La gloire d'une mort qui nous couvre de honte,
Écoutez, admirez, et plaignez son trépas.
Ses trois vaisseaux en rade avaient mis voiles bas ;
Et voyant dans le port préparer nos galères,
Il croyait que le roi, touché de ses misères,
Par un beau sentiment d'honneur et de devoir,
Avec toute sa cour le venait recevoir.
Mais voyant que ce prince, ingrat à ses mérites,
N'envoyait qu'un esquif rempli de satellites,
Il soupçonne aussitôt son manquement de foi *
Et se laisse surprendre à quelque peu d'effroi [33] ;
Enfin, voyant nos bords et notre flotte en armes,
Il condamne en son cœur ces indignes alarmes,*
Et réduit tous les soins d'un si pressant ennui
A ne hasarder pas Cornélie avec lui :
« N'exposons, lui dit-il, que cette seule tête
A la réception que l'Égypte m'apprête ;
Et tandis que moi seul j'en courrai le danger,
Songe à prendre la fuite afin de me venger.
Le roi Juba nous garde une foi plus sincère ;
Chez lui tu trouveras et mes fils, et ton père [34] ;
Mais quand tu les verrais descendre chez Pluton,
Ne désespère point du vivant de Caton [35] »
Tandis que leur amour en cet adieu conteste,*
Achillas à son bord joint son esquif funeste.
Septime se présente, et lui tendant la main,
Le salue empereur en langage romain,
Et comme député de ce jeune monarque,
« Passez, seigneur, dit-il passez dans cette barque,
Les sables et les bancs cachés dessous les eaux
Rendent l'accès mal sûr à de plus grands vaisseaux [36]. »
Ce héros voit la fourbe et s'en moque dans l'âme ;
Il reçoit les adieux des siens et de sa femme,
Leur défend de le suivre, et s'avance au trépas
Avec le même front qu'il donnait les États ;
La même majesté sur son visage empreinte
Entre ces assassins montre un esprit sans crainte ;
Sa vertu tout entière à la mort le conduit ;
Son affranchi Philippe est le seul qui le suit ;
C'est de lui que j'ai su ce que je viens de dire ;
Mes yeux ont vu le reste, et mon cœur en soupire,

Et croit que César même à de si grands malheurs
Ne pourra refuser des soupirs et des pleurs.

CLÉOPÂTRE

N'épargnez pas les miens ; achevez, Achorée,
L'histoire d'une mort que j'ai déjà pleurée.

ACHORÉE

On l'amène ; et du port nous le voyons venir,
Sans que pas un d'entre eux daigne l'entretenir [37].
Ce mépris lui fait voir ce qu'il en doit attendre.
Sitôt qu'on a pris terre, on l'invite à descendre ;*
Il se lève ; et soudain pour signal Achillas,*
Derrière ce héros tirant son coutelas,
Septime et trois des siens, lâches enfants de Rome,
Percent à coups pressés les flancs de ce grand homme,
Tandis qu'Achillas même, épouvanté d'horreur,
De ces quatre enragés admire la fureur [38].

CLÉOPÂTRE

Vous qui livrez la terre aux discordes civiles,
Si vous vengez sa mort, dieux, épargnez nos villes !
N'imputez rien aux lieux, reconnaissez les mains :
Le crime de l'Égypte est fait par des Romains.
Mais que fait et que dit ce généreux courage ?

ACHORÉE

D'un des pans de sa robe il couvre son visage,
A son mauvais destin en aveugle obéit,
Et dédaigne de voir le ciel qui le trahit,
De peur que d'un coup d'œil contre une telle offense*
Il ne semble implorer son aide ou sa vengeance [39].
Aucun gémissement à son cœur échappé
Ne le montre, en mourant, digne d'être frappé ;
Immobile à leurs coups, en lui-même il rappelle *
Ce qu'eut de beau sa vie, et ce qu'on dira d'elle,
Et tient la trahison que le roi leur prescrit
Trop au-dessous de lui pour y prêter l'esprit.
Sa vertu dans leur crime augmente ainsi son lustre
Et son dernier soupir est un soupir illustre,
Qui, de cette grande âme achevant les destins,
Étale tout Pompée aux yeux des assassins.
Sur les bords de l'esquif sa tête enfin penchée,*
Par le traître Septime indignement tranchée,
Passe au bout d'une lance en la main d'Achillas,
Ainsi qu'un grand trophée après de grands combats [40].
On descend, et pour comble à sa noire aventure *
On donne à ce héros la mer pour sépulture,
Et le tronc sous les flots roule dorénavant
Au gré de la fortune, et de l'onde, et du vent [41].
La triste Cornélie, à cet affreux spectacle,*
Par de longs cris aigus tâche d'y mettre obstacle,
Défend ce cher époux de la voix et des yeux,
Puis, n'espérant plus rien, lève les mains aux cieux ;

Et, cédant tout à coup à la douleur plus forte,
Tombe, dans sa galère, évanouie ou morte.
Les siens en ce désastre, à force de ramer,*
L'éloignent de la rive, et regagnent la mer [42] .*
Mais sa fuite est mal sûre ; et l'infâme Septime,
Qui se voit dérober la moitié de son crime,
Afin de l'achever, prend six vaisseaux au port,
Et poursuit sur les eaux Pompée après sa mort [43].
Cependant Achillas porte au roi sa conquête :
Tout le peuple tremblant en détourne la tête ;
Un effroi général offre à l'un sous ses pas
Des abîmes ouverts pour venger ce trépas ;
L'autre entend le tonnerre ; et chacun se figure *
Un désordre soudain de toute la nature ;
Tant l'excès du forfait, troublant leurs jugements,
Présente à leur terreur l'excès des châtiments !
Philippe, d'autre part, montrant sur le rivage
Dans une âme servile un généreux courage,
Examine d'un œil et d'un soin curieux
Où les vagues rendront ce dépôt précieux,
Pour lui rendre, s'il peut, ce qu'aux morts on doit rendre,
Dans quelque urne chétive en ramasser la cendre,
Et d'un peu de poussière élever un tombeau
A celui qui du monde eut le sort le plus beau.
Mais comme vers l'Afrique on poursuit Cornélie,
On voit d'ailleurs César venir de Thessalie :
Une flotte paraît, qu'on a peine à compter...

CLÉOPÂTRE

C'est lui-même, Achorée, il n'en faut point douter.
Tremblez, tremblez, méchants, voici venir la foudre ;
Cléopâtre a de quoi vous mettre tous en poudre ;
César vient, elle est reine, et Pompée est vengé ;
La tyrannie est bas, et le sort a changé.*
Admirons cependant le destin des grands hommes,
Plaignons-les, et par eux jugeons ce que nous sommes.
Ce prince d'un sénat maître de l'univers [44],
Dont le bonheur semblait au-dessus du revers,*
Lui que sa Rome a vut plus craint que le tonnerre,
Triompher en trois fois des trois parts de la terre,
Et qui voyait encore en ces derniers hasards
L'un et l'autre consul suivre ses étendards,
Sitôt que d'un malheur sa fortune est suivie,
Les monstres de l'Égypte ordonnent de sa vie [45].
On voit un Achillas, un Septime, un Photin,
Arbitres souverains d'un si noble destin ;
Un roi qui de ses mains a reçu la couronne
A ces pestes de cour lâchement l'abandonne.
Ainsi finit Pompée, et peut-être qu'un jour
César éprouvera même sort à son tour.
Rendez l'augure faux, dieux, qui voyez mes larmes,
Et secondez partout et mes vœux et ses armes !

CHARMION

Madame, le roi vient, qui pourra vous ouïr [46].

SCÈNE III

PTOLOMÉE, CLÉOPÂTRE, CHARMION

PTOLOMÉE

Savez-vous le bonheur dont nous allons jouir,
Ma sœur ?

CLÉOPÂTRE

Oui, je le sais, le grand César arrive :
Sous les lois de Photin je ne suis plus captive.

PTOLOMÉE

Vous haïssez toujours ce fidèle sujet ?

CLÉOPÂTRE

Non, mais en liberté je ris de son projet.

PTOLOMÉE

Quel projet faisait-il dont vous puissiez vous plaindre ?

CLÉOPÂTRE

J'en ai souffert beaucoup, et j'avais plus à craindre.
Un si grand politique est capable de tout,
Et vous donnez les mains à tout ce qu'il résout.

PTOLOMÉE

Si je suis ses conseils, j'en connais la prudence.

CLÉOPÂTRE

Si j'en crains les effets, j'en vois la violence.

PTOLOMÉE

Pour le bien de l'État tout est juste en un roi.

CLÉOPÂTRE

Ce genre de justice est à craindre pour moi.
Après ma part du sceptre, à ce titre usurpée,
Il en coûte la vie et la tête à Pompée.

PTOLOMÉE

Jamais un coup d'État ne fut mieux entrepris.
Le voulant secourir, César nous eût surpris ;
Vous voyez sa vitesse, et l'Égypte troublée,
Avant qu'être en défense, en serait accablée,
Mais je puis maintenant à cet heureux vainqueur
Offrir en sûreté mon trône et votre cœur.

CLÉOPÂTRE

Je ferai mes présents, n'ayez soin que des vôtres,
Et dans vos intérêts n'en confondez point d'autres.

PTOLOMÉE

Les vôtres sont les miens, étant de même sang.

CLÉOPÂTRE

Vous pouvez dire encore, étant de même rang,
Étant rois l'un et l'autre ; et toutefois je pense
Que nos deux intérêts ont quelque différence.

PTOLOMÉE

Oui, ma sœur, car l'État, dont mon cœur est content,
Sur quelques bords du Nil à grand'peine s'étend,*
Mais César, à vos lois soumettant son courage,
Vous va faire régner sur le Gange et le Tage.

CLÉOPÂTRE

J'ai de l'ambition, mais je la sais régler ;
Elle peut m'éblouir, et non pas m'aveugler.
Ne parlons point ici du Tage, ni du Gange,
Je connais ma portée, et ne prends point le change.

PTOLOMÉE

L'occasion vous rit, et vous en userez.

CLÉOPÂTRE

Si je n'en use bien, vous m'en accuserez.

PTOLOMÉE

J'en espère beaucoup, vu l'amour qui l'engage.

CLÉOPÂTRE

Vous la craignez peut-être encore davantage,
Mais, quelque occasion qui me rie aujourd'hui,
N'ayez aucune peur, je ne veux rien d'autrui.
Je ne garde pour vous ni haine, ni colère ;
Et je suis bonne sœur, si vous n'êtes bon frère [47].

PTOLOMÉE

Vous montrez cependant un peu bien du mépris.

CLÉOPÂTRE

Le temps de chaque chose ordonne et fait le prix.

PTOLOMÉE

Votre façon d'agir le fait assez connaître.

CLÉOPÂTRE

Le grand César arrive, et vous avez un maître.

PTOLOMÉE

Il l'est de tout le monde, et je l'ai fait le mien.

CLÉOPÂTRE

Allez lui rendre hommage, et j'attendrai le sien.
Allez, ce n'est pas trop pour lui que de vous-même ;
Je garderai pour vous l'honneur du diadème.
Photin vous vient aider à le bien recevoir ;
Consultez avec lui quel est votre devoir.

SCÈNE IV

PTOLOMÉE, PHOTIN

PTOLOMÉE

J'ai suivi tes conseils, mais plus je l'ai flattée,
Et plus dans l'insolence elle s'est emportée,
Si bien qu'enfin, outré de tant d'indignités,
Je m'allais emporter dans les extrémités.
Mon bras, dont ses mépris forçaient la retenue,
N'eût plus considéré César ni sa venue,
Et l'eût mise en état, malgré tout son appui,
De s'en plaindre à Pompée auparavant qu'à lui.*
L'arrogante ! A l'ouïr elle est déjà ma reine,
Et si César en croit son orgueil et sa haine,
Si, comme elle s'en vante, elle est son cher objet,
De son frère et son roi je deviens son sujet.
Non, non ; prévenons-la : c'est faiblesse d'attendre
Le mal qu'on voit venir sans vouloir s'en défendre.*
Otons-lui les moyens de nous plus dédaigner,
Otons-lui les moyens de plaire et de régner,
Et ne permettons pas qu'après tant de bravades
Mon sceptre soit le prix d'une de ses œillades [48].

PHOTIN

Seigneur, ne donnez point de prétexte à César *
Pour attacher l'Égypte aux pompes de son char.
Ce cœur ambitieux, qui, par toute la terre,
Ne cherche qu'à porter l'esclavage et la guerre,
Enflé de sa victoire, et des ressentiments
Qu'une perte pareille imprime aux vrais amants,
Quoique vous ne rendiez que justice à vous-même,
Prendrait l'occasion de venger ce qu'il aime,
Et, pour s'assujettir et vos Etats et vous,
Imputerait à crime un si juste courroux.

PTOLOMÉE

Si Cléopâtre vit, s'il la voit, elle est reine.

PHOTIN

Si Cléopâtre meurt, votre perte est certaine.

PTOLOMÉE

Je perdrai qui me perd, ne pouvant me sauver.

PHOTIN

Pour la perdre avec joie il faut vous conserver.

PTOLOMÉE

Quoi ? Pour voir sur sa tête éclater ma couronne ?
Sceptre, s'il faut enfin que ma main t'abandonne,
Passe, passe plutôt en celle du vainqueur.

PHOTIN

Vous l'arracherez mieux de celle d'une sœur.

Quelques feux que d'abord il lui fasse paraître,
Il partira bientôt, et vous serez le maître.
L'amour à ses pareils ne donne point d'ardeur,
Qui ne cède aisément aux soins de leur grandeur.
Il voit encor l'Afrique et l'Espagne occupées
Par Juba, Scipion et les jeunes Pompées [49] ;
Et le monde à ses lois n'est point assujetti,
Tant qu'il verra durer ces restes du parti.
Au sortir de Pharsale un si grand capitaine
Saurait mal son métier s'il laissait prendre haleine,
Et s'il donnait loisir à des cœurs si hardis
De relever du coup [50] dont ils sont étourdis.
S'il les vainc, s'il parvient où son désir aspire,
Il faut qu'il aille à Rome établir son empire,
Jouir de sa fortune et de son attentat,
Et changer à son gré la forme de l'État.
Jugez durant ce temps ce que vous pourrez faire.
Seigneur, voyez César, forcez-vous à lui plaire ;*
Et lui déférant tout, veuillez vous souvenir
Que les événements régleront l'avenir.
Remettez en ses mains trône, sceptre, couronne,
Et, sans en murmurer, souffrez qu'il en ordonne ;
Il en croira sans doute ordonner justement,
En suivant du feu roi l'ordre et le testament [51].
L'importance d'ailleurs de ce dernier service
Ne permet pas d'en craindre une entière injustice.
Quoi qu'il en fasse enfin, feignez d'y consentir,
Louez son jugement, et laissez-le partir.*
Après, quand nous verrons le temps propre aux vengeances,
Nous aurons et la force et les intelligences.
Jusque-là réprimez ces transports violents
Qu'excitent d'une sœur les mépris insolents ;
Les bravades enfin sont des discours frivoles,
Et qui songe aux effets néglige les paroles.

PTOLOMÉE

Ah ! Tu me rends la vie et le sceptre à la fois :
Un sage conseiller est le bonheur des rois.
Cher appui de mon trône, allons, sans plus attendre,
Offrir tout à César, afin de tout reprendre,
Avec toute ma flotte allons le recevoir,*
Et par ces vains honneurs séduire son pouvoir.

ACTE III

SCÈNE PREMIÈRE

CHARMION, ACHORÉE

CHARMION

Oui, tandis que le roi va lui-même en personne
Jusqu'aux pieds de César prosterner sa couronne,

Cléopâtre s'enferme en son appartement,
Et, sans s'en émouvoir, attend son compliment.
Comment nommerez-vous une humeur si hautaine ?

ACHORÉE

Un orgueil noble et juste, et digne d'une reine
Qui soutient avec cœur et magnanimité
L'honneur de sa naissance et de sa dignité.
Lui pourrai-je parler ?

CHARMION

Non, mais elle m'envoie
Savoir à cet abord ce qu'on a vu de joie,
Ce qu'à ce beau présent César a témoigné,
S'il a paru content, ou s'il l'a dédaigné,*
S'il traite avec douceur, s'il traite avec empire,
Ce qu'à nos assassins enfin il a su dire.*

ACHORÉE

La tête de Pompée a produit des effets
Dont ils n'ont pas sujet d'être fort satisfaits.
Je ne sais si César prendrait plaisir à feindre,
Mais pour eux jusqu'ici je trouve lieu de craindre ;
S'ils aimaient Ptolomée, ils l'ont fort mal servi.
Vous l'avez vu partir, et moi je l'ai suivi.
Ses vaisseaux en bon ordre ont éloigné la ville,
Et pour joindre César n'ont avancé qu'un mille.
Il venait à plein voile, et si dans les hasards
Il éprouva toujours pleine faveur de Mars,*
Sa flotte, qu'à l'envi favorisait Neptune,
Avait le vent en poupe ainsi que sa fortune.
Dès le premier abord notre prince étonné
Ne s'est plus souvenu de son front couronné ;
Sa frayeur a paru sous sa fausse allégresse ;
Toutes ses actions ont senti la bassesse ;
J'en ai rougi moi-même, et me suis plaint à moi
De voir là Ptolomée, et n'y voir point de roi,
Et César, qui lisait sa peur sur son visage,
Le flattait par pitié pour lui donner courage.
Lui, d'une voix tombante offrant ce don fatal :
« Seigneur, vous n'avez plus, lui dit-il, de rival ;
Ce que n'ont pu les dieux dans votre Thessalie,
Je vais mettre en vos mains Pompée et Cornélie.
En voici déjà l'un, et pour l'autre, elle fuit,
Mais avec six vaisseaux un des miens la poursuit [52]. »
A ces mots Achillas découvre cette tête ;
Il semble qu'à parler encore elle s'apprête,
Qu'à ce nouvel affront un reste de chaleur
En sanglots mal formés exhale sa douleur ;
Sa bouche encore ouverte et sa vue égarée
Rappellent sa grande âme à peine séparée,
Et son courroux mourant fait un dernier effort
Pour reprocher aux dieux sa défaite et sa mort.
César, à cet aspect, comme frappé du foudre,
Et comme ne sachant que croire ou que résoudre,

Immobile, et les yeux sur l'objet attachés,
Nous tient assez longtemps ses sentiments cachés ;
Et je dirai, si j'ose en faire conjecture,
Que, par un mouvement commun à la nature,
Quelque maligne joie en son cœur s'élevait [53],
Dont sa gloire indignée à peine le sauvait.
L'aise de voir la terre à son pouvoir soumise
Chatouillait malgré lui son âme avec surprise,
Et de cette douceur son esprit combattu
Avec un peu d'effort assurait sa vertu.
S'il aime sa grandeur, il hait la perfidie ;
Il se juge en autrui, se tâte, s'étudie,
Examine en secret sa joie et ses douleurs,*
Les balance, choisit, laisse couler des pleurs,
Et, forçant sa vertu d'être encor la maîtresse,
Se montre généreux par un trait de faiblesse.
Ensuite il fait ôter ce présent de ses yeux,
Lève les mains ensemble et les regards aux cieux,
Lâche deux ou trois mots contre cette insolence,
Puis tout triste et pensif il s'obstine au silence,
Et même à ses Romains ne daigne repartir
Que d'un regard farouche et d'un profond soupir [54].
Enfin ayant pris terre avec trente cohortes,
Il se saisit du port, il se saisit des portes,
Met des gardes partout et des ordres secrets,
Fait voir sa défiance, ainsi que ses regrets,
Parle d'Égypte en maître et de son adversaire,
Non plus comme ennemi, mais comme son beau-père.
Voilà ce que j'ai vu.

CHARMION

Voilà ce qu'attendait,
Ce qu'au juste Osiris la reine demandait.
Je vais bien la ravir avec cette nouvelle.
Vous, continuez-lui ce service fidèle.

ACHORÉE

Qu'elle n'en doute point. Mais César vient. Allez,
Peignez-lui bien nos gens pâles et désolés,
Et moi, soit que l'issue en soit douce ou funeste,
J'irai l'entretenir quand j'aurai vu le reste.

SCÈNE II

CÉSAR, PTOLOMÉE, LÉPIDE,
PHOTIN, ACHORÉE [55],
SOLDATS ROMAINS, SOLDATS ÉGYPTIENS.

PTOLOMÉE

Seigneur, montez au trône, et commandez ici.

CÉSAR

Connaissez-vous César de lui parler ainsi ?

Que m'offrirait de pis la fortune ennemie,
A moi qui tiens le trône égal à l'infamie ?
Certes, Rome à ce coup pourrait bien se vanter
D'avoir eu juste lieu de me persécuter,
Elle qui d'un même œil les donne et les dédaigne,
Qui ne voit rien aux rois qu'elle aime ou qu'elle craigne,
Et qui verse en nos cœurs avec l'âme et le sang,
Et la haine du nom et le mépris du rang.
C'est ce que de Pompée il vous fallait apprendre ;
S'il en eût aimé l'offre, il eût su s'en défendre,
Et le trône et le roi se seraient ennoblis
A soutenir la main qui les a rétablis.
Vous eussiez pu tomber, mais tout couvert de gloire ;
Votre chute eût valu la plus haute victoire,
Et si votre destin n'eût pu vous en sauver,
César eût pris plaisir à vous en relever.
Vous n'avez pu former une si noble envie.
Mais quel droit aviez-vous sur cette illustre vie ?
Que vous devait son sang pour y tremper vos mains,
Vous qui devez respect au moindre des Romains ?
Ai-je vaincu pour vous dans les champs de Pharsale ?*
Et, par une victoire aux vaincus trop fatale,
Vous ai-je acquis sur eux, en ce dernier effort,
La puissance absolue et de vie et de mort ?
Moi qui n'ai jamais pu la souffrir à Pompée,
La souffrirai-je en vous sur lui-même usurpée,
Et que de mon bonheur vous ayez abusé
Jusqu'à plus attenter que je n'aurais osé ?
De quel nom, après tout, pensez-vous que je nomme
Ce coup où vous tranchez du souverain de Rome,
Et qui sur un seul chef lui fait bien plus d'affront
Que sur tant de milliers ne fit le roi de Pont [56] ?
Pensez-vous que j'ignore ou que je dissimule
Que vous n'auriez pas eu pour moi plus de scrupule,
Et que, s'il m'eût vaincu, votre esprit complaisant *
Lui faisait de ma tête un semblable présent ?
Grâces à ma victoire, on me rend des hommages,
Où ma fuite eût reçu toutes sortes d'outrages ;
Au vainqueur, non à moi, vous faites tout l'honneur.
Si César en jouit, ce n'est que par bonheur.
Amitié dangereuse et redoutable zèle,
Que règle la fortune, et qui tourne avec elle !
Mais parlez, c'est trop être interdit et confus [57].

PTOLOMÉE

Je le suis, il est vrai, si jamais je le fus ;
Et vous-même avouerez que j'ai sujet de l'être.
Étant né souverain, je vois ici mon maître ;
Ici, dis-je où ma cour tremble en me regardant,
Où je n'ai point encore agi qu'en commandant,
Je vois une autre cour sous une autre puissance,
Et ne puis plus agir qu'avec obéissance.
De votre seul aspect je me suis vu surpris ;
Jugez si vos discours rassurent mes esprits,*
Jugez par quels moyens je puis sortir d'un trouble

Que forme le respect, que la crainte redouble,
Et ce que vous peut dire un prince épouvanté
De voir tant de colère et tant de majesté.
Dans ces étonnements dont mon âme est frappée
De rencontrer en vous le vengeur de Pompée,
Il me souvient pourtant que s'il fut notre appui,
Nous vous dûmes dès lors autant et plus qu'à lui.
Votre faveur pour nous éclata la première,
Tout ce qu'il fit après fut à votre prière.
Il émut le sénat pour des rois outragés,
Que sans cette prière il aurait négligés,
Mais de ce grand sénat les saintes ordonnances
Eussent peu fait pour nous, seigneur, sans vos finances ;
Par là de nos mutins le feu roi vint à bout,
Et pour en bien parler, nous vous devons le tout.
Nous avons honoré votre ami, votre gendre,
Jusqu'à ce qu'a vous-même il ait osé se prendre,
Mais voyant son pouvoir, de vos succès jaloux,
Passer en tyrannie, et s'armer contre vous...

CÉSAR

Tout beau ; que votre haine en son sang assouvie
N'aille point à sa gloire ; il suffit de sa vie.
N'avancez rien ici que Rome ose nier,
Et justifiez-vous, sans le calomnier.*

PTOLOMÉE

Je laisse donc aux dieux à juger ses pensées,
Et dirai seulement qu'en vos guerres passées,
Où vous fûtes forcé par tant d'indignités,
Tous nos vœux ont été pour vos prospérités,
Que, comme il vous traitait en mortel adversaire,
J'ai cru sa mort pour vous un malheur nécessaire,
Et que sa haine injuste, augmentant tous les jours,
Jusque dans les enfers chercherait du secours,
Ou qu'enfin, s'il tombait dessous votre puissance,
Il nous fallait pour vous craindre votre clémence,
Et que le sentiment d'un cœur trop généreux,
Usant mal de vos droits, vous rendît malheureux.
J'ai donc considéré qu'en ce péril extrême
Nous vous devions, seigneur, servir malgré vous-même,
Et sans attendre d'ordre en cette occasion,
Mon zèle ardent l'a prise à ma confusion.
Vous m'en désavouez, vous l'imputez à crime,
Mais pour servir César rien n'est illégitime.
J'en ai souillé mes mains pour vous en préserver ;
Vous pouvez en jouir, et le désapprouver ;
Et j'ai plus fait pour vous, plus l'action est noire,
Puisque c'est d'autant plus vous immoler ma gloire,
Et que ce sacrifice, offert par mon devoir,
Vous assure la vôtre avec votre pouvoir.

CÉSAR

Vous cherchez, Ptolomée, avecque trop de ruses, *
De mauvaises couleurs et de froides excuses.

Votre zèle était faux, si seul il redoutait
Ce que le monde entier à pleins vœux souhaitait,
Et s'il vous a donné ces craintes trop subtiles,
Qui m'ôtent tout le fruit de nos guerres civiles,
Où l'honneur seul m'engage, et que pour terminer
Je ne veux que celui de vaincre et pardonner [58],
Où mes plus dangereux et plus grands adversaires,
Sitôt qu'ils sont vaincus, ne sont plus que mes frères,
Et mon ambition ne va qu'à les forcer,
Ayant dompté leur haine, à vivre et m'embrasser.*
O ! combien d'allégresse une si triste guerre
Aurait-elle laissé dessus toute la terre,
Si Rome avait pu voir marcher en même char,
Vainqueurs de leur discorde, et Pompée et César !
Voilà ces grands malheurs que craignait votre zèle.
O crainte ridicule autant que criminelle !
Vous craigniez ma clémence ! Ah ! N'ayez plus ce soin ;
Souhaitez-la plutôt, vous en avez besoin.
Si je n'avais égard qu'aux lois de la justice,
Je m'apaiserais Rome avec votre supplice,
Sans que ni vos respects, ni votre repentir,
Ni votre dignité, vous pussent garantir ; *
Votre trône lui-même en serait le théâtre,
Mais, voulant épargner le sang de Cléopâtre,
J'impute à vos flatteurs toute la trahison,
Et je veux voir comment vous m'en ferez raison ;
Suivant les sentiments dont vous serez capable
Je saurai vous tenir innocent ou coupable.
Cependant à Pompée élevez des autels,
Rendez-lui les honneurs qu'on rend aux immortels,
Par un prompt sacrifice expiez tous vos crimes [59],
Et surtout pensez bien au choix de vos victimes.
Allez y donner ordre, et me laissez ici
Entretenir les miens sur quelque autre souci.

SCÈNE III

CÉSAR, ANTOINE, LÉPIDE

CÉSAR

Antoine, avez-vous vu cette reine adorable ?

ANTOINE

Oui, seigneur, je l'ai vue : elle est incomparable ; *
Le ciel n'a point encor, par de si doux accords,
Uni tant de vertus aux grâces d'un beau corps.
Une majesté douce épand sur son visage
De quoi s'assujettir le plus noble courage,
Ses yeux savent ravir, son discours sait charmer,
Et si j'étais César, je la voudrais aimer.

CÉSAR

Comme a-t-elle reçu les offres de ma flamme ?

ANTOINE

Comme n'osant la croire, et la croyant dans l'âme ;
Par un refus modeste et fait pour inviter,
Elle s'en dit indigne, et la croit mériter.

CÉSAR

En pourrai-je être aimé ?

ANTOINE

Douter qu'elle vous aime,
Elle qui de vous seul attend son diadème,
Qui n'espère qu'en vous ! douter de ses ardeurs,
Vous qui la pouvez mettre au faîte des grandeurs ! *
Que votre amour sans crainte à son amour prétende ;
Au vainqueur de Pompée il faut que tout se rende ;
Et vous l'éprouverez. Elle craint toutefois
L'ordinaire mépris que Rome fait des rois ;
Et surtout elle craint l'amour de Calphurnie ;
Mais, l'une et l'autre crainte à votre aspect bannie,
Vous ferez succéder un espoir assez doux,
Lorsque vous daignerez lui dire un mot pour vous.

CÉSAR

Allons donc l'affranchir de ces frivoles craintes,*
Lui montrer de mon cœur les sensibles atteintes [60] ;
Allons, ne tardons plus.

ANTOINE

Avant que de la voir,
Sachez que Cornélie est en votre pouvoir ;
Septime vous l'amène, orgueilleux de son crime,
Et pense auprès de vous se mettre en haute estime :
Dès qu'ils ont abordé, vos chefs, par vous instruits,*
Sans leur rien témoigner, les ont ici conduits.

CÉSAR

Qu'elle entre. Ah ! l'importune et fâcheuse nouvelle [61] !
Qu'à mon impatience elle semble cruelle !
O ciel ! et ne pourrai-je enfin à mon amour
Donner en liberté ce qui reste du jour ?

SCÈNE IV

CÉSAR, CORNÉLIE, ANTOINE, LÉPIDE, SEPTIME

SEPTIME

Seigneur...

CÉSAR

Allez, Septime, allez vers votre maître.
César ne peut souffrir la présence d'un traître,

D'un Romain lâche assez pour servir sous un roi,
Après avoir servi sous Pompée et sous moi.

Septime rentre.

CORNÉLIE

César, car le destin, que dans tes fers je brave,*
Me fait ta prisonnière, et non pas ton esclave,
Et tu ne prétends pas qu'il m'abatte le cœur
Jusqu'à te rendre hommage, et te nommer seigneur.
De quelque rude trait qu'il m'ose avoir frappée,
Veuve du jeune Crasse, et veuve de Pompée [62],
Fille de Scipion, et, pour dire encor plus,
Romaine, mon courage est encore au-dessus,
Et de tous les assauts que sa rigueur me livre,
Rien ne me fait rougir que la honte de vivre.
J'ai vu mourir Pompée, et ne l'ai pas suivi,
Et bien que le moyen m'en ait été ravi,
Qu'une pitié cruelle à mes douleurs profondes
M'ait ôté le secours et du fer et des ondes,
Je dois rougir pourtant, après un tel malheur,
De n'avoir pu mourir d'un excès de douleur [63] ;
Ma mort était ma gloire, et le destin m'en prive
Pour croître mes malheurs, et me voir ta captive.
Je dois bien toutefois rendre grâces aux dieux *
De ce qu'en arrivant je te trouve en ces lieux,
Que César y commande, et non pas Ptolomée.
Hélas ! Et sous quel astre, ô ciel ! m'as-tu formée,
Si je leur dois des vœux de ce qu'ils ont permis *
Que je rencontre ici mes plus grands ennemis,
Et tombe entre leurs mains plutôt qu'aux mains d'un prince
Qui doit à mon époux son trône et sa province ?
César, de ta victoire écoute moins le bruit,
Elle n'est que l'effet du malheur qui me suit [64] ;
Je l'ai porté pour dot chez Pompée et chez Crasse :
Deux fois du monde entier j'ai causé la disgrâce,
Deux fois de mon hymen le nœud mal assorti
A chassé tous les dieux du plus juste parti [65] ;
Heureuse en mes malheurs, si ce triste hyménée,
Pour le bonheur de Rome, à César m'eût donnée [66],
Et si j'eusse avec moi porté dans ta maison
D'un astre envenimé l'invincible poison !
Car enfin n'attends pas que j'abaisse ma haine.
Je te l'ai déjà dit, César, je suis Romaine,
Et quoique ta captive, un cœur comme le mien,
De peur de s'oublier, ne te demande rien.
Ordonne ; et sans vouloir qu'il tremble, ou s'humilie,
Souviens-toi seulement que je suis Cornélie.

CÉSAR

O d'un illustre époux noble et digne moitié,
Dont le courage étonne, et le sort fait pitié !
Certes, vos sentiments font assez reconnaître
Qui vous donna la main, et qui vous donna l'être,
Et l'on juge aisément au cœur que vous portez,
Où vous êtes entrée, et de qui vous sortez.

L'âme du jeune Crasse, et celle de Pompée,
L'une et l'autre vertu par le malheur trompée,
Le sang des Scipions protecteur de nos dieux,
Parlent par votre bouche et brillent dans vos yeux,
Et Rome dans ses murs ne voit point de famille
Qui soit plus honorée ou de femme ou de fille.
Plût au grand Jupiter, plût à ces mêmes dieux
Qu'Annibal eût bravés jadis sans vos aïeux,
Que ce héros si cher dont le ciel vous sépare
N'eût pas si mal connu la cour d'un roi barbare,
Ni mieux aimé tenter une incertaine foi
Que la vieille amitié qu'il eût trouvée en moi,
Qu'il eût voulu souffrir qu'un bonheur de mes armes
Eût vaincu ses soupçons, dissipé ses alarmes,
Et qu'enfin, m'attendant sans plus se défier,
Il m'eût donné moyen de me justifier !
Alors, foulant aux pieds la discorde et l'envie,
Je l'eusse conjuré de se donner la vie,
D'oublier ma victoire, et d'aimer un rival,
Heureux d'avoir vaincu pour vivre son égal ;
J'eusse alors regagné son âme satisfaite *
Jusqu'à lui faire aux dieux pardonner sa défaite ;
Il eût fait à son tour, en me rendant son cœur,
Que Rome eût pardonné la victoire au vainqueur [67].
Mais puisque par sa perte, à jamais sans seconde,
Le sort a dérobé cette allégresse au monde [68],
César s'efforcera de s'acquitter vers vous
De ce qu'il voudrait rendre à cet illustre époux.
Prenez donc en ces lieux liberté tout entière ;
Seulement pour deux jours soyez ma prisonnière,
Afin d'être témoin comme, après nos débats,
Je chéris sa mémoire et venge son trépas,
Et de pouvoir apprendre à toute l'Italie
De quel orgueil nouveau m'enfle la Thessalie.
Je vous laisse à vous-même et vous quitte un moment.
Choisissez-lui, Lépide, un digne appartement,
Et qu'on l'honore ici, mais en dame romaine,
C'est-à-dire un peu plus qu'on n'honore la reine.
Commandez, et chacun aura soin d'obéir.

CORNÉLIE

O ciel ! Que de vertus vous me faites haïr [69] !

ACTE IV

SCÈNE PREMIÈRE

PTOLOMÉE, ACHILLAS, PHOTIN

PTOLOMÉE

Quoi ! De la même main et de la même épée
Dont il vient d'immoler le malheureux Pompée,

Septime, par César indignement chassé,
Dans un tel désespoir à vos yeux a passé ?

ACHILLAS

Oui, seigneur, et sa mort a de quoi vous apprendre *
La honte qu'il prévient et qu'il vous faut attendre.
Jugez quel est César à ce courroux si lent.*
Un moment pousse et rompt un transport violent ;
Mais l'indignation qu'on prend avec étude
Augmente avec le temps, et porte un coup plus rude ;
Ainsi n'espérez pas de le voir modéré ;
Par adresse il se fâche après s'être assuré.
Sa puissance établie, il a soin de sa gloire.
Il poursuivait Pompée, et chérit sa mémoire,
Et veut tirer à soi, par un courroux accort,
L'honneur de sa vengeance et le fruit de sa mort.

PTOLOMÉE

Ah ! Si je t'avais cru, je n'aurais pas de maître ;
Je serais dans le trône où le ciel m'a fait naître ;
Mais c'est une imprudence assez commune aux rois
D'écouter trop d'avis et se tromper au choix ;
Le destin les aveugle au bord du précipice ;
Ou si quelque lumière en leur âme se glisse,
Cette fausse clarté, dont il les éblouit,
Les plonge dans un gouffre, et puis s'évanouit.

PHOTIN

J'ai mal connu César, mais puisqu'en son estime
Un si rare service est un énorme crime,
Il porte dans son flanc de quoi nous en laver ;*
C'est là qu'est notre grâce, il nous l'y faut trouver.
Je ne vous parle plus de souffrir sans murmure,
D'attendre son départ pour venger cette injure ;
Je sais mieux conformer les remèdes au mal :
Justifions sur lui la mort de son rival,
Et notre main alors également trempée
Et du sang de César et du sang de Pompée,
Rome, sans leur donner de titres différents,
Se croira par vous seul libre de deux tyrans [70].

PTOLOMÉE

Oui, par là seulement ma perte est évitable ;*
C'est trop craindre un tyran que j'ai fait redoutable [71].
Montrons que sa fortune est l'œuvre de nos mains,
Deux fois en même jour disposons des Romains,
Faisons leur liberté comme leur esclavage.
César, que tes exploits n'enflent plus ton courage,
Considère les miens, tes yeux en sont témoins.
Pompée était mortel, et tu ne l'es pas moins [72] ;
Il pouvait plus que toi ; tu lui portais envie ;
Tu n'as, non plus que lui, qu'une âme et qu'une vie,
Et son sort que tu plains te doit faire penser
Que ton cœur est sensible, et qu'on peut le percer.*

Tonne, tonne à ton gré, fais peur de ta justice ;
C'est à moi d'apaiser Rome par ton supplice,
C'est à moi de punir ta cruelle douceur,
Qui n'épargne en un roi que le sang de sa sœur.
Je n'abandonne plus ma vie et ma puissance *
Au hasard de sa haine, ou de ton inconstance ;
Ne crois pas que jamais tu puisses à ce prix *
Récompenser sa flamme, ou punir ses mépris ;
J'emploicrai contre toi de plus nobles maximes.
Tu m'as prescrit tantôt de choisir des victimes,
De bien penser au choix ; j'obéis et je voi *
Que je n'en puis choisir de plus dignes que toi,*
Ni dont le sang offert, la fumée et la cendre,
Puissent mieux satisfaire aux mânes de ton gendre.
Mais ce n'est pas assez, amis, de s'irriter ;
Il faut voir quels moyens on a d'exécuter :
Toute cette chaleur est peut-être inutile ;
Les soldats du tyran sont maîtres de la ville ;
Que pouvons-nous contre eux ? Et pour les prévenir,
Quel temps devons-nous prendre, et quel ordre tenir ?

ACHILLAS

Nous pouvons tout, seigneur, en l'état où nous sommes.*
A deux milles d'ici vous avez six mille hommes,
Que depuis quelques jours, craignant des remûments,
Je faisais tenir prêts à tous événements ;
Quelques soins qu'ait César, sa prudence est déçue.
Cette ville a sous terre une secrète issue,
Par où fort aisément on les peut cette nuit
Jusque dans le palais introduire sans bruit,
Car contre sa fortune aller à force ouverte,
Ce serait trop courir vous-même à votre perte.
Il nous le faut surprendre au milieu du festin,
Enivré des douceurs de l'amour et du vin [73].
Tout le peuple est pour nous. Tantôt, à son entrée,
J'ai remarqué l'horreur que ce peuple a montrée.*
Lorsque avec tant de faste il a vu ses faisceaux
Marcher arrogamment, et braver nos drapeaux [74],
Au spectacle insolent de ce pompeux outrage
Ses farouches regards étincelaient de rage,
Je voyais sa fureur à peine se dompter,
Et pour peu qu'on le pousse, il est prêt d'éclater,
Mais surtout les Romains que commandait Septime,
Pressés de la terreur que sa mort leur imprime,
Ne cherchent qu'à venger par un coup généreux,
Le mépris qu'en leur chef ce superbe a fait d'eux.

PTOLOMÉE

Mais qui pourra de nous approcher sa personne,
Si durant le festin sa garde l'environne ?

PHOTIN

Les gens de Cornélie, entre qui vos Romains
Ont déjà reconnu des frères, des germains,

Dont l'âpre déplaisir leur a laissé paraître
Une soif d'immoler leur tyran à leur maître ;
Ils ont donné parole, et peuvent, mieux que nous,
Dans les flancs de César porter les premiers coups ;
Son faux art de clémence, ou plutôt sa folie,
Qui pense gagner Rome en flattant Cornélie,
Leur donnera sans doute un assez libre accès
Pour de ce grand dessein assurer le succès.
Mais voici Cléôpatre ; agissez avec feinte,
Seigneur, et ne montrez que faiblesse et que crainte.*
Nous allons vous quitter, comme objets odieux
Dont l'aspect importun offenserait ses yeux.

PTOLOMÉE

Allez, je vous rejoins.

SCÈNE II

PTOLOMÉE, CLÉÔPÂTRE, ACHORÉE, CHARMION

CLÉÔPÂTRE

J'ai vu César, mon frère,
Et de tout mon pouvoir combattu sa colère.

PTOLOMÉE

Vous êtes généreuse, et j'avais attendu
Cet office de sœur que vous m'avez rendu.*
Mais cet illustre amant vous a bientôt quittée.

CLÉÔPÂTRE

Sur quelque brouillerie, en la ville excitée,
Il a voulu lui-même apaiser les débats
Qu'avec nos citoyens ont eus quelques soldats ;*
Et moi, j'ai bien voulu moi-même vous redire
Que vous ne craigniez rien pour vous ni votre empire,
Et que le grand César blâme votre action
Avec moins de courroux que de compassion.
Il vous plaint d'écouter ces lâches politiques
Qui n'inspirent aux rois que des mœurs tyranniques.
Ainsi que la naissance, ils ont les esprits bas ;
En vain on les élève à régir des États ;
Un cœur né pour servir sait mal comme on commande,
Sa puissance l'accable alors qu'elle est trop grande,
Et sa main, que le crime en vain fait redouter,
Laisse choir le fardeau qu'elle ne peut porter.

PTOLOMÉE

Vous dites vrai, ma sœur, et ces effets sinistres
Me font bien voir ma faute au choix de mes ministres.
Si j'avais écouté de plus nobles conseils,
Je vivrais dans la gloire où vivent mes pareils,
Je mériterais mieux cette amitié si pure
Que pour un frère ingrat vous donne la nature ;

César embrasserait Pompée en ce palais ;
Notre Égypte à la terre aurait rendu la paix,
Et verrait son monarque encore à juste titre
Ami de tous les deux et peut-être l'arbitre.
Mais, puisque le passé ne peut se révoquer,*
Trouvez bon qu'avec vous mon cœur s'ose expliquer.
Je vous ai maltraitée, et vous êtes si bonne,
Que vous me conservez la vie et la couronne.
Vainquez-vous tout à fait, et par un digne effort,
Arrachez Achillas et Photin à la mort ;
Elle leur est bien due ; ils vous ont offensée,
Mais ma gloire en leur perte est trop intéressée.
Si César les punit des crimes de leur roi,
Toute l'ignominie en rejaillit sur moi ;
Il me punit en eux ; leur supplice est ma peine.
Forcez, en ma faveur, une trop juste haine.
De quoi peut satisfaire un cœur si généreux
Le sang abject et vil de ces deux malheureux ?
Que je vous doive tout : César cherche à vous plaire,
Et vous pouvez d'un mot désarmer sa colère.*

CLÉOPÂTRE

Si j'avais en mes mains leur vie et leur trépas,
Je les méprise assez pour ne m'en venger pas,
Mais sur le grand César je puis fort peu de chose,
Quand le sang de Pompée à mes désirs s'oppose.
Je ne me vante pas de pouvoir le fléchir ;*
J'en ai déjà parlé, mais il a su gauchir,
Et, tournant le discours sur une autre matière,
Il n'a ni refusé, ni souffert ma prière.
Je veux bien toutefois encor m'y hasarder,
Mes efforts redoublés pourront mieux succéder,
Et j'ose croire...

PTOLOMÉE

Il vient ; souffrez que je l'évite :*
Je crains que ma présence à vos yeux ne l'irrite [75],
Que son courroux ému ne s'aigrisse à me voir,
Et vous agirez seule avec plus de pouvoir.

SCÈNE III

CÉSAR, CLÉOPÂTRE, ANTOINE, LÉPIDE, CHARMION, ACHORÉE, ROMAINS

CÉSAR

Reine, tout est paisible ; et la ville calmée,
Qu'un trouble assez léger avait trop alarmée,
N'a plus à redouter le divorce intestin
Du soldat insolent et du peuple mutin.
Mais, ô dieux ! Ce moment que je vous ai quittée
D'un trouble bien plus grand a mon âme agitée !

Et ces soins importuns, qui m'arrachaient de vous,
Contre ma grandeur même allumaient mon courroux.
Je lui voulais du mal de m'être si contraire,
De rendre ma présence ailleurs si nécessaire,
Mais je lui pardonnais, au simple souvenir
Du bonheur qu'à ma flamme elle fait obtenir.
C'est elle dont je tiens cette haute espérance
Qui flatte mes désirs d'une illustre apparence,
Et fait croire à César qu'il peut former des vœux,
Qu'il n'est pas tout à fait indigne de vos feux,
Et qu'il peut en prétendre une juste conquête,*
N'ayant plus que les dieux au-dessus de sa tête.
Oui, reine si quelqu'un dans ce vaste univers
Pouvait porter plus haut la gloire de vos fers,
S'il était quelque trône où vous pussiez paraître
Plus dignement assise en captivant son maître,*
J'irais, j'irais à lui, moins pour le lui ravir,
Que pour lui disputer le droit de vous servir,
Et je n'aspirerais au bonheur de vous plaire
Qu'après avoir mis bas un si grand adversaire.*
C'était pour acquérir un droit si précieux
Que combattait partout mon bras ambitieux,
Et dans Pharsale même il a tiré l'épée
Plus pour le conserver que pour vaincre Pompée.
Je l'ai vaincu, princesse, et le dieu des combats
M'y favorisait moins que vos divins appas ;
Ils conduisaient ma main, ils enflaient mon courage ;
Cette pleine victoire est leur dernier ouvrage ;
C'est l'effet des ardeurs qu'ils daignaient m'inspirer,
Et vos beaux yeux enfin m'ayant fait soupirer,
Pour faire que votre âme avec gloire y réponde,
M'ont rendu le premier et de Rome et du monde.
C'est ce glorieux titre, à présent effectif,
Que je viens ennoblir par celui de captif :
Heureux, si mon esprit gagne tant sur le vôtre,
Qu'il en estime l'un et me permette l'autre !

CLÉOPÂTRE

Je sais ce que je dois au souverain bonheur
Dont me comble et m'accable un tel excès d'honneur.
Je ne vous tiendrai plus mes passions secrètes ;
Je sais ce que je suis ; je sais ce que vous êtes.
Vous daignâtes m'aimer dès mes plus jeunes ans ;
Le sceptre que je porte est un de vos présents ;
Vous m'avez par deux fois rendu le diadème ;
J'avoue, après cela, seigneur, que je vous aime,
Et que mon cœur n'est point à l'épreuve des traits
Ni de tant de vertus, ni de tant de bienfaits.
Mais, hélas ! Ce haut rang, cette illustre naissance,
Cet état de nouveau rangé sous ma puissance,
Ce sceptre par vos mains dans les miennes remis,
A mes vœux innocents sont autant d'ennemis.
Ils allument contre eux une implacable haine,
Ils me font méprisable alors qu'ils me font reine,

Et si Rome est encor telle qu'auparavant,
Le trône où je me sieds m'abaisse en m'élevant,
Et ces marques d'honneur, comme titres infâmes,
Me rendent à jamais indigne de vos flammes.
J'ose encor toutefois, voyant votre pouvoir,
Permettre à mes désirs un généreux espoir.
Après tant de combats, je sais qu'un si grand homme
A droit de triompher des caprices de Rome,
Et que l'injuste horreur qu'elle eut toujours des rois
Peut céder, par votre ordre, à de plus justes lois ;
Je sais que vous pouvez forcer d'autres obstacles ;
Vous me l'avez promis, et j'attends ces miracles.
Votre bras dans Pharsale a fait de plus grands coups,
Et je ne les demande à d'autres dieux qu'à vous.

CÉSAR

Tout miracle est facile où mon amour s'applique.
Je n'ai plus qu'à courir les côtes de l'Afrique,
Qu'à montrer mes drapeaux au reste épouvanté
Du parti malheureux qui m'a persécuté ;
Rome, n'ayant plus lors d'ennemis à me faire,
Par impuissance enfin prendra soin de me plaire,
Et vos yeux la verront, par un superbe accueil,
Immoler à vos pieds sa haine et son orgueil.
Encore une défaite, et dans Alexandrie
Je veux que cette ingrate en ma faveur vous prie,
Et qu'un juste respect, conduisant ses regards,
A votre chaste amour demande des Césars.
C'est l'unique bonheur où mes désirs prétendent ;
C'est le fruit que j'attends des lauriers qui m'attendent ;
Heureux, si mon destin, encore un peu plus doux,
Me les faisait cueillir sans m'éloigner de vous !
Mais, las ! Contre mon feu mon feu me sollicite.
Si je veux être à vous, il faut que je vous quitte.
En quelques lieux qu'on fuie, il me faut y courir
Pour achever de vaincre et de vous conquérir.
Permettez cependant qu'à ses douces amorces
Je prenne un nouveau cœur et de nouvelles forces,
Pour faire dire encore, aux peuples pleins d'effroi,
Que venir, voir, et vaincre, est même chose en moi [76].

CLÉOPÂTRE

C'est trop, c'est trop, seigneur, souffrez que j'en abuse ;
Votre amour fait ma faute, il fera mon excuse.
Vous me rendez le sceptre, et peut-être le jour,
Mais si j'ose abuser de cet excès d'amour,
Je vous conjure encor, par ses plus puissants charmes,
Par ce juste bonheur qui suit toujours vos armes,
Par tout ce que j'espère et que vous attendez,
De n'ensanglanter pas ce que vous me rendez.
Faites grâce, seigneur, ou souffrez que j'en fasse,*
Et montre à tous par là que j'ai repris ma place.
Achillas et Photin sont gens à dédaigner ;
Ils sont assez punis en me voyant régner ;
Et leur crime...

CÉSAR

Ah ! Prenez d'autres marques de reine.
Dessus mes volontés vous êtes souveraine,
Mais, si mes sentiments peuvent être écoutés,
Choisissez des sujets dignes de vos bontés.
Ne vous donnez sur moi qu'un pouvoir légitime,
Et ne me rendez point complice de leur crime.
C'est beaucoup que pour vous j'ose épargner le roi,
Et si mes feux n'étaient [77]...

SCÈNE IV

CÉSAR, CORNÉLIE, CLÉOPÂTRE, ACHORÉE, ANTOINE, LÉPIDE, CHARMION, ROMAINS

CORNÉLIE

César, prends garde à toi :
Ta mort est résolue, on la jure, on l'apprête ;
A celle de Pompée on veut joindre ta tête.
Prends-y garde, César, ou ton sang répandu
Bientôt parmi le sien se verra confondu.
Mes esclaves en sont ; apprends de leur indices
L'auteur de l'attentat et l'ordre et les complices :
Je te les abandonne.

CÉSAR

O cœur vraiment romain,
Et digne du héros qui vous donna la main !
Ses mânes, qui du ciel ont vu de quel courage
Je préparais la mienne à venger son outrage,
Mettant leur haine bas, me sauvent aujourd'hui
Par la moitié qu'en terre il nous laisse de lui.*
Il vit, il vit encore en l'objet de sa flamme,
Il parle par sa bouche, il agit dans son âme ;
Il la pousse, et l'oppose à cette indignité,
Pour me vaincre par elle en générosité.

CORNÉLIE

Tu te flattes, César, de mettre en ta croyance
Que la haine ait fait place à la reconnaissance.
Ne le présume plus ; le sang de mon époux
A rompu pour jamais tout commerce entre nous.
J'attends la liberté qu'ici tu m'as offerte,
Afin de l'employer tout entière à ta perte ;
Et je te chercherai partout des ennemis,
Si tu m'oses tenir ce que tu m'as promis.
Mais, avec cette soif que j'ai de ta ruine,
Je me jette au-devant du coup qui t'assassine,
Et forme des désirs avec trop de raison
Pour en aimer l'effet par une trahison ;
Qui la sait et la souffre a part à l'infamie.
Si je veux ton trépas, c'est en juste ennemie ;

Mon époux a des fils ; il aura des neveux ;
Quand ils te combattront, c'est là que je le veux,
Et qu'une digne main par moi-même animée,
Dans ton champ de bataille, aux yeux de ton armée,
T'immole noblement et par un digne effort ;
Aux mânes du héros dont tu venges la mort.
Tous mes soins, tous mes vœux, hâtent cette vengeance ;
Ta perte la recule, et ton salut l'avance.
Quelque espoir qui d'ailleurs me l'ose ou puisse offrir,
Ma juste impatience aurait trop à souffrir ;
La vengeance éloignée est à demi perdue,
Et quand il faut l'attendre, elle est trop cher vendue.*
Je n'irai point chercher sur les bords africains
Le foudre souhaité que je vois en tes mains.
La tête qu'il menace en doit être frappée ;
J'ai pu donner la tienne au lieu d'elle à Pompée ;
Ma haine avait le choix, mais cette haine enfin
Sépare son vainqueur d'avec son assassin,
Et ne croit avoir droit de punir ta victoire*
Qu'après le châtiment d'une action si noire.
Rome le veut ainsi ; son adorable front
Aurait de quoi rougir d'un trop honteux affront,
De voir en même jour, après tant de conquêtes,
Sous un indigne fer ses deux plus nobles têtes.
Son grand cœur qu'à tes lois en vain tu crois soumis,
En veut aux criminels plus qu'à ses ennemis,
Et tiendrait à malheur le bien de se voir libre,
Si l'attentat du Nil affranchissait le Tibre.
Comme autre qu'un Romain n'a pu l'assujettir,
Autre aussi qu'un Romain ne l'en doit garantir.
Tu tomberais ici sans être sa victime ;
Au lieu d'un châtiment ta mort serait un crime ;
Et sans que tes pareils en conçussent d'effroi [78]
L'exemple que tu dois périrait avec toi.
Venge-la de l'Égypte à son appui fatale,
Et je la vengerai, si je puis, de Pharsale.
Va, ne perds point de temps, il presse. Adieu, tu peux*
Te vanter qu'une fois j'ai fait pour toi des vœux [79].

SCÈNE V

CÉSAR, CLÉOPÂTRE, ANTOINE, LÉPIDE, ACHORÉE, CHARMION

CÉSAR

Son courage m'étonne autant que leur audace.
Reine, voyez pour qui vous me demandiez grâce !

CLÉOPÂTRE

Je n'ai rien à vous dire : allez, seigneur, allez
Venger sur ces méchants tant de droits violés.
On m'en veut plus qu'à vous : c'est ma mort qu'ils respirent ;
C'est contre mon pouvoir que les traîtres conspirent ;

Leur rage, pour l'abattre, attaque mon soutien,
Et par votre trépas cherche un passage au mien.
Mais, parmi ces transports d'une juste colère,
Je ne puis oublier que leur chef est mon frère.
Le saurez-vous, seigneur ? Et pourrai-je obtenir
Que ce cœur irrité daigne s'en souvenir ?

CÉSAR

Oui, je me souviendrai que ce cœur magnanime
Au bonheur de son sang veut pardonner son crime.
Adieu, ne craignez rien ; Achillas et Photin
Ne sont pas gens à vaincre un si puissant destin ;
Pour les mettre en déroute, eux et tous leurs complices,
Je n'ai qu'à déployer l'appareil des supplices,
Et, pour soldats choisis, envoyer des bourreaux.
Qui portent hautement mes haches pour drapeaux.

César rentre avec les Romains.

CLÉOPÂTRE

Ne quittez pas César ; allez, cher Achorée,
Repousser avec lui ma mort qu'on a jurée,
Et quand il punira nos lâches ennemis,
Faites-le souvenir de ce qu'il m'a promis.
Ayez l'œil sur le roi dans la chaleur des armes,
Et conservez son sang pour épargner mes larmes.

ACHORÉE

Madame, assurez-vous qu'il ne peut y périr,
Si mon zèle et mes soins peuvent le secourir.*

ACTE V

SCÈNE PREMIÈRE

CORNÉLIE, *tenant une petite urne en sa main* [80], PHILIPPE

CORNÉLIE

Mes yeux, puis-je vous croire, et n'est-ce point un songe
Qui sur mes tristes vœux a formé ce mensonge ?
Te revois-je, Philippe, et cet époux si cher
A-t-il reçu de toi les honneurs du bûcher ?
Cette urne que je tiens contient-elle sa cendre ?
O vous, à ma douleur objet terrible et tendre,
Éternel entretien de haine et de pitié,
Reste du grand Pompée, écoutez sa moitié.
N'attendez point de moi de regrets, ni de larmes ;
Un grand cœur à ses maux applique d'autres charmes.
Les faibles déplaisirs s'amusent à parler,
Et quiconque se plaint cherche à se consoler.
Moi, je jure des dieux la puissance suprême,
Et, pour dire encor plus, je jure par vous-même,
Car vous pouvez bien plus sur ce cœur affligé
Que le respect des dieux qui l'ont mal protégé.

Je jure donc par vous, ô pitoyable reste,
Ma divinité seule après ce coup funeste,
Par vous, qui seul ici pouvez me soulager,*
De n'éteindre jamais l'ardeur de le venger.
Ptolomée à César, par un lâche artifice,
Rome, de ton Pompée a fait un sacrifice,
Et je n'entrerai point dans tes murs désolés,
Que le prêtre et le dieu ne lui soient immolés.
Faites-m'en souvenir, et soutenez ma haine,
O cendres, mon espoir aussi bien que ma peine ;
Et, pour m'aider un jour à perdre son vainqueur,
Versez dans tous les cœurs ce que ressent mon cœur.
Toi qui l'as honoré sur cette infâme rive
D'une flamme pieuse autant comme chétive,
Dis-moi, quel bon démon a mis en ton pouvoir
De rendre à ce héros ce funèbre devoir ?

PHILIPPE

Tout couvert de son sang, et plus mort que lui-même,
Après avoir cent fois maudit le diadème,
Madame, j'ai porté mes pas et mes sanglots*
Du côté que le vent poussait encor les flots.
Je cours longtemps en vain, mais enfin d'une roche
J'en découvre le tronc vers un sable assez proche,
Où la vague en courroux semblait prendre plaisir
A feindre de le rendre, et puis s'en ressaisir.
Je m'y jette, et l'embrasse, et le pousse au rivage ;
Et, ramassant sous lui le débris d'un naufrage,
Je lui dresse un bûcher à la hâte et sans art,
Tel que je pus sur l'heure, et qu'il plut au hasard.
A peine brûlait-il que le ciel plus propice
M'envoie un compagnon en ce pieux office :
Cordus, un vieux Romain qui demeure en ces lieux [81],
Retournant de la ville, y détourne les yeux ;
Et, n'y voyant qu'un tronc dont la tête est coupée,
A cette triste marque il reconnaît Pompée [82].
Soudain la larme à l'œil : « O toi, qui que tu sois,
A qui le ciel permet de si dignes emplois,
Ton sort est bien, dit-il, autre que tu ne penses ;
Tu crains des châtiments, attends des récompenses.
César est en Égypte, et venge hautement
Celui pour qui ton zèle a tant de sentiment.
Tu peux faire éclater le soin qu'on t'en voit prendre,*
Tu peux même à sa veuve en reporter la cendre.
Son vainqueur l'a reçue avec tout le respect
Qu'uen dieu pourrait ici trouver à son aspect.
Achève, je reviens. » Il part et m'abandonne,
Et rapporte aussitôt ce vase qu'il me donne,
Où sa main et la mienne enfin ont renfermé
Ces restes d'un héros par le feu consumé.*

CORNÉLIE

Oh ! Que sa piété mérite de louanges !

PHILIPPE

En entrant j'ai trouvé des désordres étranges.
J'ai vu fuir tout un peuple en foule vers le port,*
Où le roi, disait-on, s'était fait le plus fort.
Les Romains poursuivaient ; et César, dans la place
Ruisselante du sang de cette populace,
Montrait de sa justice un exemple si beau,*
Faisant passer Photin par les mains d'un bourreau [83].
Aussitôt qu'il me voit, il daigne me connaître,
Et prenant de ma main les cendres de mon maître :
« Restes d'un demi-dieu, dont à peine je puis
Égaler le grand nom, tout vainqueur que j'en suis,
De vos traîtres, dit-il, voyez punir les crimes.
Attendant des autels, recevez ces victimes ;
Bien d'autres vont les suivre. Et toi, cours au palais
Porter à sa moitié ce don que je lui fais,
Porte à ses déplaisirs cette faible allégeance,
Et dis-lui que je cours achever sa vengeance. »*
Ce grand homme à ces mots me quitte en soupirant,
Et baise avec respect ce vase qu'il me rend.

CORNÉLIE

O soupirs, ô respect ! Oh, qu'il est doux de plaindre
Le sort d'un ennemi quand il n'est plus à craindre !
Qu'avec chaleur, Philippe, on court à le venger
Lorsqu'on s'y voit forcé par son propre danger,*
Et quand cet intérêt qu'on prend pour sa mémoire*
Fait notre sûreté comme il croît notre gloire !
César est généreux, j'en veux être d'accord ;
Mais le roi le veut perdre, et son rival est mort.
Sa vertu laisse lieu de douter à l'envie
De ce qu'elle ferait s'il le voyait en vie :
Pour grand qu'en soit le prix, son péril en rabat ;
Cette ombre qui la couvre en affaiblit l'éclat ;
L'amour même s'y mêle, et le force à combattre ;
Quand il venge Pompée, il défend Cléopâtre.
Tant d'intérêts sont joints à ceux de mon époux,
Que je ne devrais rien à ce qu'il fait pour nous,
Si comme par soi-même un grand cœur juge un autre,
Je n'aimais mieux juger sa vertu par la nôtre,
Et croire que nous seuls armons ce combattant,
Parce qu'au point qu'il est j'en voudrais faire autant [84].

SCÈNE II

CLÉOPÂTRE, CORNÉLIE, PHILIPPE, CHARMION

CLÉOPÂTRE

Je ne viens pas ici pour troubler une plainte
Trop juste à la douleur dont vous êtes atteinte ;
Je viens pour rendre hommage aux cendres d'un héros,
Qu'un fidèle affranchi vient d'arracher aux flots,

Pour le plaindre avec vous, et vous jurer, madame,
Que j'aurais conservé ce maître de votre âme,
Si le ciel, qui vous traite avec trop de rigueur,
M'en eût donné la force aussi bien que le cœur.
Si pourtant, à l'aspect de ce qu'il vous renvoie,
Vos douleurs laissaient place à quelque peu de joie ;
Si la vengeance avait de quoi vous soulager,
Je vous dirais aussi qu'on vient de vous venger,
Que le traître Photin... Vous le savez peut-être ?

CORNÉLIE

Oui, princesse, je sais qu'on a puni ce traître.

CLÉOPÂTRE

Un si prompt châtiment vous doit être bien doux.

CORNÉLIE

S'il a quelque douceur, elle n'est que pour vous.

CLÉOPÂTRE

Tous les cœurs trouvent doux le succès qu'ils espèrent.

CORNÉLIE

Comme nos intérêts, nos sentiments diffèrent.
Si César à sa mort joint celle d'Achillas,
Vous êtes satisfaite, et je ne le suis pas.
Aux mânes de Pompée il faut une autre offrande [85] :
La victime est trop basse, et l'injure est trop grande ;
Et ce n'est pas un sang que pour la réparer
Son ombre et ma douleur daignent considérer.
L'ardeur de le venger, dans mon âme allumée,
En attendant César, demande Ptolomée.
Tout indigne qu'il est de vivre et de régner,
Je sais bien que César se force à l'épargner ;
Mais, quoi que son amour ait osé vous promettre,
Le ciel, plus juste enfin, n'osera le permettre ;
Et, s'il peut une fois écouter tous mes vœux,
Par la main l'un de l'autre ils périront tous deux.
Mon âme à ce bonheur, si le ciel me l'envoie,
Oubliera ses douleurs pour s'ouvrir à la joie,
Mais si ce grand souhait demande trop pour moi,
Si vous n'en perdez qu'un, ô ciel ! perdez le roi.

CLÉOPÂTRE

Le ciel sur nos souhaits ne règle pas les choses.

CORNÉLIE

Le ciel règle souvent les effets sur les causes,*
Et rend aux criminels ce qu'ils ont mérité.

CLÉOPÂTRE

Comme de la justice, il a de la bonté.

CORNÉLIE

Oui, mais il fait juger, à voir comme il commence,
Que sa justice agit, et non pas sa clémence.

CLÉOPÂTRE

Souvent de la justice il passe à la douceur.

CORNÉLIE

Reine, je parle en veuve, et vous parlez en sœur.
Chacune a son sujet d'aigreur ou de tendresse,
Qui dans le sort du roi justement l'intéresse.
Apprenons par le sang qu'on aura répandu
A quels souhaits le ciel a le mieux répondu.*
Voici votre Achorée.

SCÈNE III

CORNÉLIE, CLÉOPÂTRE, ACHORÉE, PHILIPPE, CHARMION

CLÉOPÂTRE

Hélas ! Sur son visage
Rien ne s'offre à mes yeux que de mauvais présage.
Ne nous déguisez rien, parlez sans me flatter :
Qu'ai-je à craindre, Achorée ? Ou qu'ai-je à regretter ?

ACHORÉE

Aussitôt que César eut su la perfidie...

CLÉOPÂTRE

Ce ne sont pas ses soins que je veux qu'on me die ;*
Je sais qu'il fit trancher et clore ce conduit
Par où ce grand secours devait être introduit ;
Qu'il manda tous les siens pour s'assurer la place
Où Photin a reçu le prix de son audace ;
Que d'un si prompt supplice Achillas étonné
S'est aisément saisi du port abandonné ;
Que le roi l'a suivi, qu'Antoine a mis à terre
Ce qui dans ses vaisseaux restait de gens de guerre, *
Que César l'a rejoint ; et je ne doute pas
Qu'il n'ait su vaincre encore et punir Achillas.

ACHORÉE

Oui, madame, on a vu son bonheur ordinaire...

CLÉOPÂTRE

Dites-moi seulement s'il a sauvé mon frère,
S'il m'a tenu promesse.

ACHORÉE

Oui, de tout son pouvoir.

CLÉOPÂTRE

C'est là l'unique point que je voulais savoir.
Madame, vous voyez, les dieux m'ont écoutée.

CORNÉLIE

Ils n'ont que différé la peine méritée.

CLÉOPÂTRE

Vous la vouliez sur l'heure, ils l'en ont garanti.

ACHORÉE

Il faudrait qu'à nos vœux il eût mieux consenti.*

CLÉOPÂTRE

Que disiez-vous naguère ? Et que viens-je d'entendre ?
Accordez ces discours que j'ai peine à comprendre.

ACHORÉE

Aucuns ordres ni soins n'ont pu le secourir ;*
Malgré César et nous il a voulu périr ;
Mais il est mort, madame, avec toutes les marques
Que puissent laisser d'eux les plus dignes monarques ;*
Sa vertu rappelée a soutenu son rang,
Et sa perte aux Romains a coûté bien du sang.*
Il combattait Antoine avec tant de courage,
Qu'il emportait déjà sur lui quelque avantage ;
Mais l'abord de César a changé le destin ;
Aussitôt Achillas suit le sort de Photin ;
Il meurt, mais d'une mort trop belle pour un traître,
Les armes à la main, en défendant son maître [86].
Le vainqueur crie en vain qu'on épargne le roi ;
Ces mots au lieu d'espoir lui donnent de l'effroi ;
Son esprit alarmé les croit un artifice
Pour réserver sa tête à l'affront d'un supplice.
Il pousse dans nos rangs, il les perce, et fait voir
Ce que peut la vertu qu'arme le désespoir ;
Et son cœur emporté par l'erreur qui l'abuse,*
Cherche partout la mort, que chacun lui refuse.
Enfin perdant haleine après ces grands efforts,
Près d'être environné, ses meilleurs soldats morts,
Il voit quelques fuyards sauter dans une barque ;
Il s'y jette, et les siens, qui suivent leur monarque,
D'un si grand nombre en foule accablent ce vaisseau*,
Que la mer l'engloutit avec tout son fardeau.
C'est ainsi que sa mort lui rend toute sa gloire [87],
A vous toute l'Égypte, à César la victoire.
Il vous proclame reine ; et, bien qu'aucun Romain *
Du sang que vous pleurez n'ait vu rougir sa main,
Il nous fait voir à tous un déplaisir extrême ;
Il soupire, il gémit. Mais le voici lui-même,
Qui pourra mieux que moi vous montrer la douleur *
Que lui donne du roi l'invincible malheur.

SCÈNE V

CÉSAR, CORNÉLIE, CLÉOPÂTRE, ANTOINE,
LÉPIDE, ACHORÉE, CHARMION, PHILIPPE

CORNÉLIE

César, tiens-moi parole, et me rends mes galères ;
Achillas et Photin ont reçu leurs salaires ;

Leur roi n'a pu jouir de ton cœur adouci ;
Et Pompée est vengé ce qu'il peut l'être ici.
Je n'y saurais plus voir qu'un funeste rivage*
Qui de leur attentat m'offre l'horrible image,
Ta nouvelle victoire, et le bruit éclatant
Qu'aux changements de roi pousse un peuple inconstant ; *
Et, parmi ces objets, ce qui le plus m'afflige,*
C'est d'y revoir toujours l'ennemi qui m'oblige.
Laisse-moi m'affranchir de cette indignité,
Et souffre que ma haine agisse en liberté.
A cet empressement j'ajoute une requête :
Vois l'urne de Pompée ; il y manque sa tête ;
Ne me la retiens plus ; c'est l'unique faveur
Dont je te puis encor prier avec honneur.

CÉSAR

Il est juste, et César est tout prêt de vous rendre
Ce reste où vous avez tant de droit de prétendre ;
Mais il est juste aussi qu'après tant de sanglots,
A ses mânes errants nous rendions le repos,
Qu'un bûcher allumé par ma main et la vôtre
Le venge pleinement de la honte de l'autre,
Que son ombre s'apaise en voyant notre ennui,
Et qu'une urne plus digne et de vous et de lui,
Après la flamme éteinte et ses pompes finies,
Renferme avec éclat ses cendres réunies.
De cette même main dont il fut combattu
Il verra des autels dressés à sa vertu ;
Il recevra des vœux, de l'encens, des victimes,
Sans recevoir par là d'honneurs que légitimes ; *
Pour ces justes devoirs je ne veux que demain ;
Ne me refusez pas ce bonheur souverain.
Faites un peu de force à votre impatience ;
Vous êtes libre après ; partez en diligence ;
Portez à notre Rome un si digne trésor ;
Portez...

CORNÉLIE

Non pas, César, non pas à Rome encor.
Il faut que ta défaite et que tes funérailles
A cette cendre aimée en ouvrent les murailles,
Et quoiqu'elle la tienne aussi chère que moi,
Elle n'y doit rentrer qu'en triomphant de toi.
Je la porte en Afrique ; et c'est là que j'espère
Que les fils de Pompée et Caton et mon père,
Secondés par l'effort d'un roi plus généreux [88],*
Ainsi que la justice auront le sort pour eux.
C'est là que tu verras sur la terre et sur l'onde
Les débris de Pharsale armer un autre monde ;
Et c'est là que j'irai, pour hâter tes malheurs,
Porter de rang en rang ces cendres et mes pleurs.
Je veux que de ma haine ils reçoivent des règles,
Qu'ils suivent au combat des urnes au lieu d'aigles ;
Et que ce triste objet porte en leur souvenir *
Les soins de le venger, et ceux de te punir.

Tu veux à ce héros rendre un devoir suprême ;
L'honneur que tu lui rends rejaillit sur toi-même ;
Tu m'en veux pour témoin ; j'obéis au vainqueur ;
Mais ne présume pas toucher par là mon cœur.
La perte que j'ai faite est trop irréparable ;
La source de ma haine est trop inépuisable ;
A l'égal de mes jours je la ferai durer ;
Je veux vivre avec elle, avec elle expirer.
Je t'avouerai pourtant, comme vraiment Romaine,
Que pour toi mon estime est égale à ma haine,
Que l'une et l'autre est juste, et montre le pouvoir,
L'une de ta vertu, l'autre de mon devoir ;*
Que l'une est généreuse, et l'autre intéressée,
Et que dans mon esprit l'une et l'autre est forcée.
Tu vois que ta vertu, qu'en vain on veut trahir,*
Me force de priser ce que je dois haïr :
Juge ainsi de la haine où mon devoir me lie ;
La veuve de Pompée y force Cornélie.
J'irai, n'en doute point, au sortir de ces lieux,
Soulever contre toi les hommes et les dieux,
Ces dieux qui t'ont flatté, ces dieux qui m'ont trompée,
Ces dieux qui dans Pharsale ont mal servi Pompée,
Qui, la foudre à la main, l'ont pu voir égorger ;
Ils connaîtront leur faute et le voudront venger.
Mon zèle, à leur refus, aidé de sa mémoire,
Te saura bien sans eux arracher la victoire,
Et quand tout mon effort se trouvera rompu,
Cléopâtre fera ce quc je n'aurai pu.
Je sais quelle est ta flamme et quelles sont ses forces,
Que tu n'ignores pas comme on fait les divorces,
Que ton amour t'aveugle, et que pour l'épouser
Rome n'a point de lois que tu n'oses briser ;
Mais sache aussi qu'alors la jeunesse romaine
Se croira tout permis sur l'époux d'une reine,
Et que de cet hymen tes amis indignés
Vengeront sur ton sang leurs avis dédaignés.
J'empêche ta ruine, empêchant tes caresses.
Adieu : j'attends demain l'effet de tes promesses.

SCÈNE VI

CÉSAR, CLÉOPÂTRE, ANTOINE, LÉPIDE, ACHORÉE, CHARMION

CLÉOPÂTRE

Plutôt qu'à ces périls je vous puisse exposer,
«Seigneur, perdez en moi ce qui les peut causer ;
Sacrifiez ma vie au bonheur de la vôtre ;
Le mien sera trop grand, et je n'en veux point d'autre,
Indigne que je suis d'un César pour époux,
Que de vivre en votre âme, étant morte pour vous.

CÉSAR

Reine, ces vains projets sont le seul avantage
Qu'un grand cœur impuissant a du ciel en partage ;
Comme il a peu de force, il a beaucoup de soins ;
Et, s'il pouvait plus faire, il souhaiterait moins.
Les dieux empêcheront l'effet de ces augures,
Et mes félicités n'en seront pas moins pures,
Pourvu que votre amour gagne sur vos douleurs,
Qu'en faveur de César vous tarissiez vos pleurs,
Et que votre bonté, sensible à ma prière,
Pour un fidèle amant oublie un mauvais frère.
On aura pu vous dire avec quel déplaisir
J'ai vu le désespoir qu'il a voulu choisir ;
Avec combien d'efforts j'ai voulu le défendre
Des paniques terreurs qui l'avaient pu surprendre.
Il s'est de mes bontés jusqu'au bout défendu,
Et, de peur de se perdre, il s'est enfin perdu.
O honte pour César, qu'avec tant de puissance,
Tant de soins de vous rendre entière obéissance,*
Il n'ait pu toutefois, en ces événements,
Obéir au premier de vos commandements !
Prenez-vous-en au ciel, dont les ordres sublimes
Malgré tous nos efforts savent punir les crimes ;
Sa rigueur envers lui vous offre un sort plus doux,
Puisque par cette mort l'Égypte est toute à vous.

CLÉOPÂTRE

Je sais que j'en reçois un nouveau diadème,
Qu'on n'en peut accuser que les dieux et lui-même,
Mais comme il est, seigneur, de la fatalité
Que l'aigreur soit mêlée à la félicité,
Ne vous offensez pas si cet heur de vos armes,
Qui me rend tant de biens, me coûte un peu de larmes,
Et si, voyant sa mort due à sa trahison,
Je donne à la nature ainsi qu'à la raison.
Je n'ouvre point les yeux sur ma grandeur si proche,
Qu'aussitôt à mon cœur mon sang ne le reproche ;
J'en ressens dans mon âme un murmure secret,
Et ne puis remonter au trône sans regret.*

ACHORÉE

Un grand peuple, seigneur, dont cette cour est pleine
Par des cris redoublés demande à voir sa reine,
Et, tout impatient, déjà se plaint aux cieux
Qu'on lui donne trop tard un bien si précieux.

CÉSAR

Ne lui refusons plus le bonheur qu'il désire ;
Princesse, allons par là commencer votre empire.
Fasse le juste ciel, propice à mes désirs,
Que ces longs cris de joie étouffent vos soupirs,
Et puissent ne laisser dedans votre pensée
Que l'image des traits dont mon âme est blessée !
Cependant qu'à l'envi de ma suite et votre cour
Préparent pour demain la pompe d'un beau jour,

Où, dans un digne emploi l'une et l'autre occupées,
Couronne Cléopâtre et m'apaise Pompée,
Élève à l'une un trône, à l'autre des autels,
Et jure à tous les deux des respects immortels.

LE MENTEUR

COMÉDIE

LE MENTEUR, acte I, sc. 1.
Mise en scène de Daniel Leveugle.
Théâtre de l'Est Parisien, janvier 1967. *(Guy Moigne, Jacques Bouvier).*
Ph. : Bernand 161168/35.

LE MENTEUR, acte I, sc. 5.
Mise en scène de Denis d'Inès.
Comédie Française, juin 1953. *(Jacques Servière, Bernard Dhéran, Gilbert Giraud).*
Ph. : Bernand 51052/40.

LE MENTEUR, acte V, sc. 7.
Mise en scène de Daniel Leveugle.
Théâtre de l'Est Parisien, janvier 1967. *(Compagnie La Guilde).*
Ph. : Bernand 161168/85.

LE MENTEUR

NOTICE

Corneille veut sans doute souligner sa virtuosité, lorsqu'il nous explique que, le même hiver, il écrivit les éloquentes tirades de Pompée et les dialogues enjoués du Menteur. La comédie fut créée, comme la tragédie, pendant la saison de 1643-1644, au théâtre du Marais, avec Jodelet dans le rôle de Cliton et peut-être Floridor dans celui de Dorante.

Ce n'est, affirme le poète, qu'une « copie » de la Verdad sospechosa, une comédie d'Alarcón (et non, comme il le crut d'abord, de Lope de Vega). Les personnages sont, en effet, les mêmes, ainsi que l'essentiel de l'intrigue. Corneille avoue qu'il a « entièrement dépaysé les sujets pour les habiller à la française » [1]. Il a, en effet, remplacé les voyages de don Garcia au Pérou et aux Indes par les guerres d'Allemagne où Dorante prétend s'être illustré. Corneille a également introduit plusieurs développements consacrés à Paris ; c'est ainsi qu'il évoque ce « grand lieu plein de marchands mêlés » (v. 72), le « pays de romans » (v. 552-556), les métamorphoses apportées par l'architecture moderne (v. 557-564).

Comme don Garcia, Dorante ment sans cesse, qu'il raconte ses exploits en Allemagne (v. 153-167), la fête nautique qu'il aurait offerte à sa maîtresse (v. 263-296), son mariage clandestin avec Orphise (v. 594-662), son combat contre Alcippe qu'il aurait tué (v. 1127-1144), ou allègue la grossesse d'Orphise (v. 1226). Pourquoi tous ces mensonges ? Certains sont évidemment entraînés par ceux qui précèdent ; Dorante, ayant inventé Orphise, est contraint d'imaginer qu'elle est enceinte et, puisque Alcippe n'est pas mort en duel comme il l'a prétendu, il lui faut supposer une poudre miraculeuse qui l'a guéri. Mais, en fait, ce n'est pas l'intérêt qui guide Dorante. Ces inventions débitées avec grâce, avec élan, sont des rêves où il veut lui-même plonger. Son « ordinaire », comme le dit Cliton, est de « rêver en parlant » (v. 312). Pour bien mentir il faut des dons :

> « Le ciel fait cette grâce à fort peu de personnes.
> Il y faut promptitude, esprit, mémoire, soins,
> Ne se brouiller jamais et rougir encor moins » (v. 934-936).

Dorante « débite ses menteries avec une telle présence d'esprit et tant de vivacité, que cette imperfection a bonne grâce en sa personne et fait confesser aux spectateurs que le talent de mentir ainsi est un vice dont les sots ne sont point capables » [2].

Dorante a du talent, Dorante est un artiste, ou plutôt c'est l'artiste même.

« Vous seriez un grand maître à faire des romans » (v. 356),

lui dit son valet. La collation qu'il aurait offerte à Clarice fut aussi rapidement servie que si elle était descendue « du ciel dedans quelque machine » d'opéra (v. 826). Romancier, librettiste ou décorateur d'opéra, ce jeune homme qui aime tant les « fictions » (v. 361), nous semble une vivante allégorie de l'imagination humaine.

Malgré les apparences, ce n'est pas l'amour qui est à l'origine de tant de mensonges. L'amour lui-même est rêvé : Dorante croit aimer Clarice, puis se persuade qu'il aime Lucrèce, et il s'enfuira la nuit qui précède le jour fixé pour les noces [3]. N'est-ce pas que son amour, au lieu d'être le mobile de ses fictions, est une fiction comme les autres ?

« Il aime à promener sa fourbe et son amour » (v. 956).

Cette soudaine passion qu'il prétend éprouver pour Clarice, les protestations qu'il lui adresse, les galanteries qu'il lui consacre, n'est-ce pas un autre roman, comme les guerres d'Allemagne, les duels, les mariages clandestins ?

Dorante, à l'image de l'artiste, tel que le conçoit Corneille, a le feu, l'audace indispensables pour transformer le réel. Il fait par des mots ce que les architectes ont fait dans Paris, ce « pays de romans » (v. 552), cette « île enchantée » (v. 554). D'ailleurs, Clarice et Lucrèce, en échangeant leurs identités, ou plutôt Isabelle qui a l'idée de cette « fourbe » (acte II, sc. 2), forgent une autre fiction, un autre enchantement.

Ces inventions signifient évidemment que le monde tel qu'il est ne peut nous satisfaire ; cette insatisfaction est peut-être métaphysique, elle a aussi un sens social. Cet étudiant en droit, qui préfère maintenant l'épée, est sans doute de petite noblesse, et son père, si vétilleux sur le point d'honneur, si anxieux de déroger, n'est peut-être pas sûr lui-même d'être gentilhomme. La vie que s'invente Dorante est, au contraire, fort aristocratique. Les combats singuliers, la valeur guerrière, cet amour même si prompt et si galant, ce n'est peut-être pas la condition réelle des nobles du temps, mais c'est leur existence embellie, telle que la bourgeoisie et les romanciers la conçoivent.

En tout cas, l'imagination, l'invention, échappent ici à toute vision réductrice. Dorante n'est pas un frère de Mme Bovary ; c'est le frère de Corneille et de Georges de Scudéry, de Torelli ; c'est l'artiste des années 1640, cet artiste baroque qui propose des illusions et des métamorphoses (v. 557).

On comprend donc que le poète ait refusé le dénouement moral d'Alarcón « Marier de force Dorante à une Lucrèce qu'il n'aime point », montrer le père du jeune homme et celui de la jeune fille menaçant de mort le Menteur s'il ne s'exécute, Corneille a trouvé « cette manière de finir un peu rude » [3]. Il a préféré que Dorante passe de Clarice à Lucrèce : ce brusque reniement fait tomber le roman d'amour comme un château de cartes, et de façon bien brusque et bien cynique :

« N'y pensons plus, Cliton, puisque la place est prise » (v. 1637).

Le monde de la comédie est bien le monde baroque. Travestissements des individus, métamorphoses des villes et des situations, jeu avec le passé et l'avenir, sentiments forcenés qui s'oublient et s'écroulent, rien n'est solide dans cette pièce qui signifie simplement la souveraine liberté de l'esprit humain. Rien de réel ne peut l'attacher. L'univers et sa propre existence ne sont pour le Menteur que des hochets ; son invention n'est qu'un jeu, sans finalité matérielle, purement esthétique, toujours à recommencer.

« La pièce a réussi, quoique faible de style »,

déclare Cliton dans La Suite du Menteur *(v. 295). En effet, cette comédie fut régulièrement reprise jusqu'à notre époque. Stendhal l'admirait : « On ne se lasse pas du* Menteur *[...], écrit-il ; la noble simplicité de cette pièce ne vieillit pas [...] Rien n'attache plus que le plaisir de voir mentir Dorante »* [4].

A.N.

Editions collationnées :
Ed. séparée : 1644 in-12 ; 1644 in-4°.
Recueils : 1648 in-12 ; 1652 in-12 ; 1654 in-12 ; 1656 in-12 ; 1660 in-8° ; 1663 in-fol. ; 1664 in-8° ; 1668 in-12 ; 1682 in-12.

NOTES

1 *Au lecteur*
2 *Discours du poème dramatique.*
3 *Suite du Menteur,* acte I, sc. 1.
4 *Pensées,* éd. Martino, Divan, 1931, t. I, p. 98. *Le Menteur* a été souvent repris ces vingt dernières années (voir notre dossier des mises en scène) L'œuvre n'a rien perdu de son charme.

ÉPÎTRE [1]

MONSIEUR,

Je vous présente une pièce de théâtre d'un style si éloigné de ma dernière, qu'on aura de la peine à croire qu'elles soient parties toutes deux de la même main, dans le même hiver. Aussi les raisons qui m'ont obligé à y travailler ont été bien différentes. J'ai fait *Pompée* pour satisfaire à ceux qui ne trouvaient pas les vers de *Polyeucte* si puissants que ceux de *Cinna*, et leur montrer que j'en saurais bien retrouver la pompe quand le sujet le pourrait souffrir ; j'ai fait *Le Menteur* pour contenter les souhaits de beaucoup d'autres qui, suivant l'humeur des Français, aiment le changement, et, après tant de poèmes graves dont nos meilleures plumes ont enrichi la scène [2], m'ont demandé quelque chose de plus enjoué qui ne servît qu'à les divertir. Dans le premier, j'ai voulu faire un essai de ce que pouvait* la majesté du raisonnement et la force des vers, dénués de l'agrément du sujet ; dans celui-ci, j'ai voulu tenter ce que pourrait l'agrément du sujet dénué de la force des vers. Et d'ailleurs, étant obligé au genre comique de ma première réputation, je ne pouvais l'abandonner tout à fait sans quelque espèce d'ingratitude. Il est vrai que, comme alors que je me hasardai à la quitter, je n'osai me fier à mes seules forces, et que, pour m'élever à la dignité du tragique, je pris l'appui du grand Sénèque, à qui j'empruntai tout ce qu'il avait donné de rare à sa *Médée* ; ainsi, quand je me suis résolu de repasser du héroïque au naïf, je n'ai osé descendre de si haut sans m'assurer d'un guide, et me suis laissé conduire au fameux Lope de Vega, de peur de m'égarer dans les détours de tant d'intrigues que fait notre Menteur. En un mot, ce n'est ici qu'une copie d'un excellent original qu'il a mis au jour sous le titre de *la Verdad sospechosa* [3] ;* et, me fiant sur notre Horace, qui donne liberté de tout oser aux poètes ainsi qu'aux peintres [4], j'ai cru que, nonobstant la guerre des deux couronnes, il m'était permis de trafiquer en Espagne. Si cette sorte de commerce était un crime, il y a longtemps que je serais coupable, je ne dis pas seulement pour *Le Cid*, où je me suis aidé de don Guilhen de Castro, mais aussi pour *Médée*, dont je viens de parler, et pour *Pompée* même, où, pensant me fortifier du secours de deux Latins, j'ai pris celui de deux Espagnols, Sénèque et Lucain étant tous deux de Cordoue. Ceux qui ne voudront pas me pardonner cette intelligence avec nos ennemis approuveront du moins que je pille chez eux ; et, soit qu'on fasse passer ceci pour un larcin ou pour un emprunt, je m'en suis trouvé si bien, que je n'ai pas envie que ce soit le dernier que je ferai chez eux. Je crois que vous en serez d'avis, et ne m'en estimerez pas moins.

Je suis,

MONSIEUR

Votre très humble serviteur,

CORNEILLE.

AU LECTEUR [5]

Bien que cette comédie et celle qui la suit soient toutes deux de l'invention de Lope de Vega, je ne vous les donne point dans le même ordre que je vous ai donné *Le Cid* et *Pompée*, dont en l'un vous avez vu les vers espagnols, et en l'autre des latins, que j'ai traduits ou imités de Guillem de Castro et de Lucain. Ce n'est pas que je n'aie ici emprunté beaucoup de choses de cet admirable original ; mais comme j'ai entièrement dépaysé les sujets pour les habiller à la française, vous trouveriez si peu de rapport entre l'Espagnol et le Français, qu'au lieu de satisfaction vous n'en recevriez que de l'importunité.

Par exemple, tout ce que je fais conter à notre Menteur des guerres d'Allemagne, où il se vante d'avoir été, l'Espagnol le lui fait dire du Pérou et des Indes, dont il fait le nouveau revenu ; et ainsi de la plupart des autres incidents, qui, bien qu'ils soient imités de l'original, n'ont presque point de ressemblance avec lui pour les pensées, ni pour les termes qui les expriment. Je me contenterai donc de vous avouer que les sujets sont entièrement de lui, comme vous les trouverez dans la vingt et deuxième partie de ses comédies [6]. Pour le reste, j'en ai pris tout ce qui s'est pu accommoder à notre usage ; et s'il m'est permis de dire mon sentiment touchant une chose où j'ai si peu de part, je vous avouerai en même temps que l'invention de celle-ci me charme tellement, que je ne trouve rien à mon gré qui lui soit comparable en ce genre, ni parmi les anciens, ni parmi les modernes. Elle est toute spirituelle depuis le commencement jusqu'à la fin, et les incidents si justes et si gracieux, qu'il faut être, à mon avis, de bien mauvaise humeur pour n'en approuver pas la conduite, et n'en aimer pas la représentation.

Je me défierais peut-être de l'estime extraordinaire que j'ai pour ce poème, si je n'y étais confirmé par celle qu'en a faite un des premiers hommes de ce siècle, et qui non seulement est le protecteur des savantes muses dans la Hollande, mais fait voir encore par son propre exemple que les grâces de la poésie ne sont pas incompatibles avec les plus hauts emplois de la politique et les plus nobles fonctions d'un homme d'État. Je parle de M. de Zuylichem [7], secrétaire des commandements de monseigneur le prince d'Orange. C'est lui que MM. Heinsius et Balzac ont pris comme pour arbitre de leur fameuse querelle [8], puisqu'ils lui ont adressé l'un et l'autre leurs doctes dissertations, et qui n'a pas dédaigné de montrer au public l'état qu'il fait de cette comédie par deux épigrammes, l'un français et l'autre latin, qu'il a mis au-devant de l'impression qu'en ont faite les Elzeviers, à Leyden [9]. Je vous les donne ici d'autant plus volontiers que, n'ayant pas l'honneur d'être connu de lui, son témoignage ne peut être suspect, et qu'on n'aura pas lieu de m'accuser de beaucoup de vanité pour en avoir fait parade, puisque toute la gloire qu'il m'y donne doit être attribuée au grand Lope de Vega, que peut-être il ne connaissait pas pour le premier auteur de cette merveille du théâtre.

IN PRÆSTANTISSIMI POETÆ GALLICI CORNELII

COMŒDIAM, QUAE INSCRIBITUR

MENDAX [10]

Gravi cothurno torvus, orchestra truci
Dudum cruentus, Galliœ justus stupor,
Audivit et vatum decus Cornelius.
Laudem poetæ num mereret comici
Pari nitore et elegantia, fuit ;
Qui disputaret, et negarunt inscii ;
Et mos gerendus insciis semel fuit.

Et, ecce, gessit, mentiendi gratia
Facetiisque, quas Terentius, pater
Amœnitatum, quas Menander, quas merum
Nectar deorum Plautus et mortalium,
Si sœculo reddantur, agnoscant suas,
Et quas negare non graventur non suas.
Tandem poeta est : fraude, fuco, fabula,
Mendace scena vindicavit se sibi.
Cui Stagiræ venit in mentem, putas,
Quis qua præivit supputator algebra,
Quis cogitavit illud Euclides prior,
Probare rem verissimam mendacio ?

CONSTANTER [11], 1645.

A M. CORNEILLE

SUR SA COMEDIE : LE MENTEUR

Eh bien ! ce beau Menteur, *cette pièce fameuse,*
Qui étonne le Rhin, et fait rougir la Meuse,
Et le Tage et le Pô, et le Tibre romain,
De n'avoir rien produit d'égal à cette main.
A ce Plaute rené, à ce nouveau Térence,
La trouve-t-on si loin ou de l'indifférence,
Ou du juste mépris des savants d'aujourd'hui ?
Je tiens, tout au rebours, qu'elle a besoin d'appui,
De grâce, de pitié, de faveur affétée,
D'extrême charité, de louange empruntée,
Elle est plate, elle est fade, elle manque de sel,
De pointe et de vigueur ; et n'y a carrousel
Ou la rage et le vin n'enfantent des Corneilles
Capables de fournir de plus fortes merveilles.
Qu'ai-je dit ? Ah ! Corneille, aime mon repentir ;
Ton excellent Menteur *m'a porté à mentir.*
Il m'a rendu le faux si doux et si aimable,
Que, sans m'en aviser, j'ai vu le véritable
Ruiné de crédit, et ai cru constamment
N'y avoir plus d'honneur qu'à mentir vaillamment.
Après tout, le moyen de s'en pouvoir dédire ?
A moins que d'en mentir, je n'en pouvais rien dire ;
La plus haute pensée au bas de sa valeur
Devenait injustice et injure à l'auteur.
Qu'importe donc qu'on mente, ou que d'un faible éloge
A toi et ton Menteur *faussement on déroge ?*
Qu'importe que les dieux se trouvent irrités
De mensonges ou bien de fausses vérités ?

CONSTANTENER

EXAMEN

Cette pièce est en partie traduite, en partie imitée, de l'espagnol. Le sujet m'en mble si spirituel et si bien tourné, que j'ai dit souvent que je voudrais avoir donné s deux plus belles que j'ai faites, et qu'il fût de mon invention. On l'a attribué au fameux Lope de Végue,* mais il m'est tombé depuis peu entre les mains un volume de don Juan d'Alarcón, où il prétend que cette comédie est à lui, et se plaint des imprimeurs qui l'ont fait courir sous le nom d'un autre [12]. Si c'est son bien, je n'empêche pas qu'il ne s'en ressaisisse. De quelque main que parte cette comédie, il est constant qu'elle est très ingénieuse, et je n'ai rien vu dans cette langue qui m'ait satisfait davantage. J'ai tâché de la réduire à notre usage et dans nos règles, mais il m'a fallu forcer mon aversion pour les *a parte*, dont je n'aurais pu la purger sans lui faire perdre une bonne partie de ses beautés. Je les ai faits les plus courts que j'ai pu, et je me les suis permis rarement, sans laisser deux acteurs ensemble qui s'entretiennent tout bas cependant que d'autres disent ce que ceux-là ne doivent pas écouter. Cette duplicité d'action particulière ne rompt point l'unité de la principale, mais elle gêne un peu l'attention de l'auditeur, qui ne sait à laquelle s'attacher, et qui se trouve obligé de séparer aux deux ce qu'il est accoutumé de donner à une. L'unité de lieu s'y trouve, en ce que tout s'y passe dans Paris mais le premier acte est dans les Tuileries, et le reste à la place royale. Celle de jour n'y est pas forcée, pourvu qu'on lui laisse les vingt-quatre heures entières [13].* Quant à celle d'action, je ne sais s'il n'y a point quelque chose à dire, en ce que Dorante aime Clarice dans toute la pièce, et épouse Lucrèce à la fin, qui par là ne répond pas à la protase. L'auteur espagnol lui donne ainsi le change pour punition de ses menteries, et le réduit à épouser par force cette Lucrèce, qu'il n'aime point. Comme il se méprend toujours au nom, et croit que Clarice porte celui-là, il lui présente la main quand on lui a accordé l'autre, et dit hautement, lorsqu'on l'avertit de son erreur, que s'il s'est trompé au nom, il ne se trompe point à la personne. Sur quoi, le père de Lucrèce le menace de le tuer s'il n'épouse sa fille après l'avoir demandée et obtenue ; et le sien propre lui fait la même menace. Pour moi, j'ai trouvé cette manière de finir un peu dure, et cru qu'un mariage moins violenté serait plus au goût de notre auditoire. C'est ce qui m'a obligé à lui donner une pente vers la personne de Lucrèce au cinquième acte, afin qu'après qu'il a reconnu sa méprise aux noms, il fasse de nécessité vertu de meilleure grâce, et que la comédie se termine avec pleine tranquillité de tous côtés.

LES ACTEURS

GÉRONTE, père de Dorante.
DORANTE, fils de Géronte.
ALCIPPE, ami de Dorante et amant de Clarice.
PHILISTE, ami de Dorante et d'Alcippe.
CLARICE, maîtresse d'Alcippe.
LUCRÈCE, amie de Clarice.
ISABELLE, suivante de Clarice.
SABINE, femme de chambre de Lucrèce.
CLITON, valet de Dorante.
LYCAS, valet d'Alcippe.

La scène est à Paris.

LE MENTEUR

ACTE PREMIER

SCÈNE PREMIÈRE

DORANTE, CLITON

DORANTE

A la fin j'ai quitté la robe pour l'épée :
L'attente où j'ai vécu n'a point été trompée ;
Mon père a consenti que je suive mon choix
Et j'ai fait banqueroute à ce fatras de lois [1].*
Mais puisque nous voici dedans les Tuileries,
Le pays du beau monde et des galanteries,
Dis-moi, me trouves-tu bien fait en cavalier ?
Ne vois-tu rien en moi qui sente l'écolier ? *
Comme il est malaisé qu'aux royaumes du code
On apprenne à se faire un visage à la mode,
J'ai lieu d'appréhender...

CLITON

Ne craignez rien pour vous,
Vous ferez en une heure ici mille jaloux.
Ce visage et ce port n'ont point l'air de l'école.
Et jamais comme vous on ne peignit Bartole [2].
Je prévois du malheur pour beaucoup de maris.
Mais que vous semble encor maintenant de Paris ?

DORANTE

J'en trouve l'air bien doux, et cette loi bien rude
Qui m'en avait banni sous prétexte d'étude.
Toi, qui sais les moyens de s'y bien divertir,
Ayant eu le bonheur de n'en jamais sortir,*
Dis-moi comme en ce lieu l'on gouverne les dames

CLITON

C'est là le plus beau soin qui vienne aux belles âmes,
Disent les beaux esprits. Mais, sans faire le fin,
Vous avez l'appétit ouvert de bon matin !
D'hier au soir seulement vous êtes dans la ville,
Et vous vous ennuyez déjà d'être inutile !
Votre humeur sans emploi ne peut passer un jour !
Et déjà vous cherchez à pratiquer l'amour !
Je suis auprès de vous en fort bonne posture
De passer pour un homme à donner tablature ;

J'ai la taille d'un maître en ce noble métier,
Et je suis, tout au moins, l'intendant du quartier.

DORANTE

Ne t'effarouche point : je ne cherche, à vrai dire,
Que quelque connaissance où l'on se plaise à rire,
Qu'on puisse visiter par divertissement,
Où l'on puisse en douceur couler quelque moment.
Pour me connaître mal, tu prends mon sens à gauche.

CLITON

J'entends, vous n'êtes pas un homme de débauche,
Et tenez celles-là trop indignes de vous,
Que le son d'un écu rend traitables à tous.
Aussi que vous cherchiez de ces sages coquettes
Où peuvent tous venants débiter leurs fleurettes,*
Mais qui ne font l'amour que de babil et d'yeux,
Vous êtes d'encolure à vouloir un peu mieux.
Loin de passer son temps, chacun le perd chez elles,
Et le jeu, comme on dit, n'en vaut pas les chandelles.
Mais ce serait pour vous un bonheur sans égal
Que ces femmes de bien qui se gouvernent mal,
Et de qui la vertu, quand on leur fait service,
N'est pas incompatible avec un peu de vice.
Vous en verrez ici de toutes les façons.
Ne me demandez point cependant des leçons ;*
Ou je me connais mal à voir votre visage,
Ou vous n'en êtes pas à votre apprentissage ;
Vos lois ne réglaient pas si bien tous vos desseins
Que vous eussiez toujours un portefeuille aux mains [3].

DORANTE

A ne rien déguiser, Cliton, je te confesse
Qu'à Poitiers j'ai vécu comme vit la jeunesse ;
J'étais en ces lieux-là de beaucoup de métiers ;
Mais Paris, après tout, est bien loin de Poitiers.
Le climat différent veut une autre méthode :
Ce qu'on admire ailleurs est ici hors de mode ;
La diverse façon de parler et d'agir *
Donne aux nouveaux venus souvent de quoi rougir.
Chez les provinciaux on prend ce qu'on rencontre,
Et là, faute de mieux, un sot passe à la montre.
Mais il faut à Paris bien d'autres qualités ;
On ne s'éblouit point de ces fausses clartés ;
Et tant d'honnêtes gens, que l'on y voit ensemble,
Font qu'on est mal reçu, si l'on ne leur ressemble.

CLITON

Connaissez mieux Paris, puisque vous en parlez.
Paris est un grand lieu plein de marchands mêlés ;
L'effet n'y répond pas toujours à l'apparence ;
On s'y laisse duper autant qu'en lieu de France ;
Et parmi tant d'esprits plus polis et meilleurs,
Il y croît des badauds autant et plus qu'ailleurs.
Dans la confusion que ce grand monde apporte,

Il y vient de tous lieux des gens de toute sorte ;
Et dans toute la France il est fort peu d'endroits
Dont il n'ait le rebut aussi bien que le choix.
Comme on s'y connaît mal, chacun s'y fait de mise,
Et vaut communément autant comme il se prise ;
De bien pires que vous s'y font assez valoir.
Mais, pour venir au point que vous voulez savoir,
Etes-vous libéral ?

DORANTE

Je ne suis point avare.

CLITON

C'est un secret d'amour et bien grand et bien rare,
Mais il faut de l'adresse à le bien débiter,
Autrement on s'y perd au lieu d'en profiter.
Tel donne à pleines mains qui n'oblige personne ;
La façon de donner vaut mieux que ce qu'on donne.
L'un perd exprès au jeu son présent déguisé ;
L'autre oublie un bijou qu'on aurait refusé.
Un lourdaud libéral auprès d'une maîtresse
Semble donner l'aumône alors qu'il fait largesse,
Et d'un tel contre-temps il fait tout ce qu'il fait,
Que, quand il tâche à plaire, il offense en effet [4].

DORANTE

Laissons là ces lourdauds contre qui tu déclames,
Et me dis seulement si tu connais ces dames.

CLITON

Non : cette marchandise est de trop bon aloi ;
Ce n'est point là gibier à des gens comme moi.
Il est aisé pourtant d'en savoir des nouvelles,
Et bientôt leur cocher m'en dira des plus belles.

DORANTE

Penses-tu qu'il t'en dise ?

CLITON

Assez pour en mourir ;
Puisque c'est un cocher, il aime à discourir.

SCÈNE II

DORANTE, CLARICE, LUCRÈCE, ISABELLE

CLARICE, *faisant un faux pas, et comme se laissant choir.*

Ay !

DORANTE, *lui donnant la main.*

Ce malheur me rend un favorable office,
Puisqu'il me donne lieu de ce petit service ;
Et c'est pour moi, madame, un bonheur souverain
Que cette occasion de vous donner la main.

CLARICE

L'occasion ici fort peu vous favorise,
Et ce faible bonheur ne vaut pas qu'on le prise.

DORANTE

Il est vrai, je le dois tout entier au hasard ;
Mes soins ni vos désirs n'y prennent point de part,
Et sa douceur mêlée avec cette amertume
Ne me rend pas le sort plus doux que de coutume,
Puisque enfin ce bonheur, que j'ai si fort prisé,
A mon peu de mérite eût été refusé.

CLARICE

S'il a perdu sitôt ce qui pouvait vous plaire,
Je veux être à mon tour d'un sentiment contraire,
Et crois qu'on doit trouver plus de félicité
A posséder un bien sans l'avoir mérité.
J'estime plus un don qu'une reconnaissance :
Qui nous donne fait plus que qui nous récompense,
Et le plus grand bonheur au mérite rendu
Ne fait que nous payer de ce qui nous est dû.
La faveur qu'on mérite est toujours achetée ;
L'heur en croît d'autant plus, moins elle est méritée ;
Et le bien où sans peine elle fait parvenir
Par le mérite à peine aurait pu s'obtenir.

DORANTE

Aussi ne croyez pas que jamais je prétende
Obtenir par mérite une faveur si grande :
J'en sais mieux le haut prix ; et mon cœur amoureux,
Moins il s'en connaît digne, et plus s'en tient heureux [5],
On me l'a pu toujours dénier sans injure ;
Et si la recevant ce cœur même en murmure,
Il se plaint du malheur de ses félicités,
Que le hasard lui donne, et non vos volontés.
Un amant a fort peu de quoi se satisfaire
Des faveurs qu'on lui fait sans dessein de les faire.
Comme l'intention seule en forme le prix,
Assez souvent sans elle on les joint au mépris.
Jugez par là quel bien peut recevoir ma flamme
D'une main qu'on me donne en me refusant l'âme.
Je la tiens, je la touche, et je la touche en vain,
Si je ne puis toucher le cœur avec la main.

CLARICE

Cette flamme, monsieur, est pour moi fort nouvelle,
Puisque j'en viens de voir la première étincelle.
Si votre cœur ainsi s'embrase en un moment,
Le mien ne sut jamais brûler si promptement ;*
Mais peut-être à présent que j'en suis avertie,
Le temps donnera place à plus de sympathie.
Confessez cependant qu'à tort vous murmurez
Du mépris de vos feux, que j'avais ignorés.

SCÈNE III

DORANTE, CLARICE, LUCRÈCE, ISABELLE, CLITON

DORANTE

C'est l'effet du malheur qui partout m'accompagne.
Depuis que j'ai quitté les guerres d'Allemagne,
C'est-à-dire du moins depuis un an entier,
Je suis et jour et nuit dedans votre quartier ;
Je vous cherche en tous lieux, au bal, aux promenades ;
Vous n'avez que de moi reçu des sérénades,
Et je n'ai pu trouver que cette occasion
A vous entretenir de mon affection.

CLARICE

Quoi ! Vous avez donc vu l'Allemagne et la guerre ?

DORANTE

Je m'y suis fait quatre ans craindre comme un tonnerre.*

CLITON

Que lui va-t-il conter ?

DORANTE

Et durant ces quatre ans
Il ne s'est fait combats, ni sièges importants,
Nos armes n'ont jamais remporté de victoire,
Où cette main n'ait eu bonne part à la gloire ;
Et même la gazette a souvent divulgués [6]...*

CLITON, *le tirant par la basque.*

Savez-vous bien, monsieur, que vous extravaguez ?

DORANTE

Tais-toi.

CLITON

Vous rêvez, dis-je, ou...

DORANTE

Tais-toi, misérable.

CLITON

Vous venez de Poitiers, ou je me donne au diable ;
Vous en revîntes hier.

DORANTE, *à Cliton.*

Te tairas-tu, maraud ?*

à Clarice

Mon nom dans nos succès s'était mis assez haut
Pour faire quelque bruit sans beaucoup d'injustice,
Et je suivrais encore un si noble exercice,
N'était que l'autre hiver, faisant ici ma cour,
Je vous vis, et je fus retenu par l'amour.

Attaqué par vos yeux, je leur rendis les armes ;
Je me fis prisonnier de tant d'aimables charmes ;
Je leur livrai mon âme, et ce cœur généreux
Dès ce premier moment oublia tout pour eux.
Vaincre dans les combats, commander dans l'armée,
De mille exploits fameux enfler ma renommée [7],
Et tous ces nobles soins qui m'avaient su ravir,
Cédèrent aussitôt à ceux de vous servir.

ISABELLE, *à Clarice, tout bas.*

Madame, Alcippe vient ; il aura de l'ombrage.*

CLARICE

Nous en saurons, monsieur, quelque jour davantage.
Adieu.

DORANTE

Quoi ! Me priver sitôt de tout mon bien ?

CLARICE

Nous n'avons pas loisir d'un plus long entretien ;
Et, malgré la douceur de me voir cajolée,
Il faut que nous fassions seules deux tours d'allée.

DORANTE

Cependant accordez à mes vœux innocents
La licence d'aimer des charmes si puissants.

CLARICE

Un cœur qui veut aimer, et qui sait comme on aime,
N'en demande jamais licence qu'à soi-même.

SCÈNE IV

DORANTE, CLITON

DORANTE

Suis-les, Cliton.

CLITON

J'en sais ce qu'on en peut savoir.
La langue du cocher a fait tout son devoir.*
« La plus belle des deux, dit-il, est ma maîtresse,
Elle loge à la Place, et son nom est Lucrèce.[8] »

DORANTE

Quelle place ?

CLITON

Royale, et l'autre y loge aussi.
Il n'en sait pas le nom, mais j'en prendrai souci.

DORANTE

Ne te mets point, Cliton, en peine de l'apprendre.
Celle qui m'a parlé, celle qui m'a su prendre,

C'est Lucrèce, ce l'est sans aucun contredit :
Sa beauté m'en assure, et mon cœur me le dit.

CLITON

Quoique mon sentiment doive respect au vôtre,
La plus belle des deux, je crois que ce soit l'autre [9].

DORANTE

Quoi ! Celle qui s'est tue et qui dans nos propos
N'a jamais eu l'esprit de mêler quatre mots ?

CLITON

Monsieur, quand une femme a le don de se taire,*
Elle a des qualités au-dessus du vulgaire ;
C'est un effort du ciel qu'on a peine à trouver ;
Sans un petit miracle il ne peut l'achever,
Et la nature souffre extrême violence,*
Lorsqu'il en fait d'humeur à garder le silence.
Pour moi, jamais l'amour n'inquiète mes nuits,
Et, quand le cœur m'en dit, j'en prends par où je puis.
Mais naturellement femme qui se peut taire
A sur moi tel pouvoir et tel droit de me plaire [10],
Qu'eût-elle en vrai magot tout le corps fagoté,
Je lui voudrais donner le prix de la beauté.
C'est elle assurément qui s'appelle Lucrèce :
Cherchez un autre nom pour l'objet qui vous blesse ;
Ce n'est point là le sien ; celle qui n'a dit mot,
Monsieur, c'est la plus belle, ou je ne suis qu'un sot.

DORANTE

Je t'en crois sans jurer avec tes incartades.*
Mais voici les plus chers de mes vieux camarades :*
Ils semblent étonnés, à voir leur action.

SCÈNE V

DORANTE, ALCIPPE, PHILISTE, CLITON

PHILISTE, *à Alcippe.*

Quoi ! Sur l'eau la musique, et la collation ?

ALCIPPE, *à Philiste.*

Oui, la collation avecque la musique.

PHILISTE, *à Alcippe.*

Hier au soir ?

ALCIPPE, *à Philiste.*

Hier au soir.

PHILISTE, *à Alcippe.*

Et belle ?

ALCIPPE, *à Philiste*

Magnifique.

PHILISTE, *à Alcippe.*

Et par qui ?

ALCIPPE, *à Philiste.*

C'est de quoi je suis mal éclairci.

DORANTE, *les saluant.*

Que mon bonheur est grand de vous revoir ici !

ALCIPPE

Le mien est sans pareil, puisque je vous embrasse.

DORANTE

J'ai rompu vos discours d'assez mauvaise grâce ;
Vous le pardonnerez à l'aise de vous voir.

PHILISTE

Avec nous, de tout temps, vous avez tout pouvoir.*

DORANTE

Mais de quoi parliez-vous ?

ALCIPPE

D'une galanterie.

DORANTE

D'amour ?

ALCIPPE

Je le présume.

DORANTE

Achevez, je vous en prie,
Et souffrez qu'à ce mot ma curiosité
Vous demande sa part de cette nouveauté.

ALCIPPE

On dit qu'on a donné musique à quelque dame.

DORANTE

Sur l'eau ?

ALCIPPE

Sur l'eau.

DORANTE

Souvent l'onde irrite la flamme.

PHILISTE

Quelquefois.

DORANTE

Et ce fut hier au soir ?

ALCIPPE

Hier au soir.

DORANTE

Dans l'ombre de la nuit le feu se fait mieux voir.
Le temps était bien pris. Cette dame, elle est belle ?

ALCIPPE

Aux yeux de bien du monde elle passe pour telle.

DORANTE

Et la musique ?

ALCIPPE

Assez pour n'en rien dédaigner.

DORANTE

Quelque collation a pu l'accompagner ?

ALCIPPE

On le dit.

DORANTE

Fort superbe ?

ALCIPPE

Et fort bien ordonnée.

DORANTE

Et vous ne savez point celui qui l'a donnée ?

ALCIPPE

Vous en riez !

DORANTE

Je ris de vous voir étonné
D'un divertissement que je me suis donné.

ALCIPPE

Vous ?

DORANTE

Moi-même.

ALCIPPE

Et déjà vous avez fait maîtresse ?

DORANTE

Si je n'en avais fait, j'aurais bien peu d'adresse,
Moi qui depuis un mois suis ici de retour.*
Il est vrai que je sors fort peu souvent de jour ;
De nuit, incognito, je rends quelques visites.
Ainsi...

CLITON, *à Dorante, à l'oreille.*

Vous ne savez, monsieur, ce que vous dites.

DORANTE

Tais-toi ; si jamais plus tu me viens avertir...

CLITON

J'enrage de me taire et d'entendre mentir !

PHILISTE, à Alcippe.

Voyez qu'heureusement dedans cette rencontre
Votre rival lui-même à vous-même se montre.

DORANTE, *revenant à eux.*

Comme à mes chers amis je vous veux tout conter.
J'avais pris cinq bateaux pour mieux tout ajuster ;*
Les quatre contenaient quatre chœurs de musique
Capables de charmer le plus mélancolique.
Au premier, violons, en l'autre, luths et voix,
Des flûtes, au troisième, au dernier, des hautbois,
Qui tour à tour dans l'air poussaient des harmonies
Dont on pouvait nommer les douceurs infinies.
Le cinquième était grand, tapissé tout exprès
De rameaux enlacés pour conserver le frais,
Dont chaque extrémité portait un doux mélange
De bouquets de jasmin, de grenade et d'orange.
Je fis de ce bateau la salle du festin ;
Là je menai l'objet qui faut seul mon destin ;
De cinq autres beautés la sienne fut suivie,
Et la collation fut aussitôt servie.
Je ne vous dirai point les différents apprêts,
Le nom de chaque plat, le rang de chaque mets.
Vous saurez seulement qu'en ce lieu de délices
On servit douze plats, et qu'on fit six services,
Cependant que les eaux, les rochers et les airs,
Répondaient aux accents de nos quatre concerts.
Après qu'on eut mangé, mille et mille fusées,
S'élançant vers les cieux, ou droites ou croisées,
Firent un nouveau jour, d'où tant de serpenteaux
D'un déluge de flamme attaquèrent les eaux,
Qu'on crut que, pour leur faire une plus rude guerre,
Tout l'élément du feu tombait du ciel en terre.
Après ce passe-temps, on dansa jusqu'au jour,
Dont le soleil jaloux avança le retour.
S'il eût pris notre avis, sa lumière importune*
N'eût pas troublé sitôt ma petite fortune ;
Mais, n'étant pas d'humeur à suivre nos désirs,
Il sépara la troupe, et finit nos plaisirs [11].

ALCIPPE

Certes, vous avez grâce à conter ces merveilles ;
Paris, tout grand qu'il est, en voit peu de pareilles [12].

DORANTE

J'avais été surpris ; et l'objet de mes vœux
Ne m'avait, tout au plus, donné qu'une heure ou deux.

PHILISTE

Cependant l'ordre est rare, et la dépense belle.

DORANTE

Il s'est fallu passer à cette bagatelle :
Alors que le temps presse, on n'a pas à choisir.

ALCIPPE

Adieu : nous nous verrons avec plus de loisir.

DORANTE

Faites état de moi.

ALCIPPE, *à Philiste, en s'en allant.*

Je meurs de jalousie !

PHILISTE, *à Alcippe.*

Sans raison toutefois votre âme en est saisie ;
Les signes du festin ne s'accordent pas bien.

ALCIPPE, *à Philiste.*

Le lieu s'accorde, et l'heure ; et le reste n'est rien.

SCÈNE VI

DORANTE, CLITON

CLITON

Monsieur, puis-je à présent parler sans vous déplaire ?

DORANTE

Je remets à ton choix de parler ou te taire ;*
Mais quand tu vois quelqu'un, ne fais plus l'insolent.

CLITON

Votre ordinaire est-il de rêver en parlant ?

DORANTE

Où me vois-tu rêver ?

CLITON

J'appelle rêveries
Ce qu'en d'autres qu'un maître on nomme menteries.
Je parle avec respect.

DORANTE

Pauvre esprit !

CLITON

Je le perds,
Quand je vous ois parler de guerre et de concerts.
Vous voyez sans péril nos batailles dernières,
Et faites des festins qui ne vous coûtent guères.
Pourquoi depuis un an vous feindre de retour ?

DORANTE

J'en montre plus de flamme, et j'en fais mieux ma cour.

CLITON

Qu'a de propre la guerre à montrer votre flamme ?

DORANTE

Oh ! Le beau compliment à charmer une dame,
De lui dire d'abord : « J'apporte à vos beautés
Un cœur nouveau venu des universités ;
Si vous avez besoin de lois et de rubriques,
Je sais le *Code* entier avec les *Authentiques*,
Le *Digeste* nouveau, le vieux, l'*Infortiat* [13],
Ce qu'en a dit Jason, Balde, Accurse, Alciat ! [14] »
Qu'un si riche discours nous rend considérables !
Qu'on amollit par là de cœurs inexorables !
Qu'un homme à paragraphe est un joli galant !
On s'introduit bien mieux à titre de vaillant ;
Tout le secret ne gît qu'en un peu de grimace,
A mentir à propos, jurer de bonne grâce,
Étaler force mots qu'elles n'entendent pas,
Faire sonner Lamboy, Jean de Vert, et Galas [15],
Nommer quelques châteaux de qui les noms barbares,
Plus ils blessent l'oreille, et plus leur semblent rares ;
Avoir toujours en bouche angles, lignes, fossés,
Vedette, contrescarpe, et travaux avancés ;
Sans ordre et sans raison, n'importe, on les étonne ;
On leur fait admirer les bayes qu'on leur donne [16],
Et tel, à la faveur d'un semblable débit,
Passe pour homme illustre et se met en crédit [17].

CLITON

A qui vous veut ouïr, vous en faites bien croire,
Mais celle-ci bientôt peut savoir votre histoire.

DORANTE

J'aurai déjà gagné chez elle quelques accès ;
Et, loin d'en redouter un malheureux succès,
Si jamais un fâcheux nous nuit par sa présence,
Nous pourrons sous ces mots être d'intelligence.
Voilà traiter l'amour, Cliton, et comme il faut.

CLITON

A vous dire le vrai, je tombe de bien haut.
Mais parlons du festin : Urgande et Mélusine [18]
N'ont jamais sur-le-champ mieux fourni leur cuisine,
Vous allez au delà de leurs enchantements ;
Vous seriez un grand maître à faire des romans ;
Ayant si bien en main le festin et la guerre,
Vos gens en moins de rien courraient toute la terre,
Et ce serait pour vous des travaux fort légers
Que d'y mêler partout la pompe et les dangers.*
Ces hautes fictions vous sont bien naturelles.

DORANTE

J'aime à braver ainsi les conteurs de nouvelles,
Et sitôt que j'en vois quelqu'un s'imaginer
Que ce qu'il veut m'apprendre a de quoi m'étonner,

Je le sers aussitôt d'un conte imaginaire
Qui l'étonne lui-même, et le force à se taire.
Si tu pouvais savoir quel plaisir on a lors
De leur faire rentrer leurs nouvelles au corps...

CLITON

Je le juge assez grand, mais enfin ces pratiques
Vous peuvent engager en de fâcheux intriques.*

DORANTE

Nous nous en tirerons, mais tous ces vains discours*
M'empêchent de chercher l'objet de mes amours.
Tâchons de le rejoindre, et sache qu'à me suivre [19]
Je t'apprendrai bientôt d'autres façons de vivre.

ACTE II

SCÈNE PREMIÈRE

GÉRONTE, CLARICE, ISABELLE

CLARICE

Je sais qu'il vaut beaucoup étant sorti de vous,
Mais, monsieur, sans le voir, accepter un époux,
Par quelque haut récit qu'on en soit conviée,
C'est grande avidité de se voir mariée.
D'ailleurs, en recevoir visite et compliment,*
Et lui permettre accès en qualité d'amant,
A moins qu'à vos projets un plein effet réponde,
Ce serait trop donner à discourir au monde.
Trouvez donc un moyen de me le faire voir,
Sans m'exposer au blâme, et manquer au devoir.

GÉRONTE

Oui, vous avez raison, belle et sage Clarice ;
Ce que vous m'ordonnez est la même justice,*
Et comme c'est à nous à subir votre loi,
Je reviens tout à l'heure, et Dorante avec moi.
Je le tiendrai longtemps dessous votre fenêtre,
Afin qu'avec loisir vous puissiez le connaître,*
Examiner sa taille, et sa mine, et son air,
Et voir quel est l'époux que je vous veux donner.
Il vint hier de Poitiers, mais il sent peu l'école,
Et si l'on pouvait croire un père à sa parole,
Quelque écolier qu'il soit, je dirais qu'aujourd'hui
Peu de nos gens de cour sont mieux taillés que lui.
Mais vous en jugerez après la voix publique.
Je cherche à l'arrêter, parce qu'il m'est unique,
Et je brûle surtout de le voir sous vos lois.

CLARICE

Vous m'honorez beaucoup d'un si glorieux choix.
Je l'attendrai, monsieur, avec impatience,
Et je l'aime déjà sur cette confiance [20].

SCÈNE II

ISABELLE, CLARICE

ISABELLE

Ainsi vous le verrez, et sans vous engager.

CLARICE

Mais pour le voir ainsi qu'en pourrai-je juger ?
J'en verrai le dehors, la mine, l'apparence ;
Mais du reste, Isabelle, où prendre l'assurance ?
Le dedans paraît mal en ces miroirs flatteurs ;
Les visages souvent sont de doux imposteurs.
Que de défauts d'esprit se couvrent de leurs grâces !
Et que de beaux semblants cachent des âmes basses !
Les yeux en ce grand choix ont la première part ; *
Mais leur déférer tout, c'est tout mettre au hasard ;
Qui veut vivre en repos ne doit pas leur déplaire ;
Mais, sans leur obéir, il doit les satisfaire,*
En croire leur refus, et non pas leur aveu,
Et sur d'autres conseils laisser naître son feu.
Cette chaîne, qui dure autant que notre vie,
Et qui devrait donner plus de peur que d'envie,*
Si l'on n'y prend bien garde, attache assez souvent
Le contraire au contraire, et le mort au vivant ;
Et pour moi, puisqu'il faut qu'elle me donne un maître,
Avant que l'accepter, je voudrais le connaître,
Mais connaître dans l'âme.

ISABELLE

Eh bien ! Qu'il parle à vous.

CLARICE

Alcippe le sachant en deviendrait jaloux.

ISABELLE

Qu'importe qu'il le soit, si vous avez Dorante ?

CLARICE

Sa perte ne m'est pas encore indifférente ;
Et l'accord de l'hymen entre nous concerté,
Si son père venait, serait exécuté.
Depuis plus de deux ans, il promet et diffère :
Tantôt c'est maladie, et tantôt quelque affaire ;
Le chemin est mal sûr, ou les jours sont trop courts ;
Et le bonhomme enfin ne peut sortir de Tours.
Je prends tous ces délais pour une résistance,
Et ne suis pas d'humeur à mourir de constance.
Chaque moment d'attente ôte de notre prix,
Et fille qui vieillit tombe dans le mépris ;
C'est un nom glorieux qui se garde avec honte ;
Sa défaite est fâcheuse à moins que d'être prompte.
Le temps n'est pas un dieu qu'elle puisse braver,
Et son honneur se perd à le trop conserver. [21]

ISABELLE

Ainsi vous quitteriez Alcippe pour un autre
De qui l'humeur aurait de quoi plaire à la vôtre ? *

CLARICE

Oui, je le quitterais ; mais pour ce changement
Il me faudrait en main avoir un autre amant,*
Savoir qu'il me fût propre, et que son hyménée
Dût bientôt à la sienne unir ma destinée.
Mon humeur sans cela ne s'y résout pas bien,
Car Alcippe, après tout, vaut toujours mieux que rien ;
Son père peut venir, quelque longtemps qu'il tarde.

ISABELLE

Pour en venir à bout sans que rien s'y hasarde,*
Lucrèce est votre amie et peut beaucoup pour vous ;
Elle n'a point d'amant qui devienne jaloux.*
Qu'elle écrive à Dorante, et lui fasse paraître
Qu'elle veut cette nuit le voir par la fenêtre.
Comme il est jeune encore, on l'y verra voler,
Et là, sous ce faux nom, vous pourrez lui parler,*
Sans qu'Alcippe jamais en découvre l'adresse,
Ni que lui-même pense à d'autres qu'à Lucrèce.

CLARICE

L'invention est belle, et Lucrèce aisément
Se résoudra pour moi d'écrire un compliment ;
J'admire ton adresse à trouver cette ruse.*

ISABELLE

Puis-je vous dire encor que, si je ne m'abuse,
Tantôt cet inconnu ne vous déplaisait pas ?

CLARICE

Ah ! Bon Dieu ! Si Dorante avait autant d'appas,
Que d'Alcippe aisément il obtiendrait la place !

ISABELLE

Ne parlez point d'Alcippe ; il vient.

CLARICE

Qu'il m'embarasse !
Va pour moi chez Lucrèce, et lui dis mon projet [22],
Et tout ce qu'on peut dire en un pareil sujet.*

SCÈNE III

CLARICE, ALCIPPE

ALCIPPE

Ah ! Clarice ! Ah ! Clarice ! Inconstante ! Volage !

CLARICE

Aurait-il deviné déjà ce mariage ?
Alcippe, qu'avez-vous ? Qui vous fait soupirer ?

ALCIPPE

Ce que j'ai, déloyale ! Et peux-tu l'ignorer ?*
Parle à ta conscience, elle devrait t'apprendre...

CLARICE

Parlez un peu plus bas, mon père va descendre.

ALCIPPE

Ton père va descendre, âme double et sans foi !
Confesse que tu n'as un père que pour moi.
La nuit, sur la rivière...

CLARICE

Eh bien ! Sur la rivière ?
La nuit ? Quoi ? Qu'est-ce enfin ?

ALCIPPE

Oui, la nuit tout entière.

CLARICE

Après ?

ALCIPPE

Quoi ! Sans rougir !...

CLARICE

Rougir ? A quel propos ?

ALCIPPE

Tu ne meurs pas de honte, entendant ces deux mots !

CLARICE

Mourir pour les entendre ! Et qu'ont-ils de funeste ?

ALCIPPE

Tu peux donc les ouïr, et demander le reste ?
Ne saurais-tu rougir, si je ne te dis tout ?

CLARICE

Quoi, tout ?

ALCIPPE

Tes passe-temps, de l'un à l'autre bout.

CLARICE

Je meure, en vos discours si je puis rien comprendre !

ALCIPPE

Quand je te veux parler, ton père va descendre,
Il t'en souvient alors ; le tour est excellent !
Mais pour passer la nuit auprès de ton galant...*

CLARICE

Alcippe, êtes-vous fol ?

ALCIPPE

Je n'ai plus lieu de l'être,*
A présent que le ciel me fait te mieux connaître.
Oui, pour passer la nuit en danses et festin
Être avec ton galant du soir jusqu'au matin
(Je ne parle que d'hier), tu n'as point lors de père.

CLARICE

Rêvez-vous ? Raillez-vous ? Et quel est ce mystère ?

ALCIPPE

Ce mystère est nouveau, mais non pas fort secret.
Choisis une autre fois un amant plus discret ;
Lui-même, il m'a tout dit.

CLARICE

Qui, lui-même ?

ALCIPPE

Dorante.

CLARICE

Dorante !

ALCIPPE

Continue, et fais bien l'ignorante.

CLARICE

Si je le vis jamais, et si je le connoi... !

ALCIPPE

Ne viens-je pas de voir son père avecque toi ?
Tu passes, infidèle, âme ingrate et légère,
La nuit avec le fils, le jour avec le père !

CLARICE

Son père de vieux temps est grand ami du mien.

ALCIPPE

Cette vieille amitié faisait votre entretien ?
Tu te sens convaincue, et tu m'oses répondre !
Te faut-il quelque chose encor pour te confondre ?

CLARICE

Alcippe, si je sais quel visage a le fils...

ALCIPPE

La nuit était fort noire alors que tu le vis.
Il ne t'a pas donné quatre chœurs de musique,
Une collation superbe et magnifique,
Six services de rang, douze plats à chacun ?
Son entretien alors t'était fort importun ?
Quand ses feux d'artifice éclairaient le rivage,
Tu n'eus pas le loisir de le voir au visage ?
Tu n'as pas avec lui dansé jusques au jour ?

Et tu ne l'as pas vu pour le moins au retour ?
T'en ai-je dit assez ? Rougis, et meurs de honte !

CLARICE

Je ne rougirai point pour le récit d'un conte.

ALCIPPE

Quoi ! Je suis donc un fourbe, un bizarre, un jaloux !

CLARICE

Quelqu'un a pris plaisir à se jouer de vous,
Alcippe, croyez-moi.

ALCIPPE

Ne cherche point d'excuses ;
Je connais tes détours, et devine tes ruses.
Adieu, suis ton Dorante, et l'aime désormais ;
Laisse en repos Alcippe et n'y pense jamais.

CLARICE

Écoutez quatre mots.

ALCIPPE

Ton père va descendre.

CLARICE

Non, il ne descend point, et ne peut nous entendre,
Et j'aurai tout loisir de vous désabuser.

ALCIPPE

Je ne t'écoute point, à moins que m'épouser,
A moins qu'en attendant le jour du mariage,*
M'en donner ta parole et deux baisers en gage.

CLARICE

Pour me justifier vous demandez de moi,
Alcippe ?

ALCIPPE

Deux baisers, et ta main, et ta foi.

CLARICE

Que cela ?

ALCIPPE

Résous-toi, sans plus me faire attendre.

CLARICE

Je n'ai pas le loisir, mon père va descendre [23].

SCÈNE IV

ALCIPPE

Va, ris de ma douleur alors que je te perds ;
Par ces indignités romps toi-même mes fers ;

Aide mes feux trompés à se tourner en glace ;
Aide un juste courroux à se mettre en leur place.
Je cours à la vengeance, et porte à ton amant
Le vif et prompt effet de mon ressentiment.*
S'il est homme de cœur, ce jour même nos armes
Régleront par leur sort tes plaisirs ou tes larmes ;*
Et plutôt que le voir possesseur de mon bien,
Puissé-je dans son sang voir couler tout le mien !
Le voici ce rival, que son père t'amène ;
Ma vieille amitié cède à ma nouvelle haine ;
Sa vue accroît l'ardeur dont je me sens brûler,
Mais ce n'est pas ici qu'il faut le quereller [24].*

SCÈNE V

GÉRONTE, DORANTE, CLITON

GÉRONTE

Dorante, arrêtons-nous ; le trop de promenade
Me mettrait hors d'haleine, et me ferait malade.
Que l'ordre est rare et beau de ces grands bâtiments !

DORANTE

Paris semble à mes yeux un pays de romans.
J'y croyais ce matin voir une île enchantée :*
Je la laissai déserte, et la trouve habitée ;
Quelque Amphion nouveau, sans l'aide des maçons,
En superbes palais a changé ses buissons.

GÉRONTE

Paris voit tous les jours de ces métamorphoses :
Dans tout le Pré-aux-Clercs tu verras mêmes choses [25],*
Et l'univers entier ne peut rien voir d'égal
Aux superbes dehors du Palais-Cardinal [26].*
Toute une ville entière, avec pompe bâtie,
Semble d'un vieux fossé par miracle sortie,
Et nous fait présumer, à ses superbes toits,
Que tous ses habitants sont des dieux ou des rois.
Mais changeons de discours. Tu sais combien je t'aime ?

DORANTE

Je chéris cet honneur bien plus que le jour même.

GÉRONTE

Comme de mon hymen il n'est sorti que toi,
Et que je te vois prendre un périlleux emploi,
Où l'ardeur pour la gloire à tout oser convie,*
Et force à tout moment de négliger la vie,
Avant qu'aucun malheur te puisse être avenu,
Pour te faire marcher un peu plus retenu,
Je te veux marier.

DORANTE, *à part.*

O ma chère Lucrèce !

GÉRONTE

Je t'ai voulu choisir moi-même une maîtresse,
Honnête, belle, riche.

DORANTE

Ah ! Pour la bien choisir,*
Mon père, donnez-vous un peu plus de loisir.

GÉRONTE

Je la connais assez. Clarice est belle et sage
Autant que dans Paris il en soit de son âge ;
Son père que tout temps est mon plus grand ami,
Et l'affaire est conclue.

DORANTE

Ah ! monsieur, j'en frémi ;*
D'un fardeau si pesant accabler ma jeunesse !

GÉRONTE

Fais ce que je t'ordonne.

DORANTE, *à part.*

Il faut jouer d'adresse.

haut.

Quoi ! Monsieur, à présent qu'il faut dans les combats
Acquérir quelque nom, et signaler mon bras...

GÉRONTE

Avant qu'être au hasard qu'un autre bras t'immole,
Je veux dans ma maison avoir qui m'en console ;
Je veux qu'un petit-fils puisse y tenir ton rang,*
Soutenir ma vieillesse, et réparer mon sang.
En un mot, je le veux.

DORANTE

Vous êtes inflexible !

GÉRONTE

Fais ce que je te dis.

DORANTE

Mais s'il est impossible ?*

GÉRONTE

Impossible ! Et comment ?

DORANTE

Souffrez qu'aux yeux de tous
Pour obtenir pardon j'embrasse vos genoux.
Je suis...

GÉRONTE

Quoi ?

DORANTE

Dans Poitiers...

GÉRONTE

Parle donc, et te lève.

DORANTE

Je suis donc marié, puisqu'il faut que j'achève.

GÉRONTE

Sans mon consentement ?

DORANTE

On m'a violenté ;
Vous ferez tout casser par votre autorité ;
Mais nous fûmes tous deux forcés à l'hyménée
Par la fatalité la plus inopinée...
Ah ! Si vous le saviez !

GÉRONTE

Dis, ne me cache rien.*

DORANTE

Elle est de fort bon lieu, mon père, et pour son bien
S'il n'est du tout si grand que votre humeur souhaite...

GÉRONTE

Sachons, à cela près, puisque c'est chose faite.
Elle se nomme ?

DORANTE

Orphise, et son père, Armédon.

GÉRONTE

Je n'ai jamais ouï ni l'un ni l'autre nom.
Mais poursuis.

DORANTE

Je la vis presque à mon arrivée.
Une âme de rocher ne s'en fût pas sauvée,
Tant elle avait d'appas, et tant son œil vainqueur
Par une douce force assujettit mon cœur !
Je cherchai donc chez elle à faire connaissance,
Et les soins obligeants de ma persévérance
Surent plaire de sorte à cet objet charmant,
Que j'en fus en six mois autant aimé qu'amant ;
J'en reçus des faveurs secrètes, mais honnêtes,
Et j'étendis si loin mes petites conquêtes,
Qu'en son quartier souvent je me coulais sans bruit,
Pour causer avec elle une part de la nuit.
Un soir que je venais de monter dans sa chambre...
(Ce fut, s'il m'en souvient, le second de septembre,
Oui, ce fut ce jour-là que je fus attrapé.)
Ce soir même son père en ville avait soupé ;
Il monte à son retour, il frappe à la porte ; elle
Transit, pâlit, rougit, me cache en sa ruelle,
Ouvre enfin, et d'abord (qu'elle eut d'esprit et d'art !)
Elle se jette au cou de ce pauvre vieillard,
Dérobe en l'embrassant son désordre à sa vue ;

Il se sied ; il lui dit qu'il veut la voir pourvue,
Lui propose un parti qu'on lui venait d'offrir.
Jugez combien mon cœur avait lors à souffrir !
Par sa réponse adroite elle sut si bien faire,
Que sans m'inquiéter elle plut à son père.
Ce discours ennuyeux enfin se termina ;
Le bonhomme partait quand ma montre sonna,
Et lui, se retournant vers sa fille étonnée :
« Depuis quand cette montre ? et qui vous l'a donnée ?
— Acaste, mon cousin, me la vient d'envoyer,
Dit-elle, et veut ici la faire nettoyer,
N'ayant point d'horlogers au lieu de sa demeure ;
Elle a déjà sonné deux fois en un quart d'heure.
— Donnez-la-moi, dit-il, j'en prendrai mieux le soin. »
Alors pour me la prendre, elle vient en mon coin ;
Je la lui donne en main, mais, voyez ma disgrâce,
Avec mon pistolet le cordon s'embarrasse,
Fait marcher le déclic ; le feu prend, le coup part ;
Jugez de notre trouble à ce triste hasard.
Elle tombe par terre, et moi je la crus morte.
Le père épouvanté gagne aussitôt la porte ;
Il appelle au secours, il crie à l'assassin ;
Son fils et deux valets me coupent le chemin.
Furieux de ma perte, et combattant de rage,
Au milieu de tous trois je me faisais passage,
Quand un autre malheur de nouveau me perdit ;
Mon épée en ma main en trois morceaux rompit.
Désarmé, je recule, et rentre ; alors Orphise,
De sa frayeur première aucunement remise,
Sait prendre un temps si juste, en son reste d'effroi,
Qu'elle pousse la porte et s'enferme avec moi.
Soudain, nous entassons, pour défenses nouvelles,
Bancs, tables, coffres, lits, et jusqu'aux escabelles ;
Nous nous barricadons, et, dans ce premier feu,
Nous croyons gagner tout à différer un peu.*
Mais comme à ce rempart l'un et l'autre travaille,
D'une chambre voisine on perce la muraille ;
Alors, me voyant pris, il fallut composer.

Ici Clarice les voit de sa fenêtre ; et Lucrèce avec Isabelle les voit aussi de la sienne.

GÉRONTE

C'est-à-dire en français qu'il fallut l'épouser ?

DORANTE

Les siens m'avaient trouvé de nuit seul avec elle,
Ils étaient les plus forts, elle me semblait belle,
Le scandale était grand, son honneur se perdait ;
A ne le faire pas ma tête en répondait ;
Ses grands efforts pour moi, son péril, et ses larmes,
A mon cœur amoureux étaient de nouveaux charmes ;
Donc, pour sauver ma vie ainsi que son honneur,*
Et me mettre avec elle au comble du bonheur,
Je changeai d'un seul mot la tempête en bonace,
Et fis ce que tout autre aurait fait en ma place ;
Choisissez maintenant de me voir ou mourir,
Ou posséder un bien qu'on ne peut trop chérir.

GÉRONTE

Non, non, je ne suis pas si mauvais que tu penses,
Et trouve en ton malheur de telles circonstances,
Que mon amour t'excuse ; et mon esprit touché
Te blâme seulement de l'avoir trop caché.

DORANTE

Le peu de bien qu'elle a me faisait vous le taire.

GÉRONTE

Je prends peu garde au bien, afin d'être bon père.
Elle est belle, elle est sage, elle sort de bon lieu,
Tu l'aimes, elle t'aime ; il me suffit. Adieu ;
Je vais me dégager du père de Clarice [27].

SCÈNE VI

DORANTE, CLITON

DORANTE

Que dis-tu de l'histoire et de mon artifice ?
Le bonhomme en tient-il ? M'en suis-je bien tiré ?
Quelque sot en ma place y serait demeuré ;
Il eût perdu le temps à gémir et se plaindre,
Et, malgré son amour, se fût laissé contraindre.
Oh ! L'utile secret que mentir à propos !*

CLITON

Quoi ? Ce que vous disiez n'est pas vrai ?

DORANTE

Pas deux mots,
Et tu ne viens d'ouïr qu'un trait de gentillesse
Pour conserver mon âme et mon cœur à Lucrèce.

CLITON

Quoi ! La montre, l'épée, avec le pistolet...

DORANTE

Industrie.

CLITON

Obligez, monsieur, votre valet.
Quand vous voudrez jouer de ces grands coups de maître,
Donnez-lui quelque signe à les pouvoir connaître ;
Quoique bien averti, j'étais dans le panneau.

DORANTE

Va, n'appréhende pas d'y tomber de nouveau ;
Tu seras de mon cœur l'unique secrétaire,
Et de tous mes secrets le grand dépositaire.

CLITON

Avec ces qualités j'ose bien espérer
Qu'assez malaisément je pourrai m'en parer.

Mais parlons de vos feux. Certes cette maîtresse... [28]

SCÈNE VII

DORANTE, CLITON, SABINE

SABINE

*Elle lui donne un billet.**

Lisez ceci, monsieur.

DORANTE

D'où vient-il ?

SABINE

De Lucrèce.

DORANTE, *après l'avoir lu.*

Dis-lui que j'y viendrai.

Sabine rentre, et Dorante continue.

Doute encore, Cliton,
A laquelle des deux appartient ce beau nom,
Lucrèce sent sa part des feux qu'elle fait naître,
Et me veut cette nuit parler par sa fenêtre.
Dis encor que c'est l'autre, ou que tu n'es qu'un sot.
Qu'aurait l'autre à m'écrire, à qui je n'ai dit mot ?

CLITON

Monsieur, pour ce sujet n'ayons point de querelle ;
Cette nuit, à la voix, vous saurez si c'est elle.

DORANTE

Coule-toi là-dedans, et de quelqu'un des siens
Sache subtilement sa famille et ses biens [29].

SCÈNE VIII

DORANTE, LYCAS

LYCAS, *lui présentant un billet.*

Monsieur.

DORANTE

Autre billet.

Il continue, après avoir lu tout bas le billet.

J'ignore quelle offense*
Peut d'Alcippe avec moi rompre l'intelligence ;
Mais n'importe, dis-lui que j'irai volontiers.
Je te suis.

Lycas rentre, et Dorante continue seul.

Et j'ai déjà querelle, amour et mariage.
Pour un commencement ce n'est point mal trouvé.
Vienne encore un procès, et je suis achevé.
Se charge qui voudra d'affaires plus pressantes,
Plus en nombre à la fois et plus embarrassantes,
Je pardonne à qui mieux s'en pourra démêler,
Mais allons voir celui qui m'ose quereller [30].

ACTE III

SCÈNE PREMIÈRE

DORANTE, ALCIPPE, PHILISTE

PHILISTE

Oui, vous faisiez tous deux en hommes de courage,
Et n'aviez l'un ni l'autre aucun désavantage.
Je rends grâces au ciel de ce qu'il a permis
Que je sois survenu pour vous refaire amis,
Et que, la chose égale, ainsi je vous sépare ;
Mon heur en est extrême, et l'aventure rare.*

DORANTE

L'aventure est encor bien plus rare pour moi,
Qui lui faisais raison sans avoir su de quoi.*
Mais, Alcippe, à présent tirez-moi hors de peine.
Quel sujet aviez-vous de colère ou de haine ?
Quelque mauvais rapport m'aurait-il pu noircir ?
Dites, que devant lui je vous puisse éclaircir.

ALCIPPE

Vous le savez assez.

DORANTE

Plus je me considère,*
Moins je découvre en moi ce qui vous peut déplaire.

ALCIPPE

Eh bien ! Puisqu'il vous faut parler clairement,
Depuis plus de deux ans j'aime secrètement ;
Mon affaire est d'accord, et la chose vaut faite ;
Mais pour quelque raison nous la tenons secrète.
Cependant à l'objet qui me tient sous la loi,
Et qui sans me trahir ne peut être qu'à moi,
Vous avez donné bal, collation, musique,
Et vous n'ignorez pas combien cela me pique,
Puisque, pour me jouer un si sensible tour,
Vous m'avez à dessein caché votre retour,
Et n'avez aujourd'hui quitté votre embuscade*
Qu'afin de m'en conter l'histoire par bravade.
Ce procédé m'étonne, et j'ai lieu de penser
Que vous n'avez rien fait qu'afin de m'offenser.

DORANTE

Si vous pouviez encor douter de mon courage,
Je ne vous guérirais ni d'erreur ni d'ombrage,
Et nous nous reverrions, si nous étions rivaux ;
Mais comme vous savez tous deux ce que je vaux,
Écoutez en deux mots l'histoire démêlée.
Celle que cette nuit sur l'eau j'ai régalée
N'a pu vous donner lieu de devenir jaloux,
Car elle est mariée, et ne peut être à vous ;
Depuis peu pour affaire elle est ici venue,
Et je ne pense pas qu'elle vous soit connue.

ALCIPPE

Je suis ravi, Dorante, en cette occasion,
De voir finir sitôt notre division.*

DORANTE

Alcippe, une autre fois donnez moins de croyance
Aux premiers mouvements de votre défiance ;
Jusqu'à mieux savoir tout sachez vous retenir,*
Et ne commencez plus par où l'on doit finir.
Adieu ; je suis à vous.

SCÈNE II

ALCIPPE, PHILISTE

PHILISTE

Ce cœur encor soupire [31] ?

ALCIPPE

Hélas ! Je sors d'un mal pour tomber dans un pire.
Cette collation, qui l'aura pu donner ?
A qui puis-je m'en prendre ? Et que m'imaginer ?

PHILISTE

Que l'ardeur de Clarice est égale à vos flammes.
Cette galanterie était pour d'autres dames.
L'erreur de votre page a causé votre ennui ;
S'étant trompé lui-même, il vous trompe après lui.
J'ai tout su de lui-même, et des gens de Lucrèce.*
Il avait vu chez elle entrer votre maîtresse,
Mais il n'avait pas vu qu'Hippolyte et Daphné,
Ce jour-là par hasard, chez elle avaient dîné.
Il les en voit sortir, mais à coiffe abattue,*
Et sans les approcher il suit de rue en rue ;
Aux couleurs, au carrosse, il ne doute de rien ;
Tout était à Lucrèce, et le dupe si bien,
Que, prenant ces beautés pour Lucrèce et Clarice,
Il rend à votre amour un très mauvais service.
Il les voit donc aller jusques au bord de l'eau,
Descendre de carrosse, entrer dans un bateau,
Il voit porter des plats, entend quelque musique,
(A ce que l'on m'a dit, assez mélancolique).

Mais cessez d'en avoir l'esprit inquiété,
Car enfin le carrosse avait été prêté ;
L'avis se trouve faux, et ces deux autres belles
Avaient en plein repos passé la nuit chez elles.

ALCIPPE

Quel malheur est le mien ! Ainsi donc sans sujet
J'ai fait ce grand vacarme à ce charmant objet !*

PHILISTE

Je ferai votre paix. Mais sachez autre chose :
Celui qui de ce trouble est la seconde cause,
Dorante, qui tantôt nous en a tant conté
De son festin superbe et sur l'heure apprêté,
Lui qui, depuis un mois nous cachant sa venue,
La nuit, incognito, visite une inconnue,
Il vint hier de Poitiers, et, sans faire aucun bruit,
Chez lui paisiblement a dormi toute nuit.

ALCIPPE

Quoi ! Sa collation... ?

PHILISTE

N'est rien qu'un pur mensonge,
Ou, quand il l'a donnée, il l'a donnée en songe.*

ALCIPPE

Dorante, en ce combat si peu prémédité,
M'a fait voir trop de cœur pour tant de lâcheté.
La valeur n'apprend point la fourbe en son école ;
Tout homme de courage est homme de parole ;
A des vices si bas il ne peut consentir,
Et fuit plus que la mort la honte de mentir.
Cela n'est point.

PHILISTE

Dorante, à ce que je présume,
Est vaillant par nature et menteur par coutume.
Ayez sur ce sujet moins d'incrédulité,
Et vous-même admirez notre simplicité ;
A nous laisser duper nous sommes bien novices.
Une collation servie à six services,
Quatre concerts entiers, tant de plats, tant de feux,
Tout cela cependant prêt en une heure ou deux,
Comme si l'appareil d'une telle cuisine
Fût descendu du ciel dedans quelque machine.
Quiconque le peut croire ainsi que vous et moi,
S'il a manque de sens, n'a pas manque de foi.
Pour moi, je voyais bien que tout ce badinage
Répondait assez mal aux remarques du page ;
Mais vous ?

ALCIPPE

La jalousie aveugle un cœur atteint,
Et, sans examiner, croit tout ce qu'elle craint.

Mais laissons là Dorante avecque son audace ;
Allons trouver Clarice, et lui demander grâce :
Elle pouvait tantôt m'entendre sans rougir.

PHILISTE

Attendez à demain, et me laissez agir ;
Je veux par ce récit vous préparer la voie,
Dissiper sa colère et lui rendre sa joie.
Ne vous exposez point, pour gagner un moment,
Aux premières chaleurs de son ressentiment.

ALCIPPE

Si du jour qui s'enfuit la lumière est fidèle,
Je pense l'entrevoir avec son Isabelle.
Je suivrai tes conseils, et fuirai son courroux
Jusqu'à ce qu'elle ait ri de m'avoir vu jaloux [32].

SCÈNE III

CLARICE, ISABELLE

CLARICE

Isabelle, il est temps, allons trouver Lucrèce.

ISABELLE

Il n'est pas encor tard, et rien ne vous en presse.
Vous avez un pouvoir bien grand sur son esprit ;
A peine ai-je parlé, qu'elle a sur l'heure écrit.

CLARICE

Clarice à la servir ne serait pas moins prompte.
Mais dis, par sa fenêtre as-tu bien vu Géronte ?
Et sais-tu que ce fils qu'il m'avait tant vanté
Est ce même inconnu qui m'en a tant conté ?

ISABELLE

A Lucrèce avec moi je l'ai fait reconnaître,
Et sitôt que Géronte a voulu disparaître,
Le voyant resté seul avec un vieux valet,*
Sabine à nos yeux même a rendu le billet.
Vous parlerez à lui.

CLARICE

Qu'il est fourbe, Isabelle !

ISABELLE

Eh bien ! Cette pratique est-elle si nouvelle ?
Dorante est-il le seul, qui, de jeune écolier,
Pour être mieux reçu s'érige en cavalier ?
Que j'en sais comme lui qui parlent d'Allemagne,
Et, si l'on veut les croire, ont vu chaque campagne,*
Sur chaque occasion tranchent des entendus,
Content quelque défaite, et des chevaux perdus,
Qui, dans une gazette apprenant ce langage,

S'ils sortent de Paris, ne vont qu'à leur village,
Et se donnent ici pour témoins approuvés,
De tous ces grands combats qu'ils ont lus ou rêvés !
Il aura cru sans doute, ou je suis fort trompée,
Que les filles de cœur aiment les gens d'épée,
Et, vous prenant pour telle, il a jugé soudain
Qu'une plume au chapeau vous plaît mieux qu'à la main.
Ainsi donc, pour vous plaire, il a voulu paraître,
Non pas pour ce qu'il est, mais pour ce qu'il veut être,
Et s'est osé promettre un traitement plus doux
Dans la condition qu'il veut prendre pour vous.

CLARICE

En matière de fourbe il est maître, il y pipe ;
Après m'avoir dupée, il dupe encore Alcippe.*
Ce malheureux jaloux s'est blessé le cerveau
D'un festin qu'hier au soir il m'a donné sur l'eau.
Juge un peu si la pièce a la moindre apparence !
Alcippe cependant m'accuse d'inconstance,
Me fait une querelle où je ne comprends rien.
J'ai, dit-il, toute nuit souffert son entretien ;
Il me parle de bal, de danse, de musique,
D'une collation superbe et magnifique,
Servie à tant de plats, tant de fois redoublés,
Que j'en ai la cervelle et les esprits troublés.

ISABELLE

Reconnaissez par là que Dorante vous aime,
Et que dans son amour son adresse est extrême ;
Il aura su qu'Alcippe était bien avec vous,*
Et pour l'en éloigner il l'a rendu jaloux.
Soudain à cet effort il en a joint un autre ;
Il a fait que son père est venu voir le vôtre.
Un amant peut-il mieux agir en un moment
Que de gagner un père et brouiller l'autre amant ?
Votre père l'agrée, et le sien vous souhaite ;
Il vous aime, il vous plaît, c'est une affaire faite.

CLARICE

Elle est faite, de vrai, ce qu'elle se fera.

ISABELLE

Quoi ! Votre cœur se change, et désobéira ?*

CLARICE

Tu vas sortir de garde, et perdre tes mesures [33].
Explique, si tu peux, encor ses impostures.
Il était marié sans que l'on en sût rien,
Et son père a repris sa parole du mien,
Fort triste de visage et fort confus dans l'âme.

ISABELLE

Ah ! Je dis à mon tour : qu'il est fourbe, madame !
C'est bien aimer la fourbe, et l'avoir bien en main,
Que de prendre plaisir à fourber, sans dessein.

Car, pour moi, plus j'y songe, et moins je puis comprendre
Quel fruit auprès de vous il en ose prétendre.
Mais qu'allez-vous donc faire ? Et pourquoi lui parler ?
Est-ce à dessein d'en rire, ou de le quereller ?

CLARICE

Je prendrai du plaisir du moins à le confondre.

ISABELLE

J'en prendrais davantage à le laisser morfondre.

CLARICE

Je veux l'entretenir par curiosité.*
Mais j'entrevois quelqu'un dans cette obscurité,
Et si c'était lui-même, il pourrait me connaître ;*
Entrons donc chez Lucrèce, allons à sa fenêtre,
Puisque c'est sous son nom que je lui dois parler.
Mon jaloux, après tout, sera mon pis aller.
Si sa mauvaise humeur déjà n'est apaisée,
Sachant ce que je sais, la chose est fort aisée.

SCÈNE IV

DORANTE, CLITON

DORANTE

Voici l'heure et le lieu que marque le billet.

CLITON

J'ai su tout ce détail d'un ancien valet.
Son père est de la robe, et n'a qu'elle de fille ;
Je vous ai dit son bien, son âge, et sa famille.
Mais, monsieur, ce serait pour me bien divertir,
Si comme vous Lucrèce excellait à mentir.
Le divertissement serait rare, ou je meure !
Et je voudrais qu'elle eût ce talent pour une heure,
Qu'elle pût un moment vous piper en votre art,
Rendre conte pour conte, et martre pour renard ;
D'un et d'autre côté j'en entendrais de bonnes.

DORANTE

Le ciel fait cette grâce à fort peu de personnes ;
Il y faut promptitude, esprit, mémoire, soins,
Ne se brouiller jamais, et rougir encor moins.*
Mais la fenêtre s'ouvre, approchons.

SCÈNE V

CLARICE, LUCRÈCE, ISABELLE, *à la fenêtre ;*
DORANTE, CLITON, *en bas.*

CLARICE, *à Isabelle.*

Isabelle,
Durant notre entretien demeure en sentinelle.

ISABELLE

Lorsque votre vieillard sera prêt à sortir,
Je ne manquerai pas de vous en avertir.

Isabelle descend de la fenêtre et ne se montre plus.

LUCRÈCE, *à Clarice.*

Il conte assez au long ton histoire à mon père.
Mais parle sous mon nom, c'est à moi de me taire.

CLARICE

Êtes-vous là, Dorante ?

DORANTE

Oui, madame, c'est moi,
Qui veux vivre et mourir sous votre seule loi.

LUCRÈCE, *à Clarice.*

Sa fleurette pour toi prend encor même style.*

CLARICE, *à Lucrèce.*

Il devrait s'épargner cette gêne inutile.
Mais m'aurait-il déjà reconnue à la voix ?

CLITON, *à Dorante.*

C'est elle ; et je me rends, monsieur, à cette fois.

DORANTE, *à Clarice.*

Oui, c'est moi qui voudrais effacer de ma vie
Les jours que j'ai vécus sans vous avoir servie.*
Que vivre sans vous voir est un sort rigoureux !
C'est ou ne vivre point, ou vivre malheureux ;
C'est une longue mort ; et, pour moi, je confesse
Que pour vivre il faut être esclave de Lucrèce.

CLARICE, *à Lucrèce.*

Chère amie, il en conte à chacune à son tour.

LUCRÈCE, *à Clarice.*

Il aime à promener sa fourbe et son amour.

DORANTE

A vos commandements j'apporte donc ma vie ;
Trop heureux si pour vous elle m'était ravie !
Disposez-en, madame, et me dites en quoi
Vous avez résolu de vous servir de moi.

CLARICE

Je vous voulais tantôt proposer quelque chose ;
Mais il n'est plus besoin que je vous la propose,
Car elle est impossible.

DORANTE

Impossible ? Ah ! Pour vous
Je pourrai tout, madame, en tous lieux, contre tous.

CLARICE

Jusqu'à vous marier, quand je sais que vous l'êtes ?

DORANTE

Moi, marié ! Ce sont pièces qu'on vous a faites ;
Quiconque vous l'a dit s'est voulu divertir.

CLARICE, *à Lucrèce.*

Est-il un plus grand fourbe ?

LUCRÈCE, *à Clarice.*

Il ne sait que mentir.

DORANTE

Je ne le fus jamais ; et, si, par cette voie,
On pense...

CLARICE

Et vous pensez encor que je vous croie ?

DORANTE

Que le foudre à vos yeux m'écrase si je mens !*

CLARICE

Un menteur est toujours prodigue de serments.

DORANTE

Non, si vous avez eu pour moi quelque pensée
Qui sur ce faux rapport puisse être balancée,
Cessez d'être en balance, et de vous défier
De ce qu'il m'est aisé de vous justifier.

CLARICE, *à Lucrèce.*

On dirait qu'il est vrai, tant son effronterie
Avec naïveté pousse une menterie.

DORANTE

Pour vous ôter de doute, agréez que demain
En qualité d'époux je vous donne la main.

CLARICE

Hé ! Vous la donneriez en un jour à deux mille.

DORANTE

Certes, vous m'allez mettre en crédit par la ville,
Mais en crédit si grand que j'en crains les jaloux.

CLARICE

C'est tout ce que mérite un homme tel que vous,
Un homme qui se dit un grand foudre de guerre,
Et n'en a vu qu'à coups d'écritoire ou de verre,*
Qui vint hier de Poitiers, et conte, à son retour,
Que depuis une année il fait ici sa cour,
Qui donne toute nuit festin, musique, et danse,
Bien qu'il l'ait dans son lit passée en tout silence,

Qui se dit marié, puis soudain s'en dédit.
Sa méthode est jolie à se mettre en crédit !
Vous-même, apprenez-moi comme il faut qu'on le nomme.

CLITON, *à Dorante.*

Si vous vous en tirez, je vous tiens habile homme.

DORANTE, *à Cliton.*

Ne t'épouvante point, tout vient en sa saison.

à Clarice.

De ces inventions chacune a sa raison ;
Sur toutes quelque jour je vous rendrai contente ;
Mais à présent je passe à la plus importante ;
J'ai donc feint cet hymen (pourquoi désavouer
Ce qui vous forcera vous-même à me louer ?) ;
Je l'ai feint, et ma feinte à vos mépris m'expose.
Mais si de ces détours vous seule étiez la cause ?

CLARICE

Moi ?

DORANTE

Vous. Écoutez-moi. Ne pouvant consentir...

CLITON, *bas, à Dorante.*

De grâce, dites-moi si vous allez mentir.

DORANTE, *bas, à Cliton.*

Ah ! Je t'arracherai cette langue importune.

à Clarice.

Donc, comme à vous servir j'attache ma fortune,
L'amour que j'ai pour vous ne pouvant consentir
Qu'un père à d'autres lois voulût m'assujettir...

CLARICE, *bas, à Lucrèce.*

Il fait pièce nouvelle, écoutons.

DORANTE

Cette adresse
A conservé mon âme à la belle Lucrèce,
Et par ce mariage au besoin inventé,
J'ai su rompre celui qu'on m'avait apprêté.
Blâmez-moi de tomber en des fautes si lourdes,
Appelez-moi grand fourbe et grand donneur de bourdes [34] ;
Mais louez-moi du moins d'aimer si puissamment,
Et joignez à ces noms celui de votre amant.
Je fais par cet hymen banqueroute à tous autres [35] ;
J'évite tous leurs fers pour mourir dans les vôtres,
Et libre pour entrer en des liens si doux
Je me fais marié pour toute autre que vous.

CLARICE

Votre flamme en naissant a trop de violence,
Et me laisse toujours en juste défiance.
Le moyen que mes yeux eussent de tels appas
Pour qui m'a si peu vue et ne me connaît pas ?

DORANTE

Je ne vous connais pas ! Vous n'avez plus de mère ;
Périandre est le nom de monsieur votre père ;
Il est homme de robe, adroit et retenu ;
Dix mille écus de rente en font le revenu ;
Vous perdîtes un frère aux guerres d'Italie ;
Vous aviez une sœur qui s'appelait Julie.
Vous connais-je à présent ? dites encor que non.

CLARICE, *bas, à Lucrèce.*

Cousine, il te connaît, et t'en veut tout de bon.

LUCRÈCE, *en elle-même.*

Plût à Dieu !

CLARICE, *bas, à Lucrèce.*

Découvrons le fond de l'artifice.

à Dorante.

J'avais voulu tantôt vous parler de Clarice,
Quelqu'un de vos amis m'en est venu prier.
Dites-moi, seriez-vous pour elle à marier ?

DORANTE

Par cette question n'éprouvez plus ma flamme
Je vous ai trop fait voir jusqu'au fond de mon âme,
Et vous ne pouvez plus désormais ignorer
Que j'ai feint cet hymen afin de m'en parer.
Je n'ai ni feux ni vœux que pour votre service,
Et ne puis plus avoir que mépris pour Clarice.

CLARICE

Vous êtes, à vrai dire, un peu bien dégoûté ;
Clarice est de maison, et n'est pas sans beauté ;
Si Lucrèce à vos yeux paraît un peu plus belle,
De bien mieux faits que vous se contenteraient d'elle.

DORANTE

Oui, mais un grand défaut ternit tous ses appas.

CLARICE

Quel est-il ce défaut ?

DORANTE

Elle ne me plaît pas ;
Et plutôt que l'hymen avec elle me lie,
Je serai marié, si l'on veut, en Turquie.

CLARICE

Aujourd'hui cependant on m'a dit qu'en plein jour
Vous lui serriez la main, et lui parliez d'amour.

DORANTE

Quelqu'un auprès de vous m'a fait cette imposture.

CLARICE, *bas, à Lucrèce.*

Écoutez l'imposteur ; c'est hasard s'il n'en jure.

DORANTE

Que du ciel...

CLARICE, *bas, à Lucrèce.*

L'ai-je dit ?

DORANTE

J'éprouve le courroux
Si j'ai parlé, Lucrèce, à personne qu'à vous !

CLARICE

Je ne puis plus souffrir une telle impudence,
Après ce que j'ai vu moi-même en ma présence :
Vous couchez d'imposture, et vous osez jurer,
Comme si je pouvais vous croire, ou l'endurer !
Adieu ; retirez-vous, et croyez, je vous prie,
Que souvent je m'égaie ainsi par raillerie,
Et que, pour me donner des passe-temps si doux,
J'ai donné cette baye à bien d'autres qu'à vous [36].

SCÈNE VI

DORANTE, CLITON

CLITON

Eh bien ! Vous le voyez, l'histoire est découverte.

DORANTE

Ah ! Cliton ! Je me trouve à deux doigts de ma perte.

CLITON

Vous en avez sans doute un plus heureux succès,
Et vous avez gagné chez elle un grand accès.
Mais je suis ce fâcheux qui nuis par ma présence,
Et vous fais sous ces mots être d'intelligence [37].

DORANTE

Peut-être. Qu'en crois-tu ?

CLITON

Le peut-être est gaillard.

DORANTE

Penses-tu qu'après tout j'en quitte encor ma part,
Et tienne tout perdu pour un peu de traverse ?*

CLITON

Si jamais cette part tombait dans le commerce,
Et qu'il vous vînt marchand pour ce trésor caché,
Je vous conseillerais d'en faire bon marché.

DORANTE

Mais pourquoi si peu croire un feu si véritable ?

CLITON

A chaque bout de champ vous mentez comme un diable.

DORANTE

Je disais vérité.

CLITON

Quand un menteur l'a dit,
En passant par sa bouche, elle perd son crédit.

DORANTE

Il faut donc essayer si par quelque autre bouche
Elle pourra trouver un accueil moins farouche.*
Allons sur le chevet rêver quelque moyen
D'avoir de l'incrédule un plus doux entretien.
Souvent leur belle humeur suit le cours de la lune :
Telle rend des mépris qui veut qu'on l'importune,
Et de quelques effets que les siens soient suivis,*
Il sera demain jour, et la nuit porte avis [38].

ACTE IV

SCÈNE PREMIÈRE

DORANTE, CLITON

CLITON

Mais, monsieur, pensez-vous qu'il soit jour chez Lucrèce ?
Pour sortir si matin elle a trop de paresse.

DORANTE

On trouve bien souvent plus qu'on ne croit trouver,
Et ce lieu pour ma flamme est plus propre à rêver ;
J'en puis voir sa fenêtre, et de sa chère idée
Mon âme à cet aspect sera mieux possédée.

CLITON

A propos de rêver, n'avez-vous rien trouvé
Pour servir de remède au désordre arrivé ?

DORANTE

Je me suis souvenu d'un secret que toi-même
Me donnais hier pour grand, pour rare, pour suprême :
Un amant obtient tout quand il est libéral.

CLITON

Le secret est fort beau, mais vous l'appliquez mal ;
Il ne fait réussir qu'auprès d'une coquette.

DORANTE

Je sais ce qu'est Lucrèce, elle est sage et discrète ;
A lui faire présent mes efforts seraient vains :
Elle a le cœur trop bon, mais ses gens ont des mains,
Et bien que sur ce point elle les désavoue,*
Avec un tel secret leur langue se dénoue,
Ils parlent, et souvent on les daigne écouter.
A tel prix que ce soit, il m'en faut acheter [39].*
Si celle-ci venait qui m'a rendu sa lettre,
Après ce qu'elle a fait j'ose tout m'en promettre,
Et ce sera hasard, si, sans beaucoup d'effort,
Je ne trouve moyen de lui payer le port.

CLITON

Certes, vous dites vrai, j'en juge par moi-même ;
Ce n'est point mon humeur de refuser qui m'aime,
Et comme c'est m'aimer que me faire présent,
Je suis toujours alors d'un esprit complaisant.

DORANTE

Il est beaucoup d'humeurs pareilles à la tienne.

CLITON

Mais, monsieur, attendant que Sabine survienne,
Et que sur son esprit vos dons fassent vertu,
Il court quelque bruit sourd qu'Alcippe s'est battu.

DORANTE

Contre qui ?

CLITON

L'on ne sait, mais ce confus murmure *
D'un air pareil au vôtre à peu près le figure ;
Et, si de tout le jour je vous avais quitté,
Je vous soupçonnerais de cette nouveauté.

DORANTE

Tu ne me quittas point pour entrer chez Lucrèce ?

CLITON

Ah ! Monsieur, m'auriez-vous joué ce tour d'adresse ?

DORANTE

Nous nous battîmes hier, et j'avais fait serment
De ne parler jamais de cet événement ;
Mais à toi, de mon cœur l'unique secrétaire,
A toi, de mes secrets le grand dépositaire,
Je ne célerai rien, puisque je l'ai promis.
Depuis cinq ou six mois nous étions ennemis :
Il passa par Poitiers, où nous prîmes querelle ;
Et comme on nous fit lors une paix telle quelle,
Nous sûmes l'un à l'autre en secret protester
Qu'à la première vue il en faudrait tâter.
Hier nous nous rencontrons ; cette ardeur se réveille,
Fait de notre embrassade un appel à l'oreille.

Je me défais de toi, j'y cours, je le rejoins,
Nous vidons sur le pré l'affaire sans témoins ;
Et, le perçant à jour de deux coups d'estocade,
Je le mets hors d'état d'être jamais malade :
Il tombe dans son sang.

CLITON

A ce compte il est mort ?

DORANTE

Je le laissai pour tel.

CLITON

Certes, je plains son sort :
Il était honnête homme, et le ciel ne déploie...

SCÈNE II

DORANTE, ALCIPPE, CLITON

ALCIPPE

Je te veux, cher ami, faire part de ma joie.
Je suis heureux : mon père...

DORANTE

Eh bien ?

ALCIPPE

Vient d'arriver.

CLITON, *à Dorante.*

Cette place pour vous est commode à rêver.

DORANTE

Ta joie est peu commune, et pour revoir un père
Un tel homme que nous ne se réjouit guère.*

ALCIPPE

Un esprit que la joie entièrement saisit,
Présume qu'on l'entend au moindre mot qu'il dit.*
Sache donc que je touche à l'heureuse journée
Qui doit avec Clarice unir ma destinée ;
On attendait mon père afin de tout signer.

DORANTE

C'est ce que mon esprit ne pouvait deviner,
Mais je m'en réjouis. Tu va entrer chez elle ?

ALCIPPE

Oui, je lui vais porter cette heureuse nouvelle,
Et je t'en ai voulu faire part en passant.

DORANTE

Tu t'acquiers d'autant plus un cœur reconnaissant.
Enfin donc ton amour ne craint plus de disgrâce ?

ALCIPPE

Cependant qu'au logis mon père se délasse,
J'ai voulu par devoir prendre l'heure du sien.

CLITON, *bas, à Dorante.*

Les gens que vous tuez se portent assez bien.

ALCIPPE

Je n'ai de part ni d'autre aucune défiance ;
Excuse d'un amant la juste impatience.
Adieu.

DORANTE

Le ciel te donne un hymen sans souci !

SCÈNE III

DORANTE, CLITON

CLITON

Il est mort ! Quoi ! Monsieur, vous m'en donnez aussi,
A moi, de votre cœur l'unique secrétaire,
A moi, de vos secrets le grand dépositaire !
Avec ces qualités j'avais lieu d'espérer
Qu'assez malaisément je pourrais m'en parer.

DORANTE

Quoi ! Mon combat te semble un conte imaginaire ?

CLITON

Je croirai tout, monsieur, pour ne vous pas déplaire,
Mais vous en contez tant, à toute heure, en tous lieux,*
Qu'il faut bien de l'esprit, avec vous, et bons yeux.*
Maure, juif ou chrétien, vous n'épargnez personne.

DORANTE

Alcippe te surprend ! Sa guérison t'étonne !
L'état où je le mis était fort périlleux,
Mais il est à présent des secrets merveilleux.
Ne t'a-t-on point parlé d'une source de vie
Que nomment nos guerriers poudre de sympathie [40] ?
On en voit tous les jours des effets étonnants.

CLITON

Encor ne sont-ils pas du tout si surprenants ;
Et je n'ai point appris qu'elle eût tant d'efficace,
Qu'un homme que pour mort on laisse sur la place,
Qu'on a de deux grands coups percé de part en part,
Soit dès le lendemain si frais et si gaillard.

DORANTE

La poudre que tu dis n'est que de la commune,
On n'en fait plus de cas ; mais, Cliton, j'en sais une
Qui rappelle sitôt des portes du trépas,

Qu'en moins d'un tourne-main on ne s'en souvient pas ; *
Quiconque la sait faire a de grands avantages.

CLITON

Donnez-m'en le secret, et je vous sers sans gages.

DORANTE

Je te le donnerais, et tu serais heureux,
Mais le secret consiste en quelques mots hébreux,
Qui tous à prononcer sont si fort difficiles,
Que ce seraient pour toi des trésors inutiles.*

CLITON

Vous savez donc l'hébreu ?

DORANTE

L'hébreu ? Parfaitement ;
J'ai dix langues, Cliton, à mon commandement.

CLITON

Vous auriez bien besoin de dix des mieux nourries,*
Pour fournir tour à tour à tant de menteries ;
Vous les hachez menu comme chair à pâtés.
Vous avez tout le corps bien plein de vérités,
Il n'en sort jamais une.

DORANTE

Ah ! Cervelle ignorante !
Mais mon père survient.

SCÈNE IV

GÉRONTE, DORANTE, CLITON

GÉRONTE

Je vous cherchais, Dorante [41].

DORANTE, *à part.*

Je ne vous cherchais pas, moi. Que mal à propos
Son abord importun vient troubler mon repos,
Et qu'un père incommode un homme de mon âge !

GÉRONTE

Vu l'étroite union que fait le mariage,
J'estime qu'en effet c'est n'y consentir point,
Que laisser désunis ceux que le ciel a joint.
La raison le défend, et je sens dans mon âme
Un violent désir de voir ici ta femme.
J'écris donc à son père ; écris-lui comme moi :
Je lui mande qu'après ce que j'ai su de toi,
Je me tiens trop heureux qu'une si belle fille,
Si sage, et si bien née, entre dans ma famille.
J'ajoute à ce discours que je brûle de voir
Celle qui de mes ans devient l'unique espoir ;

Que pour l'amener tu t'en vas en personne ;
Car enfin il le faut, et le devoir l'ordonne :
N'envoyer qu'un valet sentirait son mépris.

DORANTE

De vos civilités il sera bien surpris,
Et pour moi, je suis prêt, mais je perdrai ma peine ;
Il ne souffrira pas encor qu'on vous l'amène :
Elle est grosse.

GÉRONTE

Elle est grosse !

DORANTE

Et de plus de six mois.

GÉRONTE

Que de ravissements je sens à cette fois !

DORANTE

Vous ne voudriez pas hasarder sa grossesse.

GÉRONTE

Non, j'aurai patience autant que d'allégresse ;
Pour hasarder ce gage il m'est trop précieux.
A ce coup ma prière a pénétré les cieux.
Je pense en le voyant que je mourrai de joie.
Adieu ; je vais changer la lettre que j'envoie,
En écrire à son père un nouveau compliment,
Le prier d'avoir soin de son accouchement,
Comme du seul espoir où mon bonheur se fonde.

DORANTE, *à Cliton.*

Le bonhomme s'en va le plus content du monde.

GÉRONTE, *se retournant.*

Écris-lui comme moi.

DORANTE

Je n'y manquerai pas.

à Cliton.

Qu'il est bon !

CLITON

Taisez-vous, il revient sur ses pas.

GÉRONTE

Il ne me souvient plus du nom de ton beau-père ?
Comment s'appelle-t-il ?

DORANTE

Il n'est pas nécessaire ;
Sans que vous vous donniez ces soucis superflus,
En fermant le paquet j'écrirai le dessus.

GÉRONTE

Étant tout d'une main, il sera plus honnête.

DORANTE, *à part le premier vers.*

Ne lui pourrai-je ôter ce souci de la tête ?
Votre main ou la mienne, il n'importe des deux.

GÉRONTE

Ces nobles de province y sont un peu fâcheux.

DORANTE

Son père sait la cour.

GÉRONTE

Ne me fais plus attendre,
Dis-moi...

DORANTE, *à part.*

Que lui dirai-je ?

GÉRONTE

Il s'appelle ?

DORANTE

Pyrandre.

GÉRONTE

Pyrandre ! Tu m'as dit tantôt un autre nom ;
C'était, je m'en souviens, oui c'était Armédon.

DORANTE

Oui, c'est là son nom propre, et l'autre d'une terre ;
Il portait ce dernier quand il fut à la guerre,
Et se sert si souvent de l'un et l'autre nom,
Que tantôt c'est Pyrandre, et tantôt Armédon.

GÉRONTE

C'est un abus commun qu'autorise l'usage,
Et j'en usais ainsi du temps de mon jeune âge.
Adieu : je vais écrire.

SCÈNE V

DORANTE, CLITON

DORANTE

Enfin j'en suis sorti [42].

CLITON

Il faut bonne mémoire après qu'on a menti.

DORANTE

L'esprit a secouru le défaut de mémoire.

CLITON

Mais on éclaircira bientôt toute l'histoire.
Après ce mauvais pas où vous avez bronché,
Le reste encor longtemps ne peut être caché.
On le sait chez Lucrèce, et chez cette Clarice,
Qui, d'un mépris si grand piquée avec justice,
Dans son ressentiment prendra l'occasion
De vous couvrir de honte et de confusion.

DORANTE

Ta crainte est bien fondée, et puisque le temps presse,
Il faut tâcher en hâte à m'engager Lucrèce.
Voici tout à propos ce que j'ai souhaité [43].

SCÈNE VI

DORANTE, CLITON, SABINE

DORANTE

Chère amie, hier au soir j'étais si transporté,
Qu'en ce ravissement je ne pus me permettre*
De bien penser à toi quand j'eus lu cette lettre ;
Mais tu n'y perdras rien, et voici pour le port.

SABINE

Ne croyez pas, monsieur...

DORANTE

Tiens.

SABINE

Vous me faites tort.
Je ne suis pas de...

DORANTE

Prends.

SABINE

Eh, monsieur !

DORANTE

Prends, te dis-je ;
Je ne suis point ingrat alors que l'on m'oblige ;
Dépêche, tends la main.

CLITON

Qu'elle y fait de façons !
Je lui veux par pitié donner quelques leçons.
Chère amie, entre nous, toutes tes révérences
En ces occasions ne sont qu'impertinences ;
Si ce n'est assez d'une, ouvre toutes les deux ;
Le métier que tu fais ne veut point de honteux.
Sans te piquer d'honneur, crois qu'il n'est que de prendre,
Et que tenir vaut mieux mille fois que d'attendre.

Cette pluie est fort douce ; et, quand j'en vois pleuvoir,
J'ouvrirais jusqu'au cœur pour la mieux recevoir.
On prend à toutes mains dans le siècle où nous sommes,
Et refuser n'est plus le vice des grands hommes.
Retiens bien ma doctrine ; et, pour faire amitié,
Si tu veux, avec toi je serai de moitié.

SABINE

Cet article est de trop.

DORANTE

Vois-tu, je me propose
De faire avec le temps pour toi toute autre chose.
Mais comme j'ai reçu cette lettre de toi,
En voudrais-tu donner la réponse pour moi ?

SABINE

Je la donnerai bien, mais je n'ose vous dire
Que ma maîtresse daigne ou la prendre, ou la lire ;
J'y ferai mon effort.

CLITON

Voyez, elle se rend
Plus douce qu'une épouse, et plus souple qu'un gant.

DORANTE, *bas, à Cliton.*

Le secret a joué.

haut, à Sabine

Présente-la, n'importe ;
Elle n'a pas pour moi d'aversion si forte.
Je reviens dans une heure en apprendre l'effet.

SABINE

Je vous conterai lors tout ce que j'aurai fait.

SCÈNE VII

CLITON, SABINE

CLITON

Tu vois que les effets préviennent les paroles ;
C'est un homme qui fait litière de pistoles,*
Mais comme auprès de lui je puis beaucoup pour toi...

SABINE

Fais tomber de la pluie, et laisse faire à moi.

CLITON

Tu viens d'entrer en goût.

SABINE

Avec mes révérences,
Je ne suis pas encor si dupe que tu penses.
Je sais bien mon métier, et ma simplicité
Joue aussi bien son jeu que ton avidité.

CLITON

Si tu sais ton métier, dis-moi quelle espérance
Doit obstiner mon maître à la persévérance.
Sera-t-elle insensible ? En viendrons-nous à bout ?

SABINE

Puisqu'il est si brave homme, il faut te dire tout.
Pour te désabuser, sache donc que Lucrèce
N'est rien moins qu'insensible à l'ardeur qui le presse ;
Durant toute la nuit elle n'a point dormi ; *
Et, si je ne me trompe, elle l'aime à demi.

CLITON

Mais sur quel privilège est-ce qu'elle se fonde,
Quand elle aime à demi, de maltraiter le monde ?
Il n'en a cette nuit reçu que des mépris.
Chère amie, après tout, mon maître vaut son prix.
Ces amours à demi sont d'une étrange espèce,
Et, s'il voulait me croire, il quitterait Lucrèce.

SABINE

Qu'il ne se hâte point, on l'aime assurément.

CLITON

Mais on le lui témoigne un peu bien rudement ;
Et je ne vis jamais de méthodes pareilles.

SABINE

Elle tient, comme on dit, le loup par les oreilles ;
Elle l'aime, et son cœur n'y saurait consentir,
Parce que d'ordinaire il ne fait que mentir.
Hier même elle le vit dedans les Tuileries,
Où tout ce qu'il conta n'était que menteries.
Il en a fait autant depuis à deux ou trois.

CLITON

Les menteurs les plus grands disent vrai quelquefois.

SABINE

Elle a lieu de douter, et d'être en défiance.

CLITON

Qu'elle donne à ses feux un peu plus de croyance ;
Il n'a fait toute nuit que soupirer d'ennui.

SABINE

Peut-être que tu mens aussi bien comme lui ?

CLITON

Je suis homme d'honneur ; tu me fais injustice.

SABINE

Mais, dis-moi, sais-tu bien qu'il n'aime plus Clarice ?

CLITON

Il ne l'aima jamais.

SABINE

Pour certain ?

CLITON

Pour certain.

SABINE

Qu'il ne craigne donc plus de soupirer en vain.
Aussitôt que Lucrèce a pu le reconnaître,
Elle a voulu qu'exprès je me sois fait paraître,
Pour voir si par hasard il ne me dirait rien ;
Et s'il l'aime en effet, tout le reste ira bien.
Va-t-en, et, sans te mettre en peine de m'instruire,
Crois que je lui dirai tout ce qu'il faut dire.

CLITON

Adieu ; de ton côté si tu fais ton devoir,
Tu dois croire du mien que je ferai pleuvoir.

SCÈNE VIII

LUCRÈCE, SABINE*

SABINE

Que je vais bientôt voir une fille contente !
Mais la voici déjà ; qu'elle est impatiente !
Comme elle a les yeux fins, elle a vu le poulet.*

LUCRÈCE

Eh bien ! Que t'ont conté le maître et le valet ?

SABINE

Le maître et le valet m'ont dit la même chose.
Le maître est tout à vous, et voici de sa prose.

LUCRÈCE, *après avoir lu.*

Dorante avec chaleur fait le passionné ;
Mais le fourbe qu'il est nous en a trop donné,
Et je ne suis pas fille à croire ses paroles.

SABINE

Je ne les crois non plus, mais j'en crois ses pistoles.

LUCRÈCE

Il t'a donc fait présent ?

SABINE

Voyez.

LUCRÈCE

Et tu l'as pris ?

SABINE

Pour vous ôter du trouble où flottent vos esprits,
Et vous mieux témoigner ses flammes véritables,

J'en ai pris les témoins les plus indubitables ;
Et je remets, madame, au jugement de tous
Si qui donne à vos gens est sans amour pour vous,
Et si ce traitement marque une âme commune.

LUCRÈCE

Je ne m'oppose pas à ta bonne fortune,
Mais, comme en l'acceptant tu sors de ton devoir,
Du moins une autre fois ne m'en fais rien savoir.

SABINE

Mais à ce libéral que pourrai-je promettre ?

LUCRÈCE

Dis-lui que, sans la voir, j'ai déchiré sa lettre.

SABINE

O ma bonne fortune, où vous enfuyez-vous ?

LUCRÈCE

Mêles-y de ta part deux ou trois mots plus doux ;
Conte-lui dextrement le naturel des femmes ;
Dis-lui qu'avec le temps on amollit leurs âmes,*
Et l'avertis surtout des heures et des lieux
Où par rencontre il peut se montrer à mes yeux.*
Parce qu'il est grand fourbe, il faut que je m'assure.

SABINE

Ah ! Si vous connaissiez les peines qu'il endure,
Vous ne douteriez plus si son cœur est atteint ;
Toute nuit il soupire, il gémit, il se plaint.

LUCRÈCE

Pour apaiser les maux que cause cette plainte,
Donne-lui de l'espoir avec beaucoup de crainte,
Et sache entre les deux toujours le modérer,
Sans m'engager à lui, ni le désespérer [44].

SCÈNE IX

CLARICE, LUCRÈCE, SABINE

CLARICE

Il t'en veut tout de bon, et m'en voilà défaite,
Mais je souffre aisément la perte que j'ai faite ;
Alcippe la répare, et son père est ici.

LUCRÈCE

Te voilà donc bientôt quitte d'un grand souci.

CLARICE

M'en voilà bientôt quitte ; et toi, te voilà prête
A t'enrichir bientôt d'une étrange conquête.
Tu sais ce qu'il m'a dit.

SABINE

S'il vous mentait alors,
A présent, il dit vrai ; j'en réponds corps pour corps.

CLARICE

Peut-être qu'il le dit, mais c'est un grand peut-être.

LUCRÈCE

Dorante est un grand fourbe, et nous l'a fait connaître,
Mais s'il continuait encore à m'en conter,
Peut-être avec le temps il me ferait douter.

CLARICE

Si tu l'aimes, du moins, étant bien avertie,
Prends bien garde à ton fait, et fais bien ta partie.

LUCRÈCE

C'en est trop ; et tu dois seulement présumer
Que je penche à le croire, et non pas à l'aimer.*

CLARICE

De le croire à l'aimer la distance est petite ;
Qui fait croire ses feux fait croire son mérite ;
Ces deux points en amour se suivent de si près,
Que qui se croit aimée aime bientôt après.*

LUCRÈCE

La curiosité souvent dans quelques âmes
Produit le même effet que produiraient des flammes.

CLARICE

Je suis prête à le croire afin de t'obliger.

SABINE

Vous me feriez ici toutes deux enrager.
Voyez, qu'il est besoin de tout ce badinage !
Faites moins la sucrée, et changez de langage,
Ou vous n'en casserez, ma foi, que d'une dent [45].

LUCRÈCE

Laissons là cette folle, et dis-moi cependant,*
Quand nous le vîmes hier dedans les Tuileries,
Qu'il te conta tant de galanteries,
Il fut, ou je me trompe, assez bien écouté.
Etait-ce amour alors, ou curiosité ?

CLARICE

Curiosité pure, avec dessein de rire
De tous les compliments qu'il aurait pu me dire.

LUCRÈCE

Je fais de ce billet même chose à mon tour ;
Je l'ai pris, je l'ai lu, mais le tout sans amour :
Curiosité pure, avec dessein de rire
De tous les compliments qu'il aurait pu m'écrire.

CLARICE

Ce sont deux que de lire, et d'avoir écouté ;
L'une est grande faveur ; l'autre, civilité ;
Mais trouves-y ton compte, et j'en serai ravie ;
En l'état où je suis, j'en parle sans envie.

LUCRÈCE

Sabine lui dira que je l'ai déchiré.

CLARICE

Nul avantage ainsi n'en peut être tiré.
Tu n'es que curieuse.

LUCRÈCE

Ajoute : à ton exemple.

CLARICE

Soit. Mais il est saison que nous allions au temple.

LUCRÈCE, *à Clarice.*

Allons.

à Sabine.

Si tu le vois, agis comme tu sais.

SABINE

Ce n'est pas sur ce coup que je fais mes essais ;
Je connais à tous deux où tient la maladie,
Et le mal sera grand si je n'y remédie.
Mais sachez qu'il est homme à prendre sur le vert.

LUCRÈCE

Je te croirai.

SABINE

Mettons cette pluie à couvert [46].

ACTE V

SCÈNE PREMIÈRE [47*]

GÉRONTE, PHILISTE

GÉRONTE

Je ne pouvais avoir rencontre plus heureuse
Pour satisfaire ici mon humeur curieuse.
Vous avez feuilleté le *Digeste* à Poitiers,
Et vu, comme mon fils, les gens de ces quartiers.
Ainsi vous me pouvez facilement apprendre
Quelle est et la famille, et le bien de Pyrandre.

PHILISTE

Quel est-il, ce Pyrandre ?

GÉRONTE

Un de leurs citoyens,
Noble, à ce qu'on m'a dit, mais un peu mal en biens.

PHILISTE

Il n'est dans tout Poitiers bourgeois ni gentilhomme
Qui, si je m'en souviens, de la sorte se nomme.

GÉRONTE

Vous le connaîtrez mieux peut-être à l'autre nom ;
Ce Pyrandre s'appelle autrement Armédon.

PHILISTE

Aussi peu l'un que l'autre.

GÉRONTE

Et le père d'Orphise,
Cette rare beauté qu'en ces lieux même on prise ? *
Vous connaissez le nom de cet objet charmant
Qui fait de ces cantons le plus digne ornement ?

PHILISTE

Croyez que cette Orphise, Armédon, et Pyrandre
Sont gens dont à Poitiers on ne peut rien apprendre.
S'il vous faut sur ce point encor quelque garant...

GÉRONTE

En faveur de mon fils vous faites l'ignorant ;
Mais je ne sais que trop qu'il aime cette Orphise,
Et qu'après les douceurs d'une longue hantise,
On l'a seul dans sa chambre avec elle trouvé ;
Que par son pistolet un désordre arrivé
L'a forcé sur-le-champ d'épouser cette belle.
Je sais tout ; et de plus ma bonté paternelle
M'a fait y consentir ; et votre esprit discret
N'a plus d'occasion de m'en faire un secret.

PHILISTE

Quoi ! Dorante a fait donc un secret mariage ?*

GÉRONTE

Et, comme je suis bon, je pardonne à son âge.

PHILISTE

Qui vous l'a dit ?

GÉRONTE

Lui-même.

PHILISTE

Ah ! Puisqu'il vous l'a dit,
Il vous fera du reste un fidèle récit ;
Il en sait mieux que moi toutes les circonstances ;
Non qu'il vous faille en prendre aucunes défiances ;

Mais il a le talent de bien imaginer,
Et moi, je n'eus jamais celui de deviner.

GÉRONTE

Vous me feriez par là soupçonner son histoire.

PHILISTE

Non, sa parole est sûre, et vous pouvez l'en croire !
Mais il nous servit hier d'une collation *
Qui partait d'un esprit de grande invention ;
Et, si ce mariage est de même méthode,
La pièce est fort complète, et des plus à la mode.

GÉRONTE

Prenez-vous du plaisir à me mettre en courroux ?

PHILISTE

Ma foi, vous en tenez aussi bien comme nous ;
Et, pour vous en parler avec toute franchise,
Si vous n'avez jamais pour bru que cette Orphise,
Vos chers collatéraux s'en trouveront fort bien.
Vous m'entendez ; adieu : je ne vous dis plus rien [48].

SCÈNE II

GÉRONTE

O vieillesse facile ! O jeunesse impudente !
O de mes cheveux gris honte trop évidente !
Est-il dessous le ciel père plus malheureux ?
Est-il affront plus grand pour un cœur généreux ?
Dorante n'est qu'un fourbe ; et cet ingrat que j'aime,
Après m'avoir fourbé, me fait fourber moi-même,
Et d'un discours en l'air qu'il forge en imposteur,*
Il me fait le trompette et le second auteur !
Comme si c'était peu pour mon reste de vie
De n'avoir à rougir que de son infamie,
L'infâme, se jouant de mon trop de bonté,
Me fait encor rougir de ma crédulité [49] !

SCÈNE III

GÉRONTE, DORANTE, CLITON

GÉRONTE

Êtes-vous gentilhomme ?

DORANTE, *à part.*

Ah ! rencontre fâcheuse !

haut

Étant sorti de vous, la chose est peu douteuse.

GÉRONTE

Croyez-vous qu'il suffit d'être sorti de moi ?

DORANTE

Avec toute la France aisément je le croi.

GÉRONTE

Et ne savez-vous point avec toute la France
D'où ce titre d'honneur a tiré sa naissance,
Et que la vertu seule a mis en ce haut rang
Ceux qui l'ont jusqu'à moi fait passer dans leur sang ?*

DORANTE

J'ignorerais un point que n'ignore personne,
Que la vertu l'acquiert, comme le sang le donne.

GERONTE

Où le sang a manqué, si la vertu l'acquiert,
Où le sang l'a donné, le vice aussi le perd.
Ce qui naît d'un moyen périt par son contraire :
Tout ce que l'un a fait, l'autre peut le défaire ;*
Et, dans la lâcheté du vice où je te voi,
Tu n'es plus gentilhomme, étant sorti de moi.*

DORANTE

Moi ?

GÉRONTE

Laisse-moi parler, toi, de qui l'imposture
Souille honteusement ce don de la nature.
Qui se dit gentilhomme, et ment comme tu fais,
Il ment quand il le dit, et ne le fut jamais.
Est-il vice plus bas ? Est-il tache plus noire,*
Plus indigne d'un homme élevé pour la gloire ?
Est-il quelque faiblesse, est-il quelque action
Dont un cœur vraiment noble ait plus d'aversion,
Puisqu'un seul démenti lui porte une infamie
Qu'il ne peut effacer s'il n'expose sa vie,
Et si dedans le sang il ne lave l'affront
Qu'un si honteux outrage imprime sur son front [50] ?

DORANTE

Qui vous dit que je mens ?

GÉRONTE

Qui me le dit, infâme ?
Dis-moi, si tu le peux, dis le nom de ta femme.
Le conte qu'hier au soir tu m'en fis publier...

CLITON, *à Dorante.*

Dites que le sommeil vous l'a fait oublier.

GÉRONTE

Ajoute, ajoute encore avec effronterie
Le nom de ton beau-père et de sa seigneurie ;
Invente à m'éblouir quelques nouveaux détours.

CLITON, *bas, à Dorante.*

Appelez la mémoire ou l'esprit au secours.

GÉRONTE

De quel front cependant faut-il que je confesse
Que ton effronterie a surpris ma vieillesse,
Qu'un homme de mon âge a cru légèrement
Ce qu'un homme du tien débite impudemment ?
Tu me fais donc servir de fable et de risée,
Passer pour esprit faible et pour cervelle usée !
Mais, dis-moi, te portais-je à la gorge un poignard ?
Voyais-tu violence ou courroux de ma part ?
Si quelque aversion t'éloignait de Clarice,
Quel besoin avais-tu d'un si lâche artifice ?
Et pouvais-tu douter que mon consentement
Ne dût tout accorder à ton contentement,
Puisque mon indulgence, au dernier point venue,
Consentait à tes yeux l'hymen d'une inconnue ?
Ce grand excès d'amour que je t'ai témoigné,
N'a point touché ton cœur, ou ne l'a point gagné.
Ingrat, tu m'as payé d'une impudente feinte,
Et tu n'as eu pour moi respect, amour, ni crainte [51].
Va, je te désavoue.

DORANTE

Eh ! Mon père, écoutez.

GÉRONTE

Quoi ? Des contes en l'air et sur l'heure inventés ?

DORANTE

Non, la vérité pure.

GÉRONTE

En est-il dans ta bouche ?

CLITON, *bas, à Dorante.*

Voici pour votre adresse une assez rude touche.

DORANTE

Épris d'une beauté qu'à peine j'ai pu voir*
Qu'elle a pris sur mon âme un absolu pouvoir,
De Lucrèce, en un mot vous la pouvez connaître...

GÉRONTE

Dis vrai : je la connais, et ceux qui l'ont fait naître ;
Son père est mon ami.

DORANTE

Mon cœur en un moment
Étant de ses regards charmé si puissamment,
Le choix que vos bontés avaient fait de Clarice,
Sitôt que je le sus, me parut un supplice ;
Mais comme j'ignorais si Lucrèce et son sort
Pouvaient avec le vôtre avoir quelque rapport,

Je n'osai pas encor vous découvrir la flamme
Que venaient ses beautés d'allumer dans mon âme ;*
Et j'avais ignoré, monsieur, jusqu'à ce jour,
Que l'adresse d'esprit fût un crime en amour.*
Mais, si je vous osais demander quelque grâce,
A présent que je sais et son bien et sa race,
Je vous conjurerais, par les nœuds les plus doux
Dont l'amour et le sang puissent m'unir à vous,
De seconder mes vœux auprès de cette belle ;
Obtenez-la d'un père, et je l'obtiendrai d'elle.

GÉRONTE

Tu me fourbes encor.

DORANTE

Si vous ne m'en croyez,
Croyez-en pour le moins Cliton que vous voyez ;
Il sait tout mon secret.

GÉRONTE

Tu ne meurs pas de honte
Qu'il faille que de lui je fasse plus de compte,
Et que ton père même, en doute de ta foi,
Donne plus de croyance à ton valet qu'à toi.
Écoute : je suis bon, et malgré ma colère,
Je veux encore un coup montrer un cœur de père ;
Je veux encore un coup pour toi me hasarder.
Je connais ta Lucrèce, et la vais demander ;
Mais si de ton côté le moindre obstacle arrive...

DORANTE

Pour vous mieux assurer, souffrez que je vous suive.

GÉRONTE

Demeure ici, demeure, et ne suis point mes pas.
Je doute, je hasarde, et je ne te crois pas.
Mais sache que tantôt si pour cette Lucrèce,
Tu fais la moindre fourbe ou la moindre finesse,
Tu peux bien fuir mes yeux, et ne me voir jamais.
Autrement souviens-toi du serment que je fais :
Je jure les rayons du jour qui nous éclaire
Que tu ne mourras point que de la main d'un père,
Et que ton sang indigne à mes pieds répandu
Rendra prompte justice à mon honneur perdu.

SCÈNE IV

DORANTE, CLITON

DORANTE

Je crains peu les effets d'une telle menace.

CLITON

Vous vous rendez trop tôt et de mauvaise grâce ;

Et cet esprit adroit, qui l'a dupé deux fois,
Devait en galant homme aller jusques à trois :
Toutes tierces, dit-on, sont bonnes ou mauvaises [52].

DORANTE

Cliton, ne raille point, que tu ne me déplaises ;
D'un trouble tout nouveau j'ai l'esprit agité.

CLITON

N'est-ce point du remords d'avoir dit la vérité ?
Si pourtant ce n'est point quelque nouvelle adresse ;
Car je doute à présent si vous aimez Lucrèce,
Et vous vois si fertile en semblables détours,
Que, quoi que vous disiez, je l'entends au rebours.

DORANTE

Je l'aime ; et sur ce point ta défiance est vaine,
Mais je hasarde trop, et c'est ce qui me gêne.
Si son père et le mien ne tombent point d'accord,
Tout commerce est rompu, je fais naufrage au port.
Et d'ailleurs, quand l'affaire entre eux serait conclue,*
Suis-je sûr que la fille y soit bien résolue ?
J'ai tantôt vu passer cet objet si charmant :
Sa compagne, ou je meure ! a beaucoup d'agrément.
Aujourd'hui que mes yeux l'ont mieux examinée,
De mon premier amour j'ai l'âme un peu gênée.*
Mon cœur entre les deux est presque partagé ;
Et celle-ci l'aurait, s'il n'était engagé [53].

CLITON

Mais pourquoi donc montrer une flamme si grande,
Et porter votre père à faire une demande ?*

DORANTE

Il ne m'aurait pas cru, si je ne l'avais fait.

CLITON

Quoi ! Même en disant vrai, vous mentiez en effet !

DORANTE

C'était le seul moyen d'apaiser sa colère.
Que maudit soit quiconque a détrompé mon père !
Avec ce faux hymen j'aurais eu le loisir
De consulter mon cœur, et je pourrais choisir.

CLITON

Mais sa compagne enfin n'est autre que Clarice.

DORANTE

Je me suis donc rendu moi-même un bon office.
Oh ! Qu'Alcippe est heureux, et que je suis confus !
Mais Alcippe, après tout, n'aura que mon refus.
N'y pensons plus, Cliton, puisque la place est prise.

CLITON

Vous en voilà défait aussi bien que d'Orphise.

DORANTE

Reportons à Lucrèce un esprit ébranlé,
Que l'autre à ses yeux même avait presque volé.
Mais Sabine survient.

SCÈNE V

DORANTE, SABINE, CLITON

DORANTE

Qu'as-tu fait de ma lettre [54] ?
En de si belles mains as-tu su la remettre ?

SABINE

Oui, monsieur, mais...

DORANTE

Quoi ! Mais ?

SABINE

Elle a tout déchiré.

DORANTE

Sans lire ?

SABINE

Sans rien lire.

DORANTE

Et tu l'as enduré ?

SABINE

Ah ! Si vous aviez vu comme elle m'a grondée !
Elle me va chasser, l'affaire en est vidée.

DORANTE

Elle s'apaisera ; mais, pour t'en consoler,
Tends la main.

SABINE

Eh ! Monsieur !

DORANTE

Ose encor lui parler.
Je ne perds pas sitôt toutes mes espérances.

CLITON

Voyez la bonne pièce avec ses révérences !
Comme ses déplaisirs sont déjà consolés,
Elle vous en dira plus que vous n'en voulez.

DORANTE

Elle a donc déchiré mon billet sans le lire ?

SABINE

Elle m'avait donné charge de vous le dire ;
Mais, à parler sans fard...

CLITON

Sait-elle son métier !

SABINE

Elle n'en a rien fait, et l'a lu tout entier.
Je ne puis si longtemps abuser un brave homme.

CLITON

Si quelqu'un l'entend mieux, je l'irai dire à Rome.

DORANTE

Elle ne me hait pas, à ce compte ?

SABINE

Elle ? Non.

DORANTE

M'aime-t-elle ?

SABINE

Non plus.

DORANTE

Tout de bon ?

SABINE

Tout de bon.

DORANTE

Aime-t-elle quelque autre ?

SABINE

Encor moins.

DORANTE

Qu'obtiendrai-je ?

SABINE

Je ne sais.

DORANTE

Mais enfin, dis-moi.

SABINE

Que vous dirais-je ?

DORANTE

Vérité.

SABINE

Je la dis.

DORANTE

Mais elle m'aimera ?

SABINE

Peut-être.

DORANTE

Et quand encor ?

SABINE

Quand elle vous croira.

DORANTE

Quand elle me croira ? Que ma joie est extrême !

SABINE

Quand elle vous croira, dites qu'elle vous aime.

DORANTE

Je le dis déjà donc, et m'en ose vanter,
Puisque ce cher objet n'en saurait plus douter :
Mon père...

SABINE

La voici qui vient avec Clarice [55].

SCÈNE VI

CLARICE, LUCRÈCE, DORANTE, SABINE, CLITON

CLARICE, *à Lucrèce.*

Il peut te dire vrai, mais ce n'est pas son vice.
Comme tu le connais, ne précipite rien.

DORANTE, *à Clarice.*

Beauté qui pouvez seule et mon mal et mon bien...

CLARICE, *à Lucrèce.*

On dirait qu'il m'en veut, et c'est moi qu'il regarde.

LUCRÈCE, *à Clarice.*

Quelques regards sur toi sont tombés par mégarde.
Voyons s'il continue.

DORANTE, *à Clarice.*

Ah ! Que loin de vos yeux
Les moments à mon cœur deviennent ennuyeux !
Et que je reconnais par mon expérience
Quel supplice aux amants est une heure d'absence !

CLARICE, *à Lucrèce.*

Il continue encor.

LUCRÈCE, *à Clarice.*

Mais vois ce qu'il m'écrit.

CLARICE, *à Lucrèce.*

Mais écoute.

LUCRÈCE, *à Clarice.*

Tu prends pour toi ce qu'il me dit.

CLARICE, *à Lucrèce.*

Éclaircissons-nous-en.

haut, à Dorante.

Vous m'aimez donc, Dorante ?

DORANTE, *à Clarice.*

Hélas ! Que cette amour vous est indifférente !
Depuis que vos regards m'ont mis sous votre loi...

CLARICE, *à Lucrèce.*

Crois-tu que le discours s'adresse encore à toi ?

LUCRÈCE, *à Clarice.*

Je ne sais où j'en suis !

CLARICE, *à Lucrèce.*

Oyons la fourbe entière.

LUCRÈCE, *à Clarice.*

Vu ce que nous savons, elle est un peu grossière.

CLARICE, *à Lucrèce.*

C'est ainsi qu'il partage entre nous son amour :
Il te flatte de nuit, et m'en conte de jour.*

DORANTE, *à Clarice.*

Vous consultez ensemble ! Ah ! Quoi qu'elle vous die,
Sur de meilleurs conseils disposez de ma vie ;
Le sien auprès de vous me serait trop fatal ;
Elle a quelque sujet de me vouloir du mal.

LUCRÈCE, *en elle-même.*

Ah ! Je n'en ai que trop, et si je ne me venge...

CLARICE, *à Dorante.*

Ce qu'elle me disait est de vrai fort étrange.

DORANTE

C'est quelque invention de son esprit jaloux.

CLARICE

Je le crois : mais enfin me reconnaissez-vous ?

DORANTE

Si je vous reconnais ! Quittez ces railleries,

Vous que j'entretins hier dedans les Tuileries,
Que je fis aussitôt maîtresse de mon sort.

CLARICE

Si je veux toutefois en croire son rapport,
Pour une autre déjà votre âme inquiétée...*

DORANTE

Pour une autre déjà je vous aurais quittée ?
Que plutôt à vos pieds mon cœur sacrifié...

CLARICE

Bien plus, si je la crois, vous êtes marié.

DORANTE

Vous me jouez, madame, et, sans doute pour rire.
Vous prenez du plaisir à m'entendre redire
Qu'à dessein de mourir en des liens si doux
Je me fais marié pour toute autre que vous.*

CLARICE

Mais avant qu'avec moi le nœud d'hymen vous lie,
Vous serez marié, si l'on veut, en Turquie.

DORANTE

Avant qu'avec toute autre on me puisse engager,*
Je serai marié, si l'on veut, en Alger.

CLARICE

Mais enfin vous n'avez que mépris pour Clarice ?

DORANTE

Mais enfin vous savez le nœud de l'artifice,
Et que pour être à vous je fais ce que je puis.

CLARICE

Je ne sais plus moi-même à mon tour où j'en suis.*
Lucrèce, écoute un mot.

DORANTE, *à Cliton.*

Lucrèce ! Que dit-elle ?

CLITON, *à Dorante.*

Vous en tenez, monsieur : Lucrèce est la plus belle ;
Mais laquelle des deux ? J'en ai le mieux jugé,
Et vous auriez perdu si vous aviez gagé.

DORANTE, *à Cliton.*

Cette nuit à la voix j'ai cru la reconnaître.

CLITON, *à Dorante.*

Clarice sous son nom parlait à sa fenêtre ;
Sabine m'en a fait un secret entretien.

DORANTE, *à Cliton.*

Bonne bouche [56] ! J'en tiens, mais l'autre la vaut bien ;

Et, comme dès tantôt je la trouvais bien faite,
Mon cœur déjà penchait où mon erreur le jette.
Ne me découvre point ; et dans ce nouveau feu
Tu me vas voir, Cliton, jouer un nouveau jeu [57].
Sans changer de discours, changeons de batterie.

LUCRÈCE, *à Clarice.*

Voyons le dernier point de son effronterie.
Quand tu lui diras tout, il sera bien surpris.

CLARICE, *à Dorante.*

Comme elle est mon amie, elle m'a tout appris.
Cette nuit vous l'aimiez, et m'avez méprisée.
Laquelle de nous deux avez-vous abusée ?
Vous lui parliez d'amour en termes assez doux.

DORANTE

Moi ! Depuis mon retour je n'ai parlé qu'à vous.

CLARICE

Vous n'avez point parlé cette nuit à Lucrèce ?

DORANTE

Vous n'avez point voulu me faire un tour d'adresse ?
Et je ne vous ai point reconnue à la voix ?

CLARICE

Nous dirait-il bien vrai pour la première fois ?*

DORANTE

Pour me venger de vous j'eus assez de malice
Pour vous laisser jouir d'un si lourd artifice,
Et, vous laissant passer pour ce que vous vouliez,
Je vous en donnai plus que vous ne m'en donniez.
Je vous embarrassai, n'en faites point la fine.
Choisissez un peu mieux vos dupes à la mine :
Vous pensiez me jouer, et moi je vous jouais ;
Mais par de faux mépris que je désavouais ;
Car enfin je vous aime, et je hais de ma vie
Les jours que j'ai vécus sans vous avoir servie.*

CLARICE

Pourquoi, si vous m'aimez, feindre un hymen en l'air,
Quand un père pour vous est venu me parler ?
Quel fruit de cette fourbe osez-vous vous promettre ?

LUCRÈCE, *à Dorante.*

Pourquoi, si vous l'aimez, m'écrire cette lettre ?

DORANTE, *à Lucrèce.*

J'aime de ce courroux les principes cachés.
Je ne vous déplais pas, puisque vous vous fâchez.
Mais j'ai moi-même enfin assez joué d'adresse ;
Il faut vous dire vrai, je n'aime que Lucrèce.

CLARICE, *à Lucrèce.*

Est-il un plus grand fourbe ? Et peux-tu l'écouter ?

DORANTE, *à Lucrèce.*

Quand vous m'aurez ouï, vous n'en pourrez douter.
Sous votre nom, Lucrèce, et par votre fenêtre,
Clarice m'a fait pièce, et je l'ai su connaître ;
Comme en y consentant vous m'avez affligé,
Je vous ai mise en peine, et je m'en suis vengé.

LUCRÈCE

Mais que disiez-vous hier dedans les Tuileries ?

DORANTE

Clarice fut l'objet de mes galanteries...

CLARICE, *bas, à Lucrèce.*

Veux-tu longtemps encore écouter ce moqueur ?

DORANTE, *à Lucrèce.*

Elle avait mes discours, mais vous aviez mon cœur,
Où vos yeux faisaient naître un feu que j'ai fait taire,
Jusqu'à ce que ma flamme ait eu l'aveu d'un père ;
Comme tout ce discours n'était que fiction,
Je cachais mon retour et ma condition.

CLARICE, *à Lucrèce.*

Vois que fourbe sur fourbe à nos yeux il entasse,
Et ne fait que jouer des tours de passe-passe.

DORANTE, *à Lucrèce.*

Vous seule êtes l'objet dont mon cœur est charmé.

LUCRÈCE, *à Dorante.*

C'est ce que les effets m'ont fort mal confirmé.

DORANTE

Si mon père à présent porte parole au vôtre,
Après son témoignage, en voudrez-vous quelque autre ?

LUCRÈCE

Après son témoignage il faudra consulter
Si nous aurons encor quelque lieu d'en douter.

DORANTE, *à Lucrèce.*

Qu'à de telles clartés votre erreur se dissipe.

à Clarice.

Et vous, belle Clarice, aimez toujours Alcippe ;
Sans l'hymen de Poitiers il ne tenait plus rien ;
Je ne lui ferai pas ce mauvais entretien,
Mais entre vous et moi vous savez le mystère.
Le voici qui s'avance, et j'aperçois mon père.

SCÈNE VII

GÉRONTE, DORANTE, ALCIPPE, CLARICE
LUCRÈCE, ISABELLE, SABINE, CLITON

ALCIPPE, *sortant de chez Clarice et parlant à elle.*

Nos parents sont d'accord, et vous êtes à moi [58].

GÉRONTE, *sortant de chez Lucrèce, et parlant à elle.*

Votre père à Dorante engage votre foi.

ALCIPPE, *à Clarice.*

Un mot de votre main, l'affaire est teminée.*

GÉRONTE, *à Lucrèce.*

Un mot de votre bouche achève l'hyménée.

DORANTE, *à Lucrèce.*

Ne soyez pas rebelle à seconder mes vœux.

ALCIPPE

Êtes-vous aujourd'hui muettes toutes deux ?

CLARICE

Mon père a sur mes vœux une entière puissance.

LUCRÈCE

Le devoir d'une fille est dans l'obéissance.

GÉRONTE

Venez donc recevoir ce doux commandement.

ALCIPPE, *à Clarice.*

Venez donc ajouter ce doux consentement.

Alcippe rentre chez Clarice avec elle et Isabelle, et le reste rentre chez Lucrèce.

SABINE, *à Dorante, comme il rentre.*

Si vous vous mariez, il ne pleuvra plus guères.

DORANTE

Je changerai pour toi cette pluie en rivières.

SABINE

Vous n'aurez pas loisir seulement d'y penser.
Mon métier ne vaut rien quand on s'en peut passer.

CLITON, *seul.*

Comme en sa propre fourbe un menteur s'embarrasse !
Peu sauraient comme lui s'en tirer avec grâce.
Vous autres qui doutiez s'il en pourrait sortir,
Par un si rare exemple apprenez à mentir [59].

LA SUITE DU MENTEUR

COMÉDIE

LA SUITE DU MENTEUR

NOTICE

Si Le Menteur *était tiré de* La Vérité supposée *d'Alarcón,* La Suite du Menteur *est adaptée d'*Aimer sans savoir qui *de Lope de Vega. Mais entre ces deux intrigues tout à fait différentes, Corneille a voulu établir un lien étroit ; il fait reparaître Dorante, Cliton et Philiste ; il fait d'*Aimer sans savoir qui *la suite de* La Vérité supposée.

Peut-être, comme l'a supposé E. Viguier [1], sont-ce les acteurs qui, désireux d'exploiter le succès du Menteur, *ont poussé Corneille dans cette voie. Mais il a souvent aimé - un peu comme Balzac, quoique bien moins fréquemment - faire reparaître ses personnages. Il arrachait ainsi ses œuvres à leur solitude et créait un monde, qui, comme la réalité, avait ses multiples facettes et son unité [2].*

Ici le retour de Dorante et de ses camarades est, avant tout, un prétexte à un jeu sur le théâtre, qui n'est d'ailleurs pas purement gratuit. Cliton a vu, à Paris, représenter Le Menteur. *C'était Jodelet qui tenait son rôle ; un jeune acteur au « maigre embonpoint » (v. 277) était Dorante, et Géronte était joué sous le masque (v. 299). Les nouvelles amours où Dorante est entraîné pourraient aussi donner lieu à une comédie. Dans un passage de la dernière scène, que Corneille a finalement supprimé, on voyait Cliton, Dorante et Cléandre se transformer en auteurs et imaginer comment ils pourraient composer cette pièce :*

« Mais peut-on l'ajuster dans les vingt-et-quatre heures [...]
Si le sujet est rare, il est irrégulier ;
Car vous êtes le seul qu'on y voit marier.
L'auteur y peut mettre ordre avec fort peu de peine ;
Cléandre en même temps épousera Climène ;
Et pour Philiste il n'a qu'à me faire une sœur
Dont il recevra l'offre avec joie et douceur ;
Il te pourra toi-même assortir avec Lyse... »

*L'*Astrée *est évoquée par Lyse, qui cite la morale de Sylvandre et prétend que le vieux saule du roman est au coin du pré de son grand-père (v. 1235-1246). Evocation humoristique certes, mais enfin Corneille paraît, comme dans* Le Menteur, *confronter le réel et l'apparence. Où commencent les fictions ? Comment se fait le passage entre la vie et le théâtre ? Nous sommes nous-même au Marais, puisque Cliton, à la fin, nous dit :*

« Ceux qui sont las debout se peuvent aller seoir ;
Je vous donne en passant cet avis, et bonsoir » (v. 1903-1904).

Ces passages sont les plus amusants de la pièce. Tout le reste, ou presque, vient de Lope de Vega. Une intrigue fort singulière, ouvrant sur une métaphysique de l'amour. Dorante, emprisonné par erreur, à la place de Cléandre qui a tué un homme en duel, reçoit une bourse et un billet de Melisse, la sœur de Cléandre. Elle ne fait là qu'obéir à son frère, qui veut secourir le jeune homme. Mais elle ressent bientôt de la pitié, et même de la tendresse (acte II, sc. 1) sans « l'avoir jamais vu » (v. 408). Elle lui fait parvenir son portrait. Dorante, qui était tout prêt à l'aimer « sans la voir » (v. 265), s'écrie alors :

« Voit-on des yeux plus vifs ? Voit-on des traits plus doux ? » (v. 761).

Il entretient sa « rêverie » et s'épanche en des stances doucement divagantes (acte III, sc. 2). Mélisse, voilée, va le visiter et se découvre :

« Surpris, charmé, confus d'une telle merveille,
Je ne sais si je dors, je ne sais si je veille » (v. 1061-1062), s'exclame-t-il alors.

Ce jeune homme et cette jeune fille, qui, sans s'être vus, se sont mis à s'aimer et, à travers leur ignorance, se sont approchés l'un de l'autre, signifient bien que la conception platonicienne de l'amour, telle qu'Honoré d'Urfé l'a exprimée, est véridique :

« Quand les ordres du ciel nous ont fait l'un pour l'autre,
Lyse, c'est un accord bientôt fait que le nôtre [...]
Si, comme dit Sylvandre, une âme en se formant,
Ou descendant du ciel, prend d'une autre l'aimant,
La sienne a pris le vôtre et vous a rencontrée... » (v. 1221-1237).

Cette passion rencontre un obstacle. Non pas tellement Cléandre, qui ne se fâche guère, lorsqu'il apprend que Mélisse a remis son portrait à Dorante et qui consent vite à leur union. Mais Philiste, l'ami de Dorante, est depuis longtemps l'amant de Mélisse. Si la jeune fille est toute prête à renoncer à lui, acceptera-t-il cette rupture ? Dorante ne sera-t-il pas honteux de paraître le trahir ?

« Après les soins qu'il prend de rompre ma prison.
Aimer en même lieu semble une trahison [...]
Je rougis en secret de servir sa maîtresse » (v. 1563-1566) ?

Ce problème sera vite résolu ; il suffit que Mélisse se confie à Philiste ; celui-ci se contente d'une feinte colère :

« Rentrez dans la prison dont vous voulez sortir » (acte V, sc. 5)

et se résigne au bonheur de son ami.

Tout se passe ici entre cœurs généreux. Rien de mesquin ne vient souiller ces belles âmes, qui ne connaissent, comme dans une idylle ou un drame bourgeois du XVIIIe siècle, qu'amour, amitié, honnêteté, courtoisie. C'est peut-être ce qui explique l'échec de cette comédie. Dorante, purgé de ses défauts, est bien moins plaisant que lorsqu'il accumulait les mensonges. Philiste et Cléandre ne sont guère amusants, ni la belle Mélisse. C'est dire que le comique retombe entièrement sur le couple de serviteurs, Cliton et Lyse. Peut-être nous feront-ils rire par leurs saillies, mais ils paraîtront toujours des intrus au milieu de la trame douce et presque féerique de *la pièce. Corneille l'a bien vu : cette œuvre « a ce défaut, qui est que ce n'est que le valet qui fait rire, au lieu qu'en l'autre les principaux agréments sont dans la bouche du maître »* [3]. *Il prétend que la* Suite *est « mieux écrite » que* Le Menteur, *et c'est vrai, si l'on considère la correction, voire la noblesse, du style. Mais on peut regretter la fantaisie un peu désordonnée et le brio du* Menteur.

Un thème est entrevu, qui pouvait être à la fois comique et moral. Dorante après ses dernières frasques - sa fuite avant de se marier, ses aventures en Italie - vit maintenant en « honnête homme » (v. 139). Il ne songe plus à mentir ; il s'est « bien défait de ces traits d'écolier » (v. 137). Cette évolution n'a rien d'invraisemblable. Mais sera-t-elle profonde et durable ? Ce problème paraît souvent l'essentiel, et Corneille n'avait-il pas d'abord baptisé sa comédie le Véritable [4] *? L'honnête Dorante est, en effet, amené à mentir quatre fois. A l'acte I, quand il innocente Cléandre et refuse de reconnaître en lui le duelliste qui a tué Florande, et il retrouve alors sa verve d'autrefois :*

« Ce cavalier, monsieur, n'a rien qui lui ressemble ;
L'autre est de moindre taille ; il a le poil plus blond,
Le teint plus coloré, le visage plus rond... » (v. 332-334).

A l'acte II, quand il invente afin de prendre le portrait

« ... un orfèvre arrêté pour ses dettes,
Qui saura tout remettre au point que tu souhaites » (v. 743-744).

A l'acte III, quand pour éviter les soupçons de Philiste, il suppose une jolie lingère, qu'il rencontra « allant en Italie » (v. 1097). A l'acte IV, lorsqu'il évoque une rixe à Bellecour :

« Des marauds dont le vin embrouillait la cervelle,
Vidaient à coups de poing une vieille querelle » (v. 1449-1450).

Témoin des trois premiers de ses mensonges, Cliton s'en amuse et en donne au public le sens :

« Menteur vous voulez vivre, et menteur vous mourrez » (v. 374).

Cliton lui-même, quand il crie à l'aide et se dit menacé par « deux coquins » (v. 1507) semble avoir « gagné [...] [le] mal » (v. 1534) de son maître. Il n'est donc pas possible d'être : « véritable ». Mais, malgré quelques moments de verve, quelques détails ingénieusement tissés, les mensonges de Dorante et de Cliton n'ont plus le brio qu'ils avaient dans Le Menteur. *A des fictions capricieuses, « ludiques », juvéniles, succèdent des inventions beaucoup plus humbles, sans faconde, sans élan ; le mensonge n'est plus son propre but ; il est soumis aux exigences de l'honneur, de l'amour, de l'intérêt immédiat.*

La fantaisie baroque cède donc à la réalité. C'est-à-dire que la poésie s'éteint. Aux illusions et aux enchantements du Menteur *succède une sorte de drame bourgeois, faisant agir de nobles caractères, égayé seulement des frasques des valets, et débattant d'un problème éthique. Pièce élégante et fine, propre à plaire à Voltaire, difficile à jouer au* XVIIe *comme au* XXe *siècle : le public s'ennuie, ou s'étonne de cet impossible alliage des facéties grotesques et d'idéalisme édifiant. C'est ainsi que* La Suite du Menteur, *qui tomba à la création* [5], *n'est plus jamais représentée.*

A. N.

Editions collationnées :
Ed. séparée : 1645 in-4°.
Recueils : 1648 in-12 ; 1652 in-12 ; 1654 in-12 ; 1656 in-12 ; 1660 in-8° ; 1663 in-fol : 1664 in-8° ; 1668 in-12 ; 1682 in-12.

NOTES

1 Ed. Marty-Laveaux, t. IV, p. 392.
2 J. Schérer, « Le retour des personnages dans les comédies de Corneille » dans *Mélanges Daniel Mornet*, 1951, p. 51-61.
3 *Examen.*
4 J. Trethemy et A. Howe, dans *French Studies*, july 1972, p. 266-275.
5 Dans l'hiver 1644-1645. Il est vrai que la pièce fut reprise quatre ans plus tard et fut alors mieux accueillie.

ÉPITRE [1]

MONSIEUR

Je vous avais bien dit que *Le Menteur* ne serait pas le dernier emprunt ou larcin que je ferais chez les Espagnols [2] ; en voici une suite qui est encore tirée du même original, et dont Lope a traité le sujet sous le titre de *Amar sin saber à quien.* Elle n'a pas été si heureuse au théâtre que l'autre, quoique plus remplie de beaux sentiments et de beaux vers. Ce n'est pas que j'en veuille accuser ni le défaut des acteurs, ni le mauvais jugement du peuple ; la faute en est toute à moi, qui devais mieux prendre mes mesures, et choisir des sujets plus répondants au goût de mon auditoire. Si j'étais de ceux qui tiennent que la poésie a pour but de profiter aussi bien que de plaire, je tâcherais de vous persuader que celle-ci est beaucoup meilleure que l'autre, à cause que Dorante y paraît beaucoup plus honnête homme, et donne des exemples de vertu à suivre, au lieu qu'en l'autre, il ne donne que des imperfections à éviter ; mais pour moi, qui tiens avec Aristote et Horace [3] que notre art n'a pour but que le divertissement, j'avoue qu'il est ici bien moins à estimer qu'en la première comédie, puisque, avec ses mauvaises habitudes, il a perdu presque toutes ses grâces, et qu'il semble avoir quitté la meilleure part de ses agréments lorsqu'il a voulu se corriger de ses défauts [4]. Vous me direz que je suis bien injurieux au métier qui me fait connaître, d'en ravaler le but si bas que de le réduire à plaire au peuple, et que je suis bien hardi tout ensemble de prendre pour garants* de mon opinion les deux maîtres dont ceux du parti contraire se fortifient. A cela, je vous dirai que ceux-là même qui mettent si haut le but de l'art sont injurieux à l'artisan, dont ils ravalent d'autant plus le mérite, qu'ils pensent relever la dignité de sa profession, parce que, s'il est obligé de prendre soin de l'utile, il évite seulement une faute quand il s'en acquitte, et n'est digne d'aucune louange. C'est mon Horace qui me l'apprend :

Vitavi denique culpam,
Non laudem merui [5].

En effet, monsieur, vous ne loueriez pas beaucoup un homme pour avoir réduit un poème dramatique dans l'unité de jour et de lieu, parce que les lois du théâtre le lui prescrivent, et que sans cela son ouvrage ne serait qu'un monstre. Pour moi, j'estime extrêmement ceux qui mêlent l'utile au délectable, et d'autant plus qu'ils n'y sont pas obligés par les règles de la poésie ;* je suis bien aise de dire d'eux avec notre docteur :

Omne tulit punctum qui miscuit utile dulci [6].

Mais je dénie qu'ils faillent contre ces règles, lorsqu'ils ne l'y mêlent pas, et les blâme seulement de ne s'être pas proposé un objet assez digne d'eux, ou, si vous me permettez de parler un peu chrétiennement, de n'avoir pas eu assez de charité pour prendre l'occasion de donner en passant quelque instruction à ceux qui les écoutent ou qui les lisent. Pourvu qu'ils aient* trouvé le moyen de plaire, ils sont quittes envers leur art ; et s'ils pèchent, ce n'est pas contre lui, c'est contre les bonnes mœurs et contre leur auditoire. Pour vous faire voir le sentiment d'Horace là-dessus, je n'ai qu'à répéter ce que j'en ai déjà pris ; puisqu'il ne tient pas qu'on soit digne de louange quand on n'a fait que s'acquitter de ce qu'on doit, et qu'il en donne tant à celui qui joint l'utile à l'agréable, il est aisé d'en conclure qu'il tient que celui-là fait plus qu'il n'était obligé de faire. Quant à Aristote, je ne crois pas que ceux du parti contraire aient d'assez bons yeux pour trouver le mot d'utilité dans tout son *Art poétique* ; quand il recherche la cause de la poésie, il ne l'attribue qu'au plaisir que les hommes reçoivent de l'imitation ; et, comparant l'une à l'autre des parties de la tragédie, il préfère la fable aux mœurs, seulement pour ce qu'elle contient tout ce qu'il y a d'agréable dans le poème, et c'est pour cela qu'il l'appelle l'âme de la tragédie. Cependant, quand on y mêle* quelque utilité, ce doit être principalement dans cette partie qui regarde les mœurs, et que ce grand homme toutefois ne tient point du tout nécessaire, puisqu'il permet de la retrancher entièrement, et demeure d'accord qu'on peut faire une tragédie sans mœurs. Or, pour ne vous pas donner mauvaise impression de la comédie du *Menteur*, qui a donné lieu à cette *Suite*, que vous pourriez juger être simplement faite pour plaire, et n'avoir pas ce noble mélange de l'utilité, d'autant qu'elle semble violer une autre maxime, qu'on veut tenir pour indubitable, touchant la récompense des bonnes actions et la punition des mauvaises, il ne sera peut-être pas hors de propos que je vous dise là-dessus ce que je pense.

Il est certain que les actions de Dorante ne sont pas bonnes moralement, n'étant que fourbes et menteries ; et néanmoins il obtient enfin ce qu'il souhaite, puisque la vraie Lucrèce est en cette pièce sa dernière inclination. Ainsi, si cette maxime est une véritable règle du théâtre, j'ai failli ; et si c'est en ce point seul que consiste l'utilité de la poésie, je n'y en ai point mêlé. Pour le premier, je n'ai qu'à vous dire que cette règle imaginaire est entièrement contre la pratique des anciens, et, sans aller chercher des exemples parmi les Grecs, Sénèque, qui en a tiré presque tous ses sujets, nous en fournit assez.* Médée brave Jason après avoir brûlé le palais royal, fait périr le roi et sa fille et tue ses enfants ; dans *La Troade*, Ulyssc précipite Astyanax et Pyrrhus, immole Polyxène, tous deux impunément ; dans *Agamemnon*, il est assassiné par sa femme et par son adultère, qui s'empare de son trône sans qu'on voie tomber de foudre sur leurs têtes ; Atrée même, dans *Le Thyeste*, triomphe de son misérable frère après lui avoir fait manger ses enfants. Et, dans les comédies de Plaute et de Térence, que voyons-nous autre chose que de jeunes fous qui, après avoir, par quelque tromperie, tiré de l'argent de leurs pères, pour dépenser à la suite de leurs amours déréglées, sont enfin richement mariés, et des esclaves qui, après avoir conduit toute l'intrigue et servi de ministres à leurs débauches, obtiennent leur liberté pour récompense ? Ce sont des exemples qui ne seraient non plus propres à imiter que les mauvaises finesses de notre Menteur. Vous me demanderez en quoi donc consiste cette utilité de la poésie, qui en doit être un des grands ornements, et qui relève si haut le mérite du poète quand il en enrichit son ouvrage. J'en trouve deux à mon sens : l'une empruntée de la morale, l'autre qui lui est particulière ; celle-là se rencontre aux sentences et réflexions que l'on peut adroitement semer presque partout ; celle-ci en la naïve peinture des vices et des vertus. Pourvu qu'on les sache mettre en leur jour, et les faire connaître par leur véritables caractères, celles-ci se feront aimer, quoique malheureuses, et ceux-là se feront détester, quoique triomphants. Et comme le portrait d'une laide femme ne laisse pas d'être beau, et qu'il n'est pas besoin d'avertir que l'original n'en est pas aimable pour empêcher qu'on l'aime, il en est de même dans notre peinture parlante ; quand le crime est bien peint ds ses couleurs, quand les imperfections sont bien figurées, il n'est pas besoin d'en faire voir un mauvais succès à la fin pour avertir qu'il ne les faut pas imiter ; et je m'assure que, toutes les fois que *Le Menteur* a été représenté, bien qu'on l'ait vu sortir du théâtre pour aller épouser l'objet de ses derniers désirs, il n'y a eu personne qui se soit proposé son exemple pour acquérir une maîtresse, et qui n'ait pris toutes ses fourbes, quoique heureuses, pour des friponneries d'écolier, dont il faut qu'on se corrige avec soin, si l'on veut passer pour honnête homme. Je vous dirais qu'il y a encore une autre utilité propre à la tragédie, qui est la purgation des passions, mais ce n'est pas ici le lieu d'en parler, puisque ce n'est qu'une comédie que je vous présente. Vous y pourrez rencontrer en quelques endroits ces deux sortes d'utilités dont je vous viens d'entretenir. Je voudrais que le peuple y eût trouvé autant d'agréable, afin que je vous pusse présenter quelque chose qui eût mieux atteint le but de l'art. Telle qu'elle est, je vous la donne, aussi bien que la première, et demeure de tout mon cœur,

MONSIEUR,

Votre très humble serviteur,

CORNEILLE.

EXAMEN

L'effet de cette pièce [7]* n'a pas été si avantageux que celui de la précédente, bien qu'elle soit mieux écrite. L'original espagnol est de Lope de Végue sans contredit, et a ce défaut que ce n'est que le valet qui fait rire, au lieu qu'en l'autre les principaux agréments sont dans la bouche du maître. L'on a pu voir par les divers succès quelle différence il y a entre les railleries spirituelles d'un honnête homme de bonne humeur, et les bouffonneries froides d'un plaisant à gages. L'obscurité que fait en celle-ci le rapport à l'autre a pu contribuer quelque chose à sa disgrâce, y ayant beaucoup de choses qu'on ne peut entendre, si l'on n'a l'idée présente du *Menteur*. Elle a encore quelques défauts particuliers. Au second acte, Cléandre raconte à sa sœur la générosité de Dorante qu'on a vue au premier, contre la maxime qu'il ne faut jamais faire raconter ce que le spectateur a déjà vu. Le cinquième est trop sérieux pour une pièce si enjouée, et n'a rien de plaisant que la première scène entre un valet et une servante. Cela plaît si fort en Espagne, qu'ils font souvent parler bas les amants de condition, pour donner lieu à ces sortes de gens de s'entredire des badinages, mais en France, ce n'est pas le goût de l'auditoire. Leur entretien est plus supportable au premier acte, pendant que Dorante écrit, car il ne faut jamais laisser le théâtre sans qu'on y agisse, et l'on n'y agit qu'en parlant. Ainsi Dorante qui écrit ne le remplit pas assez, et toutes les fois que cela arrive, il faut fournir l'action par d'autres gens qui parlent. Le second débute par une adresse digne d'être remarquée, et dont on peut former cette règle, que quand on a quelque occasion de louer une lettre, un billet ou quelque autre pièce éloquente ou spirituelle, il ne faut jamais la faire voir, parce qu'alors c'est une propre louange que le poète se donne à soi-même ;* et souvent le mérite de la chose répond si mal aux éloges qu'on en fait, que j'ai vu des stances présentées à une maîtresse, qu'elle vantait d'une haute excellence, bien qu'elles fussent très médiocres ; et cela devenait ridicule. Mélisse loue ici la lettre que Dorante lui a écrite ; et comme elle ne la lit point, l'auditeur a lieu de croire qu'elle est aussi bien faite qu'elle le dit. Bien que d'abord cette pièce n'eût pas grande approbation, quatre ou cinq ans après la troupe du Marais la remit sur le théâtre avec un succès plus heureux ; mais aucune les troupes qui courent des provinces ne s'en est chargée. Le contraire est arrivé de *Théodore*, que les troupes de Paris n'y ont point rétablie depuis sa disgrâce, mais que celles des provinces y ont fait assez passablement réussir.

LES ACTEURS

DORANTE.

CLITON, valet de Dorante.

CLÉANDRE, gentilhomme de Lyon.

MÉLISSE, sœur de Cléandre.

PHILISTE, ami de Dorante, et amoureux de Mélisse.

LYSE, femme de chambre de Mélisse.

UN PRÉVÔT.

La scène est à Lyon

ACTE PREMIER

SCÈNE PREMIÈRE

DORANTE, CLITON

Dorante paraît écrivant dans une prison et le geôlier ouvrant la porte à Cliton, et le lui montrant.

CLITON

Ah ! Monsieur, c'est donc vous ?

DORANTE

Cliton, je te revoi !

CLITON

Je vous trouve, monsieur, dans la maison du roi !
Quel charme, quel désordre, ou quelle raillerie,
Des prisons de Lyon fait votre hôtellerie ?

DORANTE

Tu le sauras tantôt. Mais qui t'amène ici ?

CLITON

Les soins de vous chercher.

DORANTE

Tu prends trop de souci ;
Et bien qu'après deux ans ton devoir s'en avise,*
Ta rencontre me plaît, j'en aime la surprise ;
Ce devoir, quoique tard, enfin s'est éveillé.*

CLITON

Et qui savait, monsieur, où vous étiez allé ?
Vous ne nous témoigniez qu'ardeur et qu'allégresse,
Qu'impatients désirs de posséder Lucrèce ;
L'argent était touché, les accords publiés ;
Le festin commandé, les parents conviés,
Les violons choisis, ainsi que la journée ;*
Rien ne semblait plus sûr qu'un si proche hyménée,
Et parmi ces apprêts, la nuit d'auparavant,
Vous sûtes faire gille, et fendîtes le vent [1].
Comme il ne fut jamais d'éclipse plus obscure,
Chacun sur ce départ forma sa conjecture ;
Tous s'entre-regardaient, étonnés, ébahis ;
L'un disait : « Il est jeune, il veut voir le pays » ;

L'autre : « Il s'est allé battre, il a quelque querelle » ;
L'autre d'une autre idée embrouillait sa cervelle,
Et tel vous soupçonnait de quelque guérison
D'un mal privilégié dont je tairai le nom.
Pour moi, j'écoutais tout, et mis dans mon caprice
Qu'on ne devinait rien que par votre artifice.
Ainsi ce qui chez eux prenait plus de crédit
M'était aussi suspect que si vous l'eussiez dit,
Et tout simple et doucet, sans chercher de finesse,*
Attendant le boiteux [2], je consolais Lucrèce.

DORANTE

Je l'aimais, je te jure, et, pour la posséder,
Mon amour mille fois voulut tout hasarder,
Mais quand j'eus bien pensé que j'allais à mon âge*
Au sortir de Poitiers entrer au mariage,
Que j'eus considéré ses chaînes de plus près,
Son visage à ce prix n'eut plus pour moi d'attraits ;
L'horreur d'un tel lien m'en fit de la maîtresse ;
Je crus qu'il fallait mieux employer ma jeunesse,
Et que, quelques appas qui pussent me ravir,*
C'était mal en user que sitôt m'asservir.
Je combats toutefois, mais le temps qui s'avance
Me fait précipiter en cette extravagance,
Et la tentation de tant d'argent touché
M'achève de pousser où j'étais trop penché.
Que l'argent est commode à faire une folie !
L'argent me fait résoudre à courir l'Italie.
Je pars de nuit en poste, et d'un soin diligent,
Je quitte la maîtresse, et j'emporte l'argent.
Mais, dis-moi, que fit-elle ? Et que dit lors son père ?
Le mien, ou je me trompe, était fort en colère ?

CLITON

D'abord de part et d'autre on vous attend sans bruit ;
Un jour se passe, deux, trois, quatre, cinq, six, huit ;
Enfin, n'espérant plus, on éclate, on foudroie.
Lucrèce par dépit témoigne de la joie,
Chante, danse, discourt, rit, mais, sur mon honneur
Elle enrageait, monsieur, dans l'âme et de bon cœur.
Ce grand bruit s'accommode, et, pour plâtrer l'affaire,
La pauvre délaissée épouse votre père,
Et rongeant dans son cœur son déplaisir secret,
D'un visage content prend le change à regret.
L'éclat d'un tel affront l'ayant trop décriée,
Il n'est à son avis que d'être mariée,
Et comme en un naufrage on se prend où l'on peut,
En fille obéissante elle veut ce qu'on veut.
Voilà donc le bonhomme enfin à sa seconde,
C'est-à-dire qu'il prend la poste à l'autre monde ;
Un peu moins de deux mois le met dans le cercueil.

DORANTE

J'ai su sa mort à Rome, où j'en ai pris le deuil.

CLITON

Elle a laissé chez vous un diable de ménage ;
Ville prise d'assaut n'est pas mieux au pillage ;
La veuve et les cousins, chacun y fait pour soi,
Comme fait un traitant pour les deniers du roi ;*
Où qu'ils jettent la main ils font rafles entières ;
Ils ne pardonnent pas même au plomb des gouttières,
Et ce sera beaucoup si vous trouvez chez vous,
Quand vous y rentrerez, deux gonds et quatre clous.
J'apprends qu'on vous a vu cependant à Florence.
Pour vous donner avis je pars en diligence ;
Et je suis étonné qu'en entrant dans Lyon
Je vois courir du peuple avec émotion ;
Je veux voir ce que c'est, et je vois, ce me semble,
Pousser dans la prison quelqu'un qui vous ressemble ;
On m'y permet l'entrée, et, vous trouvant ici,*
Je trouve en même temps mon voyage accourci.
Voilà mon aventure, apprenez-moi la vôtre.

DORANTE

La mienne est bien étrange, on me prend pour un autre.

CLITON

J'eusse osé le gager. Est-ce meurtre, ou larcin ?

DORANTE

Suis-je fait en voleur, ou bien en assassin ?
Traître, en ai-je l'habit, ou la mine, ou la taille ?

CLITON

Connaît-on à l'habit aujourd'hui la canaille ?
Et n'est-il point, monsieur, à Paris de filous
Et de taille et de mine aussi bonnes que vous ?

DORANTE

Tu dis vrai, mais écoute. Après une querelle
Qu'à Florence un jaloux me fit pour quelque belle,
J'eus avis que ma vie y courait du danger ;
Ainsi donc sans trompette il fallut déloger.
Je pars seul et de nuit, et prends ma route en France,
Où, sitôt que je suis en pays d'assurance,
Comme d'avoir couru je me sens un peu las,
J'abandonne la poste, et viens au petit pas.
Approchant de Lyon, je vois dans la campagne...

CLITON, *bas.*

N'aurons-nous point ici de guerres d'Allemagne ?*

DORANTE

Que dis-tu ?

CLITON

Rien, monsieur, je gronde entre mes dents
Du malheur qui suivra ces rares incidents ;
J'en ai l'âme déjà toute préoccupée.

DORANTE

Donc à deux cavaliers je vois tirer l'épée,
Et, pour en empêcher l'événement fatal,
Je cours la mienne au poing, et descends de cheval.
L'un et l'autre, voyant à quoi je me prépare,
Se hâte d'achever avant qu'on les sépare,
Presse sans perdre temps, si bien qu'à mon abord
D'un coup que l'un allonge, il blesse l'autre à mort.
Je me jette au blessé, je l'embrasse, et j'essaie
Pour arrêter son sang de lui bander sa plaie ;
L'autre, sans perdre temps en cet événement,*
Saute sur mon cheval, le presse vivement,
Disparaît, et, mettant à couvert le coupable,
Me laisse auprès du mort faire le charitable.
Ce fut en cet état, les doigts de sang souillés,
Qu'au bruit de ce duel trois sergents éveillés,
Tout gonflés de l'espoir d'une bonne lippée,
Me découvrirent seul, et la main à l'épée.
Lors, suivant du métier le serment solennel,
Mon argent fut pour eux le premier criminel,
Et, s'en étant saisis aux premières approches,
Ces messieurs pour prison lui donnèrent leurs poches,
Et moi, non sans couleur, encor qu'injustement,
Je fus conduit par eux en cet appartement [3].
Qui te fait ainsi rire ? Et qu'est-ce que tu penses ?

CLITON

Je trouve ici, monsieur, beaucoup de circonstances :
Vous en avez sans doute un trésor infini ;
Votre hymen de Poitiers n'en fut pas mieux fourni,
Et le cheval surtout vaut en cette rencontre*
Le pistolet ensemble, et l'épée, et la montre.

DORANTE

Je me suis bien défait de ces traits d'écolier
Dont l'usage autrefois m'était si familier,
Et maintenant, Cliton, je vis en honnête homme.

CLITON

Vous êtes amendé du voyage de Rome,
Et votre âme en ce lieu, réduite au repentir,
Fait mentir le proverbe en cessant de mentir.
Ah ! J'aurais plutôt cru...

DORANTE

Le temps m'a fait connaître
Quelle indignité c'est, et quel mal en peut naître.

CLITON

Quoi ? Ce duel, ces coups si justement portés,
Ce cheval, ces sergents...

DORANTE

Autant de vérités.

CLITON

J'en suis fâché pour vous, monsieur, et surtout d'une,
Que je ne compte pas à petite infortune ;
Vous êtes prisonnier, et n'avez point d'argent ;
Vous serez criminel.

DORANTE

Je suis trop innocent.

CLITON

Ah ! Monsieur, sans argent est-il de l'innocence ?

DORANTE

Fort peu, mais dans ces murs Philiste a pris naissance,
Et comme il est parent des premiers magistrats,
Soit d'argent, soit d'amis, nous n'en manquerons pas.
J'ai su qu'il est en ville, et lui venais d'écrire
Lorsqu'ici le concierge est venu t'introduire.
Va lui porter ma lettre.

CLITON

Avec un tel secours
Vous serez innocent avant qu'il soit deux jours.*
Mais je ne comprends rien à ces nouveaux mystères ;
Les filles doivent être ici fort volontaires ;
Jusque dans la prison elles cherchent les gens.

SCÈNE II

DORANTE, CLITON, LYSE

CLITON, *à Lyse.*

Il ne fait que sortir des mains de trois sergents ;
Je t'en veux avertir : un fol espoir te trouble ;
Il cajole des mieux, mais il n'a pas le double.

LYSE

J'en apporte pour lui.

CLITON

Pour lui ! Tu m'as dupé,
Et je doute sans toi si nous aurions soupé.*

LYSE, *montrant une bourse.*

Avec ce passeport suis-je la bienvenue ?

CLITON

Tu nous vas à tous deux donner dedans la vue.

LYSE

Ai-je bien pris mon temps ?

CLITON

Le mieux qu'il se pouvait.
C'est une honnête fille, et Dieu nous la devait.
Monsieur, écoutez-la.

DORANTE

Que veut-elle ?

LYSE

Une dame
Vous offre en cette lettre un cœur tout plein de flamme.

DORANTE

Une dame ?

CLITON

Lisez sans faire de façons ;
Dieu nous aime, monsieur, comme nous sommes bons,
Et ce n'est pas là tout, l'amour ouvre son coffre,
Et l'argent qu'elle tient vaut bien le cœur qu'elle offre.

DORANTE *lit.*

« Au bruit du monde qui vous conduisait prisonnier, j'ai mis les yeux à la fenêtre, et vous ai trouvé de si bonne mine, que mon cœur est allé dans la même prison que vous, et n'en veut point sortir tant que vous y serez. Je ferai mon possible pour vous en tirer au plus tôt. Cependant obligez-moi de vous servir de ces cent pistoles que je vous envoie ; vous en pouvez avoir besoin en l'état où vous êtes, et il n'en demeure assez d'autres à votre service. »

Dorante continue.

Cette lettre est sans nom.

CLITON

Les mots en sont françois [4].

à Lyse.

Dis-moi, sont-ce louis, ou pistoles de poids ?

DORANTE

Tais-toi.

LYSE, *à Dorante.*

Pour ma maîtresse il est de conséquence
De vous taire deux jours son nom et sa naissance [5] ;
Ce secret trop tôt su peut la perdre d'honneur.

DORANTE

Je serai cependant aveugle en mon bonheur ?
Et d'un si grand bienfait j'ignorerai la source ?

CLITON, *à Dorante.*

Curiosité bas, prenons toujours la bourse.
Souvent c'est perdre tout que vouloir tout savoir.*

LYSE, *à Dorante.*

Puis-je la lui donner ?

CLITON, *à Lyse.*

Donne, j'ai tout pouvoir,
Quand même ce serait le trésor de Venise.

DORANTE

Tout beau, tout beau, Cliton, il nous faut...

CLITON

Lâcher prise ?
Quoi ! C'est ainsi, monsieur...

DORANTE

Parleras-tu toujours ?

CLITON

Et voulez-vous du ciel renvoyer le secours ?

DORANTE

Accepter de l'argent porte en soi quelque honte.

CLITON

Je m'en charge pour vous, et la prends pour mon compte.

DORANTE, *à Lyse.*

Écoute un mot.

CLITON

Je tremble, il va la refuser.*

DORANTE

Ta maîtresse m'oblige.

CLITON

Il en veut mieux user.
Oyons.

DORANTE

Sa courtoisie est extrême et m'étonne ;
Mais...

CLITON

Le diable de mais !

DORANTE

Mais qu'elle me pardonne...*

CLITON

Je me meurs, je suis mort.

DORANTE

Si j'en change l'effet,
Et reçois comme un prêt le don qu'elle me fait.

CLITON

Je suis ressuscité ; prêt ou don, ne m'importe.

DORANTE, *à Cliton, et puis à Lyse.*

Prends. Je le lui rendrai même avant que je sorte.

CLITON, *à Lyse.*

Écoute un mot : tu peux t'en aller à l'instant,
Et revenir demain avec encore autant.
Et vous, monsieur, songez à changer de demeure ;
Vous serez innocent avant qu'il soit une heure.

DORANTE, *à Cliton, et puis à Lyse.*

Ne me romps plus la tête, et toi, tarde un moment.
J'écris à ta maîtresse un mot de compliment.

Dorante va écrire sur la table.

CLITON

Dirons-nous cependant deux mots de guerre ensemble ?

LYSE

Disons.

CLITON

Contemple-moi.

LYSE

Toi ?

CLITON

Oui, moi. Que t'en semble ?*
Dis.

LYSE

Que tout vert et rouge, ainsi qu'un perroquet,
Tu n'es que bien en cage, et n'as que du caquet.

CLITON

Tu ris. Cette action, qu'est-elle ?

LYSE

Ridicule.

CLITON

Et cette main ?

LYSE

De taille à bien ferrer la mule [6].

CLITON

Cette jambe, ce pied ?

LYSE

Si tu sors des prisons,
Dignes de t'installer aux Petites-Maisons [7].

CLITON

Ce front ?

LYSE

Est un peu creux.

CLITON

Cette tête ?

LYSE

Un peu folle.

CLITON

Ce ton de voix enfin avec cette parole ?

LYSE

Ah ! C'est là que mes sens demeurent étonnés ;
Le ton de voix est rare, aussi bien que le nez [8].

CLITON

Je meure, ton humeur me semble si jolie,
Que tu me vas résoudre à faire une folie,
Touche ; je veux t'aimer, tu seras mon souci ;
Nos maîtres font l'amour, nous le ferons aussi.
J'aurai mille beaux mots tous les jours à te dire,
Je coucherai de feux, de sanglots, de martyre,
Je te dirai : « Je meurs, je suis dans les abois,
Je brûle... »

LYSE

Et tout cela de ce beau ton de voix ?
Ah ! Si tu m'entreprends deux jours de cette sorte,
Mon cœur est déconfit, et je me tiens pour morte ;
Si tu me veux en vie, affaiblis ces attraits,
Et retiens pour le moins la moitié de leurs traits.

CLITON

Tu sais même charmer alors que tu te moques.
Gouverne doucement l'âme que tu m'escroques.
On a traité mon maître avec moins de rigueur ;
On n'a pris que sa bourse, et tu prends jusqu'au cœur.

LYSE

Il est riche, ton maître ?

CLITON

Assez.

LYSE

Et gentilhomme ?

CLITON

Il le dit.

LYSE

Il demeure ?

CLITON

A Paris.

LYSE

Et se nomme ?

DORANTE, *fouillant dans la bourse.*

Porte-lui cette lettre, et reçois...

CLITON, *lui retenant le bras.*

Sans compter ?

DORANTE

Cette part de l'argent que tu viens d'apporter [9].

CLITON

Elle n'en prendra pas, monsieur, je vous proteste.

LYSE

Celle qui vous l'envoie en a pour moi de reste.

CLITON

Je vous le disais bien, elle a le cœur trop bon [10].

LYSE

Lui pourrai-je, monsieur, apprendre votre nom ?

DORANTE

Il est dans mon billet [11]. Mais prends, je t'en conjure.

CLITON

Vous faut-il dire encor que c'est lui faire injure ?

LYSE

Vous perdez temps, monsieur, je sais trop mon devoir.
Adieu ; dans peu de temps je viendrai vous revoir,*
Et porte tant de joie à celle qui vous aime,
Qu'elle rapportera la réponse elle-même.

CLITON

Adieu, belle railleuse.

LYSE

Adieu, cher babillard.*

SCÈNE III

DORANTE, CLITON

DORANTE

Cette fille est jolie, elle a l'esprit gaillard.

CLITON

J'en estime l'humeur, j'en aime le visage,
Mais plus que tous les deux j'adore son message.

DORANTE

C'est celle dont il vient qu'il en faut estimer ;
C'est elle qui me charme, et que je veux aimer.

CLITON

Quoi ! Vous voulez, monsieur, aimer cette inconnue ?

DORANTE

Oui, je la veux aimer, Cliton.

CLITON

Sans l'avoir vue ?

DORANTE

Un si rare bienfait en un besoin pressant
S'empare puissamment d'un cœur reconnaissant,
Et comme de soi-même il marque un grand mérite,
Dessous cette couleur, il parle, il sollicite,
Peint l'objet aussi beau qu'on le voit généreux,
Et, si l'on n'est ingrat, il faut être amoureux.

CLITON

Votre amour va toujours d'un étrange caprice [12] :
Dès l'abord autrefois vous aimâtes Clarice ;
Celle-ci, sans la voir, mais, monsieur, votre nom,
Lui deviez-vous l'apprendre et si tôt ?

DORANTE

Pourquoi non ?
J'ai cru le devoir faire, et l'ai fait avec joie.

CLITON

Il est plus décrié que la fausse monnoie.

DORANTE

Mon nom ?

CLITON

Oui, dans Paris, en langage commun,
Dorante et le Menteur à présent ce n'est qu'un,
Et vous y possédez ce haut degré de gloire
Qu'en une comédie on a mis votre histoire.

DORANTE

En une comédie ?

CLITON

Et si naïvement,
Que j'ai cru, la voyant, voir un enchantement.
On y voit un Dorante avec votre visage ;
On le prendrait pour vous ; il a votre air, votre âge,

Vos yeux, votre action, votre maigre embonpoint,
Et paraît, comme vous, adroit au dernier point.
Comme à l'événement j'ai part à la peinture ;
Après votre portrait on produit ma figure.
Le héros de la farce, un certain Jodelet [13],
Fait marcher après vous votre digne valet ;
Il a jusqu'à mon nez et jusqu'à ma parole,
Et nous avons tous deux appris en même école ;
C'est l'original même, il vaut ce que je vaux ;
Si quelque autre s'en mêle, on peut s'inscrire en faux,
Et tout autre que lui dans cette comédie
N'en fera jamais voir qu'une fausse copie.
Pour Clarice et Lucrèce, elles en ont quelque air ;
Philiste avec Alcippe y vient vous accorder ;
Votre feu père même est joué sous le masque.

DORANTE

Cette pièce doit être et plaisante et fantasque.
Mais son nom ?

CLITON

Votre nom de guerre, LE MENTEUR.

DORANTE

Les vers en sont-ils bons ? Fait-on cas de l'auteur ?

CLITON

La pièce a réussi, quoique faible de style,
Et d'un nouveau proverbe elle enrichit la ville,
De sorte qu'aujourd'hui presque en tous les quartiers
On dit, quand quelqu'un ment, qu'il revient de Poitiers,
Et pour moi, c'est bien pis, je n'ose plus paraître ;
Ce maraud de farceur m'a fait si bien connaître,
Que les petits enfants, sitôt qu'on m'aperçoit,
Me courent dans la rue et me montrent au doigt,
Et chacun rit de voir les courtauds de boutique,
Grossissant à l'envi leur chienne de musique,
Se rompre le gosier, dans cette belle humeur,
A crier après moi : « Le valet du Menteur ! »
Vous en riez vous-même !

DORANTE

Il faut bien que j'en rie.*

CLITON

Je n'y trouve que rire, et cela vous décrie,
Mais si bien, qu'à présent, voulant vous marier,
Vous ne trouveriez pas la fille d'un huissier,
Pas celle d'un recors, pas d'un cabaret même [14].

DORANTE

Il faut donc avancer près de celle qui m'aime.
Comme Paris est loin, si je ne suis déçu,
Nous pourrons réussir avant qu'elle ait rien su.
Mais quelqu'un vient à nous, et j'entends du murmure.

SCÈNE IV

CLÉANDRE, DORANTE, CLITON, LE PRÉVÔT.

CLÉANDRE, *au prévôt.*

Ah ! Je suis innocent ; vous me faites injure.

LE PRÉVÔT, *à Cléandre.*

Si vous l'êtes, monsieur, ne craignez aucun mal,
Mais comme enfin le mort était votre rival,
Et que le prisonnier proteste d'innocence,
Je dois sur ce soupçon vous mettre en sa présence.

CLÉANDRE, *au prévôt.*

Et si pour s'affranchir, il ose me charger ?

LE PRÉVÔT, *à Cléandre.*

La justice entre vous en saura bien juger.
Souffrez paisiblement que l'ordre s'exécute.

à Dorante.

Vous avez vu, monsieur, le coup qu'on vous impute ;*
Voyez ce cavalier ; en serait-il l'auteur ?

CLÉANDRE, *bas.*

Il va me reconnaître. Ah, Dieu, ! Je meurs de peur.

DORANTE, *au prévôt.*

Souffrez que j'examine à loisir son visage.

bas.

C'est lui, mais il n'a fait qu'en homme de courage ;
Ce serait lâcheté, quoi qu'il puisse arriver,
De perdre un si grand cœur quand je puis le sauver.*
Ne le découvrons point.

CLÉANDRE, *bas.*

Il me connaît ; je tremble.

DORANTE, *au prévôt.*

Ce cavalier, monsieur, n'a rien qui lui ressemble ;
L'autre est de moindre taille, il a le poil plus blond,
Le teint plus coloré, le visage plus rond,
Et je le connais moins, tant plus je le contemple.

CLÉANDRE, *bas.*

O générosité qui n'eut jamais d'exemple !

DORANTE

L'habit même est tout autre.

LE PRÉVÔT

Enfin ce n'est pas lui ?

DORANTE

Non, il n'a point de part au duel d'aujourd'hui.

LE PRÉVÔT, *à Cléandre.*

Je suis ravi, monsieur, de voir votre innocence
Assurée à présent par sa reconnaissance ;
Sortez quand vous voudrez, vous avez tout pouvoir.
Excusez la rigueur qu'a voulu mon devoir.
Adieu.

CLÉANDRE, *au prévôt.*

Vous avez fait le dû de votre office [15].

SCÈNE V

DORANTE, CLÉANDRE, CLITON

DORANTE, *à Cléandre.*

Mon cavalier, pour vous je me fais injustice ;
Je vous tiens pour brave homme, et vous reconnais bien ;*
Faites votre devoir comme j'ai fait le mien.

CLÉANDRE

Monsieur...

DORANTE

Point de réplique on pourrait nous entendre.

CLÉANDRE

Sachez donc seulement qu'on m'appelle Cléandre,
Que je sais mon devoir, que j'en prendrai souci,
Et que je périrai pour vous tirer d'ici.

SCÈNE VI

DORANTE, CLITON

DORANTE

N'est-il pas vrai, Cliton, que c'eût été dommage
De livrer au malheur ce généreux courage ?
J'avais entre mes mains et sa vie et sa mort,
Et je me viens de voir arbitre de son sort.

CLITON

Quoi ! C'est là donc, monsieur ?...

DORANTE

Oui, c'est là le coupable.

CLITON

L'homme à votre cheval ?

DORANTE

Rien n'est si véritable.

CLITON

Je ne sais où j'en suis, et deviens tout confus.
Ne m'aviez-vous pas dit que vous me mentiez plus ?

DORANTE

J'ai vu sur son visage un noble caractère,
Qui, me parlant pour lui, m'a forcé de me taire,
Et d'une voix connue entre les gens de cœur
M'a dit qu'en le perdant je me perdrais d'honneur.
J'ai cru devoir mentir pour sauver un brave homme.

CLITON

Et c'est ainsi, monsieur, que l'on s'amende à Rome ?
Je me tiens au proverbe ; oui, courez, voyagez,
Je veux être guenon si jamais vous changez ;
Vous mentirez toujours, monsieur, sur ma parole.
Croyez-moi que Poitiers est une bonne école ;
Pour le bien du public je veux le publier ; *
Les leçons qu'on y prend ne peuvent s'oublier.

DORANTE

Je ne mens plus, Cliton, je t'en donne assurance,
Mais en un tel sujet l'occasion dispense.
Vous en prendrez autant comme vous en verrez.
Menteur vous voulez vivre, et menteur vous mourrez,
Et l'on dira de vous pour oraison funèbre :
« C'était en menterie un auteur très célèbre,
Qui sut y raffiner de si digne façon,*
Qu'aux maîtres du métier il en eût fait leçon,
Et qui, tant qu'il vécut, sans craindre aucune risque,
Aux plus forts d'après lui pût donner quinze et bisque [16]. »

DORANTE

Je n'ai plus qu'à mourir, mon épitaphe est fait,
Et tu m'érigeras en cavalier parfait ;
Tu ferais violence à l'humeur la plus triste.
Mais, sans plus badiner, va-t-en chercher Philiste ;
Donne-lui cette lettre, et moi, sans plus mentir,
Avec les prisonniers j'irai me divertir.

ACTE II

SCÈNE PREMIÈRE

MÉLISSE, LYSE

MÉLISSE, *tenant une lettre ouverte en sa main.*

Certes, il écrit bien, sa lettre est excellente.

LYSE

Madame, sa personne est encor plus galante ;
Tout est charmant en lui, sa grâce, son maintien.

MÉLISSE

Il semble que déjà tu lui veuilles du bien.

LYSE

J'en trouve, à dire vrai, la rencontre si belle,
Que je voudrais l'aimer, si j'étais demoiselle.
Il est riche, et de plus il demeure à Paris,
Où des dames, dit-on, est le vrai paradis,
Et, ce qui vaut bien mieux que toutes ces richesses,*
Les maris y sont bons, et les femmes maîtresses.
Je vous le dis encor, je m'y passerais bien [17] ; *
Et si j'étais son fait, il serait fort le mien.

MÉLISSE

Tu n'es pas dégoûtée. Enfin, Lyse, sans rire,
C'est un homme bien fait ?

LYSE

Plus que je ne puis dire.

MÉLISSE

A sa lettre il paraît qu'il a beaucoup d'esprit,
Mais, dis-moi, parle-t-il aussi bien qu'il écrit ?

LYSE

Pour lui faire en discours montrer son éloquence,
Il lui faudrait des gens de plus de conséquence ;
C'est à vous d'éprouver ce que vous demandez.

MÉLISSE

Et que croit-il de moi ?

LYSE

Ce que vous lui mandez :
Que vous l'avez tantôt vu par votre fenêtre,
Que vous l'aimez déjà.

MÉLISSE

Cela pourrait bien être.

LYSE

Sans l'avoir jamais vu ?

MÉLISSE

J'écris bien sans le voir.

LYSE

Mais vous suivez d'un frère un absolu pouvoir,
Qui, vous ayant conté par quel bonheur étrange
Il s'est mis à couvert de la mort de Florange,

Se sert de cette feinte, en cachant votre nom,
Pour lui donner secours dedans cette prison.
L'y voyant en sa place, il fait ce qu'il doit faire.*

MÉLISSE

Je n'écrivais tantôt qu'à dessein de lui plaire.
Mais, Lyse, maintenant j'ai pitié de l'ennui
D'un homme si bien fait qui souffre pour autrui,
Et, par quelques motifs que je vienne d'écrire,
Il est de mon honneur de ne m'en pas dédire.
La lettre est de ma main, elle parle d'amour ;
S'il ne sait qui je suis, il peut l'apprendre un jour.
Un tel gage m'oblige à lui tenir parole ;
Ce qu'on met par écrit passe une amour frivole.
Puisqu'il a du mérite, on ne m'en peut blâmer,
Et je lui dois mon cœur, s'il daigne l'estimer.*
Je m'en forme en idée une image si rare,
Qu'elle pourrait gagner l'âme la plus barbare ;
L'amour en est le peintre, et ton rapport flatteur
En fournit les couleurs à ce doux enchanteur.

LYSE

Tout comme vous l'aimez vous verrez qu'il vous aime.
Si vous vous engagez, il s'engage de même,
Et se forme de vous un tableau si parfait,
Que c'est lettre pour lettre, et portrait pour portrait.
Il faut que votre amour plaisamment s'entretienne :
Il sera votre idée, et vous serez la sienne.
L'alliance est mignarde, et cette nouveauté,
Surtout dans une lettre, aura grande beauté,
Quand vous y souscrirez [18], pour Dorante ou Mélisse :
« Votre très humble idée à vous rendre service. »
Vous vous moquez, madame, et loin d'y consentir,
Vous n'en parlez ainsi que pour vous divertir.

MÉLISSE

Je ne me moque point.

LYSE

Et que fera, madame,
Cet autre cavalier dont vous possédez l'âme,
Votre amant ?

MÉLISSE

Qui ?

LYSE

Philiste.

MÉLISSE

Ah ! Ne présume pas
Que son cœur soit sensible au peu que j'ai d'appas ;
Il fait mine d'aimer, mais sa galanterie
N'est qu'un amusement et qu'une raillerie

LYSE

Il est riche, et parent des premiers de Lyon.

MÉLISSE

Et c'est ce qui le porte à plus d'ambition.
S'il me voit quelquefois, c'est comme par surprise ;
Dans ses civilités on dirait qu'il méprise,
Qu'un seul mot de sa bouche est un rare bonheur,
Et qu'un de ses regards est un excès d'honneur.
L'amour même d'un roi me serait importune,
S'il fallait la tenir à si haute fortune.
La sienne est un trésor qu'il fait bien d'épargner ;
L'avantage est trop grand, j'y pourrais trop gagner.
Il n'entre point chez nous ; et quand il me rencontre,
Il semble qu'avec peine à mes yeux il se montre,
Et prend l'occasion avec une froideur
Qui craint en me parlant d'abaisser sa grandeur.

LYSE

Peut-être il est timide, et n'ose davantage.

MÉLISSE

S'il craint, c'est que l'amour trop avant ne l'engage.
Il voit souvent mon frère, et ne parle de rien.

LYSE

Mais vous le recevez, ce me semble, assez bien ?

MÉLISSE

Comme je ne suis pas en amour des plus fines,
Faute d'autre j'en souffre et je lui rends ses mines,
Mais je commence à voir que de tels cajoleurs
Ne font qu'effaroucher les partis les meilleurs,
Et ne dois plus souffrir qu'avec cette grimace*
D'un véritable amant il occupe la place.

LYSE

Je l'ai vu pour vous voir faire beaucoup de tours.

MÉLISSE

Qui l'empêche d'entrer, et me voir tous les jours ?
Cette façon d'agir est-elle plus polie ?*
Croit-il... ?

LYSE

Les amoureux ont chacun leur folie :
La sienne est de vous voir avec tant de respect,
Qu'il passe pour superbe et vous devient suspect,
Et la vôtre, un dégoût de cette retenue,
Qui vous fait mépriser la personne connue,
Pour donner votre estime, et chercher avec soin
L'amour d'un inconnu, parce qu'il est de loin.

SCÈNE II

CLÉANDRE, MÉLISSE, LYSE

CLÉANDRE

Envers ce prisonnier as-tu fait cette feinte,
Ma sœur ?

MÉLISSE

Sans me connaître, il me croit l'âme atteinte,
Que je l'ai vu conduire en ce triste séjour,
Que ma lettre et l'argent sont des effets d'amour,
Et Lyse, qui l'a vu, m'en dit tant de merveilles,
Qu'elle fait presque entrer l'amour par les oreilles.

CLÉANDRE

Ah ! Si tu savais tout !

MÉLISSE

Elle ne laisse rien ;
Elle en vante l'esprit, la taille, le maintien,
Le visage attrayant, et la façon modeste.

CLÉANDRE

Ah ! Que c'est peu de chose au prix de ce qui reste !

MÉLISSE

Que reste-t-il à dire ? Un courage invaincu ?

CLÉANDRE

C'est le plus généreux qui jamais ait vécu ; *
C'est le cœur le plus noble, et l'âme la plus haute...

MÉLISSE

Quoi ! Vous voulez, mon frère, ajouter à sa faute,
Percer avec ces traits un cœur qu'il a blessé,
Et vous-même achever ce qu'elle a commencé ?

CLÉANDRE

Ma sœur, à peine sais-je encor comme il se nomme,
Et je sais qu'on n'a vu jamais plus honnête homme,
Et que ton frère enfin périrait aujourd'hui,
Si nous avions affaire à tout autre qu'à lui.
Quoique notre partie ait été si secrète
Que j'en dusse espérer une sûre retraite,
Et que Florange et moi, comme je t'ai conté,
Afin que ce duel ne pût être éventé,*
Sans prendre de seconds, l'eussions faite de sorte
Que chacun pour sortir choisit diverse porte,*
Que nous n'eussions ensemble été vus de huit jours,
Que presque tout le monde ignorât nos amours,
Et que l'occasion me fût si favorable
Que je vis l'innocent saisi pour le coupable ;
Je crois te l'avoir dit, qu'il nous vint séparer,
Et que sur son cheval je sus me retirer ;

Comme je me montrais, afin que ma présence
Donnât lieu d'en juger une entière innocence,
Sur un bruit épandu que le défunt et moi
D'une même beauté nous adorions la loi,
Un prévôt soupçonneux me saisit dans la rue,
Me mène au prisonnier, et m'expose à sa vue.
Juge quel trouble j'eus de me voir en ces lieux :
Ce cavalier me voit, m'examine des yeux,
Me reconnaît, je tremble encore à te le dire,
Mais apprends sa vertu, chère sœur, et l'admire.
Ce grand cœur, se voyant mon destin en la main,
Devient pour me sauver à soi-même inhumain ;
Lui qui souffre pour moi sait mon crime et le nie,
Dit que ce qu'on m'impute est une calomnie,
Dépeint le criminel de toute autre façon,
Oblige le prévôt à sortir sans soupçon,
Me promet amitié, m'assure de se taire.
Voilà ce qu'il a fait ; vois ce que je dois faire.

MÉLISSE

L'aimer, le secourir, et tous deux avouer
Qu'une telle vertu ne se peut trop louer.

CLÉANDRE

Si je l'ai plaint tantôt de souffrir pour mon crime,
Cette pitié, ma sœur, était bien légitime,
Mais ce n'est plus pitié, c'est obligation,
Et le devoir succède à la compassion.
Nos plus puissants secours ne sont qu'ingratitude ;
Mets à les redoubler ton soin et ton étude ; *
Sous ce même prétexte et ces déguisements
Ajoute à ton argent perles et diamants ;
Qu'il ne manque de rien ; et pour sa délivrance
Je vais de mes amis faire agir la puissance.
Que si tous leurs efforts ne peuvent le tirer,*
Pour m'acquitter vers lui j'irai me déclarer.
Adieu. De ton côté prends souci de me plaire,
Et vois ce que tu dois à qui te sauve un frère.

MÉLISSE

Je vous obéirai très ponctuellement [19].

SCÈNE III

MÉLISSE, LYSE

LYSE

Vous pouviez dire encor très volontairement ;
Et la faveur du ciel vous a bien conservée,
Si ces derniers discours ne vous ont achevée.
Le parti de Philiste a de quoi s'appuyer ;
Je n'en suis plus, madame ; il n'est bon qu'à noyer ;
Il ne valut jamais un cheveu de Dorante.
Je puis vers la prison apprendre une courante [20] ?

MÉLISSE

Oui, tu peux te résoudre encore à te crotter.

LYSE

Quels de vos diamants me faut-il lui porter ?

MÉLISSE

Mon frère va trop vite, et sa chaleur l'emporte
Jusqu'à connaître mal des gens de cette sorte.
Aussi, comme son but est différent du mien,
Je dois prendre un chemin fort éloigné du sien.
Il est reconnaissant, et je suis amoureuse ;
Il a peur d'être ingrat, et je veux être heureuse.
A force de présents il se croit acquitter,
Mais le redoublement ne fait que rebuter.
Si le premier oblige un homme de mérite,
Le second l'importune, et le reste l'irrite,
Et, passé le besoin, quoi qu'on lui puisse offrir,
C'est un accablement qu'il ne saurait souffrir.
L'amour est libéral, mais c'est avec adresse ;
Le prix de ses présents est en leur gentillesse,
Et celui qu'à Dorante exprès tu vas porter,
Je veux qu'il le dérobe au lieu de l'accepter.
Écoute une pratique assez ingénieuse.

LYSE

Elle doit être belle et fort mystérieuse.

MÉLISSE

Au lieu des diamants dont tu viens de parler,
Avec quelques douceurs il faut le régaler,
Entrer sous ce prétexte, et trouver quelque voie
Par où, sans que j'y sois, tu fasses qu'il me voie ;
Porte-lui mon portrait, et comme sans dessein
Fais qu'il puisse aisément le surprendre en ton sein ;
Feins lors pour le ravoir un déplaisir extrême :
S'il le rend, c'en est fait ; s'il le retient, il m'aime.

LYSE

A vous dire le vrai, vous en savez beaucoup.

MÉLISSE

L'amour est un grand maître, il instruit tout d'un coup [21].

LYSE

Il vient de vous donner de belles tablatures.

MÉLISSE

Viens querir mon portrait avec des confitures ;
Comme pourra Dorante en user bien ou mal,
Nous résoudrons après touchant l'original.

SCÈNE IV

PHILISTE, DORANTE, CLITON,
dans la prison.

DORANTE

Voilà, mon cher ami, la véritable histoire
D'une aventure étrange et difficile à croire,
Mais puisque je vous vois, mon sort est assez doux.*

PHILISTE

L'aventure est étrange, et bien digne de vous,
Et, si je n'en voyais la fin trop véritable,
J'aurais bien de la peine à la trouver croyable ;
Vous me seriez suspect, si vous étiez ailleurs.

CLITON

Ayez pour lui, monsieur, des sentiments meilleurs ;
Il s'est bien converti dans un si long voyage ;
C'est tout un autre esprit sous le même visage,
Et tout ce qu'il débite est pure vérité,
S'il ne ment quelquefois par générosité.
C'est le même qui prit Clarice pour Lucrèce,
Qui fit jaloux Alcippe avec sa noble adresse ;*
Et, malgré tout cela, le même toutefois,
Depuis qu'il est ici n'a menti qu'une fois.

PHILISTE

En voudrais-tu jurer ?

CLITON

Oui, monsieur, et j'en jure
Par le dieu des menteurs, dont il est créature,
Et, s'il vous faut encore un serment plus nouveau,
Par l'hymen de Poitiers et le festin sur l'eau.

PHILISTE

Laissant là ce badin, ami, je vous confesse
Qu'il me souvient toujours de vos traits de jeunesse ;
Cent fois en cette ville aux meilleures maisons
J'en ai fait un bon conte en déguisant les noms ;
J'en ai ri de bon cœur, et j'en ai bien fait rire,
Et quoi que maintenant je vous entende dire,
Ma mémoire toujours me les vient présenter,
Et m'en fait un rapport qui m'invite à douter.

DORANTE

Formez en ma faveur de plus saines pensées ;
Ces petites humeurs sont aussitôt passées ;
Et l'air du monde change en bonnes qualités
Ces teintures qu'on prend aux universités.

PHILISTE

Dès lors, à cela près, vous étiez en estime
D'avoir une âme noble et grande et magnanime.

CLITON

Je le disais dès lors ; sans cette qualité,
Vous n'eussiez pu jamais le payer de bonté.

DORANTE

Ne te tairas-tu point ?

CLITON

Dis-je rien qu'il ne sache ?
Et fais-je à votre nom quelque nouvelle tache ?
N'était-il pas, monsieur, avec Alcippe et vous
Quand ce festin en l'air le rendit si jaloux ?
Lui qui fut le témoin du conte que vous fîtes,*
Lui qui vous sépara lorsque vous vous battîtes,
Ne sait-il pas encor les plus rusés détours
Dont votre esprit adroit bricola vos amours [22] ?

PHILISTE

Ami, ce flux de langue est trop grand pour se taire,
Mais, sans plus l'écouter, parlons de votre affaire.
Elle me semble aisée, et j'ose me vanter
Qu'assez facilement je pourrai l'emporter ;
Ceux dont elle dépend sont de ma connaissance,
Et même à la plupart je touche de naissance ;
Le mort était d'ailleurs fort peu considéré,
Et chez les gens d'honneur on ne l'a point pleuré.
Sans perdre plus de temps, souffrez que j'aille apprendre*
Pour en venir à bout quel chemin il faut prendre.
Ne vous attristez point cependant en prison,
On aura soin de vous comme en votre maison ;
Le concierge en a l'ordre, il tient de moi sa place,
Et sitôt que je parle il n'est rien qu'il ne fasse.

DORANTE

Ma joie est de vous voir, vous me l'allez ravir.

PHILISTE

Je prends congé de vous pour vous aller servir.
Cliton divertira votre mélancolie.

SCÈNE V

DORANTE, CLITON

CLITON

Comment va maintenant l'amour ou la folie ? *
Cette dame obligeante au visage inconnu,
Qui s'empare des cœurs avec son revenu,
Est-elle encore aimable ? A-t-elle encor des charmes ?
Par générosité lui rendons-nous les armes ? *

DORANTE

Cliton, je la tiens belle, et m'ose figurer
Qu'elle n'a rien en soi qu'on ne puisse adorer.
Qu'en imagines-tu ?

CLITON

J'en fais des conjectures
Qui s'accordent fort mal avecque vos figures.
Vous payer par avance, et vous cacher son nom,
Quoi que vous présumiez, ne marque rien de bon,
A voir ce qu'elle a fait, et comme elle procède,
Je jurerais, monsieur, qu'elle est ou vieille ou laide,
Peut-être l'une et l'autre, et vous a regardé
Comme un galant commode, et fort incommodé.*

DORANTE

Tu parles en brutal.

CLITON

Vous, en visionnaire.
Mais, si je disais vrai, que prétendez-vous faire ?

DORANTE

Envoyer et la dame et les amours au vent.

CLITON

Mais vous avez reçu ; quiconque prend se vend.

DORANTE

Quitte pour lui jeter son argent à la tête.

CLITON

Le compliment est doux et la défaite honnête.
Tout de bon à ce coup, vous êtes converti ;
Je le soutiens, monsieur, le proverbe a menti.
Sans scrupule autrefois, témoin votre Lucrèce,
Vous emportiez l'argent, et quittiez la maîtresse.
Mais Rome vous a fait si grand homme de bien,
Qu'à présent vous voulez rendre à chacun le sien.
Vous vous êtes instruit des cas de conscience.

DORANTE

Tu m'embrouilles l'esprit faute de patience,
Deux ou trois jours peut-être, un peu plus, un peu moins,
Éclairciront ce trouble, et purgeront ces soins.*
Tu sais qu'on m'a promis que la beauté qui m'aime
Viendra me rapporter sa réponse elle-même ;
Vois déjà sa servante, elle revient.

CLITON

Tant pis.
Dussiez-vous enrager, c'est ce que je vous dis.
Si fréquente ambassade, et maîtresse invisible,
Sont de ma conjecture une preuve infaillible.
Voyons ce qu'elle veut, et si son passeport
Est aussi bien fourni comme au premier abord.

DORANTE

Veux-tu qu'à tous moments il pleuve des pistoles ?

CLITON

Qu'avons-nous sans cela besoin de ses paroles ?

SCÈNE VI

DORANTE, LYSE, CLITON

DORANTE, *à Lyse.*

Je ne t'espérais pas si soudain de retour.

LYSE

Vous jugerez par là d'un cœur qui meurt d'amour.
De vos civilités ma maîtresse est ravie ;
Elle serait venue, elle en brûle d'envie,
Mais une compagnie au logis la retient :
Elle viendra bientôt, et peut-être elle vient,
Et je me connais mal à l'ardeur qui l'emporte,
Si vous ne la voyez même avant que je sorte.
Acceptez cependant quelque peu de douceurs
Fort propres en ces lieux à conforter les cœurs ;
Les sèches sont dessous, celles-ci sont liquides.

CLITON

Les amours de tantôt me semblaient plus solides.
Si tu n'as autre chose, épargne mieux tes pas ;
Cette inégalité ne me satisfait pas.
Nous avons le cœur bon, et dans nos aventures,
Nous ne fûmes jamais hommes à confitures.

LYSE

Badin, qui te demande ici ton sentiment.

CLITON

Ah ! Tu me fais l'amour un peu bien rudement.

LYSE

Est-ce à toi de parler ? Que n'attends-tu ton heure ?

DORANTE

Saurons-nous cette fois son nom, ou sa demeure ?

LYSE

Non, pas encor sitôt.

DORANTE

Mais te vaut-elle bien ?
Parle-moi franchement, et ne déguise rien.

LYSE

A ce compte, monsieur, vous me trouvez passable ?

DORANTE

Je te trouve de taille et d'esprit agréable,

Tant de grâce en l'humeur, et tant d'attrait aux yeux,
Qu'à te dire le vrai, je ne voudrais pas mieux ;
Elle me charmera, pourvu qu'elle te vaille.

LYSE

Ma maîtresse n'est pas tout à fait de ma taille,
Mais elle me surpasse en esprit, en beauté,
Autant et plus encor, monsieur, qu'en qualité.

DORANTE

Tu sais adroitement couler ta flatterie.
Que ce bout de ruban a de galanterie !
Je le veux dérober. Mais qu'est-ce qui le suit ? *

LYSE

Rendez-le moi, monsieur ; j'ai hâte, il s'en va nuit.

DORANTE

Je verrai ce que c'est.

LYSE

C'est une miniature.

DORANTE

Oh, le charmant portrait ! L'adorable peinture !
Elle est faite à plaisir !

LYSE

Après le naturel.

DORANTE

Je ne crois pas jamais avoir rien vu de tel.

LYSE

Ces quatre diamants dont elle est enrichie
Ont sous eux quelque feuille, ou mal nette, ou blanchie,
Et je cours de ce pas y faire regarder.

DORANTE

Et quel est ce portrait.

LYSE

Le faut-il demander ?
Et doutez-vous si c'est ma maîtresse elle-même ?*

DORANTE

Quoi ! Celle qui m'écrit ?

LYSE

Oui, celle qui vous aime ;*
A l'aimer tant soi peu vous l'auriez deviné.*

DORANTE

Un si rare bonheur ne m'est pas destiné,
Et tu me veux flatter par cette fausse joie.

LYSE

Quand je dis vrai, monsieur, je prétends qu'on me croie.*
Mais je m'amuse trop, l'orfèvre est loin d'ici ;
Donnez-moi, je perds temps.

DORANTE

Laisse-moi ce souci ;
Nous avons un orfèvre arrêté pour ses dettes,
Qui saura tout remettre au point que tu souhaites.

LYSE

Vous m'en donnez, monsieur.

DORANTE

Je te le ferai voir.

LYSE

A-t-il la main fort bonne ?

DORANTE

Autant qu'on peut l'avoir.

LYSE

Sans mentir ?

DORANTE

Sans mentir.

CLITON

Il est trop jeune, il n'ose.

LYSE

Je voudrais bien pour vous faire ici quelque chose.
Mais vous le montrerez.

DORANTE

Non, à qui que ce soit.*

LYSE

Vous me ferez chasser si quelque autre le voit.

DORANTE

Va, dors en sûreté.

LYSE

Mais enfin à quand rendre ?

DORANTE

Dès demain.

LYSE

Demain donc je viendrai le reprendre,*
Je ne puis me résoudre à vous désobliger.

CLITON, *à Dorante, puis à Lyse.*
Elle se met pour vous en un très grand danger.
Dirons-nous rien nous deux ?

LYSE
Non.

CLITON
Comme tu méprises !

LYSE
Je n'ai pas le loisir d'entendre tes sottises.

CLITON
Avec cette rigueur tu me feras mourir.

LYSE
Peut-être à mon retour je saurai te guérir ;*
Je ne puis mieux pour l'heure : adieu.

CLITON
Tout me succède [23].

SCÈNE VII

DORANTE, CLITON

DORANTE
Viens, Cliton, et regarde. Est-elle vieille ou laide ?
Voit-on des yeux plus vifs ? Voit-on des traits plus doux ?

CLITON
Je suis un peu moins dupe, et plus futé que vous.
C'est un leurre, monsieur, la chose est toute claire ;
Elle a fait tout du long les mines qu'il faut faire.
On amorce le monde avec de tels portraits,
Pour les faire surprendre on les apporte exprès ;
On s'en fâche, on fait bruit, on vous les redemande,
Mais on tremble toujours de crainte qu'on les rende ; *
Et, pour dernière adresse, une telle beauté
Ne se voit que de nuit et dans l'obscurité,
De peur qu'en un moment l'amour ne s'estropie *
A voir l'original si loin de sa copie.
Mais laissons ce discours qui peut vous ennuyer.*
Vous ferai-je venir l'orfèvre prisonnier ?

DORANTE
Simple ! N'as-tu point vu que c'était une feinte,
Un effet de l'amour dont mon âme est atteinte ?

CLITON
Bon ; en voici déjà de deux en même jour,
Par devoir d'honnête homme, et par effet d'amour.
Avec un peu de temps nous en verrons bien d'autres.
Chacun a ses talents, et ce sont là les vôtres.

DORANTE

Tais-toi, tu m'étourdis de tes sottes raisons.*
Allons prendre un peu l'air dans la cour des prisons [24]

ACTE III

SCÈNE PREMIÈRE

CLÉANDRE, DORANTE, CLITON

L'acte se passe dans la prison.

DORANTE

Je vous en prie encor, discourons d'autre chose,
Et sur un tel sujet ayons la bouche close ;
On peut nous écouter, et vous surprendre ici,
Et si vous vous perdez, vous me perdez aussi.
La parfaite amitié que pour vous j'ai conçue,
Quoiqu'elle soit l'effet d'une première vue,
Joint mon péril au vôtre, et les unit si bien
Qu'au cours de votre sort elle attache le mien.

CLÉANDRE

N'ayez aucune peur, et sortez d'un tel doute.
J'ai des gens là dehors qui gardent qu'on écoute ; *
Et je puis vous parler en toute sûreté *
De ce que mon malheur doit à votre bonté.
Si d'un bienfait si grand qu'on reçoit sans mérite
Qui s'avoue insolvable aucunement s'acquitte,
Pour m'acquitter vers vous autant que je le puis,
J'avoue, et hautement, monsieur, que je le suis,
Mais si cette amitié par l'amitié se paie,
Ce cœur qui vous doit tout vous en rend une vraie.
La vôtre la devance à peine d'un moment,
Elle attache mon sort au vôtre également,
Et l'on n'y trouvera que cette différence,
Qu'en vous elle est faveur, en moi reconnaissance.

DORANTE

N'appelez point faveur ce qui fut un devoir.
Entre les gens de cœur il suffit de se voir.
Par un effort secret de quelque sympathie
L'un à l'autre aussitôt un certain nœud les lie.
Chacun d'eux sur son front porte écrit ce qu'il est ;
Et quand on lui ressemble, on prend son intérêt.

CLITON

Par exemple, voyez, aux traits de ce visage
Mille dames m'ont pris pour homme de courage,
Et sitôt que je parle, on devine à demi
Que le sexe jamais ne fut mon ennemi.

CLÉANDRE

Cet homme a de l'humeur [25].

DORANTE

C'est un vieux domestique
Qui, comme vous voyez, n'est pas mélancolique.
A cause de son âge il se croit tout permis ;
Il se rend familier avec tous mes amis,
Mêle partout son mot, et jamais, quoi qu'on die,
Pour donner son avis il n'attend qu'on l'en prie.*
Souvent il importune, et quelquefois il plaît.

CLÉANDRE

J'en voudrais connaître un de l'humeur dont il est.*

CLITON

Croyez qu'à le trouver vous auriez de la peine : *
Le monde n'en voit pas quatorze à la douzaine ;
Et je jurerais bien, monsieur, en bonne foi,
Qu'en France il n'en est point que Jodelet et moi.

DORANTE

Voilà de ses bons mots les galantes surprises ; *
Mais qui parle beaucoup dit beaucoup de sottises,
Et quand il a dessein de se mettre en crédit,
Plus il y fait d'effort, moins il sait ce qu'il dit.

CLITON

On appelle cela des vers à ma louange.

CLÉANDRE

Presque insensiblement nous avons pris le change.
Mais revenons, monsieur, à ce que je vous dois.

DORANTE

Nous en pourrons parler encor quelque autre fois ;
Il suffit pour ce coup.

CLÉANDRE

Je ne saurais vous taire
En quel heureux état se trouve votre affaire.
Vous sortirez bientôt, et peut-être demain,
Mais un si prompt secours ne vient pas de ma main ;
Les amis de Philiste en ont trouvé la voie ;
J'en dois rougir de honte au milieu de ma joie,
Et je ne saurais voir sans être un peu jaloux
Qu'il m'ôte les moyens de m'employer pour vous.*
Je cède avec regret à cet ami fidèle ;
S'il a plus de pouvoir, il n'a pas plus de zèle,
Et vous m'obligerez au sortir de prison,
De me faire l'honneur de prendre ma maison.
Je n'attends point le temps de votre délivrance,
De peur qu'encore un coup Philiste me devance ;
Comme il m'ôte aujourd'hui l'espoir de vous servir,
Vous loger est un bien que je lui veux ravir.

DORANTE

C'est un excès d'honneur, que vous me voulez rendre,
Et je croirais faillir de m'en vouloir défendre.

CLÉANDRE

Je vous en reprierai quand vous pourrez sortir ;
Et lors nous tâcherons à vous bien divertir,
Et vous faire oublier l'ennui que je vous cause.
Auriez-vous cependant besoin de quelque chose ?
Vous êtes voyageur, et pris par des sergents ;
Et quoique ces messieurs soient fort honnêtes gens,
Il en est quelques-uns...

CLITON

Les siens en sont du nombre ;
Ils ont en le prenant pillé jusqu'à son ombre,
Et n'était que le ciel a su le soulager,
Vous le verriez encor fort net et fort léger ;
Mais comme je pleurais ses tristes aventures,
Nous avons reçu lettre, argent et confitures.

CLÉANDRE

Et de qui ?

DORANTE

Pour le dire, il faudrait deviner.
Jugez ce qu'en ma place on peut s'imaginer.
Une dame m'écrit, me flatte, me régale,
Me promet une amour qui n'eut jamais d'égale,
Me fait force présents...

CLÉANDRE

Et vous visite ?

DORANTE

Non.

CLÉANDRE

Vous savez son logis ?

DORANTE

Non, pas même son nom.
Ne soupçonnez-vous point ce que ce pourrait être ? *

CLÉANDRE

A moins que de la voir je ne la puis connaître.

DORANTE

Pour un si bon ami je n'ai point de secret.
Voyez, connaissez-vous les traits de ce portrait ?

CLÉANDRE

Elle semble éveillée, et passablement belle,
Mais je ne vous en puis dire aucune nouvelle,
Et je ne connais rien à ces traits que je voi.
Je vais vous préparer une chambre chez moi.
Adieu.

SCÈNE II

DORANTE, CLITON

DORANTE

Ce brusque adieu marque un trouble dans l'âme [26].
Sans doute il la connaît.

CLITON

C'est peut-être sa femme.

DORANTE

Sa femme ?

CLITON

Oui, c'est sans doute elle qui vous écrit,
Et vous venez de faire un coup de grand esprit.
Voilà de vos secrets et de vos confidences [27],

DORANTE

Nomme-les par leur nom, dis de mes imprudences.
Mais serait-ce en effet celle que tu me dis ?

CLITON

Envoyez vos portraits à de tels étourdis,
Ils gardent un secret avec extrême adresse.
C'est sa femme, vous dis-je, ou du moins sa maîtresse.
Ne l'avez-vous pas vu tout changé de couleur ?

DORANTE

Je l'ai vu, comme atteint d'une vive douleur,
Faire de vains efforts pour cacher sa surprise.
Son désordre, Cliton, montre ce qu'il déguise.
Il a pris un prétexte à sortir promptement,
Sans se donner loisir d'un mot de compliment.

CLITON

Qu'il fera dangereux rencontrer sa colère !
Il va tout renverser si l'on le laisse faire,
Et je vous tiens pour mort si sa fureur se croît,
Mais surtout ses valets peuvent bien marcher droit.
Malheureux le premier qui fâchera son maître !
Pour autres cent louis je ne voudrais pas l'être.

DORANTE

La chose est sans remède, en soit ce qui pourra ;
S'il fait tant le mauvais, peut-être on le verra.
Ce n'est pas qu'après tout, Cliton, si c'est sa femme,
Je ne sache étouffer cette naissante flamme ;
Ce serait lui prêter un fort mauvais secours
Que lui ravir l'honneur en conservant ses jours ; *
D'une belle action j'en ferais une noire.
J'en ai fait mon ami, je prends part à sa gloire ; *
Et je ne voudrais pas qu'on pût me reprocher
De servir un brave homme au prix d'un bien si cher.

CLITON

Et s'il est son amant ?

DORANTE

Puisqu'elle me préfère,
Ce que j'ai fait pour lui vaut bien qu'il me défère ;
Sinon, il a du cœur, il en sait bien les lois,
Et je suis résolu de défendre son choix.
Tandis, pour un moment trêve de raillerie,
Je veux entretenir un peu ma rêverie.

Il prend le portrait de Mélisse.

Merveille qui m'as enchanté,
Portrait à qui je rends les armes,
As-tu bien autant de bonté
Comme tu me fais voir de charmes ?
Hélas ! Au lieu de l'espérer,
Je ne fais que me figurer
Que tu te plains à cette belle,
Que tu lui dis mon procédé,
Et que je te fus infidèle
Sitôt que je t'eus possédé.

Garde mieux le secret que moi,
Daigne en ma faveur te contraindre.
Si j'ai pu te manquer de foi,*
C'est m'imiter que de t'en plaindre.
Ta colère en me punissant
Te fait criminel d'innocent ;
Sur toi retombent les vengeances...*

CLITON, *lui ôtant le portrait.*

Vous ne dites, monsieur, que des extravagances,
Et parlez justement le langage des fous.
Donnez, j'entretiendrai ce portrait mieux que vous ;
Je veux vous en montrer de meilleures méthodes,
Et lui faire des vœux plus courts et plus commodes.

Adorable et riche beauté
Qui joins les effets aux paroles,
Merveille qui m'as enchanté
Par tes douceurs et tes pistoles,
Sache un peu mieux les partager,
Et, si tu nous veux obliger
A dépeindre aux races futures
L'éclat de tes faits inouïs,
Garde pour toi les confitures,
Et nous accable de louis.

Voilà parler en homme.

DORANTE

Arrête tes saillies,
Ou va du moins ailleurs débiter tes folies.
Je ne suis pas toujours d'humeur à t'écouter.

CLITON

Et je ne suis jamais d'humeur à vous flatter ;
Je ne vous puis souffrir de dire une sottise.

Par un double intérêt je prends cette franchise :
L'un, vous êtes mon maître, et j'en rougis pour vous ;
L'autre, c'est mon talent, et j'en deviens jaloux.

DORANTE

Si c'est là ton talent, ma faute est sans exemple.

CLITON

Ne me l'enviez point, le vôtre est assez ample ;
Et puisque enfin le ciel m'a voulu départir
Le don d'extravaguer, comme à vous de mentir,
Comme je ne mens point devant Votre Excellence,
Ne dites à mes yeux aucune extravagance ;
N'entreprenez sur moi, non plus que moi sur vous.

DORANTE

Tais-toi ; le ciel m'envoie un entretien plus doux :
L'ambassade revient.

CLITON

Que nous apporte-t-elle ?

DORANTE

Maraud, veux-tu toujours quelque douceur nouvelle ?

CLITON

Non pas, mais le passé m'a rendu curieux ;
Je lui regarde aux mains un peu plutôt qu'aux yeux.

SCÈNE III

DORANTE, MÉLISSE
déguisée en servante, cachant son visage sous une coiffe,
CLITON, LYSE

CLITON, *à Lyse.*

Montre ton passeport. Quoi ! Tu viens les mains vides !
Ainsi détruit le temps les biens les plus solides ;
Et moins d'un jour réduit tout votre heur et le mien
Des louis aux douceurs, et des douceurs à rien.

LYSE

Si j'apportai tantôt, à présent je demande.

DORANTE

Que veux-tu ?

LYSE

Ce portrait, que je veux qu'on me rende.*

DORANTE

As-tu pris du secours pour faire plus de bruit ?

LYSE

J'amène ici ma sœur, parce qu'il s'en va nuit, *

Mais vous pensez en vain chercher une défaite ;
Demandez-lui, monsieur, quelle vie on m'a faite.

DORANTE

Quoi ! Ta maîtresse sait que tu me l'as laissé ?

LYSE

Elle s'en est doutée, et je l'ai confessé.

DORANTE

Elle s'en est donc mise en colère ?

LYSE

Et si forte,
Que je n'ose rentrer si je ne le rapporte ;
Si vous vous obstinez à me le retenir,
Je ne sais dès ce soir, monsieur, que devenir ;
Ma fortune est perdue, et dix ans de service.

DORANTE

Écoute, il n'est pour toi chose que je ne fisse ;
Si je te nuis ici, c'est avec grand regret,
Mais on aura mon cœur avant que ce portrait.
Va dire de ma part à celle qui t'envoie
Qu'il fait tout mon bonheur, qu'il fait toute ma joie,
Que rien n'approcherait de mon ravissement,
Si je le possédais de son consentement ;
Qu'il est l'unique bien où mon espoir se fonde,
Qu'il est le seul trésor qui me soit cher au monde,
Et, quant à ta fortune, il est en mon pouvoir
De la faire monter par delà ton espoir.

LYSE

Je ne veux point de vous, ni de vos récompenses.

DORANTE

Tu me dédaignes trop.

LYSE

Je le dois.

CLITON

Tu l'offenses.
Mais voulez-vous, monsieur, me croire et vous venger ?
Rendez-lui son portrait pour la faire enrager.

LYSE

O le grand habile homme ! Il y connaît finesse.
C'est donc ainsi, monsieur, que vous tenez promesse ?
Mais puisque auprès de vous j'ai si peu de crédit,
Demandez à ma sœur ce qu'elle m'en a dit,
Et si c'est sans raison que j'ai tant l'épouvante.

DORANTE

Tu verras que ta sœur sera plus obligeante ;
Mais si ce grand courroux lui donne autant d'effroi,
Je ferai tout autant pour elle que pour toi.

LYSE

N'importe, parlez-lui ; du moins vous saurez d'elle
Avec quelle chaleur j'ai pris votre querelle.

DORANTE, *à Mélisse.*

Son ordre est-il si rude ?

MÉLISSE

Il est assez exprès ;
Mais, sans mentir, ma sœur vous presse un peu de près :
Quoi qu'elle ait commandé, la chose a deux visages.

CLITON

Comme toutes les deux jouent leurs personnages !

MÉLISSE

Souvent tout cet effort à ravoir un portrait
N'est que pour voir l'amour par l'état qu'on en fait.
C'est peut-être après tout le dessein de madame.*
Ma sœur, non plus que moi, ne lit pas dans son âme ;
En ces occasions il fait bon hasarder,*
Et de force ou de gré je saurais le garder.
Si vous l'aimez, monsieur, croyez qu'en son courage
Elle vous aime assez pour vous laisser ce gage ;
Ce serait vous traiter avec trop de rigueur,
Puisque avant ce portrait on aura votre cœur;
Et je la trouverais d'une humeur bien étrange
Si je ne lui faisais accepter cette échange.
Je l'entreprends pour vous, et vous répondrai bien
Qu'elle aimera ce gage autant comme le sien.

DORANTE

O ciel ! Et de quel nom faut-il que je te nomme ?

CLITON

Ainsi font deux soldats qui sont chez le bonhomme : *
Quand l'un veut tout tuer, l'autre rabat les coups ;
L'un jure comme un diable, et l'autre file doux.
Les belles, n'en déplaise à tout votre grimoire !
Vous vous entr'entendez comme larrons en foire.

MÉLISSE

Que dit cet insolent ?

DORANTE

C'est un fou qui me sert.

CLITON

Vous dites que...

DORANTE, *à Cliton.*

Tais-toi, ta sottise me perd.

à Mélisse.

Je suivrai ton conseil, il m'a rendu la vie.

LYSE

Avec sa complaisance à flatter votre envie,

Dans le cœur de madame, elle croit pénétrer,
Mais son front en rougit, et n'ose se montrer.

MÉLISSE, *se découvrant.*

Mon front n'en rougit point ; et je veux bien qu'il voie
D'où lui vient ce conseil qui lui rend tant de joie.

DORANTE

Mes yeux, que vois-je ? Où suis-je ? Etes-vous des flatteurs,
Si le portrait dit vrai, les habits sont menteurs.
Madame, c'est ainsi que vous savez surprendre ?

MÉLISSE

C'est ainsi que je tâche à ne me point méprendre,
A voir si vous m'aimez, et savez mériter
Cette parfaite amour que je vous veux porter.
Ce portrait est à vous, vous l'avez su défendre,
Et de plus sur mon cœur vous pouvez tout prétendre ; *
Mais, par quelque motif que vous l'eussiez rendu,
L'un et l'autre à jamais était pour vous perdu.
Je retirais le cœur en retirant ce gage,*
Et vous n'eussiez de moi jamais vu que l'image.
Voilà le vrai sujet de mon déguisement.
Pour ne rien hasarder j'ai pris ce vêtement,
Pour entrer sans soupçon, pour en sortir de même,
Et ne me point montrer qu'ayant vu si l'on m'aime.

DORANTE

Je demeure immobile, et, pour vous répliquer,
Je perds la liberté même de m'expliquer.
Surpris, charmé, confus d'une telle merveille,
Je ne sais si je dors, je ne sais si je veille,
Je ne sais si je vis, et je sais toutefois
Que ma vie est trop peu pour ce que je vous dois,
Que tous mes jours usés à vous rendre service,*
Que tout mon sang pour vous offert en sacrifice,
Que tout mon cœur brûlé d'amour pour vos appas,
Envers votre beauté ne m'acquitteraient pas.

MÉLISSE

Sachez, pour arrêter ce discours qui me flatte,
Que je n'ai pu moins faire, à moins que d'être ingrate.
Vous avez fait pour moi plus que vous ne savez,
Et je vous dois bien plus que vous ne me devez
Vous m'entendrez un jour ; à présent je vous quitte,
Et, malgré mon amour, je romps cette visite.
Le soin de mon honneur veut que j'en use ainsi
Je crains à tous moments qu'on me surprenne ici ;
Encor que déguisée, on pourrait me connaître.
Je vous puis cette nuit parler par ma fenêtre,
Du moins si le concierge est homme à consentir,
A force de présents, que vous puissiez sortir.
Un peu d'argent fait tout chez les gens de sa sorte.

DORANTE

Mais, après que les dons m'auront ouvert la porte,*
Où dois-je vous chercher ?

MÉLISSE

Ayant su la maison,
Vous pourriez aisément vous informer du nom ;
Encore un jour ou deux il me faut vous le taire ;
Mais vous n'êtes pas homme à me vouloir déplaire.
Je loge en Bellecour [28], environ au milieu,
Dans un grand pavillon. N'y manquez pas. Adieu.

DORANTE

Donnez quelque signal pour plus certaine adresse.

LYSE

Un linge servira de marque plus expresse ;
J'en prendrai soin.

MÉLISSE

On ouvre, et quelqu'un vous vient voir.
Si vous m'aimez, monsieur...

Elles abaissent toutes deux leurs coiffes.

DORANTE

Je sais bien mon devoir ;
Sur ma discrétion prenez toute assurance [29].

SCÈNE IV

PHILISTE, DORANTE, CLITON*

PHILISTE

Ami, notre bonheur passe notre espérance.
Vous avez compagnie ! Ah ! Voyons, s'il vous plaît.

DORANTE

Laissez-les s'échapper, je vous dirai qui c'est.
Ce n'est qu'une lingère : allant en Italie,*
Je la vis en passant, et la trouvai jolie ;
Nous fîmes connaissance ; et me sachant ici,
Comme vous le voyez, elle en a pris souci.

PHILISTE

Vous trouvez en tous lieux d'assez bonnes fortunes.

DORANTE

Celle-ci pour le moins n'est pas des plus communes.

PHILISTE

Elle vous semble belle, à ce compte ?

DORANTE

A ravir.

PHILISTE

Je n'en suis point jaloux.

DORANTE

M'y voulez-vous servir ?

PHILISTE

Je suis trop maladroit pour un si noble rôle.

DORANTE

Vous n'avez seulement qu'à dire une parole.

PHILISTE

Qu'une ?

DORANTE

Non. Cette nuit j'ai promis de la voir,
Sûr que vous obtiendrez mon congé pour ce soir.
Le concierge est à vous.

PHILISTE

C'est une affaire faite.

DORANTE

Quoi ! vous me refusez un mot que je souhaite.

PHILISTE

L'ordre, tout au contraire, en est déjà donné,
Et votre esprit trop prompt n'a pas bien deviné.
Comme je vous quittais avec peine à vous croire,
Quatre de mes amis m'ont conté votre histoire.
Ils marchaient après vous deux ou trois mille pas ;
Ils vous ont vu courir, tomber le mort à bas,
L'autre vous démonter, et fuir en diligence.
Ils ont vu tout cela de sur une éminence,
Et n'ont connu personne, étant trop éloignés.
Voilà, quoi qu'il en soit, tous nos procès gagnés,
Et plus tôt de beaucoup que je n'osais prétendre.
Je n'ai point perdu temps, et les ai fait entendre.*
Si bien que, sans chercher d'autre éclaircissement,
Vos juges m'ont promis votre élargissement.
Mais quoiqu'il soit constant qu'on vous prend pour un autre,
Il faudra caution, et je serai la vôtre ;
Ce sont formalités que pour vous dégager *
Les juges, disent-ils, sont tenus d'exiger ;
Mais sans doute ils en font ainsi que bon leur semble.
Tandis, ce soir chez moi nous souperons ensemble ;
Dans un moment ou deux vous y pourrez venir ;
Nous aurons tout loisir de nous entretenir,
Et vous prendrez le temps de voir votre lingère.
Ils m'ont dit toutefois qu'il serait nécessaire
De coucher pour la forme un moment en prison,
Et m'en ont sur-le-champ rendu quelque raison ;
Mais c'est si peu mon jeu que de telles matières,
Que j'en perds aussitôt les plus belles lumières.
Vous sortirez demain, il n'est rien de plus vrai ;
C'est tout ce que j'en aime, et tout ce que j'en sai [30].

DORANTE

Que ne vous dois-je point pour de si bons offices !

PHILISTE

Ami, ce ne sont là que de petits services ;

Je voudrais pouvoir mieux, tout me serait fort doux.
Je vais chercher du monde à souper avec vous.
Adieu ; je vous attends au plus tard dans une heure.

SCÈNE V

DORANTE, CLITON

DORANTE

Tu ne dis mot, Cliton.

CLITON

Elle est belle, ou je meure !

DORANTE

Elle te semble belle ?

CLITON

Et si parfaitement,
Que j'en suis même encor dans le ravissement.
Encor dans mon esprit je la vois et l'admire,
Et je n'ai su depuis trouver le mot à dire.

DORANTE

Je suis ravi de voir que mon élection*
Ait enfin mérité ton approbation.

CLITON

Ah ! Plût à Dieu, monsieur, que ce fût la servante,
Vous verriez comme quoi je la trouve charmante !
Et comme pour l'aimer je ferais le mutin.

DORANTE

Admire en cet amour la force du destin.

CLITON

J'admire bien plutôt votre adresse ordinaire,
Qui change en un moment cette dame en lingère.

DORANTE

C'était nécessité dans cette occasion,
De crainte que Philiste eût quelque vision,
S'en formât quelque idée et la pût reconnaître.

CLITON

Cette métamorphose est de vos coups de maître ;
Je n'en parlerai plus, monsieur, que cette fois ;
Mais en un demi-jour comptez déjà pour trois.
Un coupable honnête homme, un portrait, une dame,
A son premier métier rendent soudain votre âme,
Et vous savez mentir par générosité,
Par adresse d'amour et par nécessité.
Quelle conversion !

DORANTE

Tu fais bien le sévère.

CLITON

Non, non, à l'avenir je fais vœu de m'en taire ;
J'aurais trop à compter.

DORANTE

Conserver un secret,
Ce n'est pas tant mentir qu'être amoureux discret ;
L'honneur d'une maîtresse aisément y dispose.

CLITON

Ce n'est qu'autre prétexte, et non pas autre chose.
Croyez-moi, vous mourrez, monsieur, dans votre peau,
Et vous mériterez cet illustre tombeau,
Cette digne oraison que naguère j'ai faite : *
Vous vous en souvenez sans que je la répète.

DORANTE

Pour de pareils sujets peut-on s'en garantir ? *
Et toi-même à ton tour ne crois-tu point mentir ? *
L'occasion convie, aide, engage, dispense,
Et pour servir un autre on ment sans qu'on y pense.

CLITON

Si vous m'y surprenez, étrillez-y-moi bien.

DORANTE

Allons trouver Philiste, et ne jurons de rien.

ACTE IV

SCÈNE PREMIÈRE

MÉLISSE, LYSE

MÉLISSE

J'en tremble encor de peur, et n'en suis pas remise.

LYSE

Aussi bien comme vous je pensais être prise.

MÉLISSE

Non, Philiste n'est fait que pour m'incommoder.
Voyez ce qu'en ces lieux il venait demander,
S'il est heure si tard de faire une visite.

LYSE

Un ami véritable à toute heure s'acquitte,
Mais un amant fâcheux, soit de jour, soit de nuit,
Toujours à contretemps à nos yeux se produit, *
Et depuis qu'une fois il commence à déplaire,
Il ne manque jamais d'occasion contraire,
Tant son mauvais destin semble prendre des soins
A mêler sa présence où l'on la veut le moins !

MÉLISSE

Quel désordre eût-ce été, Lyse, s'il m'eût connue !

LYSE

Il vous aurait donné fort avant dans la vue.*

MÉLISSE

Quel bruit et quel éclat n'eût point fait son courroux !

LYSE

Il eût été peut-être aussi honteux que vous.
Un homme un peu content et qui s'en fait accroire,
Se voyant méprisé, rabat bien de sa gloire,
Et, surpris qu'il en est en telle occasion,
Toute sa vanité tourne en confusion.
Quand il a de l'esprit, il sait rendre le change ;
Loin de s'en émouvoir, en raillant il se venge,
Affecte des mépris, comme pour reprocher
Que la perte qu'il fait ne vaut pas s'en fâcher ;
Tant qu'il peut, il témoigne une âme indifférente.
Quoi qu'il en soit enfin, vous avez vu Dorante,
Et fort adroitement je vous ai mise en jeu.

MÉLISSE

Et fort adroitement tu m'as fait voir son feu.

LYSE

Eh bien ! Mais que vous semble encor du personnage ?
Vous en ai-je trop dit ?

MÉLISSE

J'en ai vu davantage.

LYSE

Avez-vous du regret d'avoir trop hasardé ?

MÉLISSE

Je n'ai qu'un déplaisir, d'avoir si peu tardé.

LYSE

Vous l'aimez ?

MÉLISSE

Je l'adore.

LYSE

Et croyez qu'il vous aime ?

MÉLISSE

Qu'il m'aime, et d'une amour, comme la mienne extrême.

LYSE

Une première vue, un moment d'entretien,
Vous fait ainsi tout croire et ne douter de rien ! *

MÉLISSE

Quand les ordres du ciel nous ont faits l'un pour l'autre,

Lyse, c'est un accord bientôt fait que le nôtre : *
Sa main entre les cœurs, par un secret pouvoir,
Sème l'intelligence avant que de se voir ;
Il prépare si bien l'amant et la maîtresse,
Que leur âme au seul nom s'émeut et s'intéresse.
On s'estime, on se cherche, on s'aime en un moment ;
Tout ce qu'on s'entredit persuade aisément,
Et, sans s'inquiéter d'aucunes peurs frivoles,*
La foi semble courir au-devant des paroles ;
La langue en peu de mots en explique beaucoup ;
Les yeux, plus éloquents, font tout voir tout d'un coup,
Et de quoi qu'à l'envi tous les deux nous instruisent,
Le cœur en entend plus que tous les deux n'en disent [31].

LYSE

Si, comme dit Sylvandre, une âme en se formant,
Ou descendant du ciel, prend d'un autre l'aimant,
La sienne a pris le vôtre, et vous a rencontrée.

MÉLISSE

Quoi ! Tu lis les romans ?

LYSE

Je puis bien lire *Astrée* ;
Je suis de son village [32], et j'ai de bons garants
Qu'elle et son Céladon étaient de nos parents.*

MÉLISSE

Quelle preuve en as-tu ?

LYSE

Ce vieux saule, madame,
Où chacun d'eux cachait ses lettres et sa flamme,
Quand le jaloux Sémire en fit un faux témoin [33].
Du pré de mon grand-père il fait encor le coin
Et l'on m'a dit que c'est un infaillible signe
Que d'un si rare hymen je viens en droite ligne.
Vous ne m'en croyez pas ?

MÉLISSE

De vrai, c'est un grand point.

LYSE

Aurais-je tant d'esprit, si cela n'était point ?
D'où viendrait cette adresse à faire vos messages,
A jouer avec vous de si bons personnages,
Ce trésor de lumière et de vivacité,
Que d'un sang amoureux que j'ai d'eux hérité ?

MÉLISSE

Tu le disais tantôt, chacun a sa folie ;
Les uns l'ont importune, et la tienne est jolie.

SCÈNE II

CLÉANDRE, MÉLISSE, LYSE

CLÉANDRE

Je viens d'avoir querelle avec ce prisonnier,*
Ma sœur...

MÉLISSE

Avec Dorante, avec ce cavalier*
Dont vous tenez l'honneur, dont vous tenez la vie !
Qu'avez-vous fait ?

CLÉANDRE

Un coup dont tu seras ravie.

MÉLISSE

Qu'à cette lâcheté je puisse consentir [34] !

CLÉANDRE

Bien plus, tu m'aideras à le faire mentir.

MÉLISSE

Ne le présumez pas, quelque espoir qui vous flatte ;
Si vous êtes ingrat, je ne puis être ingrate.

CLÉANDRE

Tu sembles t'en fâcher !

MÉLISSE

Je m'en fâche pour vous.*
D'un mot il peut vous perdre, et je crains son courroux.

CLÉANDRE

Il est trop généreux, et d'ailleurs la querelle,
Dans les termes qu'elle est, n'est pas si criminelle.
Écoute. Nous parlions des dames de Lyon ;
Elles sont assez mal en son opinion ;
Il confesse de vrai qu'il a peu vu la ville,
Mais il se l'imagine en beautés fort stérile,
Et ne peut se résoudre à croire qu'en ces lieux
La plus belle ait de quoi captiver de bons yeux.*
Pour l'honneur du pays j'en nomme trois ou quatre,
Mais, à moins que de voir, il n'en veut rien rabattre,
Et comme il ne le peut étant dans la prison,
J'ai cru par un portrait le mettre à la raison ;
Et, sans chercher plus loin ces beautés qu'on admire,
Je ne veux que le tien pour le faire dédire.
Me le dénieras-tu, ma sœur, pour un moment ?

MÉLISSE

Vous me jouez, mon frère, assez accortement ;
La querelle est adroite et bien imaginée.

CLÉANDRE

Non, je m'en suis vanté, ma parole est donnée.

MÉLISSE

S'il faut ruser ici, j'en sais autant que vous,
Et vous serez bien fin si je ne romps vos coups.
Vous pensez me surprendre, et je n'en fais que rire ;
Dites donc tout d'un coup ce que vous voulez dire.

CLÉANDRE

Eh bien ! Je viens de voir ton portrait en ses mains.

MÉLISSE

Et c'est ce qui vous fâche ?

CLÉANDRE

Et c'est dont je me plains.

MÉLISSE

J'ai cru vous obliger et l'ai fait pour vous plaire ;
Votre ordre était exprès.

CLÉANDRE

Quoi ! Je te l'ai fait faire ?

MÉLISSE

Ne m'avez-vous pas dit : « Sous ces déguisements
Ajoute à ton argent perles et diamants ? »
Ce sont vos propres mots, et vous en êtes cause.

CLÉANDRE

Eh quoi ! De ce portrait disent-ils quelque chose ?

MÉLISSE

Puisqu'il est enrichi de quatre diamants,
N'est-ce pas obéir à vos commandements [35] ?

CLÉANDRE

C'est fort bien expliquer le sens de mes prières.
Mais, ma sœur, ces faveurs sont un peu singulières ;
Qui donne le portrait promet l'original.

MÉLISSE

C'est encore votre ordre, ou je m'y connais mal.*
Ne m'avez-vous pas dit : « Prends souci de me plaire,
Et vois ce que tu dois à qui te sauve un frère ? »
Puisque vous lui devez et la vie et l'honneur,
Pour vous en revancher dois-je moins que mon cœur,
Et doutez-vous encore à quel point je vous aime,
Quand pour vous acquitter je me donne moi-même ?

CLÉANDRE

Certes, pour m'obéir avec plus de chaleur,
Vous donnez à mon ordre une étrange couleur,
Et prenez un grand soin de bien payer mes dettes,
Non que mes volontés en soient mal satisfaites.
Loin d'éteindre ce feu, je voudrais l'allumer,
Qu'il eût de quoi vous plaire et voulût vous aimer.
Je tiendrais à bonheur de l'avoir pour beau-frère ;

J'en cherche les moyens, j'y fais ce qu'on peut faire,
Et c'est à ce dessein qu'au sortir de prison
Je viens de l'obliger à prendre la maison,*
Afin que l'entretien produise quelques flammes
Qui forment doucement l'union de vos âmes.
Mais vous savez trouver des chemins plus aisés :
Sans savoir s'il vous plaît, ni si vous lui plaisez,
Vous pensez l'engager en lui donnant ces gages,*
Et lui donnez sur vous de trop grands avantages.
Que sera-ce, ma sœur, si, quand vous le verrez,
Vous n'y rencontrez pas ce que vous espérez,
Si quelque aversion vous prend pour son visage,
Si le vôtre le choque, ou qu'une autre l'engage,
Et que de ce portrait, donné légèrement,
Il érige un trophée à quelque objet charmant ?

MÉLISSE

Sans jamais l'avoir vu, je connais son courage ; *
Qu'importe après cela quel en soit le visage ?
Tout le reste m'en plaît ; si le cœur en est haut
Et si l'âme est parfaite, il n'a point de défaut.
Ajoutez que vous-même, après votre aventure,
Ne m'en avez pas fait une laide peinture ;
Et, comme vous devez vous y connaître mieux,
Je m'en rapporte à vous et choisis par vos yeux.
N'en doutez nullement, je l'aimerai, mon frère,
Et si ces faibles traits n'ont point de quoi lui plaire,*
S'il aime en autre lieu, n'en appréhendez rien ;*
Puisqu'il est généreux, il en usera bien.

CLÉANDRE

Quoi qu'il en soit, ma sœur, soyez plus retenue,
Alors qu'à tous moments vous serez à sa vue.
Votre amour me ravit, je veux le couronner : *
Mais souffrez qu'il se donne avant que vous donner.
Il sortira demain, n'en soyez point en peine.
Adieu, je vais une heure entretenir Climène [36].

SCÈNE III

MÉLISSE, LYSE

LYSE

Vous en voilà défaite et quitte à bon marché [37].
Encore est-il traitable alors qu'il est fâché.
Sa colère a pour vous une douce méthode,
Et sur la remontrance il n'est pas incommode.

MÉLISSE

Aussi qu'ai-je commis pour en donner sujet ?
Me ranger à son choix sans savoir son projet,
Deviner sa pensée, obéir par avance,
Sont-ce, Lyse, envers lui des crimes d'importance ?

LYSE

Obéir par avance est un jeu délicat,

Dont tout autre que lui ferait un mauvais plat.
Mais ce nouvel amant dont vous faites votre âme
Avec un grand secret ménage votre flamme.
Devait-il exposer ce portrait à ses yeux ?
Je le tiens indiscret.

MÉLISSE

Il n'est que curieux,
Et ne montrerait pas si grande impatience,
S'il me considérait avec indifférence,
Outre qu'un tel secret peut souffrir un ami.

LYSE

Mais un homme qu'à peine il connaît à demi !

MÉLISSE

Mon frère lui doit tant, qu'il a lieu d'en attendre
Tout ce que d'un ami tout autre peut prétendre.

LYSE

L'amour excuse tout dans un cœur enflammé,
Et tout crime est léger dont l'auteur est aimé.
Je serais plus sévère, et tiens qu'à juste titre
Vous lui pouvez tantôt en faire un bon chapitre.

MÉLISSE

Ne querellons personne, et puisque tout va bien,
De crainte d'avoir pis, ne nous plaignons de rien.

LYSE

Que vous avez de peur que le marché n'échappe !

MÉLISSE

Avec tant de façons que veux-tu que j'attrape ? *
Je possède son cœur, je ne veux rien de plus,
Et je perdrais le temps en débats surperflus.
Quelquefois en amour trop de finesse abuse.
S'excusera-t-il mieux que mon feu ne l'excuse ? *
Allons, allons l'attendre ; et, sans en murmurer,
Ne pensons qu'aux moyens de nous en assurer.

LYSE

Vous ferez-vous connaître ?

MÉLISSE

Oui, s'il sait de mon frère
Ce que jusqu'à présent j'avais voulu lui taire ;
Sinon, quand il viendra prendre son logement,
Il se verra surpris plus agréablement.

SCÈNE IV

DORANTE, PHILISTE, CLITON

DORANTE

Me reconduire encor ! Cette cérémonie
D'entre les vrais amis devait être bannie.

PHILISTE

Jusques en Bellecour je vous ai reconduit,
Pour voir une maîtresse en faveur de la nuit [38].
Le temps est assez doux, et je la vois paraître
En de semblables nuits souvent à la fenêtre ;
J'attendrai le hasard un moment en ce lieu,
Et vous laisse aller voir votre lingère. Adieu.

DORANTE

Que je vous laisse ici, de nuit, sans compagnie !

PHILISTE

C'est faire à votre tour trop de cérémonie.
Peut-être qu'à Paris j'aurais besoin de vous,
Mais je ne crains ici ni rivaux, ni filoux.

DORANTE

Ami, pour des rivaux, chaque jour en fait naître ;
Vous en pouvez avoir, et ne les pas connaître.
Ce n'est pas que je veuille entrer dans vos secrets,
Mais nous nous tiendrons loin en confidents discrets.
J'ai du loisir assez.

PHILISTE

Si l'heure ne vous presse,
Vous saurez mon secret touchant cette maîtresse ;
Elle demeure, ami, dans ce grand pavillon.

CLITON, *bas.*

Tout se prépare mal, à cet échantillon.

DORANTE

Est-ce où je pense voir un linge qui voltige ?

PHILISTE

Justement.

DORANTE

Elle est belle ?

PHILISTE

Assez.

DORANTE

Et vous oblige ?

PHILISTE

Je ne saurais encor, s'il faut tout avouer,
Ni m'en plaindre beaucoup, ni beaucoup m'en louer ;
Son accueil n'est pour moi ni trop doux ni trop rude ;
Il est et sans faveur, et sans ingratitude,
Et je la vois toujours dedans un certain point
Qui ne me chasse pas et ne m'engage point.
Mais je me trompe fort, ou sa fenêtre s'ouvre.

DORANTE

Je me trompe moi-même, ou quelqu'un s'y découvre.

PHILISTE

J'avance ; approchez-vous, mais sans suivre mes pas,
Et prenez un détour qui ne vous montre pas :
Vous jugerez quel fruit je puis espérer d'elle.
Pour Cliton, il peut faire ici la sentinelle.

DORANTE, *parlant à Cliton, après que Philiste s'est éloigné.*

Que me vient-il de dire ? Et qu'est-ce que je voi ?
Cliton, sans doute il aime en même lieu que moi.
O ciel ! Que mon bonheur est de peu de durée !

CLITON

S'il prend l'occasion qui vous est préparée,
Vous pouvez disputer avec votre valet
A qui mieux de vous deux gardera le mulet [39].

DORANTE

Que de confusion et de trouble en mon âme !

CLITON

Allez prêter l'oreille aux discours de la dame ;
Au bruit que je ferai prenez bien votre temps,
Et nous lui donnerons de jolis passe-temps.

Dorante va auprès de Philiste.

SCÈNE V

MÉLISSE, LYSE, *à la fenêtre* ; PHILISTE, DORANTE, CLITON

MÉLISSE

Est-ce vous ?

PHILISTE

Oui, madame.

MÉLISSE

Ah ! Que j'en suis ravie !*
Que mon sort cette nuit devient digne d'envie !
Certes, je n'osais plus espérer ce bonheur.

PHILISTE

Manquerais-je à venir où j'ai laissé mon cœur ?

MÉLISSE

Qu'ainsi je sois aimée ! Et que de vous j'obtienne
Une amour si parfaite, et pareille à la mienne !

PHILISTE

Ah ! S'il en est besoin, j'en jure, et par vos yeux.

MÉLISSE

Vous revoir en ce lieu m'en persuade mieux,*
Et, sans autre serment, cette seule visite
M'assure d'un bonheur qui passe mon mérite.

CLITON

A l'aide !

MÉLISSE

J'ois du bruit.

CLITON

A la force ! Au secours !

PHILISTE

C'est quelqu'un qu'on maltraite ; excusez si j'y cours.
Madame, je reviens.

CLITON, *s'éloignant toujours derrière le théâtre.*

On m'égorge, on me tue,
Au meurtre !

PHILISTE

Il est déjà dans la prochaine rue.

DORANTE

C'est Cliton ; retournez, il suffira de moi.

PHILISTE

Je ne vous quitte point ; allons.

Ils sortent tous deux.

MÉLISSE

Je meurs d'effroi.

CLITON, *derrière le théâtre.*

Je suis mort !

MÉLISSE

Un rival lui fait cette surprise.

LYSE

C'est plutôt quelque ivrogne ou quelque autre sottise,
Qui ne méritait pas rompre votre entretien.

MÉLISSE

Tu flattes mes désirs.

SCÈNE VI

DORANTE, MÉLISSE, LYSE

DORANTE

Madame, ce n'est rien :

Des marauds, dont le vin embrouillait la cervelle,
Vidaient à coups de poing une vieille querelle ;
Ils étaient trois contre un, et le pauvre battu
A crier de la sorte exerçait sa vertu.

bas.

Si Cliton m'entendait, il compterait pour quatre.

MÉLISSE

Vous n'avez donc point eu d'ennemis à combattre ?

DORANTE

Un coup de plat d'épée a tout fait écouler.

MÉLISSE

Je mourais de frayeur, vous y voyant aller.

DORANTE

Que Philiste est heureux ! Qu'il doit aimer la vie !

MÉLISSE

Vous n'avez pas sujet de lui porter envie.

DORANTE

Vous lui parliez naguère en termes assez doux.

MÉLISSE

Je pense d'aujourd'hui n'avoir parlé qu'à vous.

DORANTE

Vous ne lui parliez pas avant tout ce vacarme ?
Vous ne lui disiez pas que son amour vous charme,
Qu'aucuns feux à vos feux ne peuvent s'égaler ?

MÉLISSE

J'ai tenu ce discours, mais j'ai cru vous parler.
N'êtes-vous pas Dorante ?

DORANTE

Oui, je le suis, madame,
Le malheureux témoin de votre peu de flamme.
Ce qu'un moment fit naître, un autre l'a détruit,
Et l'ouvrage d'un jour se perd en une nuit.

MÉLISSE

L'erreur n'est pas un crime, et votre aimable idée,*
Régnant sur mon esprit, m'a si bien possédée,
Que dans ce cher objet le sien s'est confondu,*
Et lorsqu'il m'a parlé je vous ai répondu ;
En sa place tout autre eût passé pour vous-même ;
Vous verrez par la suite à quel point je vous aime.
Pardonnez cependant à mes esprits déçus ;
Daignez prendre pour vous les vœux qu'il a reçus,
Ou si, manque d'amour, votre soupçon persiste...

DORANTE

N'en parlons plus, de grâce, et parlons de Philiste ;
Il vous sert, et la nuit me l'a trop découvert.

MÉLISSE

Dites qu'il m'importune, et non pas qu'il me sert ;
N'en craignez rien. Adieu, j'ai peur qu'il ne revienne.

DORANTE

Où voulez-vous demain que je vous entretienne ?
Je dois être élargi.

MÉLISSE

Je vous ferai savoir
Dès demain chez Cléandre où vous me pourrez voir.

DORANTE

Et qui vous peut sitôt apprendre ces nouvelles ?

MÉLISSE

Et ne savez-vous pas que l'amour a des ailes ?

DORANTE

Vous avez habitude avec ce cavalier ?

MÉLISSE

Non, je sais tout cela d'un esprit familier.
Soyez moins curieux, plus secret, plus modeste,
Sans ombrage, et demain nous parlerons du reste.

DORANTE, *seul.*

Comme elle est ma maîtresse, elle m'a fait leçon,
Et d'un soupçon je tombe en un autre soupçon.
Lorsque je crains Cléandre, un ami me traverse,
Mais nous avons bien fait de rompre le commerce.
Je crois l'entendre.

SCÈNE VII

DORANTE, PHILISTE, CLITON

PHILISTE

Ami, vous m'avez tôt quitté !

DORANTE

Sachant fort peu la ville, et dans l'obscurité,
En moins de quatre pas j'ai tout perdu de vue,
Et, m'étant égaré dès la première rue,
Comme je sais un peu ce que c'est que l'amour,
J'ai cru qu'il vous fallait attendre en Bellecour,
Mais je n'ai plus trouvé personne à la fenêtre.
Dites-moi, cependant, qui massacrait ce traître ?
Qui le faisait crier ?

PHILISTE

A quelque mille pas,*
Je l'ai rencontré seul tombé sur des plâtras.

DORANTE

Maraud, ne criais-tu que pour nous mettre en peine ?

CLITON

Souffrez encore un peu que je reprenne haleine.
Comme à Lyon le peuple aime fort les laquais,
Et leur donne souvent de dangereux paquets,
Deux coquins, me trouvant tantôt en sentinelle,
Ont laissé choir sur moi leur haine naturelle,
Et sitôt qu'ils ont vu mon habit rouge et vert...*

DORANTE

Quand il est nuit sans lune, et qu'il fait temps couvert,
Connaît-on les couleurs ? Tu donnes une bourde.

CLITON

Ils portaient sous le bras une lanterne sourde.
C'était fait de ma vie, ils me traînaient à l'eau ;
Mais sentant du secours, ils ont craint pour leur peau,
Et jouant des talons tous deux en gens habiles,
Ils m'ont fait trébucher sur un monceau de tuiles,*
Chargé de tant de coups et de poing et de pied,
Que je crois tout au moins en être estropié.
Puissé-je voir bientôt la canaille noyée !

PHILISTE

Si j'eusse pu les joindre, ils me l'eussent payée,
L'heureuse occasion dont je n'ai pu jouir,*
Et que cette sottise a fait évanouir.
Vous en êtes témoin, cette belle adorable
Ne me pourrait jamais être plus favorable ;
Jamais je n'en reçus d'accueil si gracieux :
Mais j'ai bientôt perdu ces moments précieux.
Adieu. Je prendrai soin demain de votre affaire.
Il est saison pour vous de voir votre lingère.
Puissiez-vous recevoir dans ce doux entretien *
Un plaisir plus solide et plus long que le mien !

SCÈNE VIII

DORANTE, CLITON

DORANTE

Cliton, si tu le peux, regarde-moi sans rire.

CLITON

J'entends à demi-mot, et ne m'en puis dédire :
J'ai gagné votre mal.

DORANTE

Eh bien ! L'occasion ?

CLITON

Elle fait le menteur, ainsi que le larron.
Mais si j'en ai donné, c'est pour votre service.

DORANTE

Tu l'as bien fait courir avec cet artifice.

CLITON

Si je ne fusse chu, je l'eusse mené loin,
Mais surtout j'ai trouvé la lanterne au besoin,
Et, sans ce prompt secours, votre feinte importune
M'eût bien embarrassé de votre nuit sans lune.
Sachez une autre fois que ces difficultés
Ne se proposent point qu'entre gens concertés.

DORANTE

Pour le mieux éblouir, je faisais le sévère.

CLITON

C'était un jeu tout propre à gâter le mystère.
Dites-moi cependant, êtes-vous satisfait ?

DORANTE

Autant comme on peut l'être.

CLITON

En effet ?

DORANTE

En effet.

CLITON

Et Philiste ?

DORANTE

Il se tient comblé d'heur et de gloire,
Mais on l'a pris pour moi dans une nuit si noire ;
On s'excuse du moins avec cette couleur.

CLITON

Ces fenêtres toujours vous ont porté malheur.
Vous y prîtes jadis Clarice pour Lucrèce ;
Aujourd'hui même erreur trompe cette maîtresse ; *
Et vous n'avez point eu de pareils rendez-vous
Sans faire une jalouse ou devenir jaloux.

DORANTE

Je n'ai pas lieu de l'être, et n'en sors pas fort triste.

CLITON

Vous pourrez maintenant savoir tout de Philiste.*

DORANTE

Cliton, tout au contraire, il me faut l'éviter ;
Tout est perdu pour moi s'il me va tout conter.

De quel front oserais-je, après sa confidence,
Souffrir que mon amour se mît en évidence ?
Après les soins qu'il prend de rompre ma prison,
Aimer en même lieu semble une trahison.
Voyant cette chaleur qui pour moi l'intéresse,
Je rougis en secret de servir sa maîtresse,
Et crois devoir du moins ignorer son amour *
Jusqu'à ce que le mien ait pu paraître au jour.
Déclaré le premier, je l'oblige à se taire ;
Ou, si de cette flamme il ne se peut défaire,
Il ne peut refuser de s'en remettre au choix
De celle dont tous deux nous adorons les lois.

CLITON

Quand il vous préviendra, vous pouvez le défendre
Aussi bien contre lui comme contre Cléandre.

DORANTE

Contre Cléandre et lui je n'ai pas même droit :
Je dois autant à l'un comme l'autre me doit,
Et tout homme d'honneur n'est qu'en inquiétude,
Pouvant être suspect de quelque ingratitude.
Allons nous reposer ; la nuit et le sommeil
Nous pourront inspirer quelque meilleur conseil.

ACTE V

SCÈNE PREMIÈRE

LYSE, CLITON

CLITON

Nous voici bien logés, Lyse, et sans raillerie,
Je ne souhaitais pas meilleure hôtellerie.
Enfin nous voyons clair à ce que nous faisons,
Et je puis à loisir te conter mes raisons.

LYSE

Tes raisons ? C'est-à-dire autant d'extravagances.

CLITON

Tu me connais déjà ?

LYSE

Bien mieux que tu ne penses.

CLITON

J'en débite beaucoup.

LYSE

Tu sais les prodiguer.*

CLITON

Mais sais-tu que l'amour me fait extravaguer ?

LYSE

En tiens-tu donc pour moi ?

CLITON

J'en tiens, je le confesse.

LYSE

Autant comme ton maître en tient pour ma maîtresse ?

CLITON

Non pas encor si fort, mais dès ce même instant
Il ne tiendra qu'à toi que je n'en tienne autant :
Tu n'as qu'à limiter pour être autant aimée.

LYSE

Si son âme est en feu, la mienne est enflammée,
Et je crois jusqu'ici ne l'imiter pas mal.

CLITON

Tu manques, à vrai dire, encore au principal.

LYSE

Ton secret est obscur.

CLITON

Tu ne veux pas l'entendre.
Vois quelle est sa méthode, et tâche de la prendre.*
Ses attraits tout-puissants ont des avant-coureurs
Encor plus souverains à lui gagner les cœurs :
Mon maître se rendit à ton premier message.
Ce n'est pas qu'en effet je n'aime ton visage ;
Mais l'amour aujourd'hui dans les cœurs les plus vains
Entre moins par les yeux qu'il ne fait par les mains,
Et quand l'objet aimé voit les siennes garnies,
Il voit en l'autre objet des grâces infinies.
Pourrais-tu te résoudre à m'attaquer ainsi ?

LYSE

J'en voudrais être quitte à moins d'un grand merci.

CLITON

Écoute ; je n'ai pas une âme intéressée,
Et je te veux ouvrir le fond de ma pensée ;
Aimons-nous but à but, sans soupçon, sans rigueur [40],
Donnons âme pour âme, et rendons cœur pour cœur.

LYSE

J'en veux bien à ce prix.

CLITON

Donc, sans plus de langage,
Tu veux bien m'en donner quelques baisers pour gage ?

LYSE

Pour l'âme et pour le cœur, tant que tu les voudras ; *
Mais pour le bout du doigt, ne le demande pas :
Un amour délicat hait ces faveurs grossières,
Et je t'ai bien donné des preuves plus entières.
Pourquoi me demander des gages superflus ?
Ayant l'âme et le cœur, que te faut-il de plus ?

CLITON

J'ai le goût fort grossier en matière de flamme ;
Je sais que c'est beaucoup qu'avoir le cœur et l'âme ;
Mais je ne sais pas moins qu'on a fort peu de fruit
Et de l'âme et du cœur, si le reste ne suit.

LYSE

Eh quoi ! Pauvre ignorant, ne sais-tu pas encore
Qu'il faut suivre l'humeur de celle qu'on adore,
Se rendre complaisant, vouloir ce qu'elle veut ?

CLITON

Si tu n'en veux changer, c'est ce qui ne se peut.
De quoi me guériraient ces gages invisibles ?
Comme j'ai l'esprit lourd, je les veux plus sensibles ;
Autrement, marché nul.

LYSE

Ne désespère point.
Chaque chose a son ordre, et tout vient à son point ;
Peut-être avec le temps nous pourrons-nous connaître.
Apprends-moi cependant qu'est devenu ton maître.

CLITON

Il est avec Philiste allé remercier
Ceux que pour son affaire il a voulu prier.

LYSE

Je crois qu'il est ravi de voir que sa maîtresse
Est la sœur de Cléandre, et devient son hôtesse ?

CLITON

Il a raison de l'être, et de tout espérer.

LYSE

Avec toute assurance il peut se déclarer ; *
Autant comme la sœur le frère le souhaite ;
Et s'il aime en effet, je tiens la chose faite.

CLITON

Ne doute point s'il l'aime après qu'il meurt d'amour.

LYSE

Il semble toutefois fort triste à son retour.

SCÈNE II

DORANTE, CLITON, LYSE

DORANTE

Tout est perdu, Cliton ; il faut ployer bagage.

CLITON

Je fais ici, monsieur, l'amour de bon courage ;
Au lieu de m'y troubler, allez en faire autant.

DORANTE

N'en parlons plus.

CLITON

Entrez, vous dis-je, on vous attend.

DORANTE

Que m'importe ?

CLITON

On vous aime.

DORANTE

Hélas !

CLITON

On vous adore.

DORANTE

Je le sais.

CLITON

D'où vient donc l'ennui qui vous dévore ?

DORANTE

Que je te trouve heureux !

CLITON

Le destin m'est si doux,
Que vous avez sujet d'en être fort jaloux :
Alors qu'on vous caresse à grands coups de pistoles,
J'obtiens tout doucement paroles pour paroles.
L'avantage est fort rare, et me rend fort heureux.

DORANTE

Il faut partir, te dis-je.

CLITON

Oui, dans un an ou deux.

DORANTE

Sans tarder un moment.

LYSE

L'amour trouve des charmes
A donner quelquefois de pareilles alarmes.

DORANTE

Lyse, c'est tout de bon.

LYSE

Vous n'en avez pas lieu.

DORANTE

Ta maîtresse survient ; il faut lui dire adieu.
Puisse en ses belles mains ma douleur immortelle
Laisser toute mon âme en prenant congé d'elle !

SCÈNE III

DORANTE, MÉLISSE, LYSE, CLITON*

MÉLISSE

Au bruit de vos soupirs, tremblante et sans couleur,
Je viens savoir de vous mon crime, ou mon malheur ;
Si j'en suis le sujet, si j'en suis le remède,
Si je puis le guérir, ou s'il faut que j'y cède ; *
Si je dois, ou vous plaindre, ou me justifier,
Et de quels ennemis il faut me défier.*

DORANTE

De mon mauvais destin, qui seul me persécute.

MÉLISSE

A ses injustes lois que faut-il que j'impute ? *

DORANTE

Le coup le plus mortel dont il m'eût pu frapper.

MÉLISSE

Est-ce un mal que mes yeux ne puissent dissiper ?

DORANTE

Votre amour le fait naître, et vos yeux le redoublent.

MÉLISSE

Si je ne puis calmer les soucis qui vous troublent,
Mon amour avec vous saura les partager.*

DORANTE

Ah ! Vous les aigrissez, les voulant soulager !
Puis-je voir tant d'amour avec tant de mérite,
Et dire sans mourir qu'il faut que je vous quitte ?

MÉLISSE

Vous me quittez ! O ciel ! Mais, Lyse, soutenez :
Je sens manquer la force à mes sens étonnés.

DORANTE

Ne croissez point ma plaie, elle est assez ouverte ;*
Vous me montrez en vain la grandeur de ma perte.
Ce grand excès d'amour que font voir vos douleurs
Triomphe de mon cœur sans vaincre mes malheurs.
On ne m'arrête pas pour redoubler mes chaînes,
On redouble ma flamme, on redouble mes peines,
Mais tous ces nouveaux feux qui viennent m'embraser
Me donnent seulement plus de fers à briser.

MÉLISSE

Donc à m'abandonner votre âme est résolue ?

DORANTE

Je cède à la rigueur d'une force absolue.

MÉLISSE

Votre manque d'amour vous y fait consentir.

DORANTE

Traitez-moi de volage, et me laissez partir ;
Vous me serez plus douce en m'étant plus cruelle.
Je ne pars toutefois que pour être fidèle ;
A quelques lois par là qu'il me faille obéir,*
Je m'en révolterais, si je pouvais trahir.
Sachez-en le sujet ; et peut-être, madame,
Que vous-même avouerez, en lisant dans mon âme,
Qu'il faut plaindre Dorante au lieu de l'accuser,
Que plus il quitte en vous, plus il est à priser,
Et que tant de faveurs dessus lui répandues
Sur un indigne objet ne sont pas descendues.
Je ne vous redis point combien il m'était doux
De vous connaître enfin, et de loger chez vous,
Ni comme avec transport je vous ai rencontrée ;
Par cette porte, hélas ! mes maux ont pris entrée,
Par ce dernier bonheur mon bonheur s'est détruit.
Ce funeste départ en est l'unique fruit,
Et ma bonne fortune, à moi-même contraire,
Me fait perdre la sœur par la faveur du frère.
Le cœur enflé d'amour et de ravissement,
J'allais rendre à Philiste un mot de compliment ;
Mais lui tout aussitôt, sans le vouloir entendre :
« Cher ami, m'a-t-il dit, vous logez chez Cléandre,
Vous aurez vu sa sœur ; je l'aime, et vous pouvez
Me rendre beaucoup plus que vous ne me devez ;
En faveur de mes feux parlez à cette belle,
Et comme mon amour a peu d'accès chez elle,
Faites l'occasion quand je vous irai voir. »
A ces mots j'ai frémi sous l'horreur du devoir.
Par ce que je lui dois, jugez de ma misère ; *
Voyez ce que je puis, et ce que je dois faire.
Ce cœur, qui le trahit s'il vous aime aujourd'hui,
Ne vous trahit pas moins s'il vous parle pour lui.
Ainsi, pour n'offenser son amour ni le vôtre,
Ainsi, pour n'être ingrat ni vers l'un ni vers l'autre,

J'ôte de votre vue un amant malheureux,
Qui ne peut plus vous voir sans vous trahir tous deux ; *
Lui, puisqu'à son amour j'oppose ma présence ;
Vous, puisqu'en sa faveur je m'impose silence.

MÉLISSE

C'est à Philiste donc que vous m'abandonnez ?
Ou plutôt c'est Philiste à qui vous me donnez ?
Votre amitié trop ferme, ou votre amour trop lâche,
M'ôtant ce qui me plaît, me rend ce qui me fâche ?
Que c'est à contre-temps faire l'amant discret,
Qu'en ces occasions conserver un secret !
Il fallait découvrir... Mais, simple ! Je m'abuse ;
Un amour si léger eût mal servi d'excuse ;
Un bien acquis sans peine est un trésor en l'air ;
Ce qui coûte si peu ne vaut pas en parler :
La garde en importune, et la perte en console,
Et pour le retenir c'est trop qu'une parole.

DORANTE

Quelle excuse, madame ! Et quel remercîment !
Et quel compte eût-il fait d'un amour d'un moment,
Allumé d'un coup d'œil ? Car lui dire autre chose,
Lui conter de vos feux la véritable cause,
Que je vous sauve un frère, et qu'il me doit le jour,
Que la reconnaissance a produit votre amour,
C'était mettre en sa main le destin de Cléandre,
C'était trahir ce frère en voulant vous défendre,
C'était me repentir de l'avoir conservé,
C'était l'assassiner après l'avoir sauvé,
C'était désavouer ce généreux silence
Qu'au péril de mon sang garda mon innocence,
Et perdre, en vous forçant à ne plus m'estimer,
Toutes les qualités qui vous firent m'aimer.

MÉLISSE

Hélas ! Tout ce discours ne sert qu'à me confondre.
Je n'y puis consentir, et ne sais qu'y répondre.*
Mais je découvre enfin l'adresse de vos coups ;
Vous parlez pour Philiste, et vous faites pour vous ;
Vos dames de Paris vous rappellent vers elles ; *
Nos provinces pour vous n'en ont point d'assez belles.
Si dans votre prison vous avez fait l'amant,
Je ne vous y servais que d'un amusement.
A peine en sortez-vous que vous changez de style ;
Pour quitter la maîtresse il faut quitter la ville.
Je ne vous retiens plus, allez [41].

DORANTE

Puisse à vos yeux
M'écraser à l'instant la colère des cieux,
Si j'adore autre objet que celui de Mélisse,
Si je conçois des vœux que pour votre service,
Et si pour d'autres yeux on m'entend soupirer,
Tant que je pourrai voir quelque lieu d'espérer !

Oui, madame, souffrez que cette amour persiste,
Tant que l'hymen engage ou Mélisse ou Philiste ;
Jusque-là les douceurs de votre souvenir
Avec un peu d'espoir sauront m'entretenir ;
J'en jure par vous-même, et ne suis point capable
D'un serment ni plus saint ni plus inviolable.
Mais j'offense Philiste avec un tel serment ;
Pour guérir vos soupçons je nuis à votre amant.
J'effacerai ce crime avec cette prière :
Si vous devez le cœur à qui vous sauve un frère,
Vous ne devez pas moins au généreux secours
Dont tient le jour celui qui conserva ses jours.
Aimez en ma faveur un ami qui vous aime,
Et possédez Dorante en un autre lui-même.
Adieu. Contre vos yeux c'est assez combattu ;
Je sens à leurs regards chanceler ma vertu,
Et, dans le triste état où mon âme est réduite,
Pour sauver mon honneur, je n'ai plus que la fuite.

SCÈNE IV

DORANTE, PHILISTE, MÉLISSE, LYSE, CLITON

PHILISTE

Ami, je vous rencontre assez heureusement.
Vous sortiez ?

DORANTE

Oui, je sors, ami, pour un moment.
Entrez, Mélisse est seule, et je pourrais vous nuire.

PHILISTE

Ne m'échappez donc point avant que m'introduire ; *
Après, sur le discours vous prendrez votre temps ;
Et nous serons ainsi l'un et l'autre contents.*
Vous me semblez troublé !

DORANTE

J'ai bien raison de l'être ;
Adieu.

PHILISTE

Vous soupirez, et voulez disparaître !
De Mélisse ou de vous je saurai vos malheurs.
Madame, puis-je... O ciel ! Elle-même est en pleurs !
Je ne vois des deux parts que des sujets d'alarmes.
D'où viennent ses soupirs ? Et d'où naissent vos larmes ?
Quel accident vous fâche, et le fait retirer ?
Qu'ai-je à craindre pour vous, ou qu'ai-je à déplorer ?

MÉLISSE

Philiste, il est tout vrai... Mais retenez Dorante,
Sa présence au secret est la plus importante.

DORANTE

Vous me perdez, madame.

MÉLISSE

Il faut tout hasarder
Pour un bien qu'autrement je ne puis plus garder.

LYSE

Cléandre entre.

MÉLISSE

Le ciel à propos nous l'envoie.

SCÈNE V

DORANTE, PHILISTE, CLÉANDRE, MÉLISSE, LYSE, CLITON

CLÉANDRE

Ma sœur, auriez-vous cru... ? Vous montrez peu de joie ;
En si bon entretien qui vous peut attrister ?

MÉLISSE, *à Cléandre.*

J'en connais le sujet, vous pouvez l'écouter.

à Philiste.

Vous m'aimez, je l'ai su de votre propre bouche,*
Je l'ai su de Dorante, et votre amour me touche,
Si trop peu pour vous rendre un amour tout pareil,
Assez pour vous donner un fidèle conseil.
Ne vous obstinez plus à chérir une ingrate ;
J'aime ailleurs, c'est en vain qu'un faux espoir vous flatte.
J'aime, et je suis aimée, et mon frère y consent ;
Mon choix est aussi beau que mon amour puissant.
Vous l'auriez fait pour moi, si vous étiez mon frère ;
C'est Dorante, en un mot, qui seul a pu me plaire.
Ne me demandez point ni quelle occasion,
Ni quel temps entre nous a fait cette union,
S'il la faut appeler ou surprise, ou constance ;
Je ne vous en puis dire aucune circonstance ;
Contentez-vous de voir que mon frère aujourd'hui
L'estime et l'aime assez pour le loger chez lui,
Et d'apprendre de moi que mon cœur se propose
Le change et le tombeau pour une même chose.
Lorsque notre destin nous semblait le plus doux,
Vous l'avez obligé de me parler pour vous ;
Il l'a fait, et s'en va pour vous quitter la place :
Jugez par ce discours quel malheur nous menace.*
Voilà cet accident qui le fait retirer ;
Voilà ce qui le trouble, et qui me fait pleurer ;
Voilà ce que je crains ; et voilà les alarmes
D'où viennent ses soupirs, et d'où naissent mes larmes [42].

PHILISTE

Ce n'est pas là, Dorante, agir en cavalier.
Sur ma parole encor vous êtes prisonnier ;
Votre liberté n'est qu'une prison plus large,
Et je réponds de vous s'il survient quelque charge.
Vous partez cependant, et sans m'en avertir !
Rentrez dans la prison dont vous vouliez sortir.

DORANTE

Allons, je suis tout prêt d'y laisser une vie
Plus digne de pitié qu'elle n'était d'envie,
Mais, après le bonheur que je vous ai cédé,
Je méritais peut-être un plus doux procédé.

PHILISTE

Un ami tel que vous n'en mérite point d'autre.
Je vous dis mon secret, vous me cachez le vôtre ;
Et vous ne craignez point d'irriter mon courroux,
Lorsque vous me jugez moins généreux que vous !
Vous pouvez me céder un objet qui vous aime,
Et j'ai le cœur trop bas pour vous traiter de même,
Pour vous en céder un à qui l'amour me rend
Sinon trop mal voulu, du moins indifférent.
Si vous avez pu naître et noble et magnanime,
Vous ne me deviez pas tenir en moindre estime :
Malgré notre amitié, je m'en dois ressentir.
Rentrez dans la prison dont vous vouliez sortir [43].

CLÉANDRE

Vous prenez pour mépris son trop de déférence,
Dont il ne faut tirer qu'une pleine assurance
Qu'un ami si parfait, que vous osez blâmer,
Vous aime plus que lui, sans vous moins estimer.
Si pour lui votre foi sert aux juges d'otage,
Permettez qu'auprès d'eux la mienne la dégage,
Et sortant du péril d'en être inquiété,
Remettez-lui, monsieur, toute sa liberté ;
Ou, si mon mauvais sort vous rend inexorable,
Au lieu de l'innocent arrêtez le coupable.
C'est moi qui me sus hier sauver sur son cheval
Après avoir donné la mort à mon rival ;
Ce duel fut l'effet de l'amour de Climène,
Et Dorante sans vous se fût tiré de peine,
Si devant le prévôt son cœur trop généreux
N'eût voulu méconnaître un homme malheureux [44].

PHILISTE

Je ne demande plus quel secret a pu faire
Et l'amour de la sœur et l'amitié du frère ;
Ce qu'il a fait pour vous est digne de vos soins.
Vous lui devez beaucoup, vous ne rendez pas moins.
D'un plus haut sentiment la vertu n'est capable ;
Et puisque ce duel vous avait fait coupable,
Vous ne pouviez jamais envers un innocent
Être plus obligé ni plus reconnaissant.

Je ne m'oppose point à votre gratitude,
Et si je vous ai mis en quelque inquiétude,
Si d'un si prompt départ j'ai paru me piquer,*
Vous ne m'entendiez pas, et je vais m'expliquer.
On nomme une prison le nœud de l'hyménée ;
L'amour même a des fers dont l'âme est enchaînée [45] ;
Vous les rompiez pour moi, je n'y puis consentir.*
Rentrez dans la prison dont vous vouliez sortir.

DORANTE

Ami, c'est là le but qu'avait votre colère ?

PHILISTE

Ami, je fais bien moins que vous ne vouliez faire.

CLÉANDRE

Comme à lui je vous dois et la vie et l'honneur.

MÉLISSE

Vous m'avez fait trembler pour croître mon bonheur.

PHILISTE, *à Mélisse.*

J'ai voulu voir vos pleurs pour mieux voir votre flamme,
Et la crainte a trahi les secrets de votre âme.
Mais quittons désormais des compliments si vains.
à Cléandre.
Votre secret, monsieur, est sûr entre mes mains ;
Recevez-moi pour tiers d'une amitié si belle,
Et croyez qu'à l'envi je vous serai fidèle.*

CLITON, *seul.*

Ceux qui sont las debout se peuvent aller seoir ;
Je vous donne en passant cet avis, et bonsoir [46].

RODOGUNE

TRAGÉDIE

RODOGUNE, acte II, sc. 3.
Mise en scène de Henri Ronse.
Petit Odéon, février 1975. *(Josette Boulva).*
Ph. : Bernand 5877/35.

RODOGUNE, acte V, sc. 3.
Mise en scène de Jacques Eyser.
Comédie Française, novembre 1965. *(Bérengère Dautun, Louise Conte, Simon Eine).*
Ph. : Bernand 16267/87.

RODOGUNE

NOTICE

Rodogune *fut créée au Marais dans l'hiver 1644-1645* [1] *et y obtint un grand succès, favorisé, nous dit Corneille, par « l'illustre suffrage » du prince de Condé* [2]. *Fontenelle affirme que cette tragédie « avait extrêmement coûté à son auteur, car il fut plus d'un an à disposer le sujet »* [3]. *Gabriel Gilbert fit imprimer en 1646 une* Rodogune, *créée on ne sait à quelle date, qui ressemble étrangement à celle de Corneille : même intrigue jusqu'à la fin du quatrième acte, mais la Rodogune de Gilbert est la reine-mère et donc la Cléopâtre de Corneille. L'auteur du* Cid *se serait-il inspiré de la pièce de Gilbert ? Mais celui-ci ne cite aucune source et il place son action en Perse. Corneille, au contraire, mentionne de façon très précise les historiens auxquels il a recouru, et c'est en Syrie, selon leurs indications, qu'il situe son intrigue. Ne devons-nous pas en conclure que Corneille a tiré son sujet de textes historiques, et non de l'œuvre de Gilbert ? Celui-ci, selon Fontenelle, aurait connu le plan de la tragédie « de M. Corneille, qui fut trahi en cette occasion par quelque confident indiscret »* [4]. *Explication fort plausible qui s'accorde bien avec les usages régnant, au* XVIIe *siècle, dans le monde du théâtre. Ou peut-être, ce qui expliquerait que Corneille n'ait jamais dénoncé son plagiaire, les deux auteurs sont-ils partis d'une source unique ? Ce pourrait être ce « curieux roman écrit en latin au Moyen-Age par un moine qui ne manquait pas de talent »* [5], *où se retrouveraient le sujet et tous les épisodes les plus remarquables des deux* Rodogune. *Mais ce roman n'a jamais été identifié ; rien même n'en atteste l'existence. Voltaire, dans sa préface de* Rodogune, *évoque un autre roman : « Je ne l'ai pas vu, avoue-t-il, c'est, dit-on, une brochure in-8° imprimée chez Sommaville, qui servit également un grand auteur et un mauvais. Corneille embellit le roman et Gilbert le gâta ». Mais cette œuvre demeure également inconnue.*

Que Gilbert ait plagié le plan de la tragédie de Corneille, que Corneille et Gilbert soient partis de la même source, ces deux hypothèses ne sont nullement invraisemblables, même si la première peut paraître plus simple et plus convaincante. En tout cas, il semble certain que Corneille ne doit rien à son rival.

Il est plus sage de revenir à ce qu'il nous dit lui-même de la genèse de sa tragédie. Appian Alexandrin, aidé de Justin, de Josèphe et du premier livre des Machabées *de la Bible, a été sa source essentielle. Il y a trouvé l'histoire de Nicanor, le roi de Syrie, prisonnier des Parthes et épousant à leur cour Rodogune, la sœur de leur roi Phraates, tandis que maintes intrigues, maintes guerres intestines, dévastaient son Etat où s'opposaient son frère Antiochus et l'usurpateur Tryphon. A la fin, le roi libéré par les Parthes retournait en Syrie, mais sa femme Cléopâtre, qui ne lui avait pas pardonné son remariage avec Rodogune, le faisait périr. Elle avait deux fils, Séleucus et Antiochus : elle tua le premier et fut contrainte par le second de boire la coupe empoisonnée qu'elle lui avait préparée* [6].

Histoire embrouillée, sombre, sanguinaire. On comprend que Corneille ait rêvé devant cet Orient lointain plein de mystère et de barbarie. Comme Racine écrivant Bajazet, *il a vu dans l'Orient un monde différent du nôtre, affanchi de nos timidités, où ne règne qu'une ambition sans frein, où s'affirme un mépris souverain de la vie. Sa complaisance est visible, au premier acte, à rappeler tous les épisodes enchevêtrés de ces guerres et de ces crimes. Il nous convie ainsi à un dépaysement radical : nous appareillons vers un autre univers où notre raison et notre religion sont inconnues.*

Cependant, comme si les confuses histoires contées par Appian ne suffisaient pas, Corneille a voulu que Séleucus et Antiochus fussent jumeaux et tous deux amoureux de Rodogune. Ainsi les deux femmes peuvent-elles leur demander, l'une après l'autre, de tuer leur rivale : la mère fait appel à leur ambition, la princesse à leur amour. Dans ce paroxysme d'horreur, dans ces sauvages fictions, Corneille a gardé toutefois quelque respect des bienséances : Rodogune aura été la fiancée et non la femme de Nicanor ; ainsi la passion que lui vouent les princes n'aura-t-elle rien d'incestueux. Antiochus évitera le parricide, et sa mère se donnera la mort volontairement.

A ces réserves près, l'horreur règne dans toute la pièce et le poète paraît avoir avant tout cherché de grands effets dramatiques : la proposition de Cléopâtre aux deux princes, puis celle de Rodogune, la mort de Séleucus, enfin l'audacieuse scène du dénouement, où la coupe empoisonnée passe des mains de Laonice à celles d'Antiochus, puis encore à celles de Laonice, avant que Cléopâtre ne s'en empare, n'y boive et ne la remette à son fils. Scène proprement mélodramatique, semble-t-il, puisqu'un objet y a une telle importance et que l'angoisse des spectateurs y est si longuement entretenue.

Contrairement à ce qu'a dit Voltaire, ce n'est pas ce seul dénouement qui fait la valeur de l'œuvre. A travers toutes ses grandes scènes, la pièce s'élève, selon le mot de Corneille, « d'acte en acte. Le second passe le premier, le troisième est au-dessus du second, et le dernier l'emporte sur tous les autres » [7]. *Cette construction se retrouvera souvent dans les mélodrames du* XIXe *siècle. Le poète insinue d'ailleurs dans son* Examen, *pour excuser la proposition de Rodogune, que la vraisemblance psychologique importe moins à ses yeux que « l'éclat que la nouveauté a fait au théâtre ».*

Le romanesque n'est pas absent, Corneille, comme dans Pompée, *cède parfois à des thèmes de La Calprenède ou de Georges de Scudéry, ainsi les sentiments secrets de Rodogune, qui n'éprouve pour Séleucus que de l'indifférence et s'est éprise d'Antiochus :*

« Il est des nœuds secrets, il est des sympathies... » (v. 359).

Mais ce romanesque, moins insistant que dans Pompée, *est emporté dans le mouvement général de la tragédie. Il s'approfondit surtout par la confrontation du bien et du mal.*

Cléopâtre est le mal. Corneille n'est pas nietzschéen. Certes, il écrira dans le Discours du poème dramatique *: « Tous les crimes de [Cléopâtre] [...] sont accompagnés d'une grandeur d'âme qui a quelque chose de si haut, qu'en même temps qu'on déteste ses actions, on admire la source dont elles partent ». Mais cette phrase fameuse a souvent été mal comprise. Le poète n'a pas voulu innocenter son* *héroïne, qu'il juge « très méchante ». Il signifie simplement que l'ambition, chez les princes, est une noble passion et donne à leurs crimes une grandeur singulière. Cléopâtre n'est pas justifiée ; son emportement et son obstination peuvent seulement nous inspirer cette surprise exprimée par Rodogune, qui ressemble un peu à de l'admiration :*

« ... Ah ! bons dieux ! quelle rage » (v.1808).

Son « habitude », pour reprendre les termes d'Aristote paraphrasé par Corneille, a bien un « caractère brillant et élevé » ; elle n'en est pas moins « criminelle » [8].

Certes, la reine entend parfois la voix de la nature, mais elle sait l'étouffer :

« [...] Et toi, que me veux-tu,
Ridicule retour d'une sotte vertu,
Tendresse dangereuse autant comme importune ? » (v. 1509-1511).

Comment pourrait-on l'excuser, cette femme qui s'avance, les yeux ouverts, sur une route infernale ? Séleucus la juge bien :

« O haines, ô fureurs, dignes d'une Mégère ! » (v. 679).

La monarchie, affaiblie avec Félix, dégénérée avec Ptolémée, est ici devenue folle. L'ambition, coupée de toute humanité, crée cette démence lucide, qui fait les pires criminels. Cléopâtre

« [...] seule enfin s'aime et se considère.
Elle a tout fait pour elle » (v. 737-738).

Adorant le diadème (v. 423), le trône (v. 1529), elle devient diabolique, puisqu'elle songe à

« [...] se rendre heureuse à force de grands crimes » (v. 1496), et défie le ciel (v. 1527).

Elle accumule les feintes et les mensonges, jouant devant Antiochus la comédie des larmes (acte IV, sc. 3), affirmant à Séleucus que Rodogune est morte (acte IV, sc. 6). Mais ces feintes sont bien différentes des innocentes inventions de Dorante. Si elles emplissent Rodogune, *comme* Le Menteur, *des ombres et des métamorphoses baroques, c'est ici l'intérêt seul qui les suscite. Est également baroque l'ostentation de la reine qui, seule ou devant Laonice, se plaît tant à dévoiler ses perverses intentions et ses ingénieuses fourberies, et paraît presque toujours « en représentation » :*

« Apprends, ma confidente, apprends à me connaître » (v. 443)
« Je te dirai bien plus... » (v. 463)
« Trône, à t'abandonner je ne puis consentir [...]
Il est doux de périr après ses ennemis » (v. 1529-1534).

Les princes ignorent l'avidité et le mal. Ils se distinguent l'un de l'autre, ces deux adolescents, qui apportent leurs rêves et leur blancheur dans ce palais funèbre, Séleucus étant plus emporté, Antiochus plus réfléchi. Mais ils sont prêts, l'un comme l'autre, à renoncer à la couronne pour obtenir Rodogune et à placer pardessus tout « l'amitié fraternelle » (v. 147). Comme le dira Hegel, Corneille nous montre que ce sentiment est le plus pur de tous. Peut-être faut-il songer à l'attachement si durable qu'il éprouva pour son frère Thomas. En tout cas, « l'amitié frater-

nelle » méprise la couronne et domine même l'amour. Elle s'élève jusqu'à une sorte de sainteté.

Le tendre Séleucus, si primesautier, si incapable de ruse et de dissimulation, nous le montre bien. Sa mort si douce, si pathétique :

« [...] Au bout de cette allée,
Où la clarté du ciel semble toujours voilée [...]
La tête sur un bras languissamment penchée,
Immobile et rêveur, en malheureux amant... » (v. 1611-1617), a pour ainsi dire une valeur exemplaire. Cet enfant, qui voulait ignorer l'ambition et dominer le désir, ne pouvait conserver sa pureté que dans la mort.

Antiochus, plus actif, plus pondéré, vivra avec Rodogune. La princesse parthe donne son nom à la pièce et, bien que Corneille s'en soit lui-même excusé [9]*, ce choix est bien naturel. Rodogune n'a ni le cynisme diabolique de Cléopâtre ni l'innocence de Séleucus. S'exprimant volontiers par maximes, elle s'efforce de définir les vrais devoirs d'une princesse qui, telle la Cléopâtre de* Pompée, *doit concilier l'honneur et l'ambition :*

« Celles de ma naissance ont horreur des bassesses,
Leur sang tout généreux hait ces molles adresses » (v. 847-848)
« Plus la haute naissance approche des couronnes [...]
Nous n'avons point de cœur pour aimer ni haïr ;
Toutes nos passions ne savent qu'obéir » (v. 866-870).

Cette jeune fille romanesque en vient pourtant à formuler une horrible proposition. Les excuses de Corneille ici sont faibles. Et celles de Rodogune elle-même ? Quand Oronte lui suggère cette démarche, elle hésite : n'est-ce pas une forme de prostitution, et la plus effroyable, d'en venir « sous l'indigne appât d'un coup d'œil affété » (v. 845), à demander à ces deux agneaux que sont Séleucus et Antiochus, de tuer leur mère ? La princesse invoque le père des princes, sa mort, le devoir de vengeance qu'il lui a confié. Elle semble, dans son long monologue au sommet de la pièce, « diriger son intention » vers ce devoir qui l'innocente et la rend comparable à Chimène et à Emilie... Mais au fond, quelle que soit l'ingéniosité des critiques qui, souvent déroutés par ce rôle, ont cherché à comprendre « la psychologie de Rodogune » [10]*, le personnage ne signifie-t-il pas, comme la mort de Séleucus, que le pouvoir et même la vie imposent, sinon le crime, au moins une dégradation, un renoncement à l'innocence ? Nous ne pensons donc pas que la Providence parle par le cœur de Rodogune* [11]*. Il nous semble plutôt que la princesse, épaulée par Oronte, entraîne Antiochus loin de la pureté où vit et meurt Séleucus. Avec de beaux prétextes, elle le conduit à l'horreur finale : le mariage, et la mort de la mère, qui vomit ses imprécations :*

« Et pour vous souhaiter tous les malheurs ensemble,
Puisse naître de vous un fils qui me ressemble ! » (v. 1823-1824).

Il n'est pas de salut dans l'Orient de Rodogune. *Peut-être parce que le jeu politique est forcément mauvais. C'est ce que Cléopâtre et Rodogune disent toutes deux :*

« La haine entre les grands se calme rarement... » (v. 313).

Peut-être que le Christ n'est pas encore venu sur la terre et que l'auteur de

Polyeucte *ne voit que nuit dans ces siècles auxquels la grâce a manqué.* Rodogune *et* Antiochus *règneront et, peu à peu, apprendront à mieux pratiquer la feinte et la dissimulation, à moins souffrir de verser le sang innocent, ou même à y trouver le bonheur* [12].

Tragédie noire et comme fuligineuse, toute shakespearienne. L'innocence s'y éteint et meurt dans une allée sous les traits d'un « dormeur du val ». Le jeune couple romanesque devient, couvert de pourpre et de diamants, l'héritier d'une « nouvelle Clytemnestre », d'une « nouvelle Médée », qui en mourant le maudit et l'enserre, comme le fera plus tard Athalie envers Joas, dans l'inextricable filet du pouvoir et du crime.

Ou plus encore qu'à Shakespeare, cette tragédie, qui reste tellement lucide et hiérarchique, peut nous faire penser à quelque drame symboliste. Si Pompée *évoquait une* Hérodiade *ou une* Sémiramis, Rodogune, *avec sa nuit, son or et même ses fadeurs, a un côté 1890, un côté Gustave Moreau, qu'une mise en scène appropriée devrait mettre en évidence.*

C'est ce qu'a compris et tenté Antoine Bourseiller, lorsqu'il monta, en 1960, cette pièce avec Edwige Feuillère. Alors que certains critiques reprochaient à cette mise en scène son « hiératisme figé » [13]*, Jean Cocteau admirait l'actrice d'avoir su mêler « la glace et le feu »* [14]*. Antoine Bourseiller s'expliquait ; il évoquait « la fonction lyrique » de la tragédie, qu'il comparait à l'opéra* [15]*. Dans un style qui rappelle lui aussi le symbolisme de la fin du siècle dernier, il affirmait : «* Rodogune *est en moi comme un rivage. Où tout est au ralenti, au développement, quand le soleil fige même les scorpions.*

« Soleil ici trône qu'une passion étrange enlace, passion sourde, passion presque paysanne. Soleil qui fige deux jeunes statues d'or, ruisselantes et impétueuses de tendresse et d'innocence.

« Et là, entre cette passion qui se développe *hallucinée et ces statues qui flambent de douleur, grandit une fleur impitoyable et belle, un lys au milieu des ronces, que les ronces ne dévoreront pas...*

« Cette tragédie cornélienne de loin regardée *peut-être au royaume des ombres par Shakespeare, est mystique et pécheresse.*

« Le péché est le néant voulu, le malheur est le néant senti, disait Hello » [16].

A.N.

Editions collationnées :
Ed. séparées : 1647 in-4° ; 1647 in-12.
Recueils : 1652 in-12 ; 1654 in-12 ; 1655 in-12 ; 1656 in-12 ; 1660 in-8° ; 1663 in-f° ; 1664 in-8° ; 1668 in-12 ; 1682 in-12.

NOTES

1 On a essayé de reconstituer la distribution originale : Floridor aurait été Antiochus ; la Beaupré Cléopâtre ; la Floridor Laonice ; Laroque Timagène ; Le Gaulcher Oronte ; Dargy Séleucus ; Marie de Horney Rodogune (éd. *L'Intégrale*, éd. du Seuil). Sans vouloir entrer dans une discussion ardue, remarquons simplement que ce n'est là qu'une hypothèse.

2 Epître *A Monsieur le Prince.*

3 Fontenelle, *Vie de Monsieur Corneille*, dans *Oeuvres*, Paris, 1766, t. III, p. 103.

4 *Ibid., loc. cit.*

5 Voir Marty-Laveaux, t. IV, p. 103.

6 Sur les sources historiques de Rodogune, voir Paul Pédech, dans *Missions et démarches de la critique (Mélanges offerts à J. Vier)*, p. 425-433, et H. Glaesener, dans la *Revue belge de philologie et d'histoire*, 1951, p. 367-387.

7 *Examen.*

8 *Discours.*

9 *Avertissement.*

10 R. Jasinski, dans *Revue d'histoire littéraire de la France*, 1949, p. 209-219, 322-338.

11 C'est ce qu'a soutenu, avec beaucoup de brio, M. Fumaroli, dans la *Revue des sciences humaines*, 1973, p. 599-631.

12 Voir l'article de Judd D. Hubert, *Modern Language Notes*, 74, 1959, p. 234-240.

13 Max Favalelli, dans *Paris-Presse*, 20 décembre 1960.

14 *Le Figaro*, 17 décembre 1960.

15 *L'Humanité*, 14 décembre 1960.

16 *Programme.* Nadine Basile jouait Rodogune ; Roger Marion Séleucus. A noter également les intéressantes mises en scène de Jacques Eyser à la Comédie Française, d'Henri Ronse au Théâtre Oblique, de Jean-Marie Patte à l'Espace Cardin.

A MONSEIGNEUR LE PRINCE [1]

MONSEIGNEUR,

Rodogune se présente à Votre Altesse avec quelque sorte de confiance, et ne peut croire qu'après avoir fait sa bonne fortune, vous dédaigniez de la prendre en votre protection [2]. Elle a trop de connaissance de votre bonté pour craindre que vous veuilliez laisser votre ouvrage imparfait, et lui dénier la continuation des grâces dont vous lui avez été si prodigue. C'est à votre illustre suffrage qu'elle est obligée de tout ce qu'elle a reçu d'applaudissement ; et les favorables regards dont il vous plut fortifier la faiblesse de sa naissance [3] lui donnèrent tant d'éclat et de vigueur, qu'il semblait que vous eussiez pris plaisir à répandre sur elle un rayon de cette gloire qui vous environne, et à lui faire part de cette facilité de vaincre qui vous suit partout. Après cela, MONSEIGNEUR, quels hommages peut-elle rendre à votre Altesse qui ne soient au-dessous de ce qu'elle lui doit ? Si elle tâche à lui témoigner quelque reconnaissance par l'admiration de ses vertus, où trouvera-t-elle des éloges dignes de cette main qui fait trembler tous nos ennemis, et dont les coups d'essai furent signalés par la défaite des premiers capitaines de l'Europe ? Votre Altesse sut vaincre avant qu'ils se pussent imaginer qu'elle sût combattre ; et ce grand courage, qui n'avait encore vu la guerre que dans les livres, effaça tout ce qu'il y avait lu des Alexandre et des César, sitôt qu'il parut à la tête d'une armée. La générale consternation où la perte de notre grand monarque [4] nous avait plongés, enflait l'orgueil de nos adversaires en un tel point qu'ils osaient se persuader que du siège de Rocroi dépendait la prise de Paris ; et l'avidité de leur ambition dévorait déjà le cœur d'un royaume dont ils pensaient avoir surpris les frontières. Cependant les premiers miracles de votre valeur renversèrent si pleinement toutes leurs espérances, que ceux-là mêmes qui s'étaient promis tant de conquêtes sur nous vinrent terminer la campagne de cette même année par celles que vous fîtes sur eux. Ce fut par là, MONSEIGNEUR, que vous commençâtes ces grandes victoires que vous avez toujours si bien choisies, qu'elles ont honoré deux règnes tout à la fois, comme si c'eût été trop peu pour Votre Altesse d'étendre les bornes de l'Etat sous celui-ci si elle n'eût en même temps effacé quelques-uns des malheurs qui étaient mêlés aux longues prospérités de l'autre. Thionville, Philisbourg, et Norlinghen, étaient des lieux funestes pour la France [5], elle n'en pouvait entendre les noms sans gémir, elle ne pouvait y porter sa pensée sans soupirer ; et ces mêmes lieux, dont le souvenir lui arrachait des soupirs et des gémissements, sont devenus les éclatantes marques de sa nouvelle félicité, les dignes occasions de ses feux de joie, et les glorieux sujets des actions de grâces, qu'elle a rendues au ciel pour les triomphes que votre courage invincible en a obtenus [6]. Dispensez-moi, MONSEIGNEUR, de vous parler de Dunkerque [7] ; j'épuise toutes les forces de mon imagination, et je ne conçois rien qui réponde à la dignité de ce grand ouvrage qui nous vient d'assurer l'Océan par la prise de cette fameuse retraite de corsaires. Tous nos havres en étaient comme assiégés ; il n'en pouvait échapper un vaisseau qu'à la merci de leur brigandages et nous en avons vu souvent de pillés à la vue des mêmes ports dont ils venaient de faire voile ; et maintenant par la conquête d'une seule ville, je vois, d'un côté, nos mers libres, nos côtes affranchies, notre commerce rétabli, la racine de nos maux publics coupée ; d'autre côté la Flandre ouverte, l'embouchure de ses rivières captive ; la porte de son secours fermée, la source de son abondance en notre pouvoir ; et ce que je vois n'est rien encore au prix de ce que je prévois sitôt que Votre Altesse y reportera la terreur de ses armes. Dispensez-moi donc, MONSEIGNEUR, de profaner des effets si merveilleux et des attentes si hautes, par la bassesse de mes idées et par l'impuissance de mes expressions, et trouvez bon que, demeurant dans un respectueux silence, je n'ajoute rien ici qu'une protestation très inviolable d'être toute ma vie,

MONSEIGNEUR,

DE VOTRE ALTESSE,

Le très humble, très obéissant et très passionné serviteur,

CORNEILLE.

APPIAN ALEXANDRIN

AU LIVRE DES *Guerres de Syrie*, SUR LA FIN [8].

« Démétrius, surnommé Nicanor, roi de Syrie, entreprit la guerre contre les Parthes, et, étant devenu leur prisonnier, vécut dans la cour de leur roi Phraates, dont il épousa la sœur, nommée Rodogune. Cependant Diodotus, domestique des rois précédents, s'empara du trône de Syrie, et y fit asseoir un Alexandre encore enfant, fils d'Alexandre le Bâtard, et d'une fille de Ptolomée [9]. Ayant gouverné quelque temps comme son tuteur, il se défit de ce malheureux pupille, et eut l'insolence de prendre lui-même la couronne sous un nouveau nom de Tryphon qu'il se donna. Mais Antiochus [10], frère du roi prisonnier, ayant appris à Rhodes sa captivité, et les troubles qui l'avaient suivie, revint dans le pays, où, ayant défait Tryphon avec beaucoup de peine, il le fit mourir ; de là il porta ses armes contre Phraates, lui redemandant son frère, et, vaincu dans une bataille, il se tua lui-même. Démétrius, retourné en son royaume, fut tué par sa femme Cléopâtre, qui lui dressa des embûches en haine de cette seconde femme Rodogune, qu'il avait épousée, dont elle avait conçu une telle indignation, que, pour s'en venger, elle avait épousé ce même Antiochus, frère de son mari. Elle avait eu deux fils de Démétrius, l'un nommé Séleucus, et l'autre Antiochus [11], dont elle tua le premier d'un coup de flèche sitôt qu'il eut pris le diadème après la mort de son père, soit qu'elle craignît qu'il ne la voulût venger, soit que l'impétuosité de la même fureur la portât à ce nouveau parricide. Antiochus lui succéda, qui contraignit cette mauvaise mère de boire le poison qu'elle lui avait préparé. C'est ainsi qu'elle fut enfin punie. »

Voilà ce que m'a prêté l'histoire où j'ai changé les circonstances de quelques incidents pour leur donner plus de bienséance. Je me suis servi du nom de Nicanor plutôt que de celui de Démétrius, à cause que le vers souffrait plus aisément l'un que l'autre. J'ai supposé qu'il n'avait pas encore épousé Rodogune, afin que ses deux fils pussent avoir de l'amour pour elle, sans choquer les spectateurs, qui eussent trouvé étrange cette passion pour la veuve de leur père, si j'eusse suivi l'histoire. L'ordre de leur naissance incertain, Rodogune prisonnière quoiqu'elle ne vînt jamais en Syrie, la haine de Cléopâtre pour elle, la proposition sanglante qu'elle fait à ses fils, celle que cette princesse est obligée de leur faire pour se garantir, l'inclination qu'elle a pour Antiochus, et la jalouse fureur de cette mère qui se résout plutôt à perdre ses fils qu'à se voir sujette de sa rivale, ne sont que des embellissements de l'invention, et des acheminements vraisemblables à l'effet dénaturé que me présentait l'histoire, et que les lois du poème ne me permettaient pas de changer. Je l'ai même adouci tant que j'ai pu en Antiochus, que j'avais fait trop honnête homme dans le reste de l'ouvrage, pour forcer à la fin sa mère à s'empoisonner soi-même.

On s'étonnera peut-être de ce que j'ai donné à cette tragédie le nom de *Rodogune* plutôt que celui de *Cléopâtre*, sur qui tombe toute l'action tragique, et même on pourra douter si la liberté de la poésie peut s'étendre jusqu'à feindre un sujet entier sous des noms véritables, comme j'ai fait ici, où depuis la narration du premier acte, qui sert de fondement au reste, jusques aux effets qui paraissent dans le cinquième, il n'y a rien que l'histoire avoue.

Pour le premier, je confesse ingénument que ce poème devait plutôt porter le nom de *Cléopâtre* que de *Rodogune* ; mais ce qui m'a fait en user ainsi, a été la peur que j'ai eue qu'à ce nom le peuple ne se laissât préoccuper des idées de cette fameuse et dernière reine d'Egypte, et ne confondît cette reine de Syrie avec elle, s'il l'entendait prononcer. C'est pour cette même raison que j'ai évité de le mêler dans mes vers, n'ayant jamais fait parler de cette seconde Médée que sous celui de la reine, et je me suis enhardi à cette licence d'autant plus librement, que j'ai remarqué parmi nos anciens maîtres qu'ils se sont fort peu mis en peine de donner à leurs poèmes le nom des héros qu'ils y faisaient paraître, et leur ont souvent fait porter celui des chœurs, qui ont encore bien moins de part dans l'action que les personnages épisodiques, comme, Rodogune, témoin les *Trachiniennes* [12] de Sophocle, que nous n'aurions jamais voulu nommer autrement, que *La Mort d'Hercule*.

Pour le second point, je le tiens un peu plus difficile à résoudre, et n'en voudrais pas donner mon opinion pour bonne ; j'ai cru que, pourvu que nous conservassions les effets de l'histoire, toutes les circonstances, ou, comme je viens de les nommer, les acheminements, étaient en notre pouvoir ; au moins, je ne pense point avoir vu de règle qui restreigne cette liberté que j'ai prise. Je m'en suis assez bien trouvé en cette tragédie, mais comme je l'ai poussée encore plus loin dans *Héraclius*, que je viens de mettre sur le théâtre [13], ce sera en le donnant au public que je tâcherai de la justifier, si je vois que les savants s'en offensent, ou que le peuple en murmure. Cependant ceux qui en auront quelque scrupule m'obligeront de considérer les deux *Électre* de Sophocle et d'Euripide, qui, conservant le même effet, y parviennent par des voies si différentes, qu'il faut nécessairement conclure que l'une des deux est tout à fait de l'invention de son auteur. Ils pourront encore jeter l'œil sur l'*Iphigènie in Tauris*, que notre Aristote nous donne pour exemple d'une parfaite tragédie, et qui a bien la mine d'être toute de même nature, vu qu'elle n'est fondée que sur cette feinte que Diane enleva Iphigénie du sacrifice dans une nuée et supposa une biche en sa place. Enfin, ils pourront prendre garde à l'*Hélène* d'Euripide, où la principale action et les épisodes, le nœud et le dénoûement, sont entièrement inventés sous des noms véritables.

Au reste, si quelqu'un a la curiosité de voir cette histoire plus au long, qu'il prenne la peine de lire Justin, qui la commence au trente-sixième* livre, et, l'ayant quittée, la reprend sur la fin du trente et huitième, et l'achève au trente-neuvième. Il la rapporte un peu autrement, et ne dit pas que Cléopâtre tua son mari, mais qu'elle l'abandonna, et qu'il fut tué par le commandement d'un des capitaines d'un Alexandre qu'il lui oppose. Il varie aussi beaucoup sur ce qui regarde Tryphon et son pupille, qu'il nomme Antiochus, et ne s'accorde avec Appian que sur ce qui se passa entre la mère et les deux fils.

Le premier livre des *Machabées*, aux chapitres 11, 13, 14 et 15, parle de ces guerres de Tryphon et de la prison de Démétrius chez les Parthes, mais il nomme ce pupille Antiochus, ainsi que Justin, et attribue la défaite de Tryphon à Antiochus, fils de Démétrius, et non pas à son frère, comme fait Appian, que j'ai suivi, et ne dit rien du reste.

Josèphe, au treizième livre des *Antiquités judaïques*, nomme encore ce pupille de Tryphon Antiochus, fait marier Cléopâtre à Antiochus, frère de Démétrius, durant la captivité de ce premier mari chez les Parthes, lui attribue la défaite et la mort de Tryphon, s'accorde avec Justin touchant la mort de Démétrius, abandonné et non pas tué par sa femme, et ne parle point de ce qu'Appian et lui rapportent d'elle et de ses deux fils, dont j'ai fait cette tragédie.

EXAMEN

Le sujet de cette tragédie est tiré d'Appian Alexandrin, dont voici les paroles, sur la fin du livre qu'il a fait des *Guerres de Syrie* : « Démétrius, surnommé Nicanor, entreprit la guerre contre les Parthes, et vécut quelque temps prisonnier dans la cour de leur roi Phraates, dont il épousa la sœur, nommée Rodogune. Cependant Diodotus, domestique des rois précédents, s'empara du trône de Syrie, et y fit asseoir un Alexandre, encore enfant, fils d'Alexandre le Bâtard et d'une fille de Ptolomée. Ayant gouverné quelque temps comme tuteur sous le nom de ce pupille, il s'en défit, et prit lui-même la couronne sous un nouveau nom de Tryphon qu'il se donna. Antiochus, frère du roi prisonnier, ayant appris sa captivité à Rhodes, et les troubles qui l'avaient suivie, revint dans la Syrie, où, ayant défait Tryphon, il le fit mourir. De là, il porta ses armes contre Phraates, et, vaincu dans une bataille, il se tua lui-même. Démétrius, retournant en son royaume, fut tué par sa femme Cléopâtre, qui lui dressa des embûches sur le chemin, en haine de cette Rodogune, qu'il avait épousée, dont elle avait conçu une telle indignation, qu'elle avait épousé ce même Antiochus, frère de son mari. Elle avait deux fils de Démétrius, dont elle tua Séleucus, l'aîné, d'un coup de flèche, sitôt qu'il eut pris le diadème après la mort de son père, soit qu'elle craignît qu'il ne la voulût venger sur elle, soit que la même fureur l'emportât à ce nouveau parricide. Antiochus son frère lui succéda, et contraignit cette mère dénaturée de prendre le poison qu'elle lui avait préparé » [14].

Justin, en son trente-sixième, trente-huitième et trente-neuvième livre, raconte cette histoire plus au long, avec quelques autres circonstances. Le premier des *Machabées*, et Josèphe, au treizième des *Antiquités judaïques*, en disent aussi quelque chose qui ne s'accorde pas tout à fait avec Appian. C'est à lui que je me suis attaché pour la narration que j'ai mise au premier acte, et pour l'effet du cinquième, que j'ai adouci du côté d'Antiochus. J'en ai dit la raison ailleurs [15]. Le reste sont des épisodes d'invention, qui ne sont pas incompatibes avec l'histoire, puisqu'elle ne dit point ce que devint Rodogune après la mort de Démétrius, qui vraisemblablement l'amenait en Syrie prendre possession de sa couronne. J'ai fait porter à la pièce le nom de cette princesse plutôt que celui de Cléopâtre, que je n'ai même osé nommer dans mes vers, de peur qu'on ne confondît cette reine de Syrie avec cette fameuse princesse d'Égypte qui portait le même nom, et que l'idée de celle-ci, beaucoup plus connue que l'autre, ne semât une dangereuse préoccupation parmi les auditeurs.

On m'a souvent fait une question à la cour :* quel était celui de mes poèmes que j'estimais le plus ; et j'ai trouvé tous ceux qui me l'ont faite si prévenus en faveur de *Cinna* ou du *Cid*, que je n'ai jamais osé déclarer toute la tendresse que j'ai toujours eue pour celui-ci, à qui j'aurais volontiers donné mon suffrage, si je n'avais craint de manquer, en quelque sorte, au respect que je devais à ceux que je voyais pencher d'un autre côté. Cette préférence est peut-être en moi un effet de ces inclinations aveugles qu'ont beaucoup de pères pour quelques-uns de leurs enfants plus que pour les autres ; peut-être y entre-t-il un peu d'amour-propre, en ce que cette tragédie me semble être un peu plus à moi que celles qui l'ont précédée, à cause des incidents surprenants qui sont purement de mon invention, et n'avaient jamais été vus au théâtre ; et peut-être enfin y a-t-il un peu de vrai mérite qui fait que cette inclination n'est pas tout à fait injuste. Je veux bien laisser chacun en liberté de ses sentiments ; mais certainement on peut dire que mes autres pièces ont peu d'avantages qui ne se rencontrent en celle-ci : elle a tout ensemble la beauté du sujet, la nouveauté des fictions, la force des vers, la facilité de l'expression, la solidité du raisonnement, la chaleur des passions, les tendresses de l'amour et de l'amitié ; et cet heureux assemblage est ménagé de sorte qu'elle s'élève d'acte en acte. Le second passe le premier, le troisième est au-dessus du second, et le dernier l'emporte sur tous les autres. L'action y est une, grande, complète ; sa durée ne va point, ou fort peu, au delà de celle de la représentation. Le jour en est le plus illustre qu'on puisse imaginer [16], et l'unité de lieu s'y rencontre en la manière que je l'explique dans le troisième de mes discours [17], et avec l'indulgence que j'ai demandée pour le théâtre.

Ce n'est pas que je me flatte assez pour présumer qu'elle soit sans taches. On a fait tant d'objections [18] contre la narration de Laonice au premier acte, qu'il est malaisé de ne donner pas les mains à quelques-unes. Je ne la tiens pas toutefois si inutile qu'on l'a dit. Il est hors de doute que Cléopâtre, dans le second* ferait connaître beaucoup de choses par sa confidence avec cette Laonice, et par le récit qu'elle en fait à ses deux fils, pour leur remettre devant les yeux combien* ils lui ont d'obligation ; mais ces deux scènes demeureraient assez obscures, si cette narration ne les avait précédées, et du moins les justes défiances de Rodogune à la fin du premier acte, et la peinture que Cléopâtre fait d'elle-même dans son monologue qui ouvre le second, n'auraient pu se faire entendre sans ce secours.

J'avoue qu'elle est sans artifice, et qu'on la fait de sang-froid à un personnage protatique, qui se pourrait toutefois justifier par les deux exemples de Térence que j'ai cités sur ce sujet au premier discours [19]. Timagène, qui l'écoute, n'est introduit que pour l'écouter, bien que je l'emploie au cinquième à faire de la mort de Séleucus, qui se pouvait faire par un autre. Il l'écoute sans y avoir aucun intérêt notable, et par simple curiosité d'apprendre ce qu'il pouvait avoir su déjà en la cour d'Égypte, où il était en assez bonne posture, étant gouverneur des neveux du roi, pour entendre des nouvelles assurées de tout ce qui se passait dans la Syrie, qui en est voisine. D'ailleurs, ce qui ne peut recevoir d'excuse, c'est que, comme il y avait déjà quelque temps qu'il était de retour avec les princes, il n'y a pas d'apparence qu'il ait attendu ce grand jour de cérémonie pour s'informer de sa sœur comment se sont passés tous ces troubles, qu'il dit ne savoir que confusément. Pollux, dans *Médée*, n'est qu'un personnage protatique qui écoute sans intérêt comme lui ; mais sa surprise de voir Jason à Corinthe, où il vient d'arriver,* et son séjour en Asie, que la mer en sépare, lui donnent juste sujet d'ignorer ce qu'il en apprend [20]. La narration ne laisse pas de demeurer froide comme celle-ci, parce qu'il ne s'est encore rien passé dans la pièce qui excite la curiosité de l'auditeur, ni qui lui puisse donner quelque émotion en l'écoutant ; mais si vous voulez réfléchir sur celle de Curiace dans l'*Horace*, vous trouverez qu'elle fait tout un autre effet. Camille, qui l'écoute, a intérêt, comme lui, à savoir comment s'est faite une paix dont dépend leur mariage ; et l'auditeur, que Sabine et elle n'ont entretenu que de leurs malheurs et des appréhensions d'une bataille qui se va donner entre deux partis, où elles voient leurs frères dans l'un et leur amour dans l'autre, n'a pas moins d'avidité, qu'elle d'apprendre comment une paix si surprenante s'est pu conclure.

Ces défauts dans cette narration confirment ce que j'ai dit ailleurs [21], que, lorsque la tragédie a son fondement sur des guerres entre deux États, ou sur d'autres affaires publiques, il est très malaisé d'introduire un acteur qui les ignore, et qui puisse recevoir le récit qui en doit instruire les spectateurs en parlant à lui.

J'ai déguisé quelque chose de la vérité historique en celui-ci : Cléopâtre n'épousa Antiochus qu'en haine de ce que son mari avait épousé Rodogune chez les Parthes, et je fais qu'elle ne l'épouse que par la nécessité de ses affaires, sur un faux bruit de la mort de Démétrius, tant pour ne la faire pas méchante sans nécessité, comme Ménélas dans l'*Oreste* d'Euripide, que pour avoir lieu de feindre que Démétrius n'avait pas encore épousé Rodogune, et venait l'épouser dans son royaume, pour la mieux établir en la place de l'autre, par le consentement de ses peuples, et assurer la couronne aux enfants qui naîtraient de ce mariage. Cette fiction m'était absolument nécessaire, afin qu'il fût tué avant que de l'avoir épousée, et que l'amour que ses deux fils ont pour elle ne fît point d'horreur aux spectateurs, qui n'auraient pas manqué d'en prendre une assez forte, s'ils les eussent vus amoureux de la veuve de leur père, tant cette affection incestueuse répugne à nos mœurs !

Cléopâtre a lieu d'attendre ce jour-là à faire confidence à Laonice de ses desseins et des véritables raisons de tout ce qu'elle a fait. Elle eût pu trahir son secret aux princes ou à Rodogune, si elle l'eût su plus tôt, et cette ambitieuse mère ne lui en fait part qu'au moment qu'elle veut bien qu'il éclate, par la cruelle proposition qu'elle va faire à ses fils. On a trouvé celle que Rodogune leur fait à son tour indigne d'une personne vertueuse, comme je la peins, mais on n'a pas considéré qu'elle ne la fait pas, comme Cléopâtre, avec espoir de voir exécuter par les princes, mais seulement pour s'exempter d'en choisir aucun, et les attacher tous deux à sa protection par une espérance égale. Elle était avertie par Laonice de celle que la reine leur avait faite, et devait prévoir que, si elle se fût déclarée pour Antiochus, qu'elle aimait, son ennemie, qui avait seule le secret de leur naissance, n'eût pas manqué de nommer Séleucus pour l'aîné afin de les commettre l'un contre l'autre, et d'exciter * une guerre civile qui eût pu causer sa perte. Ainsi elle devait s'exempter de choisir, pour les contenir tous deux dans l'égalité de prétention, et elle n'en avait point de meilleur moyen que de rappeler le souvenir de ce qu'elle devait à la mémoire de leur père, qui avait perdu la vie pour elle, et leur faire cette proposition qu'elle savait bien qu'ils n'accepteraient pas. Si le traité de paix l'avait forcée à se départir de ce juste sentiment de reconnaissance * la liberté qu'ils lui rendaient la rejetait dans cette obligation. Il était de son devoir de venger cette mort ; mais il était de celui des princes de ne se pas charger de cette vengeance. Elle avoue elle-même à Antiochus qu'elle les haïrait, s'ils lui avaient obéi, que, comme elle a fait ce qu'elle a dû par cette demande, ils font ce qu'ils doivent par leur refus, qu'elle aime trop la vertu pour vouloir être le prix d'un crime, et que la justice qu'elle demande de la mort de leur père serait un parricide, si elle la recevait de leurs mains.

Je dirai plus : quand cette proposition serait tout à fait condamnable en sa bouche, elle mériterait quelque grâce et pour l'éclat que la nouveauté de l'invention a fait au théâtre, et pour l'embarras surprenant où elle jette les princes, et pour l'effet qu'elle produit dans le reste de la pièce qu'elle conduit à l'action historique [22]. Elle est cause que Séleucus, par dépit, renonce au trône et à la possession de cette princesse, que la reine, le voulant animer contre son frère, n'en peut rien obtenir, et qu'enfin elle se résout, par désespoir, de les perdre tous deux, plutôt que de se voir sujette de son ennemie.

Elle commence par Séleucus, tant pour suivre l'ordre de l'histoire, que parce que, s'il fût demeuré en vie après Antiochus et Rodogune, qu'elle voulait empoisonner publiquement, il les aurait pu venger. Elle ne craint pas la même chose d'Antiochus pour son frère, d'autant qu'elle espère que le poison violent qu'elle lui a préparé fera un effet assez prompt pour le faire mourir avant qu'il ait pu rien savoir de cette autre mort,* ou du moins avant qu'il l'en puisse convaincre, puisqu'elle a si bien pris son temps pour l'assassiner que ce parricide n'a point eu de témoins. J'ai parlé d'ailleurs de l'adoucissement que j'ai apporté pour empêcher qu'Antiochus n'en commît un en la forçant de prendre le poison qu'elle lui présente [23], et du peu d'apparence qu'il y avait qu'un moment après qu'elle a expiré presque à sa vue, il parlât d'amour et de mariage à Rodogune [24]. Dans l'état où ils rentrent derrière le théâtre, ils peuvent le résoudre quand ils le jugeront à propos. L'action est complète, puisqu'ils sont hors de péril, et la mort de Séleucus m'a exempté de développer le secret du droit d'aînesse entre les deux frères, qui d'ailleurs n'eût jamais été croyable, ne pouvant être éclairci que par une bouche en qui l'on n'a pas vu assez de sincérité pour prendre aucune assurance sur son témoignage.

LES ACTEURS

CLÉOPATRE, reine de Syrie, veuve de Démétrius Nicanor.

SÉLEUCUS,
ANTIOCHUS, } fils de Démétrius et de Cléopâtre.

RODOGUNE, sœur de Phraates, roi des Parthes.

TIMAGÈNE, gouverneur des deux princes.

ORONTE, ambassadeur de Phraates.

LAONICE, sœur de Timagène, confidente de Cléopâtre.

La scène est à Séleucie, dans le palais royal.

ACTE PREMIER

SCÈNE PREMIÈRE

LAONICE, TIMAGÈNE

LAONICE

Enfin ce jour pompeux, cet heureux jour nous luit,
Qui d'un trouble si long doit dissiper la nuit,
Ce grand jour où l'hymen, étouffant la vengeance,
Entre le Parthe et nous remet l'intelligence,*
Affranchit sa princesse, et nous fait pour jamais
Du motif de la guerre un lien de la paix ;
Ce grand jour est venu, mon frère, où notre reine,
Cessant de plus tenir la couronne incertaine,
Doit rompre aux yeux de tous son silence obstiné,
De deux princes gémeaux nous déclarer l'aîné ;
Et l'avantage seul d'un moment de naissance,
Dont elle a jusqu'ici caché la connaissance,
Mettant au plus heureux le sceptre dans la main,
Va faire l'un sujet, et l'autre souverain.
Mais n'admirez-vous point que cette même reine
Le donne pour époux à l'objet de sa haine,
Et n'en doit faire un roi qu'afin de couronner
Celle que dans les fers elle aimait à gêner ?
Rodogune, par elle en esclave traitée,
Par elle se va voir sur le trône montée,
Puisque celui des deux qu'elle nommera roi
Lui doit donner la main et recevoir sa foi.

TIMAGÈNE

Pour le mieux admirer, trouvez bon, je vous prie,
Que j'apprenne de vous les troubles de Syrie.
J'en ai vu les premiers, et me souviens encor
Des malheureux succès du grand roi Nicanor [1],
Quand, des Parthes vaincus pressant l'adroite fuite,*
Il tomba dans leurs fers au bout de sa poursuite.
Je n'ai pas oublié que cet événement
Du perfide Tryphon fit le soulèvement.
Voyant le roi captif, la reine désolée,
Il crut pouvoir saisir la couronne ébranlée,
Et le sort, favorable à son lâche attentat,
Mit d'abord sous ses lois la moitié de l'État [2].
La reine, craignant tout de ces nouveaux orages,*
En sut mettre à l'abri ses plus précieux gages,

Et, pour n'exposer pas l'enfance de ses fils,
Me les fit chez son frère enlever à Memphis [3].
Là, nous n'avons rien su que de la renommée,
Qui, par un bruit confus diversement semée,
N'a porté jusqu'à nous ces grands renversements*
Que sous l'obscurité de cent déguisements [4].

LAONICE

Sachez donc que Tryphon, après quatre batailles,
Ayant su nous réduire à ces seules murailles,
En forma tôt le siège, et, pour comble d'effroi,
Un faux bruit s'y coula touchant la mort du roi.
Le peuple épouvanté, qui déjà dans son âme
Ne suivait qu'à regret les ordres d'une femme,
Voulut forcer la reine à choisir un époux.*
Que pouvait-elle faire et seule et contre tous ?
Croyant son mari mort, elle épousa son frère.*
L'effet montra soudain ce conseil salutaire.
Le prince Antiochus, devenu nouveau roi,
Sembla de tous côtés traîner l'heur avec soi ; *
La victoire attachée au progrès de ses armes
Sur nos fiers ennemis rejeta nos alarmes ; *
Et la mort de Tryphon dans un dernier combat,
Changeant tout notre sort, lui rendit tout l'État [5].*
Quelque promesse alors qu'il eût faite à la mère
De remettre ses fils au trône de leur père,
Il témoigna si peu de la vouloir tenir,
Qu'elle n'osa jamais les faire revenir.
Ayant régné sept ans, son ardeur militaire *
Ralluma cette guerre où succomba son frère ;
Il attaqua le Parthe, et se crut assez fort
Pour en venger sur lui la prison et la mort.
Jusque dans ses États il lui porta la guerre,
Il s'y fit partout craindre à l'égal du tonnerre,
Il lui donna bataille, où mille beaux exploits... [6]
Je vous achèverai le reste une autre fois,
Un des princes survient.

Elle veut se retirer.

SCÈNE II

ANTIOCHUS, TIMAGÈNE, LAONICE

ANTIOCHUS

Demeurez, Laonice ;
Vous pouvez, comme lui, me rendre un bon office.
Dans l'état où je suis, triste et plein de souci,
Si j'espère beaucoup, je crains beaucoup aussi.
Un seul mot aujourd'hui, maître de ma fortune,
M'ôte ou donne à jamais le sceptre et Rodogune,
Et de tous les mortels ce secret révélé
Me rend le plus content ou le plus désolé.
Je vois dans le hasard tous les biens que j'espère,
Et ne puis être heureux sans le malheur d'un frère,
Mais d'un frère si cher qu'une sainte amitié *

Fait sur moi de ses maux rejaillir la moitié.
Donc pour moins hasarder j'aime mieux moins prétendre,
Et, pour rompre le coup que mon cœur n'ose attendre,
Lui cédant de deux biens le plus brillant aux yeux,
M'assurer de celui qui m'est plus précieux ;
Heureux si, sans attendre un fâcheux droit d'aînesse,
Pour un trône incertain j'en obtiens la princesse,
Et puis par ce partage épargner les soupirs
Qui naîtraient de ma peine ou de ses déplaisirs !
Va le voir de ma part, Timagène, et lui dire
Que pour cette beauté je lui cède l'empire,
Mais porte-lui si haut la douceur de régner,
Qu'à cet éclat du trône il se laisse gagner,
Qu'il s'en laisse éblouir jusqu'à ne pas connaître
A quel prix je consens de l'accepter pour maître.

Timagène s'en va, et le prince continue à parler à Laonice.

Et vous, en ma faveur voyez ce cher objet,
Et tâchez d'abaisser ses yeux sur un sujet
Qui peut-être aujourd'hui porterait la couronne,
S'il n'attachait les siens à sa seule personne,*
Et ne la préférait à cet illustre rang
Pour qui les plus grands cœurs prodiguent tout leur sang.

Timagène rentre sur le théâtre.

TIMAGÈNE

Seigneur, le prince vient, et votre amour lui-même
Lui peut sans interprète offrir le diadème.

ANTIOCHUS

Ah ! Je tremble, et la peur d'un trop juste refus
Rend ma langue muette et mon esprit confus.

SCÈNE III

SÉLEUCUS, ANTIOCHUS, TIMAGÈNE, LAONICE

SÉLEUCUS

Vous puis-je en confiance expliquer ma pensée ? *

ANTIOCHUS

Parlez, notre amitié par ce doute est blessée.

SÉLEUCUS

Hélas ! C'est le malheur que je crains aujourd'hui.
L'égalité, mon frère, en est le ferme appui,
C'en est le fondement, la liaison, le gage,
Et, voyant d'un côté tomber tout l'avantage,
Avec juste raison je crains qu'entre nous deux
L'égalité rompue en rompe les doux nœuds,*
Et que ce jour fatal à l'heur de notre vie
Jette sur l'un de nous trop de honte ou d'envie.

ANTIOCHUS

Comme nous n'avons eu jamais qu'un sentiment,
Cette peur me touchait, mon frère, également,
Mais, si vous le voulez, j'en sais bien le remède.

SÉLEUCUS

Si je le veux ! Bien plus, je l'apporte et vous cède
Tout ce que la couronne a de charmant en soi.
Oui, seigneur, car je parle à présent à mon roi,
Pour le trône cédé, cédez-moi Rodogune,*
Et je n'envierai point votre haute fortune.
Ainsi notre destin n'aura rien de honteux,
Ainsi notre bonheur n'aura rien de douteux,
Et nous mépriserons ce faible droit d'aînesse,
Vous, satisfait du trône, et moi, de la princesse.

ANTIOCHUS

Hélas !

SÉLEUCUS

Recevez-vous l'offre avec déplaisir ?

ANTIOCHUS

Pouvez-vous nommer offre une ardeur de choisir,*
Qui, de la même main qui me cède un empire,
M'arrache un bien plus grand, et le seul où j'aspire ?

SÉLEUCUS

Rodogune ?

ANTIOCHUS

Elle-même, ils en sont les témoins.

SÉLEUCUS

Quoi ! L'estimez-vous tant ?

ANTIOCHUS

Quoi ! L'estimez-vous moins ?

SÉLEUCUS

Elle vaut bien un trône, il faut que je le die.

ANTIOCHUS

Elle vaut à mes yeux tout ce qu'en a l'Asie.*

SÉLEUCUS

Vous l'aimez donc, mon frère ?

ANTIOCHUS

Et vous l'aimez aussi [7] ;
C'est là tout mon malheur, c'est là tout mon souci.
J'espérais que l'éclat dont le trône se pare *
Toucherait vos désirs plus qu'un objet si rare,
Mais aussi bien qu'à moi son prix vous est connu,
Et dans ce juste choix vous m'avez prévenu.
Ah ! Déplorable prince !

SÉLEUCUS

Ah ! Destin trop contraire !

ANTIOCHUS

Que ne ferais-je point contre un autre qu'un frère !

SÉLEUCUS

O mon cher frère ! O nom pour un rival trop doux !
Que ne ferais-je point contre un autre que vous !

ANTIOCHUS

Où nous vas-tu réduire, amitié fraternelle ?

SÉLEUCUS

Amour, qui doit ici vaincre de vous ou d'elle ?

ANTIOCHUS

L'amour, l'amour doit vaincre, et la triste amitié
Ne doit être à tous deux qu'un objet de pitié.
Un grand cœur cède un trône, et le cède avec gloire :
Cet effort de vertu couronne sa mémoire,
Mais lorsqu'un digne objet a pu nous enflammer,
Qui le cède est un lâche, et ne sait pas aimer.
De tous deux Rodogune a charmé le courage ;
Cessons par trop d'amour de lui faire un outrage ;
Elle doit épouser, non pas vous, non pas moi,
Mais de moi, mais de vous, quiconque sera roi.
La couronne entre nous flotte encore incertaine,
Mais sans incertitude elle doit être reine [8].
Cependant, aveuglés dans notre vain projet,*
Nous la faisions tous deux la femme d'un sujet !
Régnons, l'ambition ne peut être que belle,
Et pour elle quittée, et reprise pour elle,
Et ce trône, où tous deux nous osions renoncer,
Souhaitons-le tous deux, afin de l'y placer ;
C'est dans notre destin le seul conseil à prendre ;
Nous pouvons nous en plaindre, et nous devons l'attendre.

SÉLEUCUS

Il faut encor plus faire, il faut qu'en ce grand jour
Notre amitié triomphe aussi bien que l'amour.
Ces deux sièges fameux de Thèbes et de Troie,
Qui mirent l'une en sang, l'autre aux flammes en proie,*
N'eurent pour fondements à leurs maux infinis
Que ceux que contre nous le sort a réunis.
Il sème entre nous deux toute la jalousie
Qui dépeupla la Grèce et saccagea l'Asie ;
Un même espoir du sceptre est permis à tous deux ; *
Pour la même beauté nous faisons mêmes vœux.
Thèbes périt pour l'un, Troie a brûlé pour l'autre.
Tout va choir en ma main ou tomber en la vôtre.*
En vain notre amitié tâchait à partager ; *
Et si j'ose tout dire, un titre assez léger,
Un droit d'aînesse obscur, sur la foi d'une mère,
Va combler l'un de gloire, et l'autre de misère.

Que de sujets de plainte en ce double intérêt
Aura le malheureux contre un si faible arrêt !
Que de sources de haine ! Hélas ! Jugez le reste,
Craignez-en avec moi l'événement funeste,
Ou plutôt avec moi faites un digne effort
Pour armer votre cœur contre un si triste sort.
Malgré l'éclat du trône et l'amour d'une femme,
Faisons si bien régner l'amitié sur notre âme
Qu'étouffant dans leur perte un regret suborneur,
Dans le bonheur d'un frère on trouve son bonheur [9].
Ainsi ce qui jadis perdit Thèbes et Troie
Dans nos cœurs mieux unis ne versera que joie ;
Ainsi notre amitié, triomphante à son tour,
Vaincra la jalousie en cédant à l'amour,
Et de notre destin bravant l'ordre barbare.
Trouvera des douceurs aux maux qu'il nous prépare.

ANTIOCHUS

Le pourrez-vous, mon frère ?

SÉLEUCUS

Ah ! Que vous me pressez !
Je le voudrais du moins, mon frère, et c'est assez,
Et ma raison sur moi gardera tant d'empire,
Que je désavouerai mon cœur s'il en soupire.

ANTIOCHUS

J'embrasse comme vous ces nobles sentiments,*
Mais allons leur donner le secours des serments,
Afin qu'étant témoins de l'amitié jurée
Les dieux contre un tel coup assurent sa durée.

SÉLEUCUS

Allons, allons l'étreindre au pied de leurs autels
Par des liens sacrés et des nœuds immortels.

SCÈNE IV

LAONICE, TIMAGÈNE

LAONICE

Peut-on plus dignement mériter la couronne ?

TIMAGÈNE

Je ne suis point surpris de ce qui vous étonne ;
Confident de tous deux, prévoyant leur douleur,
J'ai prévu leur constance, et j'ai plaint leur malheur.
Mais, de grâce, achevez l'histoire commencée.*

LAONICE

Pour la reprendre donc où nous l'avons laissée,
Les Parthes, au combat par les nôtres forcés,
Tantôt presque vainqueurs, tantôt presque enfoncés,

Sur l'une et l'autre armée également heureuse,
Virent longtemps voler la victoire douteuse ;
Mais la fortune enfin se tourna contre nous,
Si bien qu'Antiochus, percé de mille coups,
Près de tomber aux mains d'une troupe ennemie,
Lui voulut dérober les restes de sa vie,
Et préférant aux fers la gloire de périr,
Lui-même par sa main acheva de mourir [10].
La reine ayant appris cette triste nouvelle,
En reçut tôt après une autre plus cruelle :
Que Nicanor vivait, que, sur un faux rapport,
De ce premier époux elle avait cru la mort,
Que, piqué jusqu'au vif contre son hyménée,
Son âme à l'imiter s'était déterminée,
Et que, pour s'affranchir des fers de son vainqueur,
Il allait épouser la princesse sa sœur [11].
C'est cette Rodogune où l'un et l'autre frère
Trouve encor les appas qu'avait trouvés leur père [12]. *
La reine envoie en vain pour se justifier ;
On a beau la défendre, on a beau le prier,
On ne rencontre en lui qu'un juge inexorable,
Et son amour nouveau la veut croire coupable : *
Son erreur est un crime ; et, pour l'en punir mieux,
Il veut même épouser Rodogune à ses yeux,
Arracher de son front le sacré diadème
Pour ceindre une autre tête en sa présence même,
Soit qu'ainsi sa vengeance eût plus d'indignité,
Soit qu'ainsi cet hymen eût plus d'autorité,
Et qu'il assurât mieux par cette barbarie
Aux enfants qui naîtraient le trône de Syrie [13].
Mais tandis qu'animé de colère et d'amour
Il vient déshériter ses fils par son retour,
Et qu'un gros escadron de Parthes pleins de joie
Conduit ces deux amants et court comme à la proie,
La reine, au désespoir de n'en rien obtenir,
Se résout de se perdre ou de le prévenir [14].
Elle oublie un mari qui veut cesser de l'être,
Qui ne veut plus la voir qu'en implacable maître ;*
Et, changeant à regret son amour en horreur,
Elle abandonne tout à sa juste fureur.
Elle-même leur dresse une embûche au passage,*
Se mêle dans les coups, porte partout sa rage,
En pousse jusqu'au bout les furieux effets.
Que vous dirai-je enfin ? Les Parthes sont défaits ;
Le roi meurt, et, dit-on, par la main de la reine [15] ;
Rodogune captive est livrée à sa haine.
Tous les maux qu'un esclave endure dans les fers,
Alors sans moi, mon frère, elle les eût soufferts.
La reine, à la gêner [16] prenant mille délices,
Ne commentait qu'à moi l'ordre de ses supplices,
Mais, quoi que m'ordonnât cette âme toute en feu,
Je promettais beaucoup, et j'exécutais peu [17].
Le Parthe cependant en jure la vengeance ;
Sur nous à main armée il fond en diligence,
Nous surprend, nous assiège, et fait un tel effort,

Que, la ville aux abois, on lui parle d'accord.
Il veut fermer l'oreille, enflé de l'avantage,
Mais voyant parmi nous Rodogune en otage,
Enfin il craint pour elle et nous daigne écouter,
Et c'est ce qu'aujourd'hui l'on doit exécuter.
La reine de l'Égypte a rappelé nos princes
Pour remettre à l'aîné son trône et ses provinces.
Rodogune a paru, sortant de sa prison,
Comme un soleil levant dessus notre horizon.
Le Parthe a décampé, pressé par d'autres guerres
Contre l'Arménien qui ravage ses terres ; *
D'un ennemi cruel il s'est fait notre appui ;
La paix finit la haine, et, pour comble aujourd'hui,
Dois-je dire de bonne ou mauvaise fortune ?
Nos deux princes tous deux adorent Rodogune [18].

TIMAGÈNE

Sitôt qu'ils ont paru tous deux en cette cour,*
Ils ont vu Rodogune, et j'ai vu leur amour ;
Mais comme étant rivaux nous les trouvons à plaindre,
Connaissant leur vertu je n'en vois rien à craindre.
Pour vous qui gouvernez cet objet de leurs vœux...

LAONICE

Et n'ai point encor vu qu'elle aime aucun des deux...*

TIMAGÈNE

Vous me trouvez mal propre à cette confidence,
Et peut-être à dessein je la vois qui s'avance.
Adieu, je dois au rang qu'elle est prête à tenir
Du moins la liberté de vous entretenir.

SCÈNE V

RODOGUNE, LAONICE

RODOGUNE

Je ne sais quel malheur aujourd'hui me menace,
Et coule dans ma joie une secrète glace ;
Je tremble, Laonice, et te voulais parler,
Ou pour chasser ma crainte ou pour m'en consoler.

LAONICE

Quoi ! Madame, en ce jour pour vous si plein de gloire ?

RODOGUNE

Ce jour m'en promet tant que j'ai peine à tout croire.
La fortune me traite avec trop de respect,
Et le trône et l'hymen, tout me devient suspect.
L'hymen semble à mes yeux cacher quelque supplice,
Le trône sous mes pas creuser un précipice ;
Je vois de nouveaux fers après les miens brisés,
Et je prends tout ces biens pour des maux déguisés :
En un mot, je crains tout de l'esprit de la reine.

LAONICE

La paix qu'elle a jurée en a calmé la haine.

RODOGUNE

La haine entre les grands se calme rarement ;
La paix souvent n'y sert que d'un amusement ;
Et, dans l'État où j'entre, à te parler sans feinte,
Elle a lieu de me craindre, et je crains cette crainte.
Non qu'enfin je ne donne au bien des deux États*
Ce que j'ai dû de haine à de tels attentats ;
J'oublie et pleinement toute mon aventure,
Mais une grande offense est de cette nature,
Que toujours son auteur impute à l'offensé
Un vif ressentiment dont il le croit blessé [19],
Et, quoique en apparence on les réconcilie,
Il le craint, il le hait, et jamais ne s'y fie,
Et, toujours alarmé de cette illusion,
Sitôt qu'il peut le perdre il prend l'occasion [20] :
Telle est pour moi la reine.

LAONICE

Ah ! Madame, je jure
Que par ce faux soupçon vous lui faites injure.
Vous devez oublier un désespoir jaloux
Où força son courage un infidèle époux.
Si, teinte de son sang et toute furieuse,
Elle vous traita lors en rivale odieuse,
L'impétuosité d'un premier mouvement
Engageait sa vengeance à ce dur traitement ;
Il fallait un prétexte à vaincre sa colère,*
Il y fallait du temps, et, pour ne vous rien taire,
Quand je me dispensais à lui mal obéir,
Quand en votre faveur je semblais la trahir,
Peut-être qu'en son cœur plus douce et repentie
Elle en dissimulait la meilleure partie,
Que, se voyant tromper, elle fermait les yeux,
Et qu'un peu de pitié la satisfaisait mieux.*
A présent que l'amour succède à la colère,
Elle ne vous voit plus qu'avec des yeux de mère,
Et si de cet amour je la voyais sortir,
Je jure de nouveau de vous en avertir ;
Vous savez comme quoi je vous suis tout acquise.
Le roi souffrirait-il d'ailleurs quelque surprise ?

RODOGUNE

Qui que ce soit des deux qu'on couronne aujourd'hui,
Elle sera sa mère, et pourra tout sur lui.

LAONICE

Qui que ce soit des deux, je sais qu'il vous adore ;
Connaissant leur amour, pouvez-vous craindre encore ?

RODOGUNE

Oui, je crains leur hymen, et d'être à l'un des deux.

LAONICE

Quoi ! Sont-ils des sujets indignes de vos feux ?

RODOGUNE

Comme ils ont même sang avec pareil mérite,*
Un avantage égal pour eux me sollicite,
Mais il est malaisé, dans cette égalité,*
Qu'un esprit combattu ne penche d'un côté.
Il est des nœuds secrets, il est des sympathies,
Dont par le doux rapport les âmes assorties
S'attachent l'une à l'autre, et se laissent piquer
Par ces je ne sais quoi qu'on ne peut expliquer.
C'est par là que l'un d'eux obtient la préférence ;
Je crois voir l'autre encore avec indifférence,
Mais cette indifférence est une aversion,
Lorsque je la compare avec ma passion.
Étrange effet d'amour ! Incroyable chimère !
Je voudrais être à lui si je n'aimais son frère,
Et le plus grand des maux toutefois que je crains,
C'est que mon triste sort me livre entre ses mains.

LAONICE

Ne pourrais-je servir une si belle flamme ?

RODOGUNE

Ne crois pas en tirer le secret de mon âme.
Quelque époux que le ciel veuille me destiner,*
C'est à lui pleinement que je veux me donner.*
De celui que je crains, si je suis le partage,*
Je saurai l'accepter avec même visage ;
L'hymen me le rendra précieux à son tour,
Et le devoir fera ce qu'aurait fait l'amour,
Sans crainte qu'on reproche à mon humeur forcée
Qu'un autre qu'un mari règne sur ma pensée.*

LAONICE

Vous craignez que ma foi vous l'ose reprocher ?

RODOGUNE

Que ne puis-je à moi-même aussi bien le cacher !

LAONICE

Quoi que vous me cachiez, aisément je devine,
Et, pour vous dire enfin ce que je m'imagine,
Le prince...

RODOGUNE

Garde-toi de nommer mon vainqueur :
Ma rougeur trahirait les secrets de mon cœur,
Et je te voudrais mal de cette violence
Que ta dextérité ferait à mon silence ;
Même, de peur qu'un mot par hasard échappé
Te fasse voir ce cœur et quels traits l'ont frappé,
Je romps un entretien dont la suite me blesse.
Adieu, mais souviens-toi que c'est sur ta promesse

Que mon esprit reprend quelque tranquillité.

LAONICE

Madame, assurez-vous sur ma fidélité.

ACTE II

SCÈNE PREMIÈRE

CLÉOPATRE

Serments fallacieux, salutaire contrainte,
Que m'imposa la force et qu'accepta ma crainte,
Heureux déguisements d'un immortel courroux,
Vains fantômes d'État, évanouissez-vous !
Si d'un péril pressant la terreur vous fit naître,
Avec ce péril même il vous faut disparaître,*
Semblables à ces vœux dans l'orage formés,
Qu'efface un prompt oubli quand les flots sont calmés.
Et vous, qu'avec tant d'art cette feinte a voilée,
Recours des impuissants, haine dissimulée,
Digne vertu des rois, noble secret de cour,
Éclatez, il est temps, et voici notre jour.
Montrons-nous toutes deux, non plus comme sujettes,
Mais telle que je suis et telle que vous êtes.
Le Parthe est éloigné, nous pouvons tout oser ;
Nous n'avons rien à craindre, et rien à déguiser.
Je hais, je règne encor. Laissons d'illustres marques
En quittant, s'il le faut, ce haut rang des monarques ;
Faisons-en avec gloire un départ éclatant,
Et rendons-le funeste à celle qui l'attend.
C'est encor, c'est encor cette même ennemie
Qui cherchait ses honneurs dedans mon infamie,
Dont la haine à son tour croit me faire la loi,
Et régner par mon ordre et sur vous et sur moi.
Tu m'estimes bien lâche, imprudente rivale,
Si tu crois que mon cœur jusque-là se ravale,
Qu'il souffre qu'un hymen qu'on t'a promis en vain
Te mette ta vengeance et mon sceptre à la main.
Vois jusqu'où m'emporta l'amour du diadème,
Vois quel sang il me coûte, et tremble pour toi-même ;
Tremble, te dis-je, et songe en dépit du traité,*
Que pour t'en faire un don, je l'ai trop acheté [21].

SCÈNE II

CLÉOPATRE, LAONICE

CLÉOPATRE

Laonice, vois-tu que le peuple s'apprête
Au pompeux appareil de cette grande fête ?

LAONICE

La joie en est publique, et les princes tous deux*
Des Syriens ravis emportent tous les vœux ;
L'un et l'autre fait voir un mérite si rare,
Que le souhait confus entre les deux s'égare,
Et ce qu'en quelques-uns on voit d'attachement
N'est qu'un faible ascendant d'un premier mouvement.
Ils penchent d'un côté, prêts à tomber de l'autre ;
Leur choix pour s'affermir attend encor le vôtre,
Et de celui qu'ils font ils sont si peu jaloux,
Que votre secret su les réunira tous.

CLÉOPATRE

Sais-tu que mon secret n'est pas ce que l'on pense ?

LAONICE

J'attends avec eux tous celui de leur naissance.

CLÉOPATRE

Pour un esprit de cour, et nourri chez les grands,
Tes yeux dans leurs secrets sont bien peu pénétrants.
Apprends, ma confidente, apprends à me connaître.
Si je cache en quel rang le ciel les a fait naître,
Vois, vois que, tant que l'ordre en demeure douteux,
Aucun des deux ne règne, et je règne pour eux ;
Quoique ce soit un bien que l'un et l'autre attende,
De crainte de le perdre aucun ne le demande ;
Cependant je possède, et leur droit incertain
Me laisse avec leur sort leur sceptre dans la main :
Voilà mon grand secret. Sais-tu par quel mystère
Je les laissais tous deux en dépôt chez mon frère [22] ?

LAONICE

J'ai cru qu'Antiochus les tenait éloignés
Pour jouir des États qu'il avait regagnés.

CLÉOPATRE

Il occupait leur trône, et craignait leur présence,
Et cette juste crainte assurait ma puissance.
Mes ordres en étaient de point en point suivis,
Quand je les menaçais du retour de mes fils ;
Voyant ce foudre prêt à suivre ma colère,
Quoi qu'il me plût oser, il n'osait me déplaire,
Et content malgré lui du vain titre de roi,
S'il régnait au lieu d'eux, ce n'était que sous moi.
Je te dirai bien plus. Sans violence aucune
J'aurais vu Nicanor épouser Rodogune,
Si, content de lui plaire et de me dédaigner,*
Il eût vécu chez elle en me laissant régner.
Son retour me fâchait plus que son hyménée,
Et j'aurais pu l'aimer s'il ne l'eût couronnée.
Tu vis comme il y fit des efforts superflus ;
Je fis beaucoup alors, et ferais encor plus
S'il était quelque voie, infâme ou légitime,
Que m'enseignât la gloire, ou que m'ouvrît le crime,

Qui me pût conserver un bien que j'ai chéri
Jusqu'à verser pour lui tout le sang d'un mari.
Dans l'état pitoyable où m'en réduit la suite,
Délices de mon cœur, il faut que je te quitte ;
On m'y force, il le faut, mais on verra quel fruit
En recevra bientôt celle qui m'y réduit.*
L'amour que j'ai pour toi tourne en haine pour elle :
Autant que l'un fut grand, l'autre sera cruelle,
Et puisqu'en te perdant j'ai sur qui m'en venger,
Ma perte est supportable, et mon mal est léger.

LAONICE

Quoi ! Vous parlez encor de vengeance et de haine
Pour celle dont vous-même allez faire une reine !

CLÉOPATRE

Quoi ! Je ferais un roi pour être son époux,
Et m'exposer aux traits de son juste courroux !
N'apprendras-tu jamais, âme basse et grossière,
A voir par d'autres yeux que les yeux du vulgaire ?
Toi qui connais ce peuple, et sais qu'aux champs de Mars
Lâchement d'une femme, il suit les étendards,
Que, sans Antiochus, Tryphon m'eût dépouillée,
Que sous lui son ardeur fut soudain réveillée,
Ne saurais-tu juger que si je nomme un roi,
C'est pour le commander, et combattre pour moi ?
J'en ai le choix en main avec le droit d'aînesse,
Et puisqu'il en faut faire une aide à ma faiblesse,
Que la guerre sans lui ne peut se rallumer,*
J'userai bien du droit que j'ai de le nommer.
On ne montera point au rang dont je dévale,*
Qu'en épousant ma haine au lieu de ma rivale ;
Ce n'est qu'en me vengeant qu'on me le peut ravir,
Et je ferai régner qui me voudra servir.

LAONICE

Je vous connaissais mal.

CLÉOPATRE

Connais-moi tout entière.
Quand je mis Rodogune en tes mains prisonnière,
Ce ne fut ni pitié, ni respect de son rang
Qui m'arrêta le bras, et conserva son sang.
La mort d'Antiochus me laissait sans armée,
Et d'une troupe en hâte à me suivre animée,
Beaucoup dans ma vengeance ayant fini leurs jours,
M'exposaient à son frère, et faible et sans secours.
Je me voyais perdue à moins d'un tel otage ;
Il vint, et sa fureur craignit pour ce cher gage ;
Il m'imposa des lois, exigea des serments,
Et moi, j'accordai tout pour obtenir du temps.
Le temps est un trésor plus grand qu'on ne peut croire ;
J'en obtins, et je crus obtenir la victoire.
J'ai pu reprendre haleine, et sous de faux apprêts...

Mais voici mes deux fils que j'ai mandés exprès ;
Écoute, et tu verras quel est cet hyménée
Où se doit terminer cette illustre journée.

SCÈNE III

CLÉOPATRE, ANTIOCHUS, SÉLEUCUS, LAONICE

CLÉOPATRE

Mes enfants, prenez place. Enfin voici le jour
Si doux à mes souhaits, si cher à mon amour,*
Où je puis voir briller sur une de vos têtes
Ce que j'ai conservé parmi tant de tempêtes,
Et vous remettre un bien, après tant de malheurs,
Qui m'a coûté pour vous tant de soins et pleurs.
Il peut vous souvenir quelles furent mes larmes *
Quand Tryphon me donna de si rudes alarmes,
Que, pour ne vous pas voir exposés à ses coups,*
Il fallut me résoudre à me priver de vous.
Quelles peines depuis, grands dieux, n'ai-je souffertes !
Chaque jour redoubla mes douleurs et mes pertes.
Je vis votre royaume entre ces murs réduit ;
Je crus mort votre père ; et sur un si faux bruit
Le peuple mutiné voulut avoir un maître.
J'eus beau le nommer lâche, ingrat, parjure, traître,
Il fallut satisfaire à son brutal désir,
Et de peur, qu'il en prît, il m'en fallut choisir.*
Pour vous sauver l'État que n'eussé-je pu faire ?
Je choisis un époux avec des yeux de mère,
Votre oncle Antiochus, et j'espérai qu'en lui
Votre trône tombant trouverait un appui,
Mais à peine son bras en relève la chute,*
Que par lui de nouveau le sort me persécute,
Maître de votre État par sa valeur sauvé,
Il s'obstine à remplir ce trône relevé ;
Qui lui parle de vous attire sa menace.
Il n'a défait Tryphon que pour prendre sa place,
Et de dépositaire et de libérateur
Il s'érige en tyran et lâche usurpateur.
Sa main l'en a puni : pardonnons à son ombre ;
Aussi bien en un seul voici des maux sans nombre.
Nicanor votre père, et mon premier époux...
Mais pourquoi lui donner encor des noms si doux,
Puisque, l'ayant cru mort, il sembla ne revivre
Que pour s'en dépouiller afin de nous poursuivre ?*
Passons ; je ne me puis souvenir sans trembler
Du coup dont j'empêchai qu'il nous pût accabler ;
Je ne sais s'il est digne ou d'horreur ou d'estime,
S'il plut aux dieux ou non, s'il fut justice ou crime,
Mais, soit crime ou justice, il est certain, mes fils,
Que mon amour pour vous fit tout ce que je fis.
Ni celui des grandeurs, ni celui de la vie
Ne jeta dans mon cœur cette aveugle furie.

J'étais lasse d'un trône où d'éternels malheurs
Me comblaient chaque jour de nouvelles douleurs.
Ma vie est presque usée, et ce reste inutile
Chez mon frère avec vous trouvait un sûr asile.
Mais voir, après douze ans et de soins et de maux,
Un père vous ôter le fruit de mes travaux !
Mais voir votre couronne après lui destinée
Aux enfants qui naîtraient d'un second hyménée [23] !
A cette indignité je ne connus plus rien ;
Je me crus tout permis pour garder votre bien.*
Recevez donc, mes fils, de la main d'une mère,*
Un trône racheté par le malheur d'un père.
Je crus qu'il fit lui-même un crime en vous l'ôtant,
Et si j'en ai fait un en vous le rachetant,
Daigne du juste ciel la bonté souveraine,
Vous en laissant le fruit, m'en réserver la peine,
Ne lancer que sur moi les foudres mérités*
Et n'épandre sur vous que des prospérités [24] !

ANTIOCHUS

Jusques ici, madame, aucun ne met en doute
Les longs et grands travaux que notre amour vous coûte,
Et nous croyons tenir des soins de cette amour*
Ce doux espoir du trône aussi bien que le jour ;
Le récit nous en charme, et nous fait mieux comprendre
Quelles grâces tous deux nous vous en devons rendre.
Mais afin qu'à jamais nous les puissions bénir,
Épargnez le dernier à notre souvenir ;
Ce sont fatalités dont l'âme embarrassée
A plus qu'elle ne veut se voit souvent forcée [25].
Sur les noires couleurs d'un si triste tableau
Il faut passer l'éponge, ou tirer le rideau ;
Un fils est criminel quand il les examine,
Et quelque suite enfin que le ciel y destine,
J'en rejette l'idée, et crois qu'en ces malheurs
Le silence ou l'oubli nous sied mieux que les pleurs.
Nous attendons le sceptre avec même espérance,
Mais, si nous l'attendons, c'est sans impatience.
Nous pouvons sans régner vivre tous deux contents ;
C'est le fruit de vos soins, jouissez-en longtemps :
Il tombera sur nous quand vous en serez lasse ;
Nous le recevrons lors de bien meilleure grâce ;*
Et l'accepter si tôt semble nous reprocher
De n'être revenus que pour vous l'arracher.

SÉLEUCUS

J'ajouterai, madame, à ce qu'a dit mon frère
Que, bien qu'avec plaisir et l'un et l'autre espère,
L'ambition n'est pas notre plus grand désir.
Régnez, nous le verrons tous deux avec plaisir ;*
Et c'est bien la raison que pour tant de puissance
Nous vous rendions du moins un peu d'obéissance,
Et que celui de nous dont le ciel a fait choix
Sous votre illustre exemple apprenne l'art des rois.

CLÉOPATRE

Dites tout, mes enfants : vous fuyez la couronne,
Non que son trop d'éclat ou son poids vous étonne ;
L'unique fondement de cette aversion,
C'est la honte attachée à sa possession.
Elle passe à vos yeux pour la même infamie,
S'il faut la partager avec notre ennemie,*
Et qu'un indigne hymen la fasse retomber
Sur celle qui venait pour vous la dérober.
O nobles sentiments d'une âme généreuse !
O fils vraiment mes fils ! O mère trop heureuse !
Le sort de votre père enfin est éclairci ;
Il était innocent, et je puis l'être aussi ;
Il vous aima toujours et ne fut mauvais père
Que charmé par la sœur ou forcé par le frère,
Et dans cette embuscade où son effort fut vain,
Rodogune, mes fils, le tua par ma main.
Ainsi de cet amour la fatale puissance *
Vous coûte votre père, à moi mon innocence ;
Et si ma main pour vous n'avait tout attenté,
L'effet de cette amour vous aurait tout coûté.
Ainsi vous me rendrez l'innocence et l'estime,
Lorsque vous punirez la cause de mon crime.
De cette même main qui vous a tout sauvé,
Dans son sang odieux je l'aurais bien lavé ;
Mais comme vous aviez votre part aux offenses,
Je vous ai réservé votre part aux vengeances ;
Et, pour ne tenir plus en suspens vos esprits,
Si vous voulez régner, le trône est à ce prix [26].
Entre deux fils que j'aime avec même tendresse
Embrasser ma querelle est le seul droit d'aînesse :
La mort de Rodogune en nommera l'aîné [27].
Quoi ! Vous montrez tous deux un visage étonné !
Redoutez-vous son frère ? Après la paix infâme
Que même en la jurant je détestais dans l'âme,
J'ai fait lever des gens par des ordres secrets
Qu'à vous suivre en tous lieux vous trouverez tous prêts,
Et tandis qu'il fait tête aux princes d'Arménie,
Nous pouvons sans péril briser sa tyrannie.
Qui vous fait donc pâlir à cette juste loi ?
Est-ce pitié pour elle ? Est-ce haine pour moi ?
Voulez-vous l'épouser afin qu'elle me brave,
Et mettre mon destin aux mains de mon esclave ?
Vous ne répondez point ! Allez, enfants, ingrats,
Pour qui je crus en vain conserver ces États.
J'ai fait votre oncle roi, j'en ferai bien un autre,
Et mon nom peut encore ici plus que le vôtre.

SÉLEUCUS

Mais, madame, voyez que pour premier exploit...*

CLÉOPATRE

Mais que chacun de vous pense à ce qu'il me doit.
Je sais bien que le sang qu'à vos mains je demande
N'est pas le digne essai d'une valeur bien grande,

Mais si vous me devez et le sceptre et le jour,
Ce doit être envers moi le sceau de votre amour.
Sans ce gage ma haine à jamais s'en défie ;
Ce n'est qu'en m'imitant que l'on me justifie.
Rien ne vous sert ici de faire les surpris ;
Je vous le dis encor, le trône est à ce prix [28] ;
Je puis en disposer comme de ma conquête ;
Point d'aîné, point de roi, qu'en m'apportant sa tête,
Et puisque mon seul choix vous y peut élever,
Pour jouir de mon crime il le faut achever.

SCÈNE IV

SÉLEUCUS, ANTIOCHUS

SÉLEUCUS

Est-il une constance à l'épreuve du foudre
Dont ce cruel arrêt met notre espoir en poudre ?

ANTIOCHUS

Est-il un coup de foudre à comparer aux coups
Que ce cruel arrêt vient de lancer sur nous ?

SÉLEUCUS

O haines, ô fureurs, dignes d'une Mégère !
O femme que je n'ose appeler encor mère [29] !
Après que tes forfaits ont régné pleinement,
Ne saurais-tu souffrir qu'on règne innocemment ?
Quels attraits penses-tu qu'ait pour nous la couronne,
S'il faut qu'un crime égal par ta main nous la donne ?
Et de quelles horreurs nous doit-elle combler,
Si pour monter au trône il faut te ressembler ?

ANTIOCHUS

Gardons plus de respect aux droits de la nature,
Et n'imputons qu'au sort notre triste aventure ;
Nous le nommions cruel, mais il nous était doux
Quand il ne nous donnait à combattre que nous.
Confidents tout ensemble et rivaux l'un de l'autre,
Nous ne concevions point de mal pareil au nôtre ;
Cependant, à nous voir l'un de l'autre rivaux,
Nous ne concevions pas la moitié de nos maux.

SÉLEUCUS

Une douleur si sage et si respectueuse,
Ou n'est guère sensible, ou guère impétueuse,
Et c'est en de tels maux avoir l'esprit bien fort
D'en connaître la cause, et l'imputer au sort.
Pour moi, je sens les miens avec plus de faiblesse ;
Plus leur cause m'est chère, et plus l'effet m'en blesse ;
Non que pour m'en venger j'ose entreprendre rien ;
Je donnerais encor tout mon sang pour le sien.
Je sais ce que je dois, mais dans cette contrainte,
Si je retiens mon bras, je laisse aller ma plainte,

Et j'estime qu'au point qu'elle nous a blessés
Qui ne fait que s'en plaindre a du respect assez.
Voyez-vous bien quel est le ministère infâme
Qu'ose exiger de nous la haine d'une femme ?
Voyez-vous qu'aspirant à des crimes nouveaux,
De deux princes ses fils elle fait ses bourreaux ?
Si vous pouvez le voir, pouvez-vous vous en taire ?

ANTIOCHUS

Je vois bien plus encor, je vois qu'elle est ma mère ;
Et plus je vois son crime indigne de ce rang,
Plus je lui vois souiller la source de mon sang.
J'en sens de ma douleur croître la violence,
Mais ma confusion m'impose le silence,
Lorsque dans ses forfaits sur nos fronts imprimés
Je vois les traits honteux dont nous sommes formés.
Je tâche à cet objet d'être aveugle ou stupide ;
J'ose me déguiser jusqu'à son parricide ;
Je me cache à moi-même un excès de malheur
Où notre ignominie égale ma douleur,
Et, détournant les yeux d'une mère cruelle,
J'impute tout au sort qui m'a fait naître d'elle.
Je conserve pourtant encore un peu d'espoir :
Elle est mère, et le sang a beaucoup de pouvoir,
Et le sort l'eût-il faite encor plus inhumaine,
Une larme d'un fils peut amollir sa haine.*

SÉLEUCUS

Ah ! Mon frère, l'amour n'est guère véhément*
Pour des fils élevés dans un bannissement,
Et qu'ayant fait nourrir presque dans l'esclavage,
Elle n'a rappelés que pour servir sa rage.
De ses pleurs tant vantés je découvre le fard :
Nous avons en son cœur, vous et moi, peu de part ;
Elle fait bien sonner ce grand amour de mère,
Mais elle seule enfin s'aime et se considère ;
Et, quoi que nous étale un langage si doux,
Elle a tout fait pour elle, et n'a rien fait pour nous.
Ce n'est qu'un faux amour que la haine domine ;
Nous ayant embrassés, elle nous assassine,
En veut au cher objet dont nous sommes épris,
Nous demande son sang, met le trône à ce prix,
Ce n'est plus de sa main qu'il nous le faut attendre ;
Il est, il est à nous, si nous osons le prendre.
Notre révolte ici n'a rien que d'innocent ;*
Il est à l'un de nous, si l'autre le consent ;
Régnons, et son courroux ne sera que faiblesse ;*
C'est l'unique moyen de sauver la princesse.
Allons la voir, mon frère, et demeurons unis,
C'est l'unique moyen de voir nos maux finis [30].
Je forme un beau dessein que son amour m'inspire,
Mais il faut qu'avec lui notre union conspire :
Notre amour, aujourd'hui si digne de pitié.
Ne saurait triompher que par notre amitié.

ANTIOCHUS

Cet avertissement marque une défiance
Que la mienne pour vous souffre avec patience.
Allons, et soyez sûr que même le trépas
Ne peut rompre des nœuds que l'amour ne rompt pas.

ACTE III

SCÈNE PREMIÈRE

RODOGUNE, ORONTE, LAONICE

RODOGUNE

Voilà comme l'amour succède à la colère,
Comme elle ne me voit qu'avec des yeux de mère,
Comme elle aime la paix, comme elle fait un roi,
Et comme elle use enfin de ses fils et de moi.
Et tantôt mes soupçons lui faisaient une offense ?
Elle n'avait rien fait qu'en sa juste défense ?
Lorsque tu la trompais elle fermait les yeux ?
Ah ! Que me défiance en jugeait beaucoup mieux !
Tu le vois, Laonice.

LAONICE

Et vous voyez, madame,
Quelle fidélité vous conserve mon âme,
Et qu'ayant reconnu sa haine et mon erreur,
Le cœur gros de soupirs, et frémissant d'horreur,
Je romps une foi due aux secrets de ma reine,
Et vous viens découvrir mon erreur et sa haine.

RODOGUNE

Cet avis salutaire est l'unique secours
A qui je crois devoir le reste de mes jours.
Mais ce n'est pas assez de m'avoir avertie,
Il faut de ces périls m'aplanir la sortie ;
Il faut que tes conseils m'aident à repousser...

LAONICE

Madame, au nom des dieux, veuillez m'en dispenser :
C'est assez que pour vous je lui sois infidèle,
Sans m'engager encore à des conseils contre elle.
Oronte est avec vous, qui, comme ambassadeur,
Devait de cet hymen honorer la splendeur ;
Comme c'est en ses mains que le roi votre frère
A déposé le soin d'une tête si chère,
Je vous laisse avec lui pour en délibérer.
Quoi que vous résolviez, laissez-moi l'ignorer.
Au reste, assurez-vous de l'amour des deux princes ;
Plutôt que de vous perdre ils perdront leurs provinces,
Mais je ne réponds pas que ce cœur inhumain
Ne veuille à leur refus s'armer d'une autre main.

Je vous parle en tremblant ; si j'étais ici vue,
Votre péril croîtrait, et je serais perdue.
Fuyez, grande princesse, et souffrez cet adieu.

RODOGUNE

Va, je reconnaîtrai ce service en son lieu.

SCÈNE II

RODOGUNE, ORONTE

RODOGUNE

Que ferons-nous, Oronte, en ce péril extrême,
Où l'on fait de mon sang le prix d'un diadème ?
Fuirons-nous chez mon frère ? Attendrons-nous la mort,
Ou ferons-nous contre elle un généreux effort ?

ORONTE

Notre fuite, madame, est assez difficile ;
J'ai vu des gens de guerre épandus par la ville.*
Si l'on veut votre perte, on vous fait observer ;
Ou, s'il vous est permis encor de vous sauver,
L'avis de Laonice est sans doute une adresse ;
Feignant de vous servir, elle sert sa maîtresse.
La reine, qui surtout craint de vous voir régner,
Vous donne ces terreurs pour vous faire éloigner,
Et pour rompre un hymen qu'avec peine elle endure,
Elle en veut à vous-même imputer la rupture.
Elle obtiendra par vous le but de ses souhaits,
Et vous accusera de violer la paix ;
Et le roi, plus piqué contre vous que contre elle,
Vous voyant lui porter une guerre nouvelle,
Blâmera vos frayeurs et nos légèretés,
D'avoir osé douter de la foi des traités ;
Et peut-être, pressé des guerres d'Arménie,
Vous laissera moquée, et la reine impunie.
A ces honteux moyens gardez de recourir.
C'est ici qu'il vous faut ou régner ou périr.
Le ciel pour vous ailleurs n'a point fait de couronne,
Et l'on s'en rend indigne alors qu'on l'abandonne.

RODOGUNE

Ah ! Que de vos conseils j'aimerais la vigueur,
Si nous avions la force égale à ce grand cœur !*
Mais pourrons-nous braver une reine en colère
Avec ce peu de gens que m'a laissés mon frère ?

ORONTE

J'aurais perdu l'esprit si j'osais me vanter
Qu'avec ce peu de gens nous puissions résister.
Nous mourrons à vos pieds, c'est toute l'assistance
Que vous peut en ces lieux offrir notre impuissance,
Mais pouvez-vous trembler quand dans ces mêmes lieux
Vous portez le grand maître et des rois et des dieux ?

L'amour fera lui seul tout ce qu'il vous faut faire.
Faites-vous un rempart des fils contre la mère ;
Ménagez bien leur flamme, ils voudront tout pour vous,
Et ces astres naissants sont adorés de tous.
Quoi que puisse en ces lieux une reine cruelle,
Pouvant tout sur ses fils, vous y pouvez plus qu'elle.
Cependant trouvez bon qu'en ces extrémités
Je tâche à rassembler nos Parthes écartés ;
Ils sont peu, mais vaillants, et peuvent de sa rage
Empêcher la surprise et le premier outrage.
Craignez moins, et surtout, madame, en ce grand jour,
Si vous voulez régner, faites régner l'amour.

SCÈNE III

RODOGUNE

Quoi ! Je pourrais descendre à ce lâche artifice
D'aller de mes amants mendier le service,
Et, sous l'indigne appât d'un coup d'œil affété,
J'irais jusqu'en leurs cœurs chercher ma sûreté !
Celles de ma naissance ont horreur des bassesses ;
Leur sang tout généreux hait ces molles adresses.
Quel que soit le secours qu'ils me puissent offrir,
Je croirai faire assez de le daigner souffrir ;
Je verrai leur amour, j'éprouverai sa force,
Sans flatter leurs désirs, sans leur jeter d'amorce,
Et, s'il est assez fort pour me servir d'appui,
Je le ferai régner, mais en régnant sur lui.
Sentiments étouffés de colère et de haine,*
Rallumez vos flambeaux à celles de la reine,
Et d'un oubli contraint rompez la dure loi,*
Pour rendre enfin justice aux mânes d'un grand roi ;
Rapportez à mes yeux son image sanglante,
D'amour et de fureur encore étincelante,*
Telle que je le vis, quand tout percé de coups
Il me cria : « Vengeance ! Adieu ; je meurs pour vous ! »
Chère ombre, hélas ! bien loin de l'avoir poursuivie,
J'allais baiser la main qui t'arracha la vie,
Rendre un respect de fille à qui versa ton sang !
Mais pardonne aux devoirs que m'impose mon rang :
Plus la haute naissance approche des couronnes,
Plus cette grandeur même asservit nos personnes ;
Nous n'avons point de cœur pour aimer ni haïr ;
Toutes nos passions ne savent qu'obéir.
Après avoir armé pour venger cet outrage,
D'une paix mal conçue on m'a fait le gage,
Et moi, fermant les yeux sur ce noir attentat,
Je suivais mon destin en victime d'État :
Mais aujourd'hui qu'on voit cette main parricide,*
Des restes de ta vie insolemment avide,
Vouloir encor percer ce sein infortuné,
Pour y chercher le cœur que tu m'avais donné,
De la paix qu'elle rompt je ne suis plus le gage ;
Je brise avec honneur mon illustre esclavage ;

J'ose reprendre un cœur pour aimer et haïr,
Et ce n'est plus qu'à toi que je veux obéir.
Le consentiras-tu cet effort sur ma flamme,
Toi, son vivant portrait, que j'adore dans l'âme,
Cher prince, dont je n'ose en mes plus doux souhaits
Fier encor le nom aux murs de ce palais ?*
Je sais quelles seront tes douleurs et tes craintes ;
Je vois déjà tes maux, j'entends déjà tes plaintes,
Mais pardonne aux devoirs qu'exige enfin un roi
A qui tu dois le jour qu'il a perdu pour moi.
J'aurai mêmes douleurs, j'aurai mêmes alarmes ;
S'il t'en coûte un soupir, j'en verserai des larmes.
Mais dieux ! Que je me trouble en les voyant tous deux !
Amour, qui me confonds, cache du moins tes feux,
Et, content de mon cœur dont je te fais le maître,
Dans mes regards surpris garde-toi de paraître [31].*

SCÈNE IV

ANTIOCHUS, SÉLEUCUS, RODOGUNE

ANTIOCHUS

Ne vous offensez pas, princesse de nous voir,
De vos yeux à vous-même expliquer le pouvoir.
Ce n'est pas d'aujourd'hui que nos cœurs en soupirent ;
A vos premiers regards tous deux ils se rendirent ;
Mais un profond respect nous fit taire et brûler,
Et ce même respect nous force de parler.
L'heureux moment approche où votre destinée
Semble être aucunement à la nôtre enchaînée,
Puisque d'un droit d'aînesse incertain parmi nous
La nôtre attend un sceptre, et la vôtre un époux.
C'est trop d'indignité que notre souveraine
De l'un de ses captifs tienne le nom de reine ;
Notre amour s'en offense, et, changeant cette loi,
Remet à notre reine à nous choisir un roi.
Ne vous abaissez plus à suivre la couronne ;
Donnez-la, sans souffrir qu'avec elle on vous donne ;
Réglez notre destin qu'ont mal réglé les dieux ;
Notre seul droit d'aînesse est de plaire à vos yeux ;
L'ardeur qu'allume en nous une flamme si pure
Préfère votre choix au choix de la nature,
Et vient sacrifier à votre élection
Toute notre espérance et notre ambition.
Prononcez-donc, madame, et faites un monarque ;
Nous céderons sans honte à cette illustre marque,
Et celui qui perdra votre divin objet
Demeurera du moins votre premier sujet ;
Son amour immortel saura toujours lui dire
Que ce rang près de vous vaut d'ailleurs un empire ;
Il y mettra sa gloire, et, dans un tel malheur,
L'heur de vous obéir flattera sa douleur.

RODOGUNE

Princes, je dois beaucoup à cette déférence

De votre ambition et de votre espérance,
Et j'en recevrais l'offre avec quelque plaisir,
Si celles de mon rang avaient droit de choisir.
Comme sans leur avis les rois disposent d'elles
Pour affermir leur trône ou finir leurs querelles,
Le destin des États est arbitre du leur,
Et l'ordre des traités règle tout dans leur cœur.
C'est lui que suit le mien, et non pas la couronne ;
J'aimerai l'un de vous, parce qu'il me l'ordonne ;
Du secret révélé j'en prendrai le pouvoir,
Et mon amour pour naître attendra mon devoir.
N'attendez rien de plus, ou votre attente est vaine.
Le choix que vous m'offrez appartient à la reine ;
J'entreprendrais sur elle à l'accepter de vous.
Peut-être on vous a tu jusqu'où va son courroux ;
Mais je dois par épreuve assez bien le connaître
Pour fuir l'occasion de le faire renaître.
Que n'en ai-je souffert, et que n'a-t-elle osé !
Je veux croire avec vous que tout est apaisé,
Mais craignez avec moi que ce choix ne ranime
Cette haine mourante à quelque nouveau crime ;
Pardonnez-moi ce mot qui viole un oubli
Que la paix entre nous doit avoir établi.
Le feu qui semble éteint souvent dort sous la cendre ;
Qui l'ose réveiller peut s'en laisser surprendre,
Et je mériterais qu'il me pût consumer,
Si je lui fournissais de quoi se rallumer.

SÉLEUCUS

Pouvez-vous redouter sa haine renaissante,
S'il est en votre main de la rendre impuissante ?
Faites un roi, madame, et régnez avec lui ;
Son courroux désarmé demeure sans appui,
Et toutes ses fureurs sans effet rallumées
Ne pousseront en l'air que de vaines fumées [32].
Mais a-t-elle intérêt au choix que vous ferez,
Pour en craindre les maux que vous vous figurez ?
La couronne est à nous, et, sans lui faire injure,
Sans manquer de respect aux droits de la nature,
Chacun de nous à l'autre en peut céder sa part,
Et rendre à votre choix ce qu'il doit au hasard.
Qu'un si faible scrupule en notre faveur cesse ;
Votre inclination vaut bien un droit d'aînesse,
Dont vous seriez traitée avec trop de rigueur,
S'il se trouvait contraire aux vœux de votre cœur.
On vous applaudirait quand vous seriez à plaindre ;
Pour vous faire régner ce serait vous contraindre,
Vous donner la couronne en vous tyrannisant,
Et verser du poison sur ce noble présent.
Au nom de ce beau feu qui tous deux nous consume,
Princesse, à notre espoir ôtez cette amertume,
Et permettez que l'heur qui suivra votre époux
Se puisse redoubler à le tenir de vous.

RODOGUNE

Ce beau feu vous aveugle autant comme il vous brûle,

Et, tâchant d'avancer, son effort vous recule.
Vous croyez que ce choix que l'un et l'autre attend,
Pourra faire un heureux sans faire un mécontent,
Et moi, quelque vertu que votre cœur prépare,
Je crains d'en faire deux si le mien se déclare ;
Non que de l'un et l'autre il dédaigne les vœux.
Je tiendrais à bonheur d'être à l'un de vous deux ;
Mais souffrez que je suive enfin ce qu'on m'ordonne ;
Je me mettrai trop haut s'il faut que je me donne.
Quoique aisément je cède aux ordres de mon roi,
Il n'est pas bien aisé de m'obtenir de moi.
Savez-vous quels devoirs, quels travaux, quels services,
Voudront de mon orgueil exiger les caprices ?
Par quels degrés de gloire on me peut mériter ?
En quels affreux périls il faudra vous jeter ?
Ce cœur vous est acquis après le diadème,
Princes, mais gardez-vous de le rendre à lui-même ;
Vous y renoncerez peut-être pour jamais
Quand je vous aurai dit à quel prix je le mets.

SÉLEUCUS

Quels seront les devoirs, quels travaux, quels services,
Dont nous ne vous fassions d'amoureux sacrifices ?
Et quels affreux périls pourrons-nous redouter,
Si c'est par ces degrés qu'on peut vous mériter ?

ANTIOCHUS

Princesse, ouvrez ce cœur, et jugez mieux du nôtre,
Jugez mieux du beau feu qui brûle l'un et l'autre,*
Et dites hautement à quel prix votre choix
Veut faire l'un de nous le plus heureux des rois.

RODOGUNE

Prince, le voulez-vous ?

ANTIOCHUS

C'est notre unique envie.

RODOGUNE

Je verrai cette ardeur d'un repentir suivie.

SÉLEUCUS

Avant ce repentir tous deux nous périrons.

RODOGUNE

Enfin vous le voulez ?

SÉLEUCUS

Nous vous en conjurons.

RODOGUNE

Eh bien donc, il est temps de me faire connaître.
J'obéis à mon roi, puisqu'un de vous doit l'être,
Mais quand j'aurais parlé, si vous vous en plaignez,*
J'atteste tous les dieux que vous m'y contraignez,

Et que c'est malgré moi qu'à moi-même rendue
J'écoute une chaleur qui m'était défendue,
Qu'un devoir rappelé me rend un souvenir
Que la foi des traités ne doit plus retenir.
Tremblez, princes, tremblez au nom de votre père :
Il est mort et pour moi par les mains d'une mère.
Je l'avais oublié, sujette à d'autres lois,
Mais libre, je lui rends enfin ce que je dois.
C'est à vous de choisir mon amour ou ma haine.
J'aime les fils du roi, je hais ceux de la reine ;
Réglez-vous là-dessus, et, sans plus me presser,*
Voyez auquel des deux vous voulez renoncer.
Il faut prendre parti, mon choix suivra le vôtre ;
Je respecte autant l'un que je déteste l'autre.
Mais ce que j'aime en vous du sang de ce grand roi,
S'il n'est digne de lui, n'est pas digne de moi [33].
Ce sang que vous portez, ce trône qu'il vous laisse,
Valent bien que pour lui votre cœur s'intéresse.
Votre gloire le veut, l'amour vous le prescrit.
Qui peut contre elle et lui soulever votre esprit ?
Si vous leur préférez une mère cruelle,
Soyez cruels, ingrats, parricides comme elle.
Vous devez la punir si vous la condamnez ;
Vous devez l'imiter, si vous la soutenez.
Quoi ! Cette ardeur s'éteint ! L'un et l'autre soupire !
J'avais su le prévoir, j'avais su le prédire.

ANTIOCHUS

Princesse...

RODOGUNE

Il n'est plus temps, le mot en est lâché.
Quand j'ai voulu me taire, en vain je l'ai tâché.
Appelez ce devoir haine, rigueur, colère ;
Pour gagner Rodogune, il faut venger un père ;
Je me donne à ce prix ; osez me mériter,
Et voyez qui de vous daignera m'accepter.
Adieu, princes.

SCÈNE V

ANTIOCHUS, SÉLEUCUS

ANTIOCHUS

Hélas ! C'est donc ainsi qu'on traite
Les plus profonds respects d'une amour si parfaite !

SÉLEUCUS

Elle nous fuit, mon frère, après cette rigueur.

ANTIOCHUS

Elle fuit, mais en Parthe, en nous perçant le cœur.

SÉLEUCUS

Que le ciel est injuste ! Une âme si cruelle
Méritait notre mère, et devait naître d'elle.

ANTIOCHUS

Plaignons-nous sans blasphème.

SÉLEUCUS

Ah ! Que vous me gênez
Par cette retenue où vous vous obstinez !
Faut-il encor régner ? Faut-il aimer encore ?

ANTIOCHUS

Il faut plus de respect pour celle qu'on adore.

SÉLEUCUS

C'est ou d'elle ou du trône être ardemment épris,
Que vouloir ou l'aimer ou régner à ce prix.*

ANTIOCHUS

C'est et d'elle et de lui tenir bien peu de compte,
Que faire une révolte et si pleine et si prompte.*

SÉLEUCUS

Lorsque l'obéissance a tant d'impiété,
La révolte devient une nécessité.

ANTIOCHUS

La révolte, mon frère, est bien précipitée,
Quand la loi qu'elle rompt peut être rétractée,
Et c'est à nos désirs trop de témérité
De vouloir de tels biens avec facilité :
Le ciel par les travaux veut qu'on monte à la gloire ;
Pour gagner un triomphe il faut une victoire.
Mais que je tâche en vain de flatter nos tourments !
Nos malheurs sont plus forts que ces déguisements.
Leur excès à mes yeux paraît un noir abîme
Où la haine s'apprête à couronner le crime,
Où la gloire est sans nom, la vertu sans honneur,
Où sans un parricide il n'est point de bonheur,
Et, voyant de ces maux l'épouvantable image,
Je me sens affaiblir quand je vous encourage ;
Je frémis, je chancelle, et mon cœur abattu
Suit tantôt sa douleur et tantôt sa vertu.
Mon frère, pardonnez à des discours sans suite,
Qui font trop voir le trouble où mon âme est réduite.*

SÉLEUCUS

J'en ferais comme vous, si mon esprit troublé
Ne secouait le joug dont il est accablé.
Dans mon ambition, dans l'ardeur de ma flamme,
Je vois ce qu'est un trône, et ce qu'est une femme,
Et jugeant par leur prix de leur possession,
J'éteins enfin ma flamme et mon ambition,
Et je vous céderais l'un et l'autre avec joie,

Si, dans la liberté que le ciel me renvoie,
La crainte de vous faire un funeste présent
Ne me jetait dans l'âme un remords trop cuisant.
Dérobons-nous, mon frère, à ces âmes cruelles,
Et laissons-les sans nous achever leurs querelles.

ANTIOCHUS

Comme j'aime beaucoup, j'espère encore un peu.
L'espoir ne peut s'éteindre où brûle tant de feu,
Et son reste confus me rend quelques lumières
Pour juger mieux que vous des âmes si fières.
Croyez-moi l'une et l'autre a redouté nos pleurs :
Leur fuite à nos soupirs a dérobé leurs cœurs,
Et si tantôt leur haine eût attendu nos larmes,
Leur haine à nos douleurs aurait rendu les armes.

SÉLEUCUS

Pleurez donc à leurs yeux, gémissez, soupirez,
Et je craindrai pour vous ce que vous espérez.
Quoi qu'en votre faveur vos pleurs obtiennent d'elles,
Il vous faudra parer leurs haines mutuelles,
Sauver l'une de l'autre, et peut-être leurs coups,
Vous trouvant au milieu, ne percevront que vous.
C'est ce qu'il faut pleurer. Ni maîtresse ni mère
N'ont plus de choix ici ni de lois à nous faire ;*
Quoi que leur rage exige ou de vous ou de moi,
Rodogune est à vous, puisque je vous fais roi.
Épargnez vos soupirs, près de l'une et de l'autre.*
J'ai trouvé mon bonheur, saisissez-vous du vôtre :
Je n'en suis point jaloux, et ma triste amitié
Ne le verra jamais que d'un œil de pitié.

SCÈNE VI

ANTIOCHUS

Que je serais heureux si je n'aimais un frère !
Lorsqu'il ne veut pas voir le mal qu'il se veut faire,
Mon amitié s'oppose à son aveuglement ;
Elle agira pour vous, mon frère, également,
Elle n'abusera point de cette violence
Que l'indignation fait à votre espérance.
La pesanteur du coup souvent nous étourdit ;
On le croit repoussé quand il s'approfondit,
Et quoi qu'un juste orgueil sur l'heure persuade,
Qui ne sent point son mal est d'autant plus malade ;
Ces ombres de santé cachent mille poisons,
Et la mort suit de près ces fausses guérisons.
Daignent les justes dieux rendre vain ce présage !
Cependant allons voir si nous vaincrons l'orage,
Et si, contre l'effort d'un si puissant courroux,
La nature et l'amour voudront parler pour nous.

ACTE IV

SCÈNE PREMIÈRE

ANTIOCHUS, RODOGUNE

RODOGUNE

Prince, qu'ai-je entendu ? Parce que je soupire,
Vous présumez que j'aime, et vous m'osez le dire [34] !
Est-ce un frère, est-ce vous, dont la témérité*
S'imagine...

ANTIOCHUS

Apaisez ce courage irrité,
Princesse ; aucun de nous ne serait téméraire
Jusqu'à s'imaginer qu'il eût l'heur de vous plaire ;
Je vois votre mérite et le peu que je vaux,
Et ce rival si cher connaît mieux ses défauts.
Mais si tantôt ce cœur parlait par votre bouche,
Il veut que nous croyions qu'un peu d'amour le touche,
Et qu'il daigne écouter quelques-uns de nos vœux,
Puisqu'il tient à bonheur d'être à l'un de nous deux.
Si c'est présomption de croire ce miracle,
C'est une impiété de douter de l'oracle,
Et mériter les maux où vous nous condamnez,
Qu'éteindre un bel espoir que vous nous ordonnez.
Princesse, au nom des dieux, au nom de cette flamme...

RODOGUNE

Un mot ne fait pas voir jusques au fond d'une âme,
Et votre espoir trop prompt prend trop de vanité
Des termes obligeants de ma civilité.
Je l'ai dit, il est vrai, mais, quoi qu'il en puisse être,
Méritez cet amour, que vous voulez connaître.
Lorsque j'ai soupiré, ce n'était pas pour vous ;
J'ai donné ces soupirs aux mânes d'un époux,
Et ce sont les effets du souvenir fidèle
Que sa mort à toute heure en mon âme rappelle.
Princes, soyez ses fils, et prenez son parti.

ANTIOCHUS

Recevez donc son cœur en nous deux réparti ;
Ce cœur, qu'un saint amour rangea sous votre empire,
Ce cœur, pour qui le vôtre à tous moments soupire,
Ce cœur, en vous aimant, indignement percé,
Reprend pour vous aimer le sang qu'il a versé ;
Il le reprend en nous, il revit, il vous aime,
Et montre, en vous aimant, qu'il est encor le même.
Ah, princesse, en l'état où le sort nous a mis,
Pouvons-nous mieux montrer que nous sommes ses fils ?

RODOGUNE

Si c'est son cœur en vous qui revit et qui m'aime,

Faites ce qu'il ferait s'il vivait en lui-même ;
A ce cœur qu'il vous laisse osez prêter un bras ;
Pouvez-vous le porter, et ne l'écouter pas ?
S'il vous explique mal ce qu'il en doit attendre,
Il emprunte ma voix pour se mieux faire entendre.*
Une seconde fois il vous le dit par moi :
Prince, il faut le venger.

ANTIOCHUS

J'accepte cette loi.
Nommez les assassins, et j'y cours.

RODOGUNE

Quel mystère
Vous fait, en l'acceptant, méconnaître une mère ?

ANTIOCHUS

Ah ! Si vous ne voulez voir finir nos destins,
Nommez d'autres vengeurs ou d'autres assassins.

RODOGUNE

Ah ! Je vois trop régner son parti dans votre âme ;
Prince, vous le prenez.

ANTIOCHUS

Oui, je le prends, madame,
Et j'apporte à vos pieds le plus pur de son sang
Que la nature enferme en ce malheureux flanc.
Satisfaites vous-même à cette voix secrète
Dont la vôtre envers nous daigne être l'interprète ;
Exécutez son ordre, et hâtez-vous sur moi*
De punir une reine et de venger un roi,
Mais quitte par ma mort d'un devoir si sévère,
Écoutez-en un autre en faveur de mon frère.
De deux princes unis à soupirer pour vous
Prenez l'un pour victime, et l'autre pour époux ;
Punissez un des fils des crimes de la mère,
Mais payez l'autre aussi des services du père,
Et laissez un exemple à la postérité
Et de rigueur entière, et d'entière équité.*
Quoi ! N'écouterez-vous ni l'amour ni la haine ?
Ne pourrai-je obtenir ni salaire ni peine ?
Ce cœur qui vous adore, et que vous dédaignez...

RODOGUNE

Hélas, prince !

ANTIOCHUS

Est-ce encor le roi que vous plaignez ? *
Ce soupir ne va-t-il que vers l'ombre d'un père ?

RODOGUNE

Allez, ou pour le moins rappelez votre frère :
Le combat pour mon âme était moins dangereux,
Lorsque je vous avais à combattre tous deux ;
Vous êtes plus fort seul que vous n'étiez ensemble ;

Je vous bravais tantôt, et maintenant je tremble.
J'aime ; n'abusez pas, prince, de mon secret ;
Au milieu de ma haine il m'échappe à regret,
Mais enfin il m'échappe, et cette retenue
Ne peut plus soutenir l'effort de votre vue.
Oui, j'aime un de vous deux malgré ce grand courroux,
Et ce dernier soupir dit assez que c'est vous.
Un rigoureux devoir à cet amour s'oppose : *
Ne m'en accusez point, vous en êtes la cause ;
Vous l'avez fait renaître en me pressant d'un choix
Qui rompt de vos traités les favorables lois.
D'un père mort pour moi voyez le sort étrange ;
Si vous me laissez libre, il faut que je le venge,
Et mes feux dans mon âme ont beau s'en mutiner,
Ce n'est qu'à ce prix seul que je puis me donner ; *
Mais ce n'est pas de vous qu'il faut que je l'attende ;
Votre refus est juste autant que ma demande.
A force de respect votre amour s'est trahi.
Je voudrais vous haïr s'il m'avait obéi,
Et je n'estime pas l'honneur d'une vengeance
Jusqu'à vouloir d'un crime être la récompense.
Rentrons donc sous les lois que m'impose la paix,
Puisque m'en affranchir c'est vous perdre à jamais.
Prince, en votre faveur je ne puis davantage ;
L'orgueil de ma naissance enfle encor mon courage,
Et quelque grand pouvoir que l'amour ait sur moi,
Je n'oublierai jamais que je me dois un roi.
Oui, malgré mon amour, j'attendrai d'une mère
Que le trône me donne ou vous ou votre frère.
Attendant son secret, vous aurez mes désirs,
Et s'il le fait régner, vous aurez mes soupirs ;
C'est tout ce qu'à mes feux ma gloire peut permettre,
Et tout ce qu'à vos feux les miens osent promettre.

ANTIOCHUS

Que voudrais-je de plus ? Son bonheur est le mien ;
Rendez heureux ce frère et je ne perdrai rien.
L'amitié le consent, si l'amour l'appréhende.
Je bénirai le ciel d'une perte si grande ;
Et quittant les douceurs de cet espoir flottant,
Je mourrai de douleur, mais je mourrai content.

RODOGUNE

Et moi, si mon destin entre ses mains me livre,
Pour un autre que vous s'il m'ordonne de vivre,*
Mon amour... Mais adieu ; Mon esprit se confond.
Prince, si votre flamme à la mienne répond,
Si vous n'êtes ingrat à ce cœur qui vous aime,
Ne me revoyez point qu'avec le diadème.

SCÈNE II

ANTIOCHUS

Les plus doux de mes vœux enfin sont exaucés.

Tu viens de vaincre, amour, mais ce n'est pas assez ;
Si tu veux triompher en cette conjoncture,*
Après avoir vaincu, fais vaincre la nature,
Et prête-lui pour nous ces tendres sentiments
Que ton ardeur inspire aux cœurs des vrais amants,
Cette pitié qui force, et ces dignes faiblesses
Dont la vigueur détruit les fureurs vengeresses.
Voici la reine. Amour, nature, justes dieux,
Faites-la moi fléchir, ou mourir à ses yeux.

SCÈNE III

CLÉOPATRE, ANTIOCHUS, LAONICE

CLÉOPATRE

Eh bien ! Antiochus, vous dois-je la couronne ?

ANTIOCHUS

Madame, vous savez si le ciel me la donne.

CLÉOPATRE

Vous savez mieux que moi si vous la méritez.

ANTIOCHUS

Je sais que je péris si vous ne m'écoutez.

CLÉOPATRE

Un peu trop lent peut-être à servir ma colère,
Vous vous êtes laissé prévenir par un frère ?
Il a su me venger quand vous délibériez,
Et je dois à son bras ce que vous espériez ?
Je vous en plains, mon fils, ce malheur est extrême ;
C'est périr en effet que perdre un diadème.
Je n'y sais qu'un remède, encore est-il fâcheux,
Étonnant, incertain et triste pour tous deux ;
Je périrais moi-même avant que de le dire,
Mais enfin on perd tout quand on perd un empire.

ANTIOCHUS

Le remède à nos maux est tout en votre main,
Et n'a rien de fâcheux, d'étonnant, d'incertain ;
Votre seule colère a fait notre infortune,
Nous perdons tout, madame, en perdant Rodogune.
Nous l'adorons tous deux ; jugez en quels tourments
Nous jette la rigueur de vos commandements.
L'aveu de cet amour sans doute vous offense,
Mais enfin nos malheurs croissent par le silence,
Et votre cœur qu'aveugle un peu d'inimitié,
S'il ignore nos maux, n'en peut prendre pitié.
Au point où je les vois, c'en est le seul remède.

CLÉOPATRE

Quelle aveugle fureur vous-même vous possède !
Avez-vous oublié que vous parlez à moi ?
Ou si vous présumez être déjà mon roi ?

ANTIOCHUS

Je tâche avec respect à vous faire connaître
Les forces d'un amour que vous avez fait naître.

CLÉOPATRE

Moi, j'aurais allumé cet insolent amour ?

ANTIOCHUS

Et quel autre prétexte a fait notre retour ?
Nous avez-vous mandés qu'afin qu'un droit d'aînesse
Donnât à l'un de nous le trône et la princesse ?
Vous avez bien fait plus, vous nous l'avez fait voir,
Et c'était par vos mains nous mettre en son pouvoir.
Qui de nous deux, madame, eût osé s'en défendre,
Quand vous nous ordonniez à tous deux d'y prétendre ?
Si sa beauté dès lors n'eût allumé nos feux,
Le devoir auprès d'elle eût attaché nos vœux ;
Le désir de régner eût fait la même chose,
Et dans l'ordre des lois que la paix nous impose,
Nous devions aspirer à sa possession
Par amour, par devoir ou par ambition.
Nous avons donc aimé, nous avons cru vous plaire ;
Chacun de nous n'a craint que le bonheur d'un frère,
Et cette crainte enfin cédant à l'amitié,
J'implore pour tous deux un moment de pitié.
Avons-nous dû prévoir cette haine cachée,
Que la foi des traités n'avait point arrachée ?

CLÉOPATRE

Non, mais vous avez dû garder le souvenir
Des hontes que pour vous j'avais su prévenir,
Et de l'indigne état où votre Rodogune,
Sans moi, sans mon courage, eût mis votre fortune.
Je croyais que vos cœurs, sensibles à ces coups,
En sauraient conserver un généreux courroux,
Et je le retenais avec ma douceur feinte,
Afin que grossissant sous un peu de contrainte,
Ce torrent de colère et de ressentiment
Fût plus impétueux en son débordement.
Je fais plus maintenant : je presse, sollicite,
Je commande, menace, et rien ne vous irrite.
Le sceptre, dont ma main vous doit récompenser,
N'a point de quoi vous faire un moment balancer ; *
Vous ne considérez ni lui, ni mon injure ;
L'amour étouffe en vous la voix de la nature ;
Et je pourrais aimer des fils dénaturés !

ANTIOCHUS

La nature et l'amour ont leurs droits séparés ;
L'un n'ôte point à l'autre une âme qu'il possède.

CLÉOPATRE

Non, non ; où l'amour règne il faut que l'autre cède.

ANTIOCHUS

Leurs charmes à nos cœurs sont également doux.
Nous périrons tous deux s'il faut périr pour vous ;
Mais aussi...

CLÉOPATRE

Poursuivez, fils ingrat et rebelle.

ANTIOCHUS

Nous périrons tous deux s'il faut périr pour elle.

CLÉOPATRE

Périssez, périssez, votre rébellion
Mérite plus d'horreur que de compassion.
Mes yeux sauront le voir sans verser une larme,
Sans regarder en vous que l'objet qui vous charme ;
Et je triompherai, voyant périr mes fils,
De ses adorateurs et de mes ennemis.

ANTIOCHUS

Eh bien ! Triomphez-en, que rien ne vous retienne :
Votre main tremble-t-elle ? Y voulez-vous la mienne ?
Madame, commandez, je suis prêt d'obéir ;
Je percerai ce cœur qui vous ose trahir,
Heureux si par ma mort je puis vous satisfaire,
Et noyer dans mon sang toute votre colère.
Mais si la dureté de votre aversion
Nomme encor notre amour une rébellion,
Du moins souvenez-vous qu'elle n'a pris pour armes
Que de faibles soupirs et d'impuissantes larmes.

CLÉOPATRE

Ah ! Que n'a-t-elle pris et la flamme et le fer !
Que bien plus aisément j'en saurais triompher !
Vos larmes dans mon cœur ont trop d'intelligence ;
Elles ont presque éteint cette ardeur de vengeance !
Je ne puis refuser des soupirs à vos pleurs ;
Je sens que je suis mère auprès de vos douleurs.
C'est en fait, je me rends, et ma colère expire.
Rodogune est à vous aussi bien que l'empire ;
Rendez grâces aux dieux qui vous ont fait l'aîné ;
Possédez-la, régnez.

ANTIOCHUS

O moment fortuné !
O trop heureuse fin de l'excès de ma peine ! *
Je rends grâces aux dieux qui calment votre haine.
Madame, est-il possible ?

CLÉOPATRE

En vain j'ai résisté,
La nature est trop forte, et mon cœur s'est dompté.*
Je ne vous dis plus rien, vous aimez votre mère,
Et votre amour pour moi taira ce qu'il faut taire.

ANTIOCHUS

Quoi ! Je triomphe donc sur le point de périr !
La main qui me blessait a daigné me guérir !

CLÉOPATRE

Oui, je veux couronner une flamme si belle.
Allez à la princesse en porter la nouvelle ;
Son cœur comme le vôtre en deviendra charmé ;
Vous n'aimeriez pas tant si vous n'étiez aimé.

ANTIOCHUS

Heureux Antiochus ! Heureuse Rodogune !
Oui, madame, entre nous la joie en est commune.

CLÉOPATRE

Allez donc ; ce qu'ici vous perdez de moments,
Sont autant de larcins à vos contentements, *
Et ce soir, destiné pour la cérémonie,
Fera voir pleinement si ma haine est finie.

ANTIOCHUS

Et nous vous ferons voir tous nos désirs bornés
A vous donner en nous des sujets couronnés.

SCÈNE IV

CLÉOPATRE, LAONICE

LAONICE

Enfin ce grand courage a vaincu sa colère.

CLÉOPATRE

Que ne peut point un fils sur le cœur d'une mère !

LAONICE

Vos pleurs coulent encore, et ce cœur adouci...

CLÉOPATRE

Envoyez-moi son frère, et nous laissez ici.
Sa douleur sera grande, à ce que je présume,
Mais j'en saurai sur l'heure adoucir l'amertume.
Ne lui témoignez rien ; il lui sera plus doux
D'apprendre tout de moi, qu'il ne serait de vous.

SCÈNE V

CLÉOPATRE

Que tu pénètres mal le fond de mon courage !
Si je verse des pleurs, ce sont des pleurs de rage,
Et ma haine, qu'en vain tu crois s'évanouir,
Ne les a fait couler qu'afin de t'éblouir.

Je ne veux plus que moi dedans ma confidence,
Et toi, crédule amant, que charme l'apparence,
Et dont l'esprit léger s'attache avidement
Aux attraits captieux de mon déguisement,
Va, triomphe en idée avec ta Rodogune,
Au sort des immortels préfère ta fortune,
Tandis que, mieux instruite en l'art de me venger,
En de nouveaux malheurs je saurai te plonger.
Ce n'est pas tout d'un coup que tant d'orgueil trébuche ;
De qui se rend trop tôt on doit craindre une embûche,
Et c'est mal démêler le cœur d'avec le front,
Que prendre pour sincère un changement si prompt.*
L'effet te fera voir comme je suis changée.

SCÈNE VI

CLÉOPATRE, SÉLEUCUS

CLÉOPATRE

Savez-vous, Séleucus, que je me suis vengée ?

SÉLEUCUS

Pauvre princesse, hélas !

CLÉOPATRE

Vous déplorez son sort !
Quoi ! L'aimiez-vous ?

SÉLEUCUS

Assez pour regretter sa mort.

CLÉOPATRE

Vous lui pouvez servir encor d'amant fidèle ;
Si j'ai su me venger, ce n'a pas été d'elle.

SÉLEUCUS

O ciel ! Et de qui donc,madame ?

CLÉOPATRE

C'est de vous,
Ingrat, qui n'aspirez qu'à vous voir son époux,
De vous, qui l'adorez en dépit d'une mère,
De vous, qui dédaignez de servir ma colère,
De vous, de qui l'amour, rebelle à mes désirs,
S'oppose à ma vengeance, et détruit mes plaisirs.

SÉLEUCUS

De moi ?

CLÉOPATRE

De toi, perfide ! Ignore, dissimule
Le mal que tu dois craindre et le feu qui te brûle,
Et si pour l'ignorer tu crois t'en garantir,
Du moins en l'apprenant commence à le sentir.

Le trône était à toi par le droit de naissance ;
Rodogune avec lui tombait en ta puissance ;
Tu devais l'épouser, tu devais être roi !
Mais comme ce secret n'est connu que de moi,
Je puis, comme je veux, tourner le droit d'aînesse,
Et donne à ton rival ton sceptre et ta maîtresse.

SÉLEUCUS

A mon frère ?

CLÉOPATRE

C'est lui que j'ai nommé l'aîné.

SÉLEUCUS

Vous ne m'affligez point de l'avoir couronné,
Et par une raison qui vous est inconnue,
Mes propres sentiments vous avaient prévenue ;
Les biens que vous m'ôtez n'ont point d'attraits si doux
Que mon cœur n'ait donnés à ce frère avant vous ; *
Et si vous bornez là toute votre vengeance,
Vos désirs et les miens seront d'intelligence.

CLÉOPATRE

C'est ainsi qu'on déguise un violent dépit ;
C'est ainsi qu'une feinte au dehors l'assoupit,*
Et qu'on croit amuser de fausses patiences
Ceux dont en l'âme on craint les justes défiances.

SÉLEUCUS

Quoi ! Je conserverais quelque courroux secret !

CLÉOPATRE

Quoi ! Lâche, tu pourrais la perdre sans regret,
Elle de qui les dieux te donnaient l'hyménée,
Elle dont tu plaignais la perte imaginée ?

SÉLEUCUS

Considérer sa perte avec compassion,
Ce n'est pas aspirer à sa possession.

CLÉOPATRE

Que la mort la ravisse, ou qu'un rival l'emporte,
La douleur d'un amant est également forte,
Et tel qui se console après l'instant fatal,*
Ne saurait voir son bien aux mains de son rival.
Piqué jusques au vif, il tâche à le reprendre ;
Il fait de l'insensible, afin de mieux surprendre,
D'autant plus animé, que ce qu'il a perdu
Par rang ou par mérite à sa flamme était dû.

SÉLEUCUS

Peut-être ; Mais enfin par quel amour de mère
Pressez-vous tellement ma douleur contre un frère ?
Prenez-vous intérêt à la faire éclater ?

CLÉOPATRE

J'en prends à la connaître, et la faire avorter ;
J'en prends à conserver malgré toi mon ouvrage
Des jaloux attentats de ta secrète rage.

SÉLEUCUS

Je le veux croire ainsi ; mais quel autre intérêt
Nous fait tous deux aînés quand et comme il vous plaît ?
Qui des deux vous doit croire, et par quelle justice
Faut-il que sur moi seul tombe tout le supplice,
Et que du même amour dont nous sommes blessés
Il soit récompensé, quand vous m'en punissez ?

CLÉOPATRE

Comme reine, à mon choix je fais justice ou grâce,
Et je m'étonne fort d'où vous vient cette audace,
D'où vient qu'un fils, vers moi noirci de trahison,
Ose de mes faveurs me demander raison.

SÉLEUCUS

Vous pardonnerez donc ces chaleurs indiscrètes ;
Je ne suis point jaloux du bien que vous lui faites,
Et je vois quel amour vous avez pour tous deux,
Plus que vous ne pensez, et plus que je ne veux ;
Le respect me défend d'en dire davantage.
Je n'ai ni faute d'yeux, ni faute de courage,
Madame, mais enfin n'espérez voir en moi *
Qu'amitié pour mon frère, et zèle pour mon roi.
Adieu.

SCÈNE VII

CLÉOPATRE

De quel malheur suis-je encore capable !
Leur amour m'offensait, leur amitié m'accable,
Et contre mes fureurs je trouve en mes deux fils
Deux enfants révoltés et deux rivaux unis.
Quoi ! Sans émotion perdre trône et maîtresse !
Quel est ici ton charme, odieuse princesse ?
Et par quel privilège, allumant de tels feux,
Peux-tu n'en prendre qu'un et m'ôter tous les deux ?
N'espère pas pourtant triompher de ma haine.
Pour régner sur deux cœurs, tu n'es pas encor reine ;
Je sais bien qu'en l'état où tous deux je les voi
Il me les faut percer pour aller jusqu'à toi,
Mais n'importe, mes mains sur le père enhardies
Pour un bras refusé sauront prendre deux vies ;
Leurs jours également sont pour moi dangereux ;
J'ai commencé par lui, j'achèverai par eux.
Sors de mon cœur, nature, ou fais qu'ils m'obéissent,
Fais-les servir ma haine, ou consens qu'ils périssent.
Mais déjà l'un a vu que je les veux punir.
Souvent qui tarde trop se laisse prévenir.

Allons chercher le temps d'immoler mes victimes,*
Et de me rendre heureuse à force de grands crimes.

ACTE V

SCÈNE PREMIÈRE

CLÉOPATRE

Enfin, grâces aux dieux, j'ai moins d'un ennemi :
La mort de Séleucus m'a vengée à demi ;
Son ombre, en attendant Rodogune et son frère,
Peut déjà de ma part les promettre à son père :
Ils le suivront de près, et j'ai tout préparé
Pour réunir bientôt ce que j'ai séparé.
O toi, qui n'attends plus que la cérémonie
Pour jeter à mes pieds ma rivale punie,
Et par qui deux amants vont d'un seul coup du sort
Recevoir l'hyménée, et le trône, et la mort,
Poison, me sauras-tu rendre mon diadème ?
Le fer m'a bien servie, en feras-tu de même ?
Me seras-tu fidèle ? Et toi, que me veux-tu,
Ridicule retour d'une sotte vertu,
Tendresse dangereuse autant comme importune ?
Je ne veux point pour fils l'époux de Rodogune,
Et ne vois plus en lui les restes de mon sang,
S'il m'arrache du trône et la met en mon rang [35].*
Reste du sang ingrat d'un époux infidèle,
Héritier d'une flamme envers moi criminelle,
Aime mon ennemie et péris comme lui.
Pour la faire tomber j'abattrai son appui :
Aussi bien sous mes pas, c'est creuser un abîme,
Que retenir ma main sur la moitié du crime !
Et, te faisant mon roi, c'est trop me négliger,
Que te laisser sur moi père et frère à venger.
Qui se venge à demi court lui-même à sa peine :
Il faut ou condamner ou couronner sa haine.*
Dût le peuple en fureur pour ses maîtres nouveaux
De mon sang odieux arroser leurs tombeaux,
Dût le Parthe vengeur me trouver sans défense,
Dût le ciel égaler le supplice à l'offense,
Trône, à t'abandonner je ne puis consentir ;
Par un coup de tonnerre il vaut mieux en sortir ;
Il vaut mieux mériter le sort le plus étrange.
Tombe sur moi le ciel, pourvu que je me venge !
J'en recevrai le coup d'un visage remis :
Il est doux de périr après ses ennemis ;
Et, de quelque rigueur que le destin me traite,
Je perds moins à mourir qu'à vivre leur sujette.*
Mais voici Laonice ; il faut dissimuler
Ce que le seul effet doit bientôt révéler.

SCÈNE II

CLÉOPATRE, LAONICE

CLÉOPATRE

Viennent-ils, nos amants ?

LAONICE

Ils approchent, madame ;
On lit dessus leur front l'allégresse de l'âme ;
L'amour s'y fait paraître avec la majesté,
Et, suivant le vieil ordre en Syrie usité,
D'une grâce en tous deux toute auguste et royale,
Ils viennent prendre ici la coupe nuptiale,
Pour s'en aller au temple, au sortir du palais,
Par les mains du grand prêtre être unis à jamais ;
C'est là qu'il les attend pour bénir l'alliance.
Le peuple tout ravi par ses vœux le devance,
Et pour eux à grands cris demande aux immortels
Tout ce qu'on leur souhaite au pied de leurs autels,
Impatient pour eux que la cérémonie
Ne commence bientôt, ne soit bientôt finie.
Les Parthes à la foule aux Syriens mêlés,
Tous nos vieux différends de leur âme exilés,*
Font leur suite assez grosse, et d'une voix commune
Bénissent à l'envi le prince et Rodogune.
Mais je les vois déjà ; madame, c'est à vous
A commencer ici des spectacles si doux.

SCÈNE III

CLÉOPATRE, ANTIOCHUS, RODOGUNE, ORONTE, LAONICE TROUPES DE PARTHES ET DE SYRIENS

CLÉOPATRE

Approchez, mes enfants ; car l'amour maternelle,
Madame, dans mon cœur vous tient déjà pour telle,
Et je crois que ce nom ne vous déplaira pas.

RODOGUNE

Je le chérirai même au-delà du trépas.
Il m'est trop doux, madame, et tout l'heur que j'espère,
C'est de vous obéir et respecter en mère.

CLÉOPATRE

Aimez-moi seulement ; vous allez être rois,
Et s'il faut du respect, c'est moi que vous le dois.

ANTIOCHUS

Ah ! Si nous recevons la suprême puissance,
Ce n'est pas pour sortir de votre obéissance ;
Vous régnerez ici quand nous y régnerons,
Et ce seront vos lois que nous y donnerons.

CLÉOPATRE

J'ose le croire ainsi ; mais prenez votre place :
Il est temps d'avancer ce qu'il faut que je fasse.

Ici Antiochus s'assied dans un fauteuil, Rodogune à sa gauche, en même rang, et Cléopâtre à sa droite, mais en rang inférieur, et qui marque quelque inégalité. Oronte s'assied aussi à la gauche de Rodogune, avec la même différence ; et Cléopâtre, cependant qu'ils prennent leurs places, parle à l'oreille de Laonice, qui s'en va quérir une coupe pleine de vin empoisonné. Après qu'elle est partie Cléopâtre continue :

Peuple qui m'écoutez, Parthes et Syriens,
Sujets du roi son frère, ou qui fûtes les miens,*
Voici de mes deux fils celui qu'un droit d'aînesse
Élève dans le trône, et donne à la princesse.
Je lui rends cet État que j'ai sauvé pour lui ;
Je cesse de régner, il commence aujourd'hui.
Qu'on ne me traite plus ici de souveraine :
Voici votre roi, peuple, et voilà votre reine.*
Vivez pour les servir, respectez-les, tous deux,
Aimez-les, et mourez, s'il est besoin, pour eux.
Oronte, vous voyez avec quelle franchise
Je leur rends ce pouvoir dont je me suis démise :
Prêtez les yeux au reste, et voyez les effets
Suivre de point en point les traités de la paix.

Laonice revient avec une coupe à la main.

ORONTE

Votre sincérité s'y fait assez paraître,
Madame, et j'en ferai récit au roi mon maître.

CLÉOPATRE

L'hymen est maintenant notre plus cher souci.
L'usage veut, mon fils, qu'on le commence ici ;
Recevez de ma main la coupe nuptiale,
Pour être après unis sous la foi conjugale ;
Puisse-t-elle être un gage, envers votre moitié,
De votre amour ensemble et de mon amitié !

ANTIOCHUS, *prenant la coupe.*

Ciel ! Que ne dois-je point aux bontés d'une mère !

CLÉOPATRE

Le temps presse, et votre heur d'autant plus se diffère.

ANTIOCHUS, *à Rodogune.*

Madame, hâtons donc ces glorieux moments :
Voici l'heureux essai de nos contentements.
Mais si mon frère était le témoin de ma joie...

CLÉOPATRE

C'est être trop cruel que vouloir qu'il la voie :
Ce sont des déplaisirs qu'il fait bien d'épargner,
Et sa douleur secrète a droit de l'éloigner.

ANTIOCHUS

Il m'avait assuré qu'il la verrait sans peine.
Mais n'importe, achevons.

SCÈNE IV

CLÉOPATRE, ANTIOCHUS, RODOGUNE ORONTE, TIMAGÈNE, LAONICE, TROUPE

TIMAGÈNE

Ah ! Seigneur !

CLÉOPATRE

Timagène,
Quelle est votre insolence !

TIMAGÈNE

Ah ! Madame !

ANTIOCHUS, *rendant la coupe à Laonice.*

Parlez.

TIMAGÈNE

Souffrez pour un moment que mes sens rappelés...*

ANTIOCHUS

Qu'est-il donc arrivé ?

TIMAGÈNE

Le prince votre frère...

ANTIOCHUS

Quoi ! Se voudrait-il rendre à mon bonheur contraire ?

TIMAGÈNE

L'ayant cherché longtemps afin de divertir
L'ennui que de sa perte il pouvait ressentir,
Je l'ai trouvé, seigneur, au bout de cette allée
Où la clarté du ciel semble toujours voilée.
Sur un lit de gazon, de faiblesse étendu,
Il semblait déplorer ce qu'il avait perdu ; *
Son âme à ce penser paraissait attachée ;
Sa tête sur un bras languissamment penchée,
Immobile et rêveur, en malheureux amant...

ANTIOCHUS

Enfin, que faisait-il ? Achevez promptement.

TIMAGÈNE

D'une profonde plaie en l'estomac ouverte
Son sang à gros bouillons sur cette couche verte...

CLÉOPATRE

Il est mort ?

TIMAGÈNE

Oui, madame.

CLÉOPATRE

Ah ! Destins ennemis,*
Qui m'enviez le bien que je m'étais promis,
Voilà le coup fatal que je craignais dans l'âme,
Voilà le désespoir où l'a réduit sa flamme,
Pour vivre en vous perdant il avait trop d'amour,
Madame, et de sa main il s'est privé du jour.*

TIMAGÈNE, *à Cléopâtre.*

Madame, il a parlé, sa main est innocente.

CLÉOPATRE, *à Timagène.*

La tienne est donc coupable, et ta rage insolente,
Par une lâcheté qu'on ne peut égaler,
L'ayant assassiné, le fait encor parler !

ANTIOCHUS

Timagène, souffrez la douleur d'une mère,
Et les premiers soupçons d'une aveugle colère.*
Comme ce coup fatal n'a point d'autre émotions,
J'en ferais autant qu'elle, à vous connaître moins.
Mais que vous a-t-il dit ? Achevez, je vous prie.

TIMAGÈNE

Surpris d'un tel spectacle, à l'instant je m'écrie,
Et soudain, à mes cris, ce prince, en soupirant,
Avec assez de peine entr'ouvre un œil mourant,
Et ce reste égaré de lumière incertaine*
Lui peignant son cher frère au lieu de Timagène,
Rempli de votre idée, il m'adresse pour vous
Ces mots où l'amitié règne sur le courroux :
« Une main qui nous fut bien chère
Venge ainsi le refus d'un coup trop inhumain.
Régnez, et surtout, mon cher frère,
Gardez-vous de la même main.
C'est... » La Parque à ce mot lui coupe la parole ;
Sa lumière s'éteint, et son âme s'envole,
Et moi, tout effrayé d'un si tragique sort,
J'accours pour vous en faire un funeste rapport [36].

ANTIOCHUS

Rapport vraiment funeste, et sort vraiment tragique
Qui va changer en pleurs l'allégresse publique.
O frère, plus aimé que la clarté du jour !
O rival, aussi cher que m'était mon amour !
Je te perds, et je trouve en ma douleur extrême*
Un malheur dans ta mort plus grand que ta mort même.
O de ses derniers mots fatale obscurité !
En quel gouffre d'horreurs m'as-tu précipité ?

Quand j'y pense chercher la main qui l'assassine,
Je m'impute à forfait tout ce que j'imagine,
Mais aux marques enfin que tu m'en viens donner,
Fatale obscurité ! Qui dois-je en soupçonner ?
« Une main qui nous fut bien chère ! »
Madame, est-ce la vôtre, ou celle de ma mère ?
Vous vouliez toutes deux un coup trop inhumain ;
Nous vous avons tous deux refusé notre main ;
Qui de vous s'est vengée ? Est-ce l'une, est-ce l'autre,
Qui fait agir la sienne au refus de la nôtre ?
Est-ce vous qu'en coupable il me faut regarder ?
Est-ce vous désormais dont je me dois garder ?

CLÉOPATRE

Quoi ! Vous me soupçonnez ?

RODOGUNE

Quoi ! Je vous suis suspecte ?

ANTIOCHUS

Je suis amant et fils, je vous aime et respecte ;
Mais quoi que sur mon cœur puissent des noms si doux,
A ces marques enfin je ne connais que vous.
As-tu bien entendu ? Dis-tu vrai, Timagène ?

TIMAGÈNE

Avant qu'en soupçonner la princesse ou la reine,*
Je mourrais mille fois, mais enfin mon récit
Contient, sans rien de plus, ce que le prince a dit.*

ANTIOCHUS

D'un et d'autre côté l'action est si noire,
Que, n'en pouvant douter, je n'ose encor la croire.
O quiconque des deux avez versé son sang,
Ne vous préparez plus à me percer le flanc !
Nous avons mal servi vos haines mutuelles,
Aux jours l'une de l'autre également cruelles ;
Mais si j'ai refusé ce détestable emploi,
Je veux bien vous servir toutes deux contre moi :
Qui que vous soyez donc, recevez une vie
Que déjà vos fureurs m'ont à demi ravie.*

RODOGUNE

Ah ! Seigneur, arrêtez.

TIMAGÈNE

Seigneur, que faites-vous ?

ANTIOCHUS

Je sers ou l'une ou l'autre, et je préviens ses coups.

CLÉOPATRE

Vivez, régnez heureux.

ANTIOCHUS

Otez-moi donc de doute,

Et montrez-moi la main qu'il faut que je redoute,*
Qui pour m'assassiner ose me secourir,
Et me sauve de moi pour me faire périr.
Puis-je vivre et traîner cette gêne éternelle,*
Confondre l'innocente avec la criminelle,
Vivre, et ne pouvoir plus vous voir sans m'alarmer ?
Vous craindre toutes deux, toutes deux vous aimer ?
Vivre avec ce tourment, c'est mourir à toute heure.
Tirez-moi de ce trouble, ou souffrez que je meure,
Et que mon déplaisir, par un coup généreux,
Épargne un parricide à l'une de vous deux.

CLÉOPATRE

Puisque le même jour que ma main vous couronne
Je perds un de mes fils et l'autre me soupçonne,
Qu'au milieu de mes pleurs, qu'il devrait essuyer,
Son peu d'amour me force à me justifier,
Si vous n'en pouvez mieux consoler une mère
Qu'en la traitant d'égale avec une étrangère,
Je vous dirai, seigneur (car ce n'est plus à moi
A nommer autrement et mon juge et mon roi),
Que vous voyez l'effet de cette vieille haine
Qu'en dépit de la paix me garde l'inhumaine,
Qu'en son cœur du passé soutient le souvenir,
Et que j'avais raison de vouloir prévenir.
Elle a soif de mon sang, elle a voulu l'épandre :
J'ai prévu d'assez loin ce que j'en viens d'apprendre,
Mais je vous ai laissé désarmer mon courroux.

à Rodogune.

Sur la foi de ses pleurs je n'ai rien craint de vous,
Madame, mais, ô dieux ! Quelle rage est la vôtre !
Quand je vous donne un fils, vous assassinez l'autre,
Et m'enviez soudain l'unique et faible appui
Qu'une mère opprimée eût pu trouver en lui !
Quand vous m'accablerez, où sera mon refuge ?
Si je m'en plains au roi, vous possédez mon juge ;
Et s'il m'ose écouter, peut-être, hélas ! en vain
Il voudra se garder de cette même main.
Enfin je suis leur mère, et vous leur ennemie ;
J'ai recherché leur gloire, et vous leur infamie,
Et si je n'eusse aimé ces fils que vous m'ôtez,
Votre abord en ces lieux les eût déshérités.
C'est à lui maintenant, en cette concurrence,
A régler ses soupçons sur cette différence,
A voir de qui des deux il doit se défier,
Si vous n'avez un charme à vous justifier.

RODOGUNE, *à Cléopâtre.*

Je me défendrai mal : l'innocence étonnée
Ne peut s'imaginer qu'elle soit soupçonnée,
Et n'ayant rien prévu d'un attentat si grand,
Qui l'en veut accuser sans peine la surprend.
Je ne m'étonne point de voir que votre haine
Pour me faire coupable a quitté Timagène.
Au moindre jour ouvert de tout jeter sur moi,

Son récit s'est trouvé digne de votre foi.
Vous l'accusiez pourtant, quand votre âme alarmée
Craignait qu'en expirant ce fils vous eût nommée :
Mais de ses derniers mots voyant le sens douteux,
Vous avez pris soudain le crime entre nous deux.
Certes, si vous voulez passer pour véritable
Que l'une de nous deux de sa mort soit coupable,
Je veux bien par respect ne vous imputer rien,
Mais votre bras au crime est plus fait que le mien,
Et qui sur un époux fit son apprentissage
A bien pu sur un fils achever son ouvrage.
Je ne dénierai point, puisque vous les savez,
De justes sentiments dans mon âme élevés :
Vous demandiez mon sang ; j'ai demandé le vôtre ;*
Le roi sait quels motifs ont poussé l'une et l'autre ;
Comme par sa prudence il a tout adouci,
Il vous connaît peut-être, et me connaît aussi.

à Antiochus.

Seigneur, c'est un moyen de vous être bien chère
Que pour don nuptial vous immoler un frère ;
On fait plus, on m'impute un coup si plein d'horreur,
Pour me faire un passage à vous percer le cœur.

à Cléopâtre.

Où fuirais-je de vous après tant de furie,
Madame ? Et que ferait toute votre Syrie,
Où seule et sans appui contre mes attentats,
Je verrais... ? Mais, seigneur, vous ne m'écoutez pas !

ANTIOCHUS

Non, je n'écoute rien, et dans la mort d'un frère
Je ne veux point juger entre vous et ma mère :
Assassinez un fils, massacrez un époux,
Je ne veux me garder ni d'elle ni de vous.*
Suivons aveuglément ma triste destinée ;
Pour m'exposer à tout achevons l'hyménée.
Cher frère, c'est pour moi le chemin du trépas ;
La main qui t'a percé ne m'épargnera pas ;
Je cherche à te rejoindre, et non à m'en défendre,
Et lui veux bien donner tout lieu de me surprendre :
Heureux si sa fureur qui me prive de toi
Se fait bientôt connaître en achevant sur moi,
Et si du ciel, trop lent à la réduire en poudre,
Son crime redoublé peut arracher la foudre !
Donnez-moi...

RODOGUNE, *l'empêchant de prendre la coupe.*

Quoi ! Seigneur !

ANTIOCHUS

Vous m'arrêtez en vain :
Donnez.

RODOGUNE

Ah ! Gardez-vous de l'une et l'autre main !

Cette coupe est suspecte, elle vient de la reine ;*
Craignez de toutes deux quelque secrète haine.

CLÉOPATRE

Qui m'épargnait tantôt ose enfin m'accuser !

RODOGUNE

De toutes deux, madame, il doit tout refuser.
Je n'accuse personne, et vous tiens innocente ;
Mais il en faut sur l'heure une preuve évidente ;
Je veux bien à mon tour subir les mêmes lois.
On ne peut craindre trop pour le salut des rois.
Donnez donc cette preuve, et, pour toute réplique,
Faites faire un essai par quelque domestique.

CLÉOPATRE, *prenant la coupe.*

Je le ferai moi-même. Eh bien ! redoutez-vous [37]
Quelque sinistre effet encor de mon courroux ?
J'ai souffert cet outrage avecque patience.

ANTIOCHUS, *prenant la coupe des mains de Cléopâtre, après qu'elle a bu.*

Pardonnez-lui, madame, un peu de défiance :
Comme vous l'accusez, elle fait son effort
A rejeter sur vous l'horreur de cette mort,
Et soit amour pour moi, soit adresse pour elle,
Ce soin la fait paraître un peu moins criminelle.
Pour moi, qui ne vois rien, dans le trouble où je suis,
Qu'un gouffre de malheurs, qu'un abîme d'ennuis,
Attendant qu'en plein jour ces vérités paraissent,
J'en laisse la vengeance aux dieux qui les connaissent.
Et vais sans plus tarder...

RODOGUNE

Seigneur, voyez ses yeux
Déjà tout égarés, troubles et furieux,
Cette affreuse sueur, qui court sur son visage,
Cette gorge qui s'enfle. Ah ! bons dieux ! Quelle rage !
Pour vous perdre après elle, elle a voulu périr.

ANTIOCHUS, *rendant la coupe à Laonice ou à quelque autre.*

N'importe, elle est ma mère, il faut la secourir.

CLÉOPATRE

Va, tu me veux en vain rappeler à la vie ;
Ma haine est trop fidèle, et m'a trop bien servie ;
Elle a paru trop tôt pour te perdre avec moi ;
C'est le seul déplaisir qu'en mourant je reçoi,
Mais j'ai cette douceur dedans cette disgrâce
De ne voir point régner ma rivale en ma place.*
Règne ; de crime en crime, enfin te voilà roi.
Je t'ai défait d'un père, et d'un frère, et de moi :
Puisse le ciel tous deux vous prendre pour victimes,
Et laisser choir sur vous les peines de mes crimes !
Puissiez-vous ne trouver dedans votre union

Qu'horreur, que jalousie, et que confusion !
Et, pour vous souhaiter tous les malheurs ensemble,
Puisse naître de vous un fils qui me ressemble !

ANTIOCHUS

Ah ! Vivez pour changer cette haine en amour.

CLÉOPATRE

Je maudirais les dieux s'ils me rendaient le jour.
Qu'on m'emporte d'ici : je me meurs. Laonice,
Si tu veux m'obliger par un dernier service,
Après les vains efforts de mes inimités,
Sauve-moi de l'affront de tomber à leurs pieds [38].

Elle s'en va, et Laonice lui aide à marcher.

ORONTE

Dans les justes rigueurs d'un sort si déplorable,*
Seigneur, le juste ciel vous est bien favorable ;
Il vous a préservé, sur le point de périr,
Du danger le plus grand que vous puissiez courir ;
Et, par un digne effet de ses faveurs puissantes,
La coupable est punie, et vos mains innocentes.

ANTIOCHUS

Oronte, je ne sais, dans son funeste sort,
Qui m'afflige le plus, ou sa vie, ou sa mort ;
L'une et l'autre a pour moi des malheurs sans exemple ;
Plaignez mon infortune. Et vous, allez au temple
Y changer l'allégresse en un deuil sans pareil,
La pompe nuptiale en funèbre appareil ;
Et nous verrons après, par d'autres sacrifices,
Si les dieux voudront être à nos vœux plus propices.

THÉODORE
VIERGE ET MARTYRE

TRAGÉDIE CHRÉTIENNE

THÉODORE
VIERGE ET MARTYRE

NOTICE

La vierge et martyre Théodore avait inspiré, comme Polyeucte, une tragédie à Bartolommei. Bien d'autres poètes italiens, Guiniggi, Mascardi, Faustini, Gottendi, Rospigliosi, avaient chanté cette héroïne, à laquelle Godeau venait de consacrer l'une de ses « poésies chrétiennes et morales », La Vierge d'Antioche, dédiée à Mme de Rambouillet [1]. L'amour était banni de cette œuvre. Il en est tout autrement dans la pièce de Corneille, et, dans ce contexte, elle prend un sens précis, peut-être presque polémique.

Nous redescendons ici du faste de Pompée et du hiératisme de Rodogune à un drame privé. Plus nettement encore que dans Polyeucte, où Sévère portait un peu de la grandeur impériale, la religion, dans Théodore, se révèle parmi les tristesses, voire les vulgarités, des désunions familiales.

Cette peinture rappelle la Sainte Agnes du sieur d'Aves : on y voyait l'amour de Martian, le fils du gouverneur de Rome, pour Agnès - amour douloureux et morbide, qui se sublimait, quand le jeune homme devenait chrétien à son tour. Mais la pièce de Corneille est bien plus sombre et plus réaliste. Elle nous transporte, semble-t-il, dans le monde des parlementaires ou des bourgeois normands. On se rappellera les développements de Robert Brasillach : « Il y a un assemblage de peur, de basse avarice, de crime sournois, de crasse et d'imbécillité, qu'on ne trouve vraiment que chez Corneille [...] Tout se passe comme s'il avait rencontré, dans son enfance, dans sa jeunesse, aux dîners de famille et aux enterrements, quelques notaires normands, quelques bourgeois peureux, gras ou maigres, remplis de calvados et de canards à la rouennaise » [2].

Monde féroce et mesquin à la fois, dont il faudrait peut-être chercher l'image chez les bourgeois et les régentes de Franz Hals. N'est-ce point aux errements de tels personnages qu'a songé Corneille, quand il a expliqué la moralité de sa tragédie : « purger l'opiniâtreté à faire des mariages par force et à ne se point départir du projet qu'on en fait... » [3] ?

La famille peinte dans Théodore pourrait habiter un hôtel de Paris ou de Rouen. Elle ressemble à la famille d'Orgon. Valens avait choisi le mauvais parti dans les divisions de l'empire ; à l'avènement de Dioclétien, il était perdu,

> « Sa tête fut proscrite, et son bien confisqué » (v. 38).

Pour avoir la vie sauve, il dut, pour ainsi dire, se prostituer (v. 41-42), c'est-à-dire épouser Marcelle, dont le frère « peut tout sur l'empereur » (v. 22). Marcelle a fait *la grandeur de Valens, qui est devenu gouverneur d'Antioche. Le fils qu'il eut de son premier mariage, Placide, a été nommé gouverneur d'Egypte. Cette femme si influente ne demande pour prix de ses bienfaits que le seul bonheur de Flavie, sa fille née d'un premier lit ; Flavie, qui ne paraît jamais sur le théâtre, mène sans le savoir toute l'action : elle est follement éprise de Placide à qui elle fut depuis longtemps promise, mais Placide ne veut pas comme son père se prostituer ; il n'éprouve qu'aversion pour la jeune fille et aime la princesse Théodore ;*

« Flavie, au lit, malade en meurt de jalousie » (v. 63).

Tableau d'un saisissant réalisme : le père qui a renoncé à tout honneur, à toute indépendance, et est devenu « l'esclave » (v. 676) de Marcelle qu'il n'aime pas ; le fils qui rougit de cette déchéance et refuse d'y sombrer à son tour ; la pitoyable Flavie languissante et mourant d'amour ; et, dominant toutes ces figures, la maîtresse du jeu, Marcelle, âpre, fiévreuse, puissamment vulgaire, incapable de contrôler ses nerfs, folle d'amour pour sa fille, folle de haine pour Placide, un des rôles les plus vivants des tragédies cornéliennes, tout en éclats, en grimaces, en ironies terribles, par delà Daumier rejoignant Goya.

Mais dans cette famille se retrouvent les problèmes de la société du XVIIe *siècle. Valens, peut-être noble d'origine s'est dégradé ; il a forcé « son grand cœur à ce honteux lien » (v. 41). En Marcelle se reconnaissent tous les parvenus, d'autant plus arrogants que leur origine est plus humble ; c'est l'argent qui s'incarne en elle, capable de plier presque toutes les résistances, de souiller presque toutes les valeurs. Théodore, au contraire, est une princesse ; elle descend des rois,*

« Et si Rome et le temps [lui] [...] en ont ôté le rang,
Il [lui] [...] en demeure encor le courage et le sang » (v. 505-506).

Allons-nous retrouver ici le thème de Pompée, *de* Nicomède, *de* Sophonisbe, *l'évocation des rois humiliés et asservis ? Mais le cœur de Théodore est fermé à toute considération mondaine. Cette jeune fille, qui veut*

« [...] conserver d'une âme résolue
A l'époux sans macule une épouse impoulle » (v. 779-780),

qui aimerait Didyme et s'obstine à le dédaigner, qui n'aspire, au fond qu'à la mort, revêt évidemment une signification sociale et idéologique. Il est suggéré à travers elle que la noblesse n'a plus le choix qu'entre la prostitution et la mort. Ou bien la dégradante compromission à laquelle a consenti Valens, ou bien le suicide de Cléobule, et, pour ainsi dire, de Didyme et de Théodore elle-même.

Nous sommes loin de Polyeucte, *où l'intercession des martyrs et l'aspersion de leur rang appelaient à la grâce les âmes ignorantes et fourvoyées de Pauline et de Félix. Il n'est ici nul salut pour Valens, pour Marcelle, pour Cléobule. La sainteté s'accomplit dans le refus absolu du monde. Au fond,* Théodore *est l'exacte représentation du jansénisme aristocratique, persuadé que la vie mondaine n'est que déchéance, et que seules la virginité et la mort conviennent à notre âme. La tragédie, en ce sens, prolonge* Rodogune. *La douce mort de Séleucus annonçait la résignation de la vierge. Au milieu des visages grimaçants, parmi les ombres et le sang, le prince et la princesse apportent leur timide blancheur. Mais dans cette Antioche, comme naguère à Séleucie, il n'est pas de vertus païennes ; peut-être même dans le monde n'est-il aucune vertu que le renoncement.*

L'horreur règne dans cette pièce, plus saisissante, plus physique surtout que dans Rodogune. *Ce ne sont pas seulement les éclats de voix de Marcelle. C'est l'horreur de la mort : ce « reste affreux » qui repose dans le tombeau (v. 261-262) ; « l'ombre ensanglantée » qui sort des « tristes nuits » du néant (v. 643-644) ; Flavie qui meurt de chagrin, et surtout au dénouement, Marcelle qui de sa propre main poignarde Théodore et Didyme,*

« [...] triomphante entre ces deux mourants,
[...] les contemple à ses pieds expirants,
Jouit de sa vengeance [...] » (v. 1793-1795),

puis se perce le flanc

« De ce même poignard fumant d'un autre sang » (v. 1810),

avant que Placide ne se frappe lui-même et n'apparaisse ensanglanté sur le théâtre (v. 1825).

Horreur digne du théâtre élisabéthain, à laquelle s'ajoute l'horreur de la prostitution ; la cohue des soldats à la porte de la cellule de Théodore, leurs rires, leur hâte :

« On se pousse, on se presse, on se bat, on se tue » (v. 1287).

Cette tragédie est donc plus noire encore que Rodogune. *Le pouvoir y est avili et criminel ; le sang coule à flots, et le désir a pris le visage de la soldatesque ivre. En regard, il ne reste que l'exil de la virginité, ou mieux de la mort.*

Cette forte conception permet de beaux moments : le dénouement aussi mélodramatique que celui de Rodogune, *les scènes où Marcelle affronte Valens ou Placide, et même ce récit entrecoupé de l'acte IV, qui rappelle celui d'*Horace. *Tout ce qu'il y a de sombre, de négatif, dans cette histoire est puissant et poignant. Les clichés, les fadeurs sont rares :*

« Tout fait peur à l'amour ; c'est un enfant timide » (v. 1172),

dit Placide, mais cette mièvrerie même est acceptable, et l'on ne peut l'imputer au poète, qui en dévoile bientôt la fausseté. Le style, malgré quelques négligences, est plein de vie, coloré, dans le rôle de Marcelle, de reflets sauvages, dans celui de Valens, de ce « comique crasseux », qui est souvent l'apanage des vieillards de Corneille.

Pourtant la tragédie créée dans l'hiver 1645-1646 n'eut aucun succès. Il est possible que Godeau, mécontent de cette vierge d'Antioche qui ne ressemblait pas à la sienne, ait été avec les jansénistes, le fauteur de cette chute [4]. *Même si la morale de* Théodore *est un peu celle de Port-Royal, Nicole et ses amis déplorèrent en effet que cette vierge eût parfois de la fierté et que quelque sensualité transparût dans cette hagriographie* [5]. *Mais Corneille a lui-même expliqué autrement l'échec de sa tragédie. Le rôle de Théodore, écrit-il dans l'* Examen, *est « entièrement froid [...] Une vierge et martyre sur un théâtre n'est autre chose qu'un terme qui n'a ni jambes, ni bras, et par conséquent point d'action ». Il est vrai que la résignation de Théodore, qui récite trop de couplets édifiants, la rend fort passive. Le poète affirme aussi que le public n'a pu accepter « l'idée de la prostitution ». L'histoire de Théodore « se trouve trop licencieuse pour [...] être supportée ». Il a cependant, ajoute-t-il, « dérobé à la vue, et autant [...] [qu'il] l'a pu à l'imagination de [...] [ses] auditeurs*

[...] ce spectacle » [6]*. Mais ce n'est pas seulement la prostitution qui nuit à la tragédie, plus encore peut-être le travestissement de Didyme et de Théodore, qui donne lieu à des vers presque parodiques :*

« Je lui rend mes habits, elle m'offre sa tête » (v. 1448)
« Vous le verriez déjà, si j'avais pu souffrir
Qu'en cet habit de fille on vous le vint offrir » (v. 1361-1362).

En fait, tout ce que Corneille doit à saint Ambroise était difficile, impossible peut-être, à mettre sur le théâtre. En revanche, quand le poète a inventé, il a été génial ; c'est alors la famille de Valens, Flavie, et surtout le rôle extraordinaire de Marcelle, ses violences verbales et ses crimes. En imaginant ces personnages et ces situations, Corneille approfondissait le thème de la prostitution ; il faisait de Théodore une allégorie de l'âme humaine qui doit se renier ou accepter la mort [7]*.*

A. N.

Editions collationnées :
Ed. séparée : 1646 in-4°.
Recueils : 1652 in-12 ; 1654 in-12 ; 1655 in-12 ; 1656 in-12 ; 1660 in-8° ; 1663 in-fol. ; 1664 in-8° ; 1668 in-12 ; 1682 in-12.

NOTES.

1 Sur cette tradition italienne et sur les rapports de Corneille et de Godeau, voir les articles de M. Fumaroli, dans les *Mélanges offerts à R. Pintard*, p. 73-89, et dans les *Mélanges à la mémoire de Franco Simone*, t. II, p. 205-238 ; y sont distingués « les deux versants de la culture catholique postérieure au concile de Trente » : le versant « ovidien » (qui reconcilie amour humain et grâce divine) et le versant « sénéquien », foncièrement pessimiste, auquel évidemment se rattache la pièce de Corneille. On peut également consulter, l'article de M. Fumaroli, « Théâtre, humanisme et contre-réforme à Rome (1597-1642) », dans le *Bulletin de l'Association G. Budé*, 1974, p. 397-412.

2 R. Brasillach, *Corneille*, p. 280.

3 *Examen.*

4 M. Fumaroli, *op. cit. (Mélanges R. Pintard* et *Mélanges F. Simone*). Corneille, dans l'épître dédicatoire, suggère que l'échec de sa tragédie est dû à « diverses conjonctures ». Le problème a été abordé par G. Couton dans son introduction au *Traité de la Comédie* de Pierre Nicole, Paris, Les Belles Lettres, 1961 : il conclut prudemment : « L'éclat de nos connaissances ne nous permet même pas des hypothèses » (p. 27).

5 Pierre Nicole, *Traité de la Comédie, op. cit.*, p. 53.

6 *Examen.*

7 Cette pièce fut à peu près oubliée. A notre époque, elle n'a été montée que par Jean Serge pour le *Festival Corneille* de Barentin.

A MONSIEUR L.P.C.B. [1]

MONSIEUR,

Je n'abuserai point de votre absence de la cour pour vous imposer touchant cette tragédie : sa représentation n'a pas eu grand éclat, et quoique beaucoup en attribuent la cause à diverses conjonctures qui pourraient me justifier aucunement, pour moi, je ne m'en veux prendre qu'à ses défauts, et la tiens mal faite, puisqu'elle a été mal suivie. J'aurais tort de m'opposer au jugement du public ; il m'a été trop avantageux en mes autres ouvrages pour le désavouer en celui-ci ; et, si je l'accusais d'erreur ou d'injustice pour *Théodore*, mon exemple donnerait lieu à tout le monde de soupçonner des mêmes choses tous les arrêts qu'il a prononcés en ma faveur. Ce n'est pas toutefois sans quelque sorte de satisfaction que je vois que la meilleure partie de mes juges impute ce mauvais succès à l'idée de la prostitution que l'on n'a pu souffrir [2], quoiqu'on sût bien qu'elle n'aurait pas d'effet, et que pour en exténuer l'horreur j'aie employé tout ce que l'art et l'expérience m'ont pu fournir de lumières ; et certes, il y a de quoi congratuler à la pureté de notre théâtre, de voir qu'une histoire qui fait le plus bel ornement du second livre des *Vierges* de saint Ambroise, se trouve trop licencieuse pour y être supportée [3]. Qu'eût-on dit, si, comme ce grand docteur de l'Église, j'eusse fait voir Théodore dans le lieu infâme, si j'eusse décrit les diverses agitations de son âme durant qu'elle y fut, si j'eusse figuré les troubles qu'elle y ressentit* au premier moment qu'elle y vit entrer Didyme [4] ? C'est là-dessus que ce grand saint fait triompher son éloquence, et c'est pour ce spectacle qu'il invite particulièrement les vierges à ouvrir les yeux. Je l'ai dérobé à la vue, et, autant que j'ai pu, à l'imagination de mes auditeurs ; et après y avoir consumé toute mon adresse, la modestie de notre scène a désavoué comme indigne d'elle ce peu que la nécessité de mon sujet m'a forcé d'en faire connaître. Après cela, j'oserai bien dire que ce n'est pas contre des comédies pareilles aux nôtres que déclame saint Augustin [5], et que ceux que le scrupule ou le caprice ou le zèle, en rend opiniâtres ennemis, n'ont pas grande raison de s'appuyer de son autorité. C'est avec justice qu'il condamne celles de son temps, qui ne méritaient que trop le nom qu'il leur donne de spectacles de turpitude, mais c'est avec injustice qu'on veut étendre cette condamnation jusqu'à celles du nôtre, qui ne contiennent, pour l'ordinaire, que des exemples d'innocence, de vertu et de piété. J'aurais mauvaise grâce de vous en entretenir plus au long ; vous êtes déjà trop persuadé de ces vérités, et ce n'est pas mon dessein d'entreprendre ici de désabuser ceux qui ne veulent pas l'être ; il est juste qu'on les abandonne à leur aveuglement volontaire, et que, pour peine de la trop facile croyance qu'ils donnent à des invectives mal fondées, ils demeurent privés du plus agréable et du plus utile des divertissements dont l'esprit humain soit capable. Contentons-nous d'en jouir sans leur en faire part ; et souffrez que sans faire aucun effort pour les guérir de leur faiblesse, je finisse en vous assurant que je suis et serai toute ma vie,

MONSIEUR,

Votre très humble et très obligé serviteur,

CORNEILLE.

EXAMEN

La représentation de cette tragédie n'a pas eu grand éclat, et, sans chercher des couleurs à la justifier, je veux bien ne m'en prendre qu'à ses défauts, et la croire mal faite, puisqu'elle a été mal suivie. J'aurais tort de m'opposer au jugement du public ; il m'a été trop avantageux en d'autres ouvrages pour le contre-dire en celuici ; et si je l'accusais d'erreur ou d'injustice pour *Théodore*, mon exemple donnerait lieu à tout le monde de soupçonner des mêmes choses les arrêts qu'il a prononcés en ma faveur. Ce n'est pas toutefois sans quelque satisfaction que je vois la meilleure et la plus saine partie de mes juges imputer ce mauvais succès à l'idée de la prostitution, qu'on n'a pu souffrir, bien qu'on sût assez qu'elle n'aurait point d'effet, et que, pour en exténuer l'horreur, j'aie employé tout ce que l'art et l'expérience m'ont pu fournir de lumières, pouvant dire du quatrième acte de cette pièce, que je ne crois pas en avoir fait aucun où les diverses passions soient ménagées avec plus d'adresse, et qui lui donne plus de lieu à faire voir tout le talent d'un excellent acteur. Dans cette disgrâce, j'ai de quoi congratuler à la pureté de notre scène, de voir qu'une histoire qui fait le plus bel ornement du second livre des *Vierges* de saint Ambroise, se trouve trop licencieuse pour y être supportée. Qu'eût-on dit, si, comme ce grand docteur de l'Église, j'eusse fait voir cette vierge dans le lieu infâme, si j'eusse décrit les diverses agitations de son âme pendant qu'elle y fut, si j'eusse peint les troubles qu'elle ressentit au premier moment qu'elle y vit entrer Didyme ? C'est là-dessus que ce grand saint fait triompher cette éloquence qui convertit saint Augustin, et c'est pour ce spectacle qu'il invite particulièrement les vierges à ouvrir les yeux. Je l'ai dérobé à la vue, et, autant que je l'ai pu, à l'imagination de mes auditeurs, et, après y avoir consumé toute mon industrie, la modestie de notre théâtre a désavoué ce peu que la nécessité de mon sujet m'a forcé d'en faire connaître.

Je ne veux pas toutefois me flatter jusqu'à dire que cette fâcheuse idée ait été le seul défaut de ce poème. A le bien examiner s'il y a quelques caractères vigoureux et animés, comme ceux de Placide et de Marcelle, il y en a de traînants, qui ne peuvent avoir grand charme ni grand feu sur le théâtre. Celui de Théodore est entièrement froid ; elle n'a aucune passion qui l'agite ; et, là même où son zèle pour Dieu, qui occupe toute son âme, devrait éclater le plus, c'est-à-dire dans sa contestation avec Didyme pour le martyre, je lui ai donné si peu de chaleur, que cette scène [6] bien que très courte, ne laisse pas d'ennuyer. Aussi, pour en parler sainement, une vierge et martyre sur un théâtre, n'est autre chose qu'un terme qui n'a ni jambes ni bras,* et par conséquent point d'action.*

Le caractère de Valens ressemble trop à celui de Félix dans *Polyeucte*, et a même quelque chose de plus bas, en ce qu'il se ravale à craindre sa femme, et n'ose s'opposer à ses fureurs, bien que dans l'âme, il tienne le parti de son fils. Tout gouverneur qu'il est, il demeure les bras croisés, au cinquième acte, quand il les voit prêts à s'entr'immoler l'un à l'autre et attend le succès de leur haine mutuelle pour se ranger du côté du plus fort. La connaissance que Placide son fils a de cette bassesse d'âme, fait qu'il le regarde si bien comme un esclave de Marcelle, qu'il ne daigne s'adresser à lui pour obtenir ce qu'il souhaite en faveur de sa maîtresse, sachant bien qu'il le ferait inutilement ; il aime mieux se jeter aux pieds de cette marâtre impérieuse, qu'il hait et qu'il a bravée, que de perdre des prières et des soupirs auprès d'un père qui l'aime dans le fond de l'âme et n'oserait lui rien accorder.

Le reste est assez ingénieusement conduit, et la maladie de Flavie, sa mort, et les violences des désespoirs de sa mère qui la venge, ont assez de justesse. J'avais peint des haines trop envenimées pour finir autrement, et j'eusse été ridicule, si j'eusse fait faire au sang de ces martyrs le même effet sur les cœurs de Marcelle et de Placide, que fait celui de Polyeucte sur ceux de Félix et de Pauline. La mort de Théodore peut servir de preuves à ce que dit Aristote, que *quand un ennemi tue son ennemi, il ne s'excite par là aucune pitié dans l'âme des spectateurs* [7]. Placide en peut faire naître, et purger ensuite ces forts attachements d'amour qui sont cause de son malheur, mais les funestes désespoirs de Marcelle et de Flavie, bien que l'une ni l'autre ne fasse de pitié, sont encore plus capables de purger l'opiniâtreté à faire des mariages par force, et à ne se point départir du projet qu'on en fait par un accommodement de famille entre des enfants dont les volontés ne s'y conforment point quand ils sont venus en âge de l'exécuter.

L'unité de jour et de lieu se rencontre en cette pièce, mais je ne sais s'il n'y a point une duplicité d'action, en ce que Théodore, échappée d'un péril, se rejette dans un autre de son propre mouvement [8]. L'histoire le porte, mais la tragédie n'est pas obligée de représenter toute la vie de son héros ou de son héroïne, et doit ne s'attacher qu'à une action propre au théâtre. Dans l'histoire même, j'ai trouvé toujours quelque chose à dire en cette offre volontaire qu'elle fait de sa vie aux bourreaux de Didyme. Elle venait d'échapper de la prostitution, et n'avait aucune assurance qu'on ne l'y condamnerait point de nouveau, et qu'on accepterait sa vie en échange de sa pudicité qu'on avait voulu sacrifier. Je l'ai sauvée de ce péril, non seulement par une révélation de Dieu qu'on se contenterait de sa mort, mais encore par une raison assez vraisemblable, que Marcelle, qui vient de voir expirer sa fille unique entre ses bras, voudrait obstinément du sang pour sa vengeance, mais, avec toutes ces précautions, je ne vois pas comment je pourrais justifier ici cette duplicité de péril, après l'avoir condamnée dans l'*Horace*. La seule couleur qui pourrait y servir de prétexte, c'est que la pièce ne serait pas achevée, si on ne savait ce que devient Théodore après être échappée de l'infamie, et qu'il n'y a point de fin glorieuse ni même raisonnable pour elle que le martyre, qui est historique ; du moins l'imagination ne m'en offre point. Si les maîtres de l'art veulent consentir que cette nécessité de faire connaître ce qu'elle devient suffise pour réunir ce nouveau péril à l'autre, et empêcher qu'il n'y ait duplicité d'action, je ne m'opposerai pas à leur jugement, mais aussi je n'en appellerai pas quand ils la voudront condamner.

LES ACTEURS

VALENS, gouverneur d'Antioche.
PLACIDE, fils de Valens et amoureux de Théodore.
CLÉOBULE, ami de Placide.
DIDYME, amoureux de Théodore.
PAULIN, confident de Valens.
LYCANTE, capitaine d'une cohorte romaine.
MARCELLE, femme de Valens.
THÉODORE, princesse d'Antioche.
STÉPHANIE, confidente de Marcelle.

La scène est à Antioche, dans le palais du gouverneur.

ACTE PREMIER

SCÈNE PREMIÈRE

PLACIDE, CLÉOBULE

PLACIDE

Il est vrai, Cléobule, et je veux l'avouer,
La fortune me flatte assez pour m'en louer :
Mon père est gouverneur de toute la Syrie,
Et, comme si c'était trop peu de flatterie,
Moi-même elle m'embrasse, et vient de me donner,*
Tout jeune que je suis, l'Égypte à gouverner.
Certes, si je m'enflais de ces vaines fumées
Dont on voit à la cour tant d'âmes si charmées,
Si l'éclat des grandeurs avait pu me ravir,
J'aurais de quoi me plaire et de quoi m'assouvir.
Au-dessous des Césars, je suis ce qu'on peut être ;
A moins que de leur rang le mien ne saurait croître [1],
Et pour haut qu'on ait mis des titres si sacrés,*
On y monte souvent par de moindres degrés.
Mais ces honneurs pour moi ne sont qu'une infamie,
Parce que je les tiens d'une main ennemie,
Et leur plus doux appât qu'un excès de rigueur,*
Parce que pour échange on veut avoir mon cœur.
On perd temps toutefois ; ce cœur n'est point à vendre.
Marcelle, en vain par là tu crois gagner un gendre ;
Ta Flavie à mes yeux fait toujours même horreur.
Ton frère Marcellin peut tout sur l'empereur.
Mon père est ton époux, et tu peux sur son âme
Ce que sur un mari doit pouvoir une femme ;
Va plus outre, et par zèle ou par dextérité,
Joins le vouloir des dieux à leur autorité ;
Assemble leur faveur, assemble leur colère ;
Pour aimer je n'écoute empereur, dieux, ni père,
Et je la trouverais un objet odieux
Des mains de l'empereur et d'un père et des dieux.

CLÉOBULE

Quoique pour vous Marcelle ait le nom de marâtre,
Considérez, seigneur, qu'elle vous idolâtre ;
Voyez d'un œil plus sain ce que vous lui devez,
Les biens et les honneurs qu'elle vous a sauvés.
Quand Dioclétien fut maître de l'empire...

PLACIDE

Mon père était perdu, c'est ce que tu veux dire.
Sitôt qu'à son parti le bonheur eut manqué,
Sa tête fut proscrite, et son bien confisqué ;
On vit à Marcellin sa dépouille donnée ;
Il sut la racheter par ce triste hyménée,*
Et forçant son grand cœur à ce honteux lien,
Lui-même il se livra pour rançon de son bien.
Dès lors on asservit jusques à mon enfance ;
De Flavie avec moi on conclut l'alliance,
Et depuis ce moment Marcelle a fait chez nous
Un destin que tout autre aurait trouvé fort doux.
La dignité du fils, comme celle du père,
Descend du haut pouvoir que lui donne ce frère,
Mais, à la regarder de l'œil dont je la voi,
Ce n'est qu'un joug pompeux qu'on veut jeter sur moi.
On élève chez nous un trône pour sa fille ;
On y sème l'éclat dont on veut qu'elle brille,
Et dans tous ces honneurs je ne vois en effet
Qu'un infâme dépôt des présents qu'on lui fait.

CLÉOBULE

S'ils ne sont qu'un dépôt du bien qu'on lui veut faire,*
Vous en êtes, seigneur, mauvais dépositaire,
Puisque avec tant d'effort on vous voit travailler
A mettre ailleurs l'éclat dont elle doit briller.
Vous aimez Théodore, et votre âme ravie
Lui veut donner ce trône élevé pour Flavie :
C'est là le fondement de votre aversion.

PLACIDE

Ce n'est point un secret que cette passion :
Flavie, au lit, malade en meurt de jalousie [2],
Et, dans l'âpre dépit dont sa mère est saisie,
Elle tonne, foudroie, et pleine de fureur,
Menace de tout perdre auprès de l'empereur.
Comme de ses faveurs, je ris de sa colère ;
Quoi qu'elle ait fait pour moi, quoi qu'elle puisse faire,
Le passé sur mon cœur ne peut rien obtenir,
Et je laisse au hasard le soin de l'avenir.
Je me plais à braver cet orgueilleux courage ;
Chaque jour pour l'aigrir je vais jusqu'à l'outrage ;
Son âme impérieuse et prompte à fulminer
Ne saurait me haïr jusqu'à m'abandonner.*
Souvent elle me flatte alors que je l'offense,
Et quand je l'ai poussée à quelque violence,
L'amour de sa Flavie en rompt tous les effets,
Et l'éclat s'en termine à de nouveaux bienfaits.
Je la plains toutefois, et, plus à plaindre qu'elle,*
Comme elle aime un ingrat, j'adore une cruelle,
Dont la rigueur la venge, et rejetant ma foi,
Me rend tous les mépris que Flavie a de moi.*
Mon sort des deux côtés mérite qu'on le plaigne : *
L'une me persécute, et l'autre me dédaigne ;
Je hais qui m'idolâtre, et j'aime qui me fuit,

Et je poursuis en vain, ainsi qu'on me poursuit.
Telle est de mon destin la fatale injustice ;
Telle est la tyrannie ensemble et le caprice
Du démon aveuglé qui sans discrétion
Verse l'antipathie et l'inclination.
Mais puisqu'à d'autres yeux je parais trop aimable,*
Que peut voir Théodore en moi de méprisable ?
Sans doute elle aime ailleurs, et s'impute à bonheur
De préférer Didyme au fils du gouverneur.

CLÉOBULE

Comme elle je suis né, seigneur, dans Antioche,
Et par les droits du sang je lui suis assez proche ;
Je connais son courage, et vous répondrais bien
Qu'étant sourde à vos vœux elle n'écoute rien,
Et que cette rigueur dont votre amour l'accuse*
Ne donne point ailleurs ce qu'elle vous refuse [3].
Ce malheureux rival dont vous êtes jaloux,
En reçoit chaque jour plus de mépris que vous,
Mais quand même ses feux répondraient à vos flammes,
Qu'une amour mutuelle unirait vos deux âmes,
Voyez où cette amour vous peut précipiter,
Quel orage sur vous elle doit exciter,
Ce que dira Valens, ce que fera Marcelle.*
Souffrez que son parent vous dise enfin pour elle...*

PLACIDE

Ah ! Si je puis encor quelque chose sur toi,
Ne me dis rien pour elle, et dis-lui tout pour moi,
Dis-lui que je suis sûr des bontés de mon père,
Ou que, s'il se rendait d'une humeur trop sévère,
L'Égypte où l'on m'envoie est un asile ouvert
Pour mettre notre flamme et notre heur à couvert.
Là, saisis d'un rayon des puissances suprêmes,
Nous ne recevrons plus de lois que de nous-mêmes.
Quelques noires vapeurs que puissent concevoir
Et la mère et la fille ensemble au désespoir,
Tout ce qu'elles pourront enfanter de tempêtes,
Sans venir jusqu'à nous crèvera sur leurs têtes,
Et nous érigerons en cet heureux séjour
De leur rage impuissante un trophée à l'amour.
Parle, parle pour moi, presse, agis, persuade ;
Fais quelque chose enfin pour mon esprit malade.
Fais-lui voir mon pouvoir, fais-lui voir mon ardeur ;
Son dédain est peut-être un effet de sa peur ;*
Et, si tu lui pouvais arracher cette crainte,
Tu pourrais dissiper cette froideur contrainte,
Tu pourrais... Mais je vois Marcelle qui survient [4].

SCÈNE II

MARCELLE, PLACIDE, CLÉOBULE, STÉPHANIE

MARCELLE

Ce mauvais conseiller toujours vous entretient ?

PLACIDE

Vous dites vrai, madame, il tâche à me surprendre ;
Son conseil est mauvais, mais je sais m'en défendre.

MARCELLE

Il vous parle d'aimer ?

PLACIDE

Contre mon sentiment.

MARCELLE

Levez, levez le masque, et parlez franchement.
De votre Théodore il est l'agent fidèle ;
Pour vous mieux engager elle fait la cruelle,
Vous chasse en apparence, et, pour vous retenir,
Par ce parent adroit vous fait entretenir.

PLACIDE

Par ce fidèle agent elle est donc mal servie : *
Loin de parler pour elle, il parle pour Flavie,
Et ce parent adroit en matière d'amour
Agit contre son sang pour mieux faire sa cour.
C'est, madame, en effet le mal qu'il me conseille,
Mais j'ai le cœur trop bon pour lui prêter l'oreille.

MARCELLE

Dites le cœur trop bas pour aimer en bon lieu.

PLACIDE

L'objet où vont mes vœux serait digne d'un dieu.

MARCELLE

Il est digne de vous, d'une âme vile et basse.

PLACIDE

Je fais donc seulement ce qu'il faut que je fasse.
Ne blâmez que Flavie : un cœur si bien placé
D'une âme vile et basse est trop embarrassé ;
D'un choix qui lui fait honte il faut qu'elle s'irrite,
Et me prive d'un bien qui passe mon mérite.

MARCELLE

Avec quelle arrogance osez-vous me parler ?

PLACIDE

Au-dessous de Flavie ainsi me ravaler,
C'est de cette arrogance un mauvais témoignage.
Je ne me puis, madame, abaisser davantage.

MARCELLE

Votre respect est rare, et fait voir clairement
Que votre humeur modeste aime l'abaissement.
Eh bien ! Puisqu'à présent j'en suis mieux avertie,
Il faudra satisfaire à cette modestie ;
Avec un peu de temps nous en viendrons à bout.

PLACIDE

Vous ne m'ôterez rien, puisque je vous dois tout.
Qui n'a que ce qu'il doit a peu de perte à faire.

MARCELLE

Vous pourrez bientôt prendre un sentiment contraire.*

PLACIDE

Je n'en changerai point pour la perte d'un bien
Qui me rendra celui de ne vous devoir rien.

MARCELLE

Ainsi l'ingratitude en soi-même se flatte.
Mais je saurai punir cette âme trop ingrate,
Et pour mieux abaisser vos esprits soulevés,
Je vous ôterai plus que vous ne me devez.

PLACIDE

La menace est obscure ; expliquez-la, de grâce.

MARCELLE

L'effet expliquera le sens de la menace.
Tandis, souvenez-vous malgré tous vos mépris,
Que j'ai fait ce que sont et le père et le fils :
Vous me devez l'Égypte, et Valens Antioche.

PLACIDE

Nous ne vous devons rien après un tel reproche.
Un bienfait perd sa grâce à le trop publier ;
Qui veut qu'on s'en souvienne, il le doit oublier.

MARCELLE

Je l'oublierais, ingrat, si pour tant de puissance
Je recevais de vous quelque reconnaissance.

PLACIDE

Et je m'en souviendrais jusqu'aux derniers abois,
Si vous vous contentiez de ce que je vous dois.

MARCELLE

Après tant de bienfaits osé-je trop prétendre ?

PLACIDE

Ce ne sont plus bienfaits alors qu'on veut les vendre.

MARCELLE

Que doit donc un grand cœur aux faveurs qu'il reçoit ?

PLACIDE

S'avouant redevable il rend tout ce qu'il doit.

MARCELLE

Tous les ingrats en foule iront à votre école,*
Puisqu'on y devient quitte en payant de parole.

PLACIDE

Je vous dirai donc plus, puisque vous me pressez :
Nous ne vous devons pas tout ce que vous pensez.

MARCELLE

Que seriez-vous sans moi ?

PLACIDE

Sans vous ? Ce que nous sommes,
Notre empereur est juste et sait choisir les hommes,
Et mon père, après tout, ne se trouve qu'au rang
Où l'auraient mis sans vous ses vertus et son sang.

MARCELLE

Ne vous souvient-il plus qu'on proscrivit sa tête ?

PLACIDE

Par là votre artifice en fit votre conquête.

MARCELLE

Ainsi de ma faveur vous nommez les effets !

PLACIDE

Un autre ami peut-être aurait bien fait sa paix,
Et si votre faveur pour lui s'est employée,
Par son hymen, madame, il vous a trop payée.
On voit peu d'unions de deux telles moitiés,
Et, la faveur à part, on sait qui vous étiez.

MARCELLE

L'ouvrage de mes mains avoir tant d'insolence !

PLACIDE

Elles m'ont mis trop haut pour souffrir une offense.

MARCELLE

Quoi ! Vous tranchez ici du nouveau gouverneur ?

PLACIDE

De mon rang en tous lieux je soutiendrai l'honneur.

MARCELLE

Considérez donc mieux quelle main vous y porte ;
L'hymen seul de Flavie en est pour vous la porte.

PLACIDE

Si je n'y puis entrer qu'acceptant cette loi,
Reprenez votre Égypte, et me laissez à moi.

MARCELLE

Plus il me doit d'honneurs, plus son orgueil me brave !

PLACIDE

Plus je reçois d'honneurs, moins je dois être esclave.

MARCELLE

Conservez ce grand cœur, vous en aurez besoin.

PLACIDE

Je le conserverai, madame, avec grand soin,
Et votre grand pouvoir en chassera la vie
Avant que d'y surprendre aucun lieu pour Flavie.

MARCELLE

J'en chasserai du moins l'ennemi qui me nuit.

PLACIDE

Vous ferez peu d'effet avec beaucoup de bruit.

MARCELLE

Je joindrai de si près l'effet à la menace,
Que sa perte aujourd'hui me quittera la place.

PLACIDE

Vous perdrez aujourd'hui... ?

MARCELLE

Théodore à vos yeux.
M'entendez-vous, Placide ? Oui, j'en jure les dieux,
Qu'aujourd'hui mon courroux, armé contre son crime,
Au pied de leurs autels en fera ma victime.

PLACIDE

Et je jure à vos yeux ces mêmes immortels
Que je la vengerai jusque sur leurs autels.*
Je jure plus encor, que, si je pouvais croire
Que vous eussiez dessein d'une action si noire,
Il n'est point de respect qui pût me retenir *
D'en punir la pensée et de vous prévenir *
Et que, pour garantir une tête si chère,
Je vous irais chercher jusqu'au lit de mon père,
M'entendez-vous, madame ? Adieu, pensez-y bien.
N'épargnez pas mon sang, si vous versez le sien ;
Autrement ce beau sang en fera verser d'autre,
Et ma fureur n'est pas pour se borner au vôtre [5].*

SCÈNE III

MARCELLE, STÉPHANIE

MARCELLE

As-tu vu, Stéphanie, un plus farouche orgueil ?
As-tu vu des mépris plus dignes du cercueil ?
Et pourrais-je épargner cette insolente vie,
Si sa perte n'était la perte de Flavie,
Dont le cruel destin prend un si triste cours
Qu'aux jours de ce barbare il attache ses jours ?

STÉPHANIE

Je tremble encor de voir où sa rage l'emporte.

MARCELLE

Ma colère en devient et plus juste et plus forte,
Et l'aveugle fureur dont ses discours sont pleins
Ne m'arrachera pas ma vengeance des mains.

STÉPHANIE

Après votre vengeance appréhendez la sienne.

MARCELLE

Qu'une indigne épouvante à présent me retienne !
De ce feu turbulent l'éclat impétueux
N'est qu'un faible avorton d'un cœur présomptueux.
La menace à grand bruit ne porte aucune atteinte ;
Elle n'est qu'un effet d'impuissance et de crainte,
Et qui si près du mal s'amuse à menacer
Veut amollir le coup qu'il ne peut repousser.

STÉPHANIE

Théodore vivante, il craint votre colère ;
Mais voyez qu'il ne craint que parce qu'il espère,
Et c'est à vous, madame, à bien considérer
Qu'il cessera de craindre en cessant d'espérer.

MARCELLE

Si l'espoir fait sa peur, nous n'avons qu'à l'éteindre :*
Il cessera d'aimer aussi bien que de craindre.
L'amour va rarement jusque dans un tombeau
S'unir au reste affreux de l'objet le plus beau [6].
Hasardons ; je ne vois que ce conseil à prendre.
Théodore vivante, il n'en faut rien prétendre,
Et Théodore morte, on peut encor douter
Quel sera le succès que tu veux redouter.
Quoi qu'il arrive enfin, de la sorte outragée,
C'est un plaisir bien doux que de se voir vengée.
Mais dis-moi, ton indice est-il bien assuré ?

STÉPHANIE

J'en réponds sur ma tête, et l'ai trop avéré.

MARCELLE

Ne t'oppose donc plus à ce moment de joie
Qu'aujourd'hui par ta main le juste ciel m'envoie.
Valens vient à propos, et sur tes bons avis
Je vais forcer le père à me venger du fils.

SCÈNE IV

VALENS, MARCELLE, PAULIN, STÉPHANIE

MARCELLE

Jusques à quand, seigneur, voulez-vous qu'abusée
Au mépris d'un ingrat je demeure exposée,
Et qu'un fils arrogant sous votre autorité
Outrage votre femme avec impunité ?

Sont-ce là les douceurs, sont-ce là les caresses
Qu'en faisaient à ma fille espérer vos promesses ?
Et faut-il qu'un amour conçu par votre aveu
Lui coûte enfin la vie, et vous touche si peu ?

VALENS

Plût aux dieux que mon sang eût de quoi satisfaire
Et l'amour de la fille et l'espoir de la mère,
Et qu'en le répandant je lui pusse gagner
Ce cœur dont l'insolence ose la dédaigner !
Mais de ses volontés le ciel est le seul maître ;
J'ai promis de l'amour, il le doit faire naître.
Si son ordre n'agit, l'effet ne s'en peut voir,
Et je pense être quitte y faisant mon pouvoir.

MARCELLE

Faire votre pouvoir avec tant d'indulgence,*
C'est avec son orgueil être d'intelligence ;
Aussi bien que le fils le père m'est suspect,
Et vous manquez de foi comme lui de respect.
Ah ! Si vous déployiez cette haute puissance
Que donnent aux parents les droits de la naissance...

VALENS

Si la haine et l'amour lui doivent obéir,
Déployez-la, madame, à le faire haïr.
Quel que soit le pouvoir d'un père en sa famille,
Puis-je plus sur mon fils que vous sur votre fille ?
Et si vous n'en pouvez vaincre la passion,*
Dois-je plus obtenir sur tant d'aversion ? *

MARCELLE

Elle tâche à se vaincre, et son cœur y succombe,
Et l'effort qu'elle y fait la jette sous la tombe.

VALENS

Elle n'a toutefois que l'amour à dompter,
Et Placide bien moins se pourrait surmonter,
Puisque deux passions le font être rebelle,
L'amour pour Théodore, et la haine pour elle.

MARCELLE

Otez-lui Théodore, et, son amour dompté,
Vous dompterez sa haine avec facilité.

VALENS

Pour l'ôter à Placide il faut qu'elle se donne.
Aime-t-elle quelque autre ?

MARCELLE

Elle n'aime personne [7].
Mais qu'importe, seigneur, qu'elle écoute aucuns vœux ?
Ce n'est pas son hymen, c'est sa mort que je veux.

VALENS

Quoi ! Madame, abuser ainsi de ma puissance !

A votre passion immoler l'innocence !
Les dieux m'en puniraient.

MARCELLE

Trouvent-ils innocents
Ceux dont l'impiété leur refuse l'encens ?
Prenez leur intérêt : Théodore est chrétienne ;
C'est la cause des dieux, et ce n'est pas la mienne [8].

VALENS

Souvent la calomnie...

MARCELLE

Il n'en faut plus parler,
Si vous vous préparez à le dissimuler.
Devenez protecteur de cette secte impie
Que l'empereur jamais ne crut digne de vie.
Vous pouvez en ces lieux vous en faire l'appui ; *
Mais songez qu'il me reste un frère auprès de lui.*

VALENS

Sans en importuner l'autorité suprême.
Si je vous suis suspect, n'en croyez que vous-même.
Agissez en ma place, et faites-la venir ; *
Quand vous la convaincrez, je saurai la punir,
Et vous reconnaîtrez que dans le fond de l'âme
Je prends comme je dois l'intérêt d'une femme.

MARCELLE

Puisque vous le voulez, j'oserai la mander ;
Allez-y, Stéphanie, allez sans plus tarder.

Stéphanie s'en va, et Marcelle continue à parler à Valens.

Et si l'on m'a flattée avec un faux indice,
Je vous irai moi-même en demander justice.

VALENS

N'oubliez pas alors que je la dois à tous,
Et même à Théodore, aussi bien comme à vous.

MARCELLE

N'oubliez pas non plus quelle est votre promesse.

Valens s'en va, et Marcelle continue.

Il est temps que Flavie ait part à l'allégresse ;
Avec cette espérance allons la soulager.
Et vous, dieux, qu'avec moi j'entreprends de venger,
Agréez ma victime, et pour finir ma peine,
Jetez un peu d'amour où règne tant de haine ;
Ou, si c'est trop pour nous qu'il soupire à son tour,*
Jetez un peu de haine où règne tant d'amour.

ACTE II

SCÈNE PREMIÈRE

THÉODORE, CLÉOBULE, STÉPHANIE

STÉPHANIE

Marcelle n'est pas loin, et je me persuade
Que son amour l'attache auprès de sa malade,
Mais je vais l'avertir que vous êtes ici.

THÉODORE

Vous m'obligerez fort d'en prendre le souci,
Et de lui témoigner avec quelle franchise
A ses commandements vous me voyez soumise.

STÉPHANIE

Dans un moment ou deux vous la verrez venir.

SCÈNE II

CLÉOBULE, THÉODORE

CLÉOBULE

Tandis, permettez-moi de vous entretenir [9].
Et de blâmer un peu cette vertu farouche,
Cette insensible humeur qu'aucun objet ne touche,
D'où naissent tant de feux sans pouvoir l'enflammer,
Et qui semble haïr quiconque ose l'aimer.
Je veux bien avec vous que dessous votre empire
Toute notre jeunesse en vain brûle et soupire ;
J'approuve les mépris que vous rendez à tous ;
Le ciel n'en a point fait qui soient dignes de vous ;
Mais je ne puis souffrir que la grandeur romaine
S'abaissant à vos pieds ait part à cette haine,
Et que vous égaliez par vos durs traitements*
Ces maîtres de la terre aux vulgaires amants.
Quoiqu'une âpre vertu du nom d'amour s'irrite,
Elle trouve sa gloire à céder au mérite,
Et sa sévérité ne lui fait point de lois
Qu'elle n'aime à briser pour un illustre choix.
Voyez ce qu'est Valens, voyez ce qu'est Placide,
Voyez sur quels États l'un et l'autre préside,
Où le père et le fils peuvent un jour régner,
Et cessez d'être aveugle, et de le dédaigner.

THÉODORE

Je ne suis point aveugle, et vois ce qu'est un homme
Qu'élèvent la naissance et la fortune et Rome ;
Je rends ce que je dois à l'éclat de son sang ;
J'honore son mérite, et respecte son rang ;
Mais vous connaissez mal cette vertu farouche
De vouloir qu'aujourd'hui l'ambition la touche,
Et qu'une âme insensible aux plus saintes ardeurs
Cède honteusement à l'éclat des grandeurs.

Si cette fermeté dont elle est ennoblie
Par quelques traits d'amour pouvait être affaiblie,
Mon cœur, plus incapable encor de vanité,
Ne ferait point de choix que dans l'égalité,
Et rendant aux grandeurs un esprit légitime,
J'honorerais Placide, et j'aimerais Didyme.

CLÉOBULE

Didyme, que sur tous vous semblez dédaigner !*

THÉODORE

Didyme, que sur tous je tâche d'éloigner,
Et qui verrait bientôt sa flamme couronnée,
Si mon âme à mes sens était abandonnée,
Et se laissait conduire à ces impressions
Que forment en naissant les belles passions.
Comme cet avantage est digne qu'on le craigne,*
Plus je penche à l'aimer et plus je le dédaigne,
Et m'arme d'autant plus, que mon cœur en secret
Voudrait s'en laisser vaincre, et combat à regret.
Je me fais tant d'effort, lorsque je le méprise,
Que par mes propres sens je crains d'être surprise ;
J'en crains une révolte, et que, las d'obéir,
Comme je les trahis, ils ne m'osent trahir.
Voilà, pour vous montrer mon âme toute nue,
Ce qui m'a fait bannir Didyme de ma vue :
Je crains d'en recevoir quelque coup d'œil fatal,
Et chasse un ennemi dont je me défends mal.
Voilà quelle je suis, et quelle je veux être ;
La raison quelque jour s'en fera mieux connaître ;
Nommez-la cependant vertu, caprice, orgueil,
Ce dessein me suivra jusque dans le cercueil [10].

CLÉOBULE

Il peut vous y pousser, si vous n'y prenez garde ;
D'un œil envenimé Marcelle vous regarde,
Et se prenant à vous du mauvais traitement
Que sa fille à ses yeux reçoit de votre amant,
Sa jalouse fureur ne peut être assouvie
A moins de votre sang, à moins de votre vie ;
Ce n'est plus en secret que frémit son courroux,*
Elle en parle tout haut, elle s'en vante à nous,
Elle en jure les dieux, et ce que j'appréhende,
Pour ce triste sujet sans doute elle vous mande.
Dans un péril si grand faites un protecteur.

THÉODORE

Si je suis en péril, Placide en est l'auteur ;
L'amour qu'il a pour moi lui seul m'y précipite ;
C'est par là qu'on me hait, c'est par là qu'on s'irrite.
On n'en veut qu'à sa flamme, on n'en veut qu'à son choix ;
C'est contre lui qu'on arme ou la force ou les lois.
Tous les vœux qu'il m'adresse avancent ma ruine,
Et par une autre main c'est lui qui m'assassine.
Je sais quel est mon crime, et je ne doute pas
Du prétexte qu'aura l'arrêt de mon trépas ; *

Je l'attends sans frayeur ; mais, de quoi qu'on m'accuse,
S'il portait à Flavie un cœur que je refuse,
Qu'il veut finir mes jours les voudrait protéger,
Et par ce changement il ferait tout changer.
Mais mon péril le flatte, et son cœur en espère
Ce que jusqu'à présent tous ses soins n'ont pu faire ;*
Il attend que du mien j'achète son appui ;
J'en trouverai peut-être un plus puissant que lui,
Et s'il me faut périr, dites-lui qu'avec joie
Je cours à cette mort où son amour m'envoie,
Et que, par un exemple assez rare à nommer,
Je périrai pour lui, si je ne puis l'aimer.

CLÉOBULE

Ne vous pas mieux servir d'un amour si fidèle,*
C'est...

THÉODORE

Quittons ce discours, je vois venir Marcelle.

SCÈNE III

MARCELLE, THÉODORE, CLÉOBULE, STÉPHANIE

MARCELLE, *à Cléobule.*

Quoi ! Toujours l'un ou l'autre est par vous obsédé ?
Qui vous amène ici ? Vous avais-je mandé ?
Et ne pourrai-je voir Théodore ou Placide,
Sans que vous leur serviez d'interprète ou de guide ?
Cette assiduité marque un zèle imprudent,
Et ce n'est pas agir en adroit confident.

CLÉOBULE

Je crois qu'on me doit voir d'une âme indifférente
Accompagner ici Placide et ma parente.
Je fais ma cour à l'un à cause de son rang,
Et rends à l'autre un soin où m'oblige le sang.*

MARCELLE

Vous êtes bon parent.

CLÉOBULE

Elle m'oblige à l'être.

MARCELLE

Votre humeur généreuse aime à le reconnaître,
Et sensible aux faveurs que vous en recevez,
Vous rendez à tous deux ce que vous leur devez.
Un si rare service aura sa récompense
Plus grande qu'on n'estime et plus tôt qu'on ne pense.
Cependant quittez-nous, que je puisse à mon tour
Servir de confidence à cet illustre amour.

CLÉOBULE

Ne croyez pas, madame...

MARCELLE

Obéissez de grâce.
Je sais ce qu'il faut croire, et vois ce qui se passe.

SCÈNE IV

MARCELLE, THÉODORE, STÉPHANIE

MARCELLE

Ne vous offensez pas, objet rare et charmant,
Si ma haine avec lui traite un peu rudement.
Ce n'est point avec vous que je la dissimule :
Je chéris Théodore, et je hais Cléobule,
Et par un pur effet du bien que je vous veux,
Je ne puis voir ici ce parent dangereux.
Je sais que pour Placide il vous fait tout facile,
Qu'en sa grandeur nouvelle il vous peint un asile,
Et tâche à vous porter jusqu'à la vanité
D'espérer me braver avec impunité ;
Je n'ignore non plus que votre âme plus saine,
Connaissant son devoir ou redoutant ma haine,
Rejette ses conseils, en dédaigne le prix,
Et fait de ces grandeurs un généreux mépris.
Mais comme avec le temps il pourrait vous séduire,
Et vous, changeant d'humeur, me forcer à vous nuire,
J'ai voulu vous parler, pour vous mieux avertir
Qu'il serait malaisé de vous en garantir,
Que si ce qu'est Placide enflait votre courage,
Je puis en un moment renverser mon ouvrage,
Abattre sa fortune, et détruire avec lui
Quiconque m'oserait opposer son appui.
Gardez donc d'aspirer au rang où je l'élève.
Qui commence le mieux ne fait rien s'il n'achève.
Ne servez point d'obstacle à ce que j'en prétends ;
N'acquérez point ma haine en perdant votre temps.
Croyez que me tromper c'est vous tromper vous-même ;
Et si vous vous aimez, souffrez que je vous aime.

THÉODORE

Je n'ai point vu, madame, encor jusqu'à ce jour
Avec tant de menace expliquer tant d'amour,
Et, peu faite à l'honneur de pareilles visites,
J'aurais lieu de douter de ce que vous me dites,
Mais, soit que ce puisse être ou feinte, ou vérité,
Je veux bien vous répondre avec sincérité.
Quoique vous me jugiez l'âme basse et timide,
Je croirais sans faillir pouvoir aimer Placide,
Et si sa passion avait pu me toucher,
J'aurais assez de cœur pour ne le point cacher.
Cette haute puissance à ses vertus rendue
L'égale presque aux rois dont je suis descendue,
Et si Rome et le temps m'en ont ôté le rang,
Il m'en demeure encor le courage et le sang.
Dans mon sort ravalé je sais vivre en princesse :

Je fuis l'ambition, mais le hais la faiblesse,
Et comme ses grandeurs ne peuvent m'ébranler,
L'épouvante jamais ne me fera parler.*
Je l'estime beaucoup, mais en vain il soupire ;
Quand même sur ma tête il ferait choir l'empire,
Vous me verriez répondre à cette illustre ardeur
Avec la même estime et la même froideur.
Sortez d'inquiétude, et m'obligez de croire
Que la gloire où j'aspire est toute une autre gloire,
Et que, sans m'éblouir de cet éclat nouveau,
Plutôt que dans son lit j'entrerais au tombeau.

MARCELLE

Je vous crois, mais souvent l'amour brûle sans luire ;
Dans un profond secret il aime à se conduire,
Et voyant Cléobule aller tant et venir,
Entretenir Placide et vous entretenir,
Je sens toujours dans l'âme un reste de scrupule,*
Que je blâme moi-même et tiens pour ridicule.
Mais mon cœur soupçonneux ne s'en peut départir.
Vous avez deux moyens de l'en faire sortir : *
Épousez ou Didyme, ou Cléante, ou quelque autre ;
Ne m'importe pas qui, mon choix suivra le vôtre,
Et je le comblerai de tant de dignités,
Que peut-être il vaudra ce que vous me quittez ;
Ou, si vous ne pouvez sitôt vous y résoudre,
Jurez-moi par ce Dieu qui porte en main la foudre,*
Et dont tout l'univers doit craindre le courroux,
Que Placide jamais ne sera votre époux.
Je lui fais pour Flavie offrir un sacrifice ;
Peut-être que vos vœux le rendront plus propice ;
Venez les joindre aux miens, et le prendre à témoin.

THÉODORE

Je veux vous satisfaire, et, sans aller si loin,
J'atteste ici le Dieu qui lance le tonnerre,
Ce monarque absolu du ciel et de la terre,
Et dont tout l'univers doit craindre le courroux,
Que Placide jamais ne sera mon époux.
En est-ce assez, madame ? Etes-vous satisfaite ?

MARCELLE

Ce serment à peu près est ce que je souhaite,
Mais, pour vous dire tout, la sainteté des lieux,
Le respect des autels, la présence des dieux,
Le rendant et plus saint et plus inviolable,
Me le pourraient aussi rendre bien plus croyable.

THÉODORE

Le Dieu que j'ai juré connaît tout, entend tout ;
Il remplit l'univers de l'un à l'autre bout ;
Sa grandeur est sans borne ainsi que sans exemple ;
Il n'est pas moins ici qu'au milieu de son temple,
Et ne m'entend pas mieux dans son temple qu'ici.

MARCELLE

S'il vous entend partout, je vous entends aussi ;
On ne m'éblouit point d'une mauvaise ruse ; *
Suivez-moi dans le temple, et tôt, et sans excuse.

THÉODORE

Votre cœur soupçonneux ne m'y croirait non plus,
Et je vous y ferais des serments superflus.

MARCELLE

Vous désobéissez ?

THÉODORE

Je crois vous satisfaire.

MARCELLE

Suivez, suivez mes pas.

THÉODORE

Ce serait vous déplaire ;
Vos desseins d'autant plus en seraient reculés ;
Ma désobéissance est ce que vous voulez.

MARCELLE

Il faut de deux raisons que l'une vous retienne :
Ou vous aimez Placide, ou vous êtes chrétienne.

THÉODORE

Oui, je la suis, madame, et le tiens à plus d'heur
Qu'une autre ne tiendrait toute votre grandeur.*
Je vois qu'on vous l'a dit, ne cherchez plus de ruse ;
J'avoue et hautement, et tôt, et sans excuse.
Armez-vous à ma perte, éclatez, vengez-vous,
Par ma mort à Flavie assurez un époux,
Et noyez dans ce sang, dont vous êtes avide,
Et le mal qui la tue, et l'amour de Placide.

MARCELLE

Oui, pour vous punir je n'épargnerai rien,
Et l'intérêt des dieux assurera le mien.

THÉODORE

Le vôtre en même temps assurera ma gloire ;
Triomphant de ma vie, il fera ma victoire,*
Mais si grande, si haute, et si pleine d'appas,
Qu'à ce prix j'aimerai les plus cruels trépas.

MARCELLE

De cette illusion soyez persuadée ;
Périssant à mes yeux, triomphez en idée ;
Goûtez d'un autre monde à loisir les appas,
Et devenez heureuse où je ne serai pas ;
Je n'en suis point jalouse, et toute ma puissance
Vous veut bien d'un tel heur hâter la jouissance,
Mais gardez de pâlir et de vous étonner
A l'aspect du chemin qui vous y doit mener.*

THÉODORE

La mort n'a que douceur pour une âme chrétienne.

MARCELLE

Votre félicité va donc faire la mienne.

THÉODORE

Votre haine est trop lente à me la procurer.

MARCELLE

Vous n'aurez pas longtemps sujet d'en murmurer.*
Allez trouver Valens, allez, ma Stéphanie.
Mais demeurez ; il vient.

SCÈNE V

VALENS, MARCELLE, THÉODORE, PAULIN, STÉPHANIE

MARCELLE

Ce n'est point calomnie,
Seigneur : elle est chrétienne, et s'en ose vanter.

VALENS

Théodore, parlez sans vous épouvanter.

THÉODORE

Puisque je suis coupable aux yeux de l'injustice,
Je fais gloire du crime, et j'aspire au supplice ;
Et d'un crime si beau le supplice est si doux,
Que qui peut le connaître en doit être jaloux.

VALENS

Je ne recherche plus la damnable origine
De cette aveugle amour où Placide s'obstine ;
Cette noire magie, ordinaire aux chrétiens,
L'arrête indignement dans vos honteux liens ;
Votre charme après lui se répand sur Flavie ;
De l'un il prend le cœur, et de l'autre la vie.
Vous osez donc ainsi jusque dans ma maison,
Jusque sur mes enfants verser votre poison ?
Vous osez donc tous deux les prendre pour victimes ?*

THÉODORE

Seigneur, il ne faut point me supposer de crimes.
C'est à des faussetés sans besoin recourir ;
Puisque je suis chrétienne, il suffit pour mourir.
Je suis prête ; où faut-il que je porte ma vie ?
Où me veut votre haine immoler à Flavie ?
Hâtez, hâtez, seigneur, ces heureux châtiments
Qui feront mes plaisirs et vos contentements.

VALENS

Ah ! je rabattrai bien cette fière constance.

THÉODORE

Craindrai-je des tourments qui font ma récompense ?

VALENS

Oui, j'en sais que peut-être aisément vous craindrez,
Vous en recevrez l'ordre, et vous en résoudrez.
Ce courage toujours ne sera pas si ferme.
Paulin, que là dedans pour prison on l'enferme.

Paulin la conduit avec quelques soldats, et l'ayant enfermée, il revient incontinent.

Mettez-y bonne garde.

SCÈNE VI

VALENS, MARCELLE, PAULIN, STÉPHANIE

MARCELLE

Eh quoi ! Pour la punir,
Quand le crime est constant, qui vous peut retenir ?

VALENS

Agréerez-vous le choix que je fais d'un supplice ?

MARCELLE

J'agréerai tout, seigneur, pourvu qu'elle périsse ;
Choisissez le plus doux, ce sera m'obliger.

VALENS

Ah ! Que vous savez mal comme il se faut venger !

MARCELLE

Je ne suis point cruelle, et n'en veux à sa vie
Que pour rendre Placide à l'amour de Flavie.
Otez-nous cet obstacle à nos contentements,
Mais en faveur du sexe épargnez les tourments ;
Qu'elle meure, il suffit.

VALENS

Oui, sans plus de demeure,
Pour l'intérêt des dieux je consens qu'elle meure ;
Indigne de la vie, elle doit en sortir ;
Mais pour votre intérêt je n'y puis consentir.
Quoi ! Madame, la perdre est-ce gagner Placide ?
Croyez-vous que sa mort le change, ou l'intimide ?
Que ce soit un moyen d'être aimable à ses yeux,
Que de mettre au tombeau ce qu'il aime le mieux ?
Ah ! Ne vous flattez point d'une espérance vaine,
En cherchant son amour vous redoublez sa haine ;
Et dans le désespoir où vous l'allez plonger,
Loin d'en aimer la cause, il voudra s'en venger.
Chaque jour à ses yeux cette ombre ensanglantée,

Sortant des tristes nuits où vous l'aurez jetée,
Vous peindra toutes deux avec des traits d'horreur,
Qui feront de sa haine une aveugle fureur,
Et lors je ne dis pas tout ce que j'appréhende.
Son âme est violente, et son amour est grande ;
Verser le sang aimé ce n'est pas l'en guérir,
Et le désespérer ce n'est pas l'acquérir.

MARCELLE

Ainsi donc vous laissez Théodore impunie ?

VALENS

Non, je la veux punir, mais par l'ignominie,
Et pour forcer Placide à vous porter ses vœux,
Rendre cette chrétienne indigne de ses feux.

MARCELLE

Je ne vous entends point.

VALENS

Contentez-vous, madame,
Que je vois pleinement les désirs de votre âme,
Que de votre intérêt je veux faire le mien.
Allez, et sur ce point ne demandez plus rien.
Si je m'expliquais mieux, quoique son ennemie,
Vous la garantiriez d'une telle infamie,
Et quelque bon succès qu'il en faille espérer,
Votre haute vertu ne pourrait l'endurer.
Agréez ce supplice, et sans que je le nomme,
Sachez qu'assez souvent on le pratique à Rome,
Qu'il est craint des chrétiens, qu'il plaît à l'empereur,*
Qu'aux filles de sa sorte il fait le plus d'horreur,*
Et que ce digne objet de votre juste haine *
Voudrait de mille morts racheter cette peine.

MARCELLE

Soit que vous me vouliez éblouir ou venger,
Jusqu'à l'événement je n'en veux point juger ;
Je vous en laisse faire. Adieu, disposez d'elle.
Mais gardez d'oublier qu'enfin je suis Marcelle,
Et qui si vous trompez un si juste courroux,
Je me saurai bientôt venger d'elle et de vous.

SCÈNE VII

VALENS, PAULIN

VALENS

L'impérieuse humeur ! Vois comme elle me brave,
Comme son fier orgueil m'ose traiter d'esclave.

PAULIN

Seigneur, j'en suis confus, mais vous le méritez ;
Au lieu d'y résister, vous vous y soumettez.

VALENS

Ne t'imagine pas que dans le fond de l'âme
Je préfère à mon fils les fureurs d'une femme ;
L'un m'est plus cher que l'autre, et par ce triste arrêt
Ce n'est que de ce fils que je prends l'intérêt.*
Théodore est chrétienne, et ce honteux supplice
Vient moins de ma rigueur que de mon artifice ;
Cette haute infamie où je veux la plonger *
Est moins pour la punir que pour la voir changer.
Je connais les chrétiens ; la mort la plus cruelle
Affermit leur constance et redouble leur zèle, *
Et sans s'épouvanter de tous nos châtiments,
Ils trouvent des douceurs au milieu des tourments [11].
Mais la pudeur peut tout sur l'esprit d'une fille
Dont la vertu répond à l'illustre famille,
Et j'attends aujourd'hui d'un si puissant effort
Ce que n'obtiendraient pas les frayeurs de la mort [12].
Après ce grand effet, j'oserai tout pour elle,
En dépit de Flavie, en dépit de Marcelle,
Et je n'ai rien à craindre auprès de l'empereur,
Si le cœur endurci renonce à son erreur.
Lui-même il me louera d'avoir su l'y réduire,*
Lui-même il détruira ceux qui m'en voudraient nuire.
J'aurai lieu de braver Marcelle et ses amis ;
Ma vertu me soutient où son crédit m'a mis,
Mais elle me perdrait, quelque rang que je tienne,
Si j'osais, à ses yeux, sauver cette chrétienne.*
Va la voir de ma part, et tâche à l'étonner ;
Dis-lui qu'à tout le peuple on va l'abandonner,
Tranche le mot enfin, que je la prostitue [13],
Et, quand tu la verras troublée et combattue,
Donne entrée à Placide, et souffre que son feu *
Tâche d'en arracher un favorable aveu.
Les larmes d'un amant et l'horreur de sa honte,
Pourront fléchir ce cœur qu'aucun péril ne dompte,
Et lors elle n'a point d'ennemis si puissants
Dont elle ne triomphe avec un peu d'encens,
Et cette ignominie où je l'ai condamnée
Se changera soudain en heureux hyménée.

PAULIN

Votre prudence est rare, et j'en suivrai les lois.
Daigne le juste ciel seconder votre choix,*
Et par une influence un peu moins rigoureuse,
Disposer Théodore à vouloir être heureuse !

ACTE III

SCÈNE PREMIÈRE

THÉODORE, PAULIN

THÉODORE

Où m'allez-vous conduire ?

PAULIN

Il est en votre choix ;
Suivez-moi dans le temple, ou subissez nos lois.

THÉODORE

De ces indignités vos juges sont capables ?*

PAULIN

Ils égalent la peine aux crimes des coupables.

THÉODORE

Si le mien est trop grand pour le dissimuler,
N'est-il point de tourments qui puissent l'égaler ?

PAULIN

Comme dans les tourments vous trouvez des délices,
Ils ont trouvé pour vous ailleurs de vrais supplices,*
Et, par un châtiment aussi grand que nouveau,
De votre vertu même ils font votre bourreau.*

THÉODORE

Ah ! Qu'un si détestable et honteux sacrifice
Est pour elle en effet un rigoureux supplice !

PAULIN

Ce mépris de la mort qui partout à nos yeux
Brave si hautement et nos lois et nos dieux,
Cette indigne fierté ne serait pas punie
A ne vous ôter rien de plus cher que la vie ;
Il faut qu'on leur immole, après de tels mépris,*
Ce que chez votre sexe on met à plus haut prix [14],
Ou que cette fierté, de nos lois ennemie,*
Cède aux justes horreurs d'une pleine infamie,
Et que votre pudeur rende à nos immortels
L'encens que votre orgueil refuse à leurs autels [15].

THÉODORE

Valens me fait par vous porter cette menace ;
Mais, s'il hait les chrétiens, il respecte ma race :
Le sang d'Antiochus n'est pas encore si bas
Qu'on l'abandonne en proie aux fureurs des soldats.*

PAULIN

Ne vous figurez point qu'en un tel sacrilège
Le sang d'Antiochus ait quelque privilège ;
Les dieux sont au-dessus des rois dont vous sortez,
Et l'on vous traite ici comme vous les traitez.
Vous les déshonorez, et l'on vous déshonore.

THÉODORE

Vous leur immolez donc l'honneur de Théodore
A ces dieux dont enfin la plus sainte action
N'est qu'inceste, adultère, et prostitution ?
Pour venger les mépris que je fais de leurs temples,
Je me vois condamnée à suivre leurs exemples,

Et, dans vos dures lois, je ne puis éviter
Ou de leur rendre hommage, ou de les imiter !
Dieu de la pureté, que vos lois sont bien autres !

PAULIN

Au lieu de blasphémer, obéissez aux nôtres,
Et ne redoublez point par vos impiétés
La haine et le courroux de nos dieux irrités ;
Après nos châtiments ils ont encor leur foudre.
On vous donne de grâce une heure à vous résoudre ;
Vous savez votre arrêt, vous avez à choisir ;
Usez utilement de ce peu de loisir.

THÉODORE

Quelles sont vos rigueurs, si vous le nommez grâce !
Et quel choix voulez-vous qu'une chrétienne fasse,
Réduite à balancer son esprit agité
Entre l'idolâtrie et l'impudicité ?
Le choix est inutile où les maux sont extrêmes.
Reprenez-votre grâce, et choisissez vous-mêmes ;
Quiconque peut choisir consent à l'un des deux,
Et le consentement est seul lâche et honteux.
Dieu, tout juste et tout bon, qui lit dans nos pensées,*
N'impute point de crime aux actions forcées !
Soit que vous contraigniez pour vos dieux impuissants
Mon corps à l'infâmie, ou ma main à l'encens,
Je saurai conserver d'une âme résolue
A l'époux sans macule une épouse impollue.

SCÈNE II

PLACIDE, THÉODORE, PAULIN

THÉODORE

Mais que vois-je ? Ah ! Seigneur, est-ce Marcelle ou vous
Dont sur mon innocence éclate le courroux ?
L'arrêt qu'a contre moi prononcé votre père,
Est-ce pour la venger, ou pour vous satisfaire ?
Est-ce mon ennemie ou mon illustre amant
Qui du nom de vos dieux abuse insolemment ? *
Vos feux de sa fureur se sont-ils faits complices ?
Sont-ils d'intelligence à choisir mes supplices ?
Étouffent-ils si bien vos respects généreux
Qu'ils fassent mon bourreau d'un héros amoureux ?

PLACIDE

Retirez-vous, Paulin.

PAULIN

On me l'a mise en garde.

PLACIDE

Je sais jusqu'à quel point ce devoir vous regarde ;
Prenez soin de la porte et sans me répliquer,
Ce n'est pas devant vous que je veux m'expliquer.

PAULIN

Seigneur...

PLACIDE

Laissez-nous, dis-je, et craignez ma colère ;
Je vous garantirai de celle de mon père.

SCÈNE III

PLACIDE, THÉODORE

THÉODORE

Quoi ! Vous chassez Paulin, et vous craignez ses yeux,
Vous qui ne craignez pas la colère des cieux !

PLACIDE

Redoublez vos mépris, mais bannissez des craintes
Qui portent à mon cœur les plus rudes atteintes ;
Ils sont encor plus doux que les indignités
Qu'imputent vos frayeurs à mes témérités,
Et ce n'est pas contre eux que mon âme s'irrite.
Je sais qu'ils font justice à mon peu de mérite,
Et lorsque vous pouviez jouir de vos dédains,
Si j'osais les nommer quelquefois inhumains,
Je les justifiais dedans ma conscience,
Et je n'attendais rien que de ma patience,
Sans que pour ces grandeurs qui font tant de jaloux
Je me sois jamais cru moins indigne de vous.
Aussi ne pensez pas que je vous importune
De payer mon amour, ou de voir ma fortune.
Je ne demande pas un bien qui leur soit dû,
Mais je viens pour vous rendre un bien presque perdu,
Encor le même amant qu'une rigueur si dure
A toujours vu brûler et souffrir sans murmure,
Qui plaint du sexe en vous les respects violés,
Votre libérateur enfin, si vous voulez.

THÉODORE

Pardonnez donc, seigneur, à la première idée
Qu'a jeté dans mon âme une peur mal fondée.*
De mille objets d'horreur mon esprit combattu
Aurait tout soupçonné de la même vertu.
Dans un péril si proche et si grand pour ma gloire,
Comme je dois tout craindre, aussi je puis tout croire,
Et mon honneur timide, entre tant d'ennemis,
Sur les ordres du père a mal jugé du fils.
Je vois, grâces au ciel, par un effet contraire,
Que la vertu du fils soutient celle du père,
Qu'elle ranime en lui la raison qui mourait,
Qu'elle rappelle en lui l'honneur qui s'égarait,
Et le rétablissant dans une âme si belle,
Détruit heureusement l'ouvrage de Marcelle.
Donc à votre prière il s'est laissé toucher ?

PLACIDE

J'aurais touché plutôt un cœur tout de rocher ;
Soit crainte, soit amour qui possède son âme,
Elle est tout asservie aux fureurs d'une femme.
Je le dis à ma honte, et j'en rougis pour lui,
Il est inexorable, et j'en mourrais d'ennui,
Si nous n'avions l'Égypte où fuir l'ignominie,
Dont vous veut lâchement combler sa tyrannie.
Consentez-y, madame, et je suis assez fort
Pour rompre vos prisons et changer votre sort ;
Ou si votre pudeur au peuple abandonnée *
S'en peut mieux affranchir que par mon hyménée,
S'il est quelque autre voie à vous sauver l'honneur,
J'y consens, et renonce à mon plus doux bonheur.*
Mais si contre un arrêt à cet honneur funeste
Pour en rompre le coup ce moyen seul vous reste,
Si, refusant Placide, il vous faut être à tous,
Fuyez cette infamie en suivant un époux,
Suivez-moi dans des lieux où je serai le maître,*
Où vous serez sans peur ce que vous voudrez être,
Et peut-être, suivant ce que vous résoudrez,
Je n'y serai bientôt que ce que vous voudrez.*
C'est assez m'expliquer ; que rien ne vous retienne ;
Je vous aime, madame, et vous aime chrétienne.
Venez me donner lieu d'aimer ma dignité,
Qui fera mon bonheur et votre sûreté.

THÉODORE

N'espérez pas, seigneur, que mon sort déplorable
Me puisse à votre amour rendre plus favorable,
Et que d'un si grand coup mon esprit abattu
Défère à ses malheurs plus qu'à votre vertu.
Je l'ai toujours connue et toujours estimée ;
Je l'ai plainte souvent d'aimer sans être aimée,
Et par tous ces dédains où j'ai su recourir,
J'ai voulu vous déplaire afin de vous guérir.
Louez-en le dessein, en apprenant la cause.
Un obstacle éternel à vos désirs s'oppose.
Chrétienne, et sous les lois d'un plus puissant époux...
Mais, seigneur, à ce mot ne soyez pas jaloux.*
Quelque haute splendeur que vous teniez de Rome,
Il est plus grand que vous, mais ce n'est point un homme ;
C'est le Dieu des chrétiens, c'est le maître des rois,
C'est lui qui tient ma foi, c'est lui dont j'ai fait choix,
Et c'est enfin à lui que mes vœux ont donnée
Cette virginité que l'on a condamnée.
Que puis-je donc pour vous, n'ayant rien à donner ?
Et par où votre amour se peut-il couronner,
Si pour moi votre hymen n'est qu'un lâche adultère,
D'autant plus criminel qu'il serait volontaire,
Dont le ciel punirait les sacrilèges nœuds,
Et que ce Dieu jaloux vengerait sur tous deux ?
Non, non, en quelque état que le sort m'ait réduite,
Ne me parlez, seigneur, ni d'hymen, ni de fuite ;
C'est changer d'infamie, et non pas l'éviter ;

Loin de m'en garantir, c'est m'y précipiter.
Mais, pour braver Marcelle et m'affranchir de honte,
Il est une autre voie et plus sûre et plus prompte,
Que dans l'éternité j'aurais lieu de bénir :
La mort ; et c'est de vous que je dois l'obtenir.
Si vous m'aimez encor, comme j'ose le croire,
Vous devez cette grâce à votre propre gloire ;
En m'arrachant la mienne on la va déchirer ;
C'est votre choix, c'est vous qu'on va déshonorer.*
L'amant si fortement s'unit à ce qu'il aime,
Qu'il en fait dans son cœur une part de lui-même ;
C'est par là qu'on vous blesse, et c'est par là, seigneur,
Que peut jusques à vous aller mon déshonneur.*
Tranchez donc cette part par où l'ignominie
Pourrait souiller l'éclat d'une si belle vie ;
Rendez à votre honneur toute sa pureté,
Et mettez par ma mort son lustre en sûreté.
Mille dont votre Rome adore la mémoire
Se sont bien tout entiers immolés à leur gloire ; *
Comme eux, en vrai Romain de la vôtre jaloux,
Immolez cette part trop indigne de vous ;
Sauvez-la par sa perte, ou si quelque tendresse
A ce bras généreux imprime sa faiblesse,
Si du sang d'une fille il craint de se rougir,*
Armez, armez le mien, et le laissez agir.
Ma loi me le défend, mais mon Dieu me l'inspire ;
Il parle, et j'obéis à son secret empire,
Et, contre l'ordre exprès de son commandement,
Je sens que c'est de lui que vient ce mouvement.
Pour le suivre, seigneur, souffrez que votre épée*
Me puisse... [16]

PLACIDE

Oui, vous l'aurez, mais dans mon sang trempée,
Et votre bras du moins en recevra du mien
Le glorieux exemple avant que le moyen.

THÉODORE

Ah ! Ce n'est pas pour vous un mouvement à suivre ;
C'est à moi de mourir, mais c'est à vous de vivre.

PLACIDE

Ah ! Faites-moi donc vivre, ou me laissez mourir ;
Cessez de me tuer, ou de me secourir.
Puisque vous n'écoutez ni mes vœux, ni mes larmes,
Puisque la mort pour vous a plus que moi de charmes,
Souffrez que ce trépas, que vous trouvez si doux,
Ait à son tour pour moi plus de douceur que vous.
Puis-je vivre et vous voir morte ou déshonorée,
Vous que de tout mon cœur j'ai toujours adorée,
Vous qui de mon destin réglez le triste cours,
Vous, dis-je, à qui j'attache et ma gloire et mes jours ? *
Non, non, s'il vous faut voir déshonorée ou morte,
Souffrez un désespoir ou la raison me porte ;
Renoncer à la vie avant de tels malheurs,
Ce n'est que prévenir l'effet de mes douleurs.

En ces extrémités je vous conjure encore,
Non par ce zèle ardent d'un cœur qui vous adore,
Non par ce vain éclat de tant de dignités,
Trop au-dessous du sang des rois dont vous sortez,
Non par ce désespoir où vous poussez ma vie,
Mais par la sainte horreur que vous fait l'infamie,
Par ce Dieu que j'ignore, et pour qui vous vivez,*
Et par ce même bien que vous lui conservez,
Daignez en éviter la perte irréparable,
Et sous les saints liens d'un nœud si vénérable
Mettez en sûreté ce qu'on va nous ravir.

THÉODORE

Vous n'êtes pas celui dont Dieu s'y veut servir ;
Il saura bien sans vous en susciter un autre,
Dont le bras, moins puissant, mais plus saint que le vôtre,
Par un zèle plus pur se fera mon appui,
Sans porter ses désirs sur un bien tout à lui.
Mais parlez à Marcelle.

SCÈNE IV

MARCELLE, PLACIDE, THÉODORE, PAULIN
STÉPHANIE

PLACIDE

Ah ! Dieux ! Quelle infortune !
Faut-il qu'à tous moments...

MARCELLE

Je suis vous importune
De mêler ma présence aux secrets des amants,
Qui n'ont jamais besoin de pareils truchements.

PAULIN

Madame, on m'a forcé de puissance absolue.

MARCELLE, *à Paulin.*

L'ayant soufferte ainsi, vous l'avez bien voulue ;
Ne me répliquez plus, et me la renfermez.

SCÈNE V

MARCELLE, PLACIDE, STÉPHANIE

MARCELLE

Ainsi donc vos désirs en sont toujours charmés ?
Et quand un juste arrêt la couvre d'infamie,
Comme de tout l'empire et des dieux ennemie,
Au milieu de sa honte elle plaît à vos yeux,
Et vous fait l'ennemi de l'empire et des dieux ?
Tant les illustres noms d'infâme et de rebelle
Vous semblent précieux à les porter pour elle ! *
Vous trouvez, je m'assure, en un si digne lieu

Cet objet de vos vœux encor digne d'un dieu ?
J'ai conservé son sang de peur de vous déplaire,
Et pour ne forcer pas votre juste colère
A ce serment conçu par tous les immortels
De venger son trépas jusque sur les autels.
Vous vous étiez par là fait une loi si dure,
Que sans moi vous seriez sacrilège ou parjure ;
Je vous en fait grâce en lui laissant le jour ;
Et j'épargne du moins un crime à votre amour.

PLACIDE

Triomphez-en dans l'âme, et tâchez de paraître
Moins insensible aux maux que vous avez fait naître.
En l'état où je suis, c'est une lâcheté
D'insulter aux malheurs où vous m'avez jeté,
Et l'amertume enfin de cette raillerie
Tournerait aisément ma douleur en furie.*
Si quelque espoir arrête et suspend mon courroux,
Il ne peut être grand, puisqu'il n'est plus qu'en vous ;
En vous, que j'ai traitée avec tant d'insolence,
En vous, de qui la haine a tant de violence.
Contre ces malheurs même où vous m'avez jeté,
J'espère encore en vous trouver quelque bonté ;
Je fais plus, je l'implore, et cette âme si fière
Du haut de son orgueil descend à la prière,
Après tant de mépris s'abaisse pleinement,
Et de votre triomphe achève l'ornement.
Voyez ce qu'aucun dieu n'eût osé vous promettre,
Ce que jamais mon cœur n'aurait cru se permettre :
Placide suppliant, Placide à vos genoux,
Vous doit être, madame, un spectacle assez doux,
Et c'est par la douceur de ce même spectacle
Que mon cœur vous demande un aussi grand miracle.
Arrachez Théodore aux hontes d'un arrêt
Qui mêle avec le sien mon plus cher intérêt.
Tout ingrate, inhumaine, inflexible, chrétienne,
Madame, elle est mon choix et sa gloire est la mienne ;
S'il faut qu'elle subisse une si rude loi,
Tout l'ignominie en rejaillit sur moi ;
Et je n'ai pas moins qu'elle à rougir d'un supplice
Qui profane l'autel où j'ai fait sacrifice,
Et de l'illustre objet de mes plus saints désirs
Fait l'infâme rebut des plus sales plaisirs.
S'il vous demeure encor quelque espoir pour Flavie,
Conservez-moi l'honneur pour conserver sa vie, *
Et songez que l'affront où vous m'abandonnez,
Déshonore l'époux que vous lui destinez.
Je vous le dis encor, sauvez-moi cette honte ;
Ne désespérez pas une âme qui se dompte,
Et par le noble effort d'un généreux emploi,
Triomphez de vous-même aussi bien que de moi.
Théodore est pour vous une utile ennemie,
Et si proche qu'elle est de choir dans l'infamie,
Ma plus sincère ardeur n'en peut rien obtenir.
Vous n'avez pas beaucoup à craindre l'avenir.*
Le temps ne la rendra que plus inexorable ;

Le temps détrompera peut-être un misérable.
Daignez lui donner lieu de me pouvoir guérir,
Et ne me perdez pas en voulant m'acquérir.

MARCELLE

Quoi ! Vous voulez enfin me devoir votre gloire !
Certes, un tel miracle est difficile à croire,
Que vous qui n'aspiriez qu'à ne me devoir rien,*
Vous me vouliez devoir un si précieux bien.*
Mais comme en ses désirs aisément on se flatte,
Dussé-je contre moi servir une âme ingrate,
Perdre encor mes faveurs, et m'en voir abuser,
Je vous aime encor trop pour vous rien refuser.
Oui, puisque Théodore enfin me rend capable
De vous rendre une fois un office agréable,*
Puisque son intérêt vous force à me traiter
Mieux que tous mes bienfaits n'avaient su mériter,
Et par soin de vous plaire et par reconnaissance,
Je vais pour l'un et l'autre employer ma puissance,
Et pour un peu d'espoir qui m'est en vain rendu,
Rendre à mes ennemis l'honneur presque perdu.
Je vais d'un juste juge adoucir la colère,
Rompre le triste effet d'un arrêt trop sévère,
Répondre à votre attente, et vous faire éprouver
Cette bonté qu'en moi vous espérez trouver.
Jugez par cette épreuve, à mes vœux si cruelle,
Quel pouvoir vous avez sur l'esprit de Marcelle,
Et ce que vous pourriez un peu plus complaisant,
Quand vous y pouvez tout même en la méprisant.
Mais pourrai-je à mon tour vous faire une prière ?

PLACIDE

Madame, au nom des dieux, faites-moi grâce entière :
En l'état où je suis, quoi qu'il puisse avenir,
Je vous dois tout promettre, et ne puis rien tenir ;
Je ne vous puis donner qu'une attente frivole ;
Ne me réduisez point à manquer de parole ;
Je crains, mais j'aime encore, et mon cœur amoureux...

MARCELLE

Le mien est raisonnable autant que généreux.
Je ne demande pas que vous cessiez encore
Ou de haïr Flavie, ou d'aimer Théodore ;
Ce grand coup doit tomber plus insensiblement,
Et je me défierais d'un si prompt changement.
Il faut languir encor dedans l'incertitude,
Laisser faire le temps et cette ingratitude ; *
Je ne veux à présent qu'une fausse pitié,
Qu'une feinte douceur, qu'une ombre d'amitié.*
Un moment de visite à la triste Flavie
Des portes du trépas rappellerait sa vie.
Cependant que pour vous je vais tout obtenir,
Pour soulager ses maux allez l'entretenir ;
Ne lui promettez rien, mais souffrez qu'elle espère,
Et trompez-la du moins pour la rendre à sa mère ;
Un coup d'œil y suffit, un mot ou deux plus doux.

Faites un peu pour moi quand je fais tout pour vous,
Daignez pour Théodore un moment vous contraindre.

PLACIDE

Un moment est bien long à qui ne sait pas feindre,
Mais vous m'en conjurez par un nom trop puissant
Pour ne rencontrer pas un cœur obéissant.
J'y vais, mais, par pitié, souvenez-vous vous-même
Des troubles d'un amant qui craint pour ce qu'il aime,
Et qui n'a pas pour feindre assez de liberté
Tant que pour son objet il est inquiété.

MARCELLE

Allez sans plus rien craindre, ayant pour vous Marcelle [17].

SCÈNE VI

MARCELLE, STÉPHANIE

STÉPHANIE

Enfin vous triomphez de cet esprit rebelle.

MARCELLE

Quel triomphe !

STÉPHANIE

Est-ce peu que de voir à vos pieds
Sa haine et son orgueil enfin humiliés ?

MARCELLE

Quel triomphe, te dis-je, et qu'il a d'amertumes !
Et que nous sommes loin de ce que tu présumes !
Tu le vois à mes pieds pleurer, gémir, prier,
Mais ne crois pas pourtant le voir s'humilier ;
Ne crois pas qu'il se rende aux bontés qu'il implore.
Mais vois de quelle ardeur il aime Théodore,
Et juge quel pouvoir cet amour a sur lui,
Puisqu'il peut le réduire à chercher mon appui.
Que n'oseront ses feux entreprendre pour elle,
S'ils ont pu l'abaisser jusqu'aux pieds de Marcelle ?
Et que dois-je espérer d'un cœur si fort épris,
Qui, même en m'adorant, me fait voir ses mépris ?
Dans ses soumissions vois ce qui l'y convie ;
Mesure à son amour sa haine pour Flavie,
Et voyant l'un et l'autre en son abaissement,
Juge de mon triomphe un peu plus sainement ;
Vois dans son triste effet sa ridicule pompe.
J'ai peine en triomphant d'obtenir qu'il me trompe,
Qu'il feigne par pitié, qu'il donne un faux espoir.

STÉPHANIE

Et vous l'allez servir de tout votre pouvoir ?

MARCELLE

Oui, je vais le servir, mais comme il le mérite.*

Toi, va par quelque adresse amuser sa visite,
Et sous un faux appât prolonger l'entretien.

STÉPHANIE

Donc...

MARCELLE

Le temps presse ; va, sans t'informer de rien.

ACTE IV

SCÈNE PREMIÈRE

PLACIDE, STÉPHANIE, *sortant de chez Marcelle.**

STÉPHANIE

Seigneur...

PLACIDE

Va, Stéphanie, en vain tu me rappelles,
Ces feintes ont pour moi des gênes trop cruelles ;
Marcelle en ma faveur agit trop lentement,
Et laisse trop durer cet ennuyeux moment.
Pour souffrir plus longtemps un supplice si rude,
J'ai trop d'impatience et trop d'inquiétude ;
Il faut voir Théodore, il faut savoir mon sort,
Il faut...

STÉPHANIE

Ah ! Faites-vous, seigneur, un peu d'effort.
Marcelle, qui vous sert de toute sa puissance,
Mérite bien du moins cette reconnaissance.
Retournez chez Flavie attendre un bien si doux,*
Et ne craignez plus rien, puisqu'elle agit pour vous.

PLACIDE

L'effet tarde beaucoup pour n'avoir rien à craindre ;
Elle feignait peut-être en me priant de feindre.
On retire souvent le bras pour mieux frapper.
Qui veut que je la trompe a droit de me tromper.*

STÉPHANIE

Considérez l'humeur implacable d'un père,
Quelle est pour les chrétiens sa haine et sa colère,
Combien il faut de temps afin de l'émouvoir.

PLACIDE

Hélas ! Il n'en faut guère à trahir mon espoir.
Peut-être, en ce moment qu'ici tu me cajoles,
Que tu remplis mon cœur d'espérances frivoles,
Ce rare et cher objet, qui fait seul mon destin,
Du soldat insolent est l'indigne butin.
Va flatter, si tu veux, la douleur de Flavie,
Et me laisse éclaircir de l'état de ma vie ;

C'est trop l'abandonner à l'injuste pouvoir.
Ouvrez, Paulin, ouvrez, et me la faites voir.
On ne me répond point, et la porte est ouverte !
Paulin ! Madame !

STÉPHANIE

O dieux ! La fourbe est découverte.
Où fuirai-je ?

PLACIDE

Demeure, infâme, et ne crains rien.
Je ne veux pas d'un sang abject comme le tien ;
Il faut à mon courroux de plus nobles victimes [18] ;
Instruis-moi seulement de l'ordre de tes crimes.
Qu'a-t-on fait de mon âme ? Où la dois-je chercher ?

STÉPHANIE

Vous n'avez pas sujet encor de vous fâcher :
Elle est...

PLACIDE

Dépêche, dis ce qu'en a fait Marcelle.

STÉPHANIE

Tout ce que votre amour pouvait attendre d'elle.
Peut-on croire autre chose avec quelque raison,
Quand vous voyez déjà qu'elle est hors de prison ?

PLACIDE

Ah ! J'en aurais déjà reçu les assurances,
Et tu veux m'amuser de vaines apparences,
Cependant que Marcelle agit comme il lui plaît,
Et fait sans résistance exécuter l'arrêt.
De ma crédulité Théodore est punie ;
Elle est hors de prison, mais dans l'ignominie,
Et je devais juger, dans mon sort rigoureux,*
Que l'ennemi qui flatte est le plus dangereux.
Mais souvent on s'aveugle, et, dans des maux extrêmes,
Les esprits généreux jugent tout par eux-mêmes, *
Et lorsqu'on les trahit...

SCÈNE II

PLACIDE, LYCANTE, STÉPHANIE

LYCANTE

Jugez-en mieux, seigneur :*
Marcelle vous renvoie et la joie et l'honneur ;
Elle a de l'infamie arraché Théodore.

PLACIDE

Elle a fait ce miracle !

LYCANTE

Elle a plus fait encore.*

PLACIDE

Ne me fais plus languir, dis promptement.

LYCANTE

D'abord
Valens changeait l'arrêt en un arrêt de mort...

PLACIDE

Ah ! Si de cet arrêt jusqu'à l'effet on passe...

LYCANTE

Marcelle a refusé cette sanglante grâce :
Elle la veut entière, et tâche à l'obtenir,
Mais Valens irrité s'obstine à la bannir,
Et voulant que cet ordre à l'instant s'exécute,
Quoi qu'en votre faveur Marcelle lui dispute,*
Il mande Théodore, et la veut promptement
Faire conduire au lieu de son bannissement.

STÉPHANIE

Et vous vous alarmiez de voir sa prison vide !

PLACIDE

Tout fait peur à l'amour, c'est un enfant timide,
Et si tu le connais, tu me dois pardonner.

LYCANTE

Elle fait ses efforts pour vous la ramener,
Et vous conjure, encore un moment, de l'attendre.

PLACIDE

Quelles grâces, bons dieux, ne lui dois-je point rendre !
Va, dis-lui que j'attends ici ce grand succès,
Où sa bonté pour moi paraît avec excès.*

*Lycante rentre.**

STÉPHANIE

Et moi, je vais pour vous consoler sa Flavie.

PLACIDE

Fais-lui donc quelque excuse à flatter son envie,*
Et dis-lui de ma part tout ce que tu voudras.
Mon âme n'eut jamais les sentiments ingrats,
Et j'ai honte en secret d'être dans l'impuissance
De montrer plus d'effets de ma reconnaissance.

*Il est seul.**

Certes, une ennemie à qui je dois l'honneur
Méritait dans son choix un peu plus de bonheur,
Devait trouver une âme un peu moins défendue,
Et j'ai pitié de voir tant de bonté perdue.
Mais le cœur d'un amant ne peut se partager ;
Elle a beau se contraindre, elle a beau m'obliger,
Je n'ai qu'aversion pour ce qui la regarde.

SCÈNE III

PLACIDE, PAULIN

PLACIDE

Vous ne me direz plus qu'on vous l'a mise en garde,
Paulin ?

PAULIN

Elle n'est plus, seigneur, en mon pouvoir.

PLACIDE

Quoi ! Vous en soupirez ?

PAULIN

Je pense le devoir.

PLACIDE

Soupirer du bonheur que le ciel me renvoie !

PAULIN

Je ne vois pas pour vous de grands sujets de joie.

PLACIDE

Qu'on la bannisse ou non, je la verrai toujours.

PAULIN

Quel fruit de cette vue espèrent vos amours ?

PLACIDE

Le temps adoucira cette âme rigoureuse.

PAULIN

Le temps ne rendra pas la vôtre plus heureuse.

PLACIDE

Sans doute elle aura peine à me laisser périr.

PAULIN

Qui le peut espérer devait la secourir.

PLACIDE

Marcelle a fait pour moi tout ce que j'ai dû faire.

PAULIN

Je n'ai donc rien à dire et dois ici me taire.

PLACIDE

Non, non, il faut parler avec sincérité,
Et louer hautement sa générosité.

PAULIN

Si vous me l'ordonnez, je louerai donc sa rage.
Mais depuis quand, seigneur, changez-vous de courage ?
Depuis quand pour vertu prenez-vous la fureur ?
Depuis quand louez-vous ce qui doit faire horreur ?

PLACIDE

Ah ! Je tremble à ces mots que j'ai peine à comprendre.

PAULIN

Je ne sais pas, seigneur, ce qu'on vous fait entendre,
Ou quel puissant motif retient votre courroux,
Mais Théodore enfin n'est plus digne de vous.

PLACIDE

Quoi ! Marcelle en effet ne l'a pas garantie ?

PAULIN

A peine d'avec vous, seigneur, elle est sortie,
Que l'âme tout en feu, les yeux étincelants,
Rapportant elle-même un ordre de Valens,
Avec trente soldats elle a saisi la porte,
Et tirant de ce lieu Théodore à main-forte...

PLACIDE

O dieux ! Jusqu'à ses pieds j'ai donc pu m'abaisser
Pour voir trahir des vœux qu'elle a feint d'exaucer,
Et pour en recevoir avec tant d'insolence
De tant de lâcheté la digne récompense !
Mon cœur avait déjà pressenti ce malheur.
Mais achève, Paulin, d'irriter ma douleur,
Et, sans m'entretenir des crimes de Marcelle,
Dis-moi qui je me dois immoler après elle,
Et sur quels insolents, après son châtiment,
Doit choir le reste affreux de mon ressentiment.

PAULIN

Armez-vous donc, seigneur, d'un peu de patience,
Et forcez vos transports à me prêter silence,
Tandis que le récit d'une injuste rigueur
Peut-être à chaque mot vous percera le cœur.
Je ne vous dirai point avec quelle tristesse
A ce honteux supplice a marché la princesse ;
Forcé de la conduire en ces infâmes lieux,
De honte et de dépit j'en détournais les yeux,
Et, pour la consoler ne sachant que lui dire,
Je maudissais tout bas les lois de notre empire,
Et vous étiez le dieu que, dans mes déplaisirs,
En secret pour les rompre invoquaient mes soupirs.

PLACIDE

Ah ! Pour gagner ce temps on charmait mon courage
D'une fausse promesse, et puis d'un faux message ;
Et j'ai cru dans ces cœurs de la sincérité !
Ne fais plus de reproche à ma crédulité,
Et poursuis.

PAULIN

Dans ces lieux à peine on l'a traînée,
Qu'on a vu des soldats la troupe mutinée ;*
Tous courent à la proie avec avidité ;

Tous montrent à l'envi même brutalité [19].
Je croyais déjà voir de cette ardeur égale
Naître quelque discorde à ces tigres fatale,
Quand Didyme...

PLACIDE

Ah ! Le lâche ! Ah ! Le traître !

PAULIN

Écoutez.
Ce traître a réuni toutes leurs volontés ;
Le front plein d'impudence, et l'œil armé d'audace :
« Compagnons, a-t-il dit, on me doit une grâce ;
Depuis plus de dix ans je souffre les mépris
Du plus ingrat objet dont on puisse être épris ;
Ce n'est pas de mes feux que je veux récompense,
Mais de tant de rigueurs la première vengeance ;
Après, vous punirez à loisir ses dédains. »
Il leur jette de l'or ensuite à pleines mains,
Et lors, soit par respect qu'on eût pour sa naissance,
Soit qu'ils eussent marché sous son obéissance,
Soit que son or pour lui fît un si prompt effort,
Ces cœurs en sa faveur tombent soudain d'accord ;
Il entre sans obstacle.

PLACIDE

Il y mourra, l'infâme [20] !
Viens me voir dans ses bras lui faire vomir l'âme,
Viens voir de ma colère un juste et prompt effet
Joindre en ces mêmes lieux la peine à son forfait,*
Confondre son triomphe avecque son supplice.

PAULIN

Ce n'est pas en ces lieux qu'il vous fera justice :
Didyme en est sorti.

PLACIDE

Quoi ! Paulin, ce voleur
A déjà par sa fuite évité ma douleur !

PAULIN

Oui, mais il n'était plus, en sortant, ce Didyme
Dont l'orgueil insolent demandait sa victime ;
Ses cheveux sur son front s'efforçaient de cacher
La rougeur que son crime y semblait attacher,
Et le remords de sorte abattait son courage,
Que même il n'osait plus nous montrer son visage.
L'œil bas, le pied timide, et le corps chancelant,
Tel qu'un coupable enfin qui s'échappe en tremblant [21],
A peine il est sorti, que la fière insolence*
Du soldat mutiné reprend sa violence ;
Chacun, en sa valeur mettant tout son appui,
S'efforce de montrer qu'il n'a cédé qu'à lui ;
On se pousse, on se presse, on se bat, on se tue ;
J'en vois une partie à mes pieds abattue.

Au spectacle sanglant que je m'étais promis,
Cléobule survient avec quelques amis,
Met l'épée à la main, tourne en fuite le reste,
Entre...

PLACIDE

Lui seul ?

PAULIN

Lui seul.

PLACIDE

Ah ! Dieux ! Quel coup funeste !

PAULIN

Sans doute il n'est entré que pour l'en retirer.*

PLACIDE

Dis, dis, qu'il est entré pour la déshonorer,
Et que le sort cruel pour hâter ma ruine,
Veut qu'après un rival un ami m'assassine.
Le traître ! Mais, dis-moi, l'en as-tu vu sortir ?
Montrait-il de l'audace ou quelque repentir ?*
Qui des siens l'a suivi ?

PAULIN

Cette troupe fidèle
M'a chassé comme chef des soldats de Marcelle ;
Je n'ai rien vu de plus, mais, loin de le blâmer,
Je présume...

PLACIDE

Ah ! je sais ce qu'il faut présumer.
Il est entré lui seul.

PAULIN

Ayant si peu d'escorte,
C'est ainsi qu'il a dû s'assurer de la porte,
Et si là tous ensemble il ne les eût laissés,
Assez facilement on les aurait forcés.
Mais le voici qui vient pour vous en rendre compte ;
A son zèle, de grâce, épargnez cette honte [22].

SCÈNE IV

PLACIDE, PAULIN, CLÉOBULE

PLACIDE

Eh bien ! Votre parente ? Elle est hors de ces lieux
Où l'on sacrifiait sa pudeur à nos dieux ?

CLÉOBULE

Oui, seigneur.

PLACIDE

J'ai regret qu'un cœur si magnanime
Se soit ainsi laissé prévenir par Didyme.

CLÉOBULE

J'en dois être honteux, mais je m'étonne fort
Qui vous a pu sitôt en faire le rapport ;
J'en croyais apporter les premières nouvelles.

PLACIDE

Grâces aux dieux, sans vous j'ai des amis fidèles,*
Mais ne différez plus à me la faire voir.

CLÉOBULE

Qui, seigneur ?

PLACIDE

Théodore.

CLÉOBULE

Est-elle en mon pouvoir ?

PLACIDE

Ne me dites-vous pas que vous l'avez sauvée ?

CLÉOBULE

Je vous le dirais, moi, qui ne l'ai plus trouvée !

PLACIDE

Quoi ! Soudain par un charme elle avait disparu [23] ?

CLÉOBULE

Puisque déjà ce bruit jusqu'à vous a couru,
Vous savez que sans charme elle a fui sa disgrâce,
Que je n'ai plus trouvé que Didyme en sa place [24],
Quel plaisir prenez-vous à me le déguiser ?

PLACIDE

Quel plaisir prenez-vous vous-même à m'abuser,
Quand Paulin de ses yeux a vu sortir Didyme ?

CLÉOBULE

Si ses yeux l'ont trompé, l'erreur est légitime,
Et si vous n'en savez que ce qu'il vous a dit,
Ecoutez-en, seigneur, un fidèle récit.
Vous ignorez encor la meilleure partie :
Sous l'habit de Didyme elle-même est sortie.

PLACIDE

Qui ?

CLÉOBULE

Votre Théodore, et cet audacieux
Sous le sien au lieu d'elle est resté dans ces lieux.

PLACIDE

Que dis-tu, Cléobule ! Ils ont fait cet échange !

CLÉOBULE

C'est une nouveauté qui doit sembler étrange...*

PLACIDE

Et qui me porte encor de plus étranges coups.
Vois si c'est sans raison que j'en étais jaloux,
Et malgré les avis de ta fausse prudence,
Juge de leur amour par leur intelligence.

CLÉOBULE

J'ose en douter encore, et je ne vois pas bien
Si c'est zèle d'amant ou fureur de chrétien.

PLACIDE

Non, non, ce téméraire, au péril de sa tête,*
A mis en sûreté son illustre conquête ;
Par tant de feints mépris elle qui t'abusait
Lui conservait ce cœur qu'elle me refusait,
Et ses dédains cachaient une faveur secrète,
Dont tu n'étais pour moi qu'un aveugle interprète [25].
L'œil d'un amant jaloux a bien d'autres clartés ;
Les cœurs pour ses soupçons n'ont point d'obscurités ;
Son malheur lui fait jour jusques au fond d'une âme,*
Pour y lire sa perte écrite en traits de flamme.
Elle me disait bien, l'ingrate, que son Dieu
Saurait, sans mon secours, la tirer de ce lieu,*
Et sûre qu'elle était de celui de Didyme,
A se servir du mien elle eût cru faire un crime.
Mais aurait-on bien pris pour générosité
L'impétueuse ardeur de sa témérité ?
Après un tel affront et de telles offenses,
M'aurait-on envié la douceur des vengeances ?

CLÉOBULE

Vous le verriez déjà, si j'avais pu souffrir
Qu'en cet habit de fille on vous le vînt offrir.
J'ai cru que sa valeur et l'éclat de sa race
Pouvaient bien mériter cette petite grâce,
Et vous pardonnerez à ma vieille amitié
Si jusque-là, seigneur, elle étend sa pitié.
Le voici qu'Amyntas vous amène à main-forte.

PLACIDE

Pourrai-je retenir la fureur qui m'emporte ?

CLÉOBULE

Seigneur, réglez si bien ce violent courroux,
Qu'il n'en échappe rien trop indigne de vous.

SCÈNE V

PLACIDE, DIDYME, CLÉOBULE, PAULIN, AMYNTAS, TROUPE

PLACIDE

Approche, heureux rival, heureux choix d'une ingrate,
Dont je vois qu'à ma honte enfin l'amour éclate.
C'est donc pour t'enrichir d'un si noble butin
Qu'elle s'est obstinée à suivre son destin !
Et pour mettre ton âme au comble de sa joie
Cet esprit déguisé n'a point eu d'autre voie !
Dans ces lieux dignes d'elle elle a reçu ta foi,
Et pris l'occasion de se donner à toi !

DIDYME

Ah ! seigneur, traitez mieux une vertu parfaite.

PLACIDE

Ah ! Je sais mieux que toi comme il faut qu'on la traite !
J'en connais l'artifice, et de tous ses mépris.
Sur quelle confiance as-tu tant entrepris ?
Ma perfide marâtre et mon tyran de père
Auraient-ils contre moi choisi ton ministère ?
Et pour mieux t'enhardir à me voler mon bien,
T'auraient-ils promis grâce, appui, faveur, soutien ?
Aurais-tu bien uni leurs fureurs à ton zèle,
Son amant tout ensemble et l'agent de Marcelle ?
Qu'en as-tu fait enfin ? Où me le caches-tu ?*

DIDYME

Derechef jugez mieux de la même vertu.
Je n'ai rien entrepris, ni comme amant fidèle,
Ni comme impie agent des fureurs de Marcelle,
Ni sous l'espoir flatteur de quelque impunité,
Mais par un pur effet de générosité.
Je le nommerais mieux, si vous pouviez comprendre
Par quel zèle un chrétien ose tout entreprendre.
La mort, qu'avec ce nom je ne puis éviter,*
Ne vous laisse aucun lieu de vous inquiéter.
Qui s'apprête à mourir, qui court à ses supplices,
N'abaisse pas son âme à ces molles délices,
Et près de rendre compte à son juge éternel,
Il craint d'y porter même un désir criminel.
J'ai soustrait Théodore à la rage insensée,*
Sans blesser sa pudeur de la moindre pensée ;
Elle fuit, et sans tache, où l'inspire son Dieu.
Ne m'en demandez point ni l'ordre ni le lieu ;
Comme je n'en prétends ni faveur ni salaire,
J'ai voulu l'ignorer, afin de le mieux taire.

PLACIDE

Ah ! Tu me fais ici des contes superflus ;
J'ai trop été crédule, et je ne le suis plus.
Quoi ! Sans rien obtenir, sans même rien prétendre,*

Un zèle de chrétien t'a fait tout entreprendre ?
Quel prodige pareil s'est jamais rencontré ?

DIDYME

Paulin vous aura dit comme je suis entré ;
Prêtez l'oreille au reste, et punissez ensuite
Tout ce que vous verrez de coupable en sa fuite.*

PLACIDE

Dis, mais en peu de mots, et sûr que les tourments
M'auront bientôt vengé de tes déguisements.

DIDYME

La princesse, à ma vue également atteinte
D'étonnement, d'horreur, de colère et de crainte,
A tant de passions exposée à la fois,
A perdu quelque temps l'usage de la voix.
Aussi j'avais l'audace encor sur le visage
Qui parmi ces mutins m'avait donné passage,
Et je portais encor sur le front imprimé
Cet insolent orgueil dont je l'avais armé.
Enfin, reprenant cœur : « Arrête, me dit-elle,
Arrête », et m'allait faire une longue querelle,
Mais, pour laisser agir l'erreur qui la surprend,
Le temps était trop cher, et le péril trop grand ;
Donc, pour la détromper : « Non, lui dis-je, madame,
Quelque outrageux mépris dont vous traitiez ma flamme,
Je ne viens point ici comme amant indigné
Me venger de l'objet dont je fus dédaigné ;
Une plus sainte ardeur règne au cœur de Didyme [26] :
Il vient de votre honneur se faire la victime,
Le payer de son sang, et s'exposer pour vous
A tout ce qu'oseront la haine et le courroux.
Fuyez sous mon habit, et me laissez, de grâce,
Sous le vôtre en ces lieux occuper votre place ;
C'est par ce moyen seul qu'on peut vous garantir;*
Conservez une vierge en faisant un martyr. » [27]
Elle, à cette prière encor demi-tremblante,
Et mêlant à sa joie un reste d'épouvante,
Me demande pardon, d'un visage étonné,
De tout ce que son âme a craint ou soupçonné [28].
Je m'apprête à l'échange, elle à la mort s'apprête ;
Je lui tends mes habits, elle m'offre sa tête,
Et demande à sauver un si précieux bien
Aux dépens de son sang, plutôt qu'au prix du mien;
Mais Dieu la persuade, et notre combat cesse [29].
Je vois, suivant mes vœux, échapper la princesse.

PAULIN

C'était donc à dessein qu'elle cachait ses yeux,
Comme rouge de honte, en sortant de ces lieux ?

DIDYME

En lui disant adieu je l'en avais instruite,
Et le ciel a daigné favoriser sa fuite.
Seigneur, ce peu de mots suffit pour vous guérir.
Vivez sans jalousie, et m'envoyez mourir.

PLACIDE

Hélas ! Et le moyen d'être sans jalousie,
Lorsque ce cher objet te doit plus que la vie ?
Ta courageuse adresse à ses divins appas
Vient de rendre un secours que leur devait mon bras,
Et lorsque je me laisse amuser de paroles,
Tu t'exposes pour elle, ou plutôt tu t'immoles ;
Tu donnes tout ton sang pour lui sauver l'honneur,
Et je ne serais pas jaloux de ton bonheur !
Mais ferais-je périr celui qui l'a sauvée,
Celui par qui Marcelle est pleinement bravée,
Qui m'a rendu ma gloire, et préservé mon front
Des infâmes couleurs d'un si mortel affront ?
Tu vivras. Toutefois défendrai-je ta tête,*
Alors que Théodore est ta juste conquête,
Et que cette beauté qui me tient sous sa loi *
Ne saurait plus sans crime être à d'autres qu'à toi ?
N'importe, si ta flamme en est mieux écoutée,
Je dirai seulement que tu l'as méritée,
Et sans plus regarder ce que j'aurai perdu,
J'aurais devant les yeux ce que tu m'as rendu.*
De mille déplaisirs qui m'arrachaient la vie
Je n'ai plus que celui de te porter envie ;
Je saurai bien le vaincre, et garder pour tes feux
Dans une âme jalouse un esprit généreux.
Va donc, heureux rival, rejoindre ta princesse,
Dérobe-toi comme elle aux yeux d'une tigresse ;
Tu m'as sauvé l'honneur, j'assurerai tes jours,
Et mourrai, s'il le faut, moi-même à ton secours.

DIDYME

Seigneur...

PLACIDE

Ne me dis rien. Après de tels services
Je n'ai rien à prétendre à moins que tu périsses.
Je le sais, je l'ai dit ; mais dans ce triste état,
Je te suis redevable, et ne puis être ingrat.

ACTE V

SCÈNE PREMIÈRE

PAULIN, CLÉOBULE

PAULIN

Oui, Valens pour Placide a beaucoup d'indulgence ;
Il est même en secret de son intelligence.
C'était par cet arrêt lui qu'il considérait,
Et je vous ai conté ce qu'il en espérait.
Mais il hait des chrétiens l'opiniâtre zèle,
Et s'il aime Placide, il redoute Marcelle ;
Il en sait le pouvoir, il en voit la fureur,
Et ne veut pas se perdre auprès de l'empereur;

Il ne veut pas périr pour conserver Didyme ;
Puiqu'il s'est laissé prendre, il paîra pour son crime.
Valens saura punir son illustre attentat*
Par inclination et par raison d'État,
Et si quelque malheur ramène Théodore,*
A moins qu'elle renonce à ce Dieu qu'elle adore,
Dût Placide lui-même après elle en mourir,
Par les mêmes motifs il la fera périr.*
Dans l'âme il est ravi d'ignorer sa retraite,
Il fait des vœux au ciel pour la tenir secrète;
Il craint qu'un indiscret la vienne révéler,
Et n'osera rien plus que de dissimuler.

CLÉOBULE

Cependant vous savez, pour grand que soit ce crime,*
Ce qu'a juré Placide en faveur de Didyme.
Piqué contre Marcelle, il cherche à la braver,
Et hasardera tout afin de le sauver.
Il a des amis prêts, il en assemble encore,
Et si quelque malheur vous rendait Théodore,
Je prévois des transports en lui si violents,
Que je crains pour Marcelle et même pour Valens.
Mais a-t-il condamné ce généreux coupable ?

PAULIN

Il l'interroge encor, mais en juge implacable.*

CLÉOBULE

Il m'a permis pourtant de l'attendre en ce lieu,
Pour tâcher à le vaincre, ou pour lui dire adieu.
Ah ! Qu'il dissiperait un dangereux orage,
S'il voulait à nos dieux rendre le moindre hommage !

PAULIN

Quand de sa folle erreur vous l'auriez diverti,
En vain de ce péril vous le croiriez sorti.
Flavie est aux abois, Théodore échappée
D'un mortel désespoir jusqu'au cœur l'a frappée ;
Marcelle n'attend plus que son dernier soupir ;
Jugez à quelle rage ira son déplaisir,
Et si, comme on ne peut s'en prendre qu'à Didyme,
Son époux lui voudra refuser sa victime.

CLÉOBULE

Ah ! Paulin, un chrétien à nos autels réduit
Fait auprès des Césars un trop précieux bruit,
Il leur devient trop cher pour souffrir qu'il périsse ;
Mais je le vois déjà qu'on amène au supplice.

SCÈNE II

PAULIN, CLÉOBULE, LYCANTE, DIDYME

CLÉOBULE

Lycante, souffre ici l'adieu de deux amis,
Et me donne un moment que Valens m'a promis.

LYCANTE

J'en ai l'ordre, et je vais disposer ma cohorte
A garder cependant les dehors de la porte.*
Je ne mets point d'obstacle à vos derniers secrets,
Mais tranchez promptement d'inutiles regrets.

SCÈNE III

CLÉOBULE, DIDYME, PAULIN

CLÉOBULE

Ce n'est point, cher ami, le cœur troublé d'alarmes
Que je t'attends ici pour te donner des larmes ;
Un astre plus bénin vient d'éclairer tes jours ;
Il faut vivre, Didyme, il faut vivre.

DIDYME

Et j'y cours.
Pour la cause de Dieu s'offrir en sacrifice [30],
C'est courir à la vie, et non pas au supplice.

CLÉOBULE

Peut-être dans ta secte est-ce une vision,
Mais l'heur que je t'apporte est sans illusion.
Théodore est à toi : ce dernier témoignage
Et de ta passion et de ton grand courage
A si bien en amour changé tous ses mépris,
Qu'elle t'attend chez moi pour t'en donner le prix.

DIDYME

Que me sert son amour et sa reconnaissance,
Alors que leur effet n'est plus en sa puissance ?
Et qui t'amène ici par ce frivole attrait
Aux douceurs de ma mort mêler un vain regret,
Empêcher que ma joie à mon heur ne réponde,
Et m'arracher encore un regard vers le monde ?
Ainsi donc Théodore est cruelle à mon sort
Jusqu'à persécuter et ma vie et ma mort ;
Dans sa haine et sa flamme également à craindre,
Et moi dans l'une et l'autre également à plaindre !

CLÉOBULE

Ne te figure point d'impossibilité
Où tu fais, si tu veux, trop de facilité,
Où tu n'as qu'à te faire un moment de contrainte ;
Donne à ton Dieu ton cœur, aux nôtres quelque feinte.
Un peu d'encens offert au pied de leurs autels
Peut égaler ton sort au sort des immortels.

DIDYME

Et pour cela vers moi Théodore t'envoie ?
Son esprit adouci me veut par cette voie ?

CLÉOBULE

Non, elle ignore encor que tu sois arrêté,

Mais ose en sa faveur te mettre en liberté,
Ose te dérober aux fureurs de Marcelle,
Et Placide t'enlève en Égypte avec elle,
Où son cœur généreux te laisse entre ses bras
Être avec sûreté tout ce que tu voudras.

DIDYME

Va, dangereux ami que l'enfer me suscite,
Ton damnable artifice en vain me sollicite ;
Mon cœur, inébranlable aux plus cruels tourments,*
A presque été surpris de tes chatouillements ;
Leur mollesse a plus fait que le fer ni la flamme,
Elle a frappé mes sens, elle a brouillé mon âme ;
Ma raison s'est troublée, et mon faible a paru,
Mais j'ai dépouillé l'homme, et Dieu m'a secouru.
Va revoir ta parente, et dis-lui qu'elle quitte
Ce soin de me payer par delà mon mérite.
Je n'ai rien fait pour elle, elle ne me doit rien ;
Ce qu'elle juge amour n'est qu'ardeur de chrétien.
C'est la connaître mal que de la reconnaître ;
Je n'en veux point de prix que du souverain maître,
Et comme c'est lui seul que j'ai considéré,
C'est lui seul dont j'attends ce qu'il m'a préparé.
Si pourtant elle croit me devoir quelque chose,
Et peut avant ma mort souffrir que j'en dispose,*
Qu'elle paye à Placide, et tâche à conserver
Des jours que par les miens je viens de lui sauver ;
Qu'elle fuie avec lui, c'est tout ce que veut d'elle
Le souvenir mourant d'une flamme si belle.
Mais elle-même hélas ! A quel dessein ?

SCÈNE IV

DIDYME, THÉODORE, CLÉOBULE, PAULIN
LYCANTE

Lycante suit Théodore, et entre incontinent chez Marcelle sans rien dire.

DIDYME

Pensez-vous m'arracher la palme de la main,
Madame, et mieux que lui m'expliquant votre envie,
Par un charme plus fort m'attacher à la vie ?

THÉODORE

Oui, Didyme, il faut vivre et me laisser mourir ;
C'est à moi qu'on en veut, c'est à moi de périr [31].

CLÉOBULE, *à Théodore*

O dieux ! Quelle fureur aujourd'hui vous possède ?

à Paulin.

Mais prévenons le mal par le dernier remède :
Je cours trouver Placide ; et toi, tire en longueur
De Valens, si tu peux, la dernière rigueur.

SCÈNE V

DIDYME, THÉODORE, PAULIN

DIDYME

Quoi ! Ne craignez-vous point qu'une rage ennemie
Vous fasse de nouveau traîner à l'infamie ?

THÉODORE

Non, non, Flavie est morte, et Marcelle en fureur
Dédaigne un châtiment qui m'a fait tant d'horreur ;
Je n'en ai rien à craindre, et Dieu me le révèle :
Ce n'est plus que du sang que veut cette cruelle,
Et quelque cruauté qu'elle veuille essayer,
S'il ne faut que du sang, j'ai trop de quoi payer.
Rends-moi, rends-moi ma place assez et trop gardée.
Pour me sauver l'honneur je te l'avais cédée ;
Jusque-là seulement j'ai souffert ton secours ;
Mais je la viens reprendre alors qu'on veut mes jours.
Rends, Didyme, rends-moi le seul bien où j'aspire,
C'est le droit de mourir, c'est l'honneur du martyre.
A quel titre peux-tu me retenir mon bien ?

DIDYME

A quel droit voulez-vous vous emparer du mien ?
C'est à moi qu'appartient, quoique vous puissiez dire,
Et le droit de mourir, et l'honneur du martyre ;
De sort comme d'habits nous avons su changer,
Et l'arrêt de Valens me le vient d'adjuger [32].

THÉODORE

Il ne t'a condamné qu'au lieu de Théodore ; *
Mais si l'arrêt t'en plaît, l'effet m'en déshonore.
Te voir au lieu de moi payer Dieu de ton sang,*
C'est te laisser au ciel aller prendre mon rang.
Je ne souffrirai point, quoi que Valens ordonne,
Qu'en me rendant ma gloire on m'ôte ma couronne.
J'en appelle à Marcelle, et sans plus t'abuser,
Vois comme ce grand Dieu lui-même en vient d'user.
De cette même honte il sauve Agnès dans Rome,
Il daigne s'y servir d'un ange au lieu d'un homme,
Mais si dans l'infamie il vient la secourir,
Sitôt qu'on veut son sang il la laisse mourir.

DIDYME

Sur cet exemple donc ne trouvez pas étrange,
Puisqu'il se sert ici d'un homme au lieu d'un ange,
S'il daigne mettre au rang de ces esprits heureux
Celui dont pour sa gloire il sert au lieu d'eux.
Je n'ai regardé qu'elle en conservant la vôtre,
Et ne lui donne pas mon sang au lieu d'un autre,
Quand ce qu'il m'a fait faire a pu m'en acquérir
Et l'honneur du martyre et le droit de mourir.

THÉODORE

Tu t'obstines en vain, la haine de Marcelle...

SCÈNE VI

MARCELLE, THÉODORE, DIDYME
PAULIN, LYCANTE, STÉPHANIE

MARCELLE, *à Lycante.*

Avec quelque douceur j'en reçois la nouvelle,
Non que mes déplaisirs s'en puissent soulager,
Mais c'est toujours beaucoup que se pouvoir venger.

THÉODORE

Madame, je vous viens rendre votre victime ;
Ne le retenez plus, ma fuite est tout son crime ;
Ce n'est qu'au lieu de moi qu'on le mène à l'autel ;
Et puisque je me montre, il n'est plus criminel.
C'est pour moi que Placide a dédaigné Flavie, *
C'est moi par conséquent qui lui coûte la vie.

DIDYME

Non ; c'est moi seul, madame, et vous l'avez pu voir,
Qui, sauvant sa rivale, ai fait son désespoir.
« C'est moi de qui l'audace a terminé sa vie,*
C'est moi par conséquent qui vous ôte Flavie,
Et sur qui doit verser ce courage irrité
Tout ce que la vengeance a de sévérité. »

MARCELLE

O couple de ma perte également coupable !
Sacrilèges auteurs du malheur qui m'accable,
Qui dans ce vain débat vous vantez à l'envi,
Lorsque j'ai tout perdu, de me l'avoir ravi !
Donc jusques à ce point vous bravez ma colère
Qu'en vous faisant périr je ne vous puis déplaire,
Et que, loin de trembler sous la punition,
Vous y courez tous deux avec ambition !
Elle semble à tous deux porter un diadème ;
Vous en êtes jaloux comme d'un bien suprême ;
L'un et l'autre de moi s'efforce à l'obtenir ;
Je puis vous immoler, et ne puis vous punir ;
Et quelque sang qu'épande une mère affligée,
Ne vous punissant pas, elle n'est pas vengée [33].
Toutefois Placide aime, et votre châtiment
Portera sur son cœur ses coups plus puissamment ;
Dans ce gouffre de maux c'est lui qui m'a plongée,
Et, si je l'en punis, je suis assez vengée.

THÉODORE, *à Didyme.*

J'ai donc enfin gagné, Didyme, et tu le vois,
L'arrêt est prononcé ; c'est moi dont on fait choix,
C'est moi qu'aime Placide, et ma mort te délivre.

DIDYME *

Non, non, si vous mourez, Didyme vous doit suivre.

MARCELLE

Tu la suivras, Didyme, et je suivrai tes vœux ;
Un déplaisir si grand n'a pas trop de tous deux.
Que ne puis-je aussi bien immoler à Flavie
Tous les chrétiens ensemble, et toute la Syrie !
Ou que ne peut ma haine, avec un plein loisir,
Animer les bourreaux qu'elle saurait choisir,
Repaître mes douleurs d'une mort dure et lente,
Vous la rendre à la fois et cruelle et traînante,
Et parmi les tourments soutenir votre sort,
Pour vous faire sentir chaque jour une mort !
Mais je sais le secours que Placide prépare ;
Je sais l'effort pour vous que fera ce barbare ;
Et ma triste vengeance a beau se consulter,
Il me faut ou la perdre ou la précipiter.
Hâtons-la donc, Lycante, et courons-y sur l'heure :
La plus prompte des morts est ici la meilleure ;
N'avoir pour y descendre à pousser qu'un soupir,
C'est mourir doucement, mais c'est enfin mourir,
Et lorsqu'un grand obstacle à nos fureurs s'oppose,
Se venger à demi, c'est du moins quelque chose,*
Amenez-les tous deux.

PAULIN

Sans l'ordre de Valens ?
Madame, écoutez moins des transports si bouillants,
Sur son autorité c'est beaucoup entreprendre.

MARCELLE

S'il en demande compte, est-ce à vous de le rendre ?
Paulin, portez ailleurs vos conseils indiscrets,
Et ne prenez souci que de vos intérêts.

THÉODORE, *à Didyme.*

Ainsi de ce combat que la vertu nous donne,
Nous sortirons tous deux avec une couronne.*

DIDYME

Oui, madame, on exauce et vos vœux et les miens.
Dieu...

MARCELLE

Vous suivrez ailleurs de si doux entretiens.
Amenez-les tous deux.

PAULIN, *seul.*

Quel orage s'apprête !
Que je vois se former une horrible tempête !
Si Placide survient, que de sang répandu !
Et qu'il en répandra s'il trouve tout perdu !
Allons chercher Valens ; qu'à tant de violence
Il oppose, non plus une molle prudence,
Mais un courage mâle, et qui, d'autorité,
Sans rien craindre...

SCÈNE VII

VALENS, PAULIN

VALENS

Ah ! Paulin, est-ce une vérité ?
Est-ce une illusion ? Est-ce une rêverie ?
Viens-je d'ouïr la voix de Marcelle en furie ?
Ose-t-elle traîner Théodore à la mort ?

PAULIN

Oui, si Valens n'y fait un généreux effort.

VALENS

Quel effort généreux veux-tu que Valens fasse,
Lorsque de tous côtés il ne voit que disgrâce ?

PAULIN

Faites voir qu'en ces lieux c'est vous qui gouvernez,
Qu'aucun n'y doit périr si vous ne l'ordonnez.
La Syrie à vos lois est-elle assujettie,
Pour souffrir qu'une femme y soit juge et partie ?
Jugez de Théodore.

VALENS

Et qu'en puis-je ordonner
Qui dans mon triste sort ne serve à me gêner ?
Ne la condamner pas, c'est me perdre avec elle,
C'est m'exposer en butte aux fureurs de Marcelle,
Au pouvoir de son frère, au courroux des Césars,
Et pour un vain effort courir mille hasards.
La condamner d'ailleurs, c'est faire un parricide.
C'est de ma propre main assassiner Placide,
C'est lui porter au cœur d'inévitables coups.

PAULIN

Placide donc, seigneur, osera plus que vous.
Marcelle a fait armer Lycante et sa cohorte,
Mais sur elle et sur eux il va fondre à main-forte,
Résolu de forcer pour cet objet charmant
Jusqu'à votre palais et votre appartement.
Prévenez ce désordre, et jugez quel carnage
Produit le désespoir qui s'oppose à la rage,
Et combien des deux parts l'amour et la fureur
Étaleront ici de spectacles d'horreur.

VALENS

N'importe, laissons faire et Marcelle et Placide.
Que l'amour en furie ou la haine en décide,
Que Théodore en meure ou ne périsse pas,*
J'aurai lieu d'excuser sa vie ou son trépas.
S'il la sauve, peut-être on trouvera dans Rome
Plus de cœur que de crime à l'ardeur d'un jeune homme.
Je l'en désavoûrai, j'irai l'en accuser,
Les pousser par ma plainte à le favoriser,
A plaindre son malheur en blâmant son audace :

César même pour lui me demandera grâce,
Et cette illusion de ma sévérité
Augmentera ma gloire et mon autorité.

PAULIN

Et s'il ne peut sauver cet objet qu'il adore ?
Si Marcelle à ses yeux fait périr Théodore ?

VALENS

Marcelle aura sans moi commis cet attentat.
J'en saurai près de lui faire un crime d'État,
A ses ressentiments égaler ma colère,
Lui promettre vengeance, et trancher du sévère,
Et n'ayant point de part en cet événement,
L'en consoler en père un peu plus aisément.
Mes soins avec le temps pourront tarir ses larmes.

PAULIN

Seigneur, d'un mal si grand c'est prendre peu d'alarmes.
Placide est violent, et pour la secourir
Il périra lui-même, ou fera tout périr.
Si Marcelle y succombe, appréhendez son frère,
Et si Placide y meurt, les déplaisirs d'un père.
De grâce, prévenez ce funeste hasard.
Mais que vois-je ? Peut-être il est déjà trop tard.
Stéphanie entre ici, de pleurs toute trempée.

VALENS

Théodore à Marcelle est sans doute échappée,
Et l'amour de Placide a bravé son effort.

SCÈNE VIII

VALENS, PAULIN, STÉPHANIE

VALENS, *à Stéphanie.*

Marcelle a donc osé les traîner à la mort,
Sans mon su, sans mon ordre ? Et son audace extrême...

STÉPHANIE

Seigneur, pleurez sa perte, elle est morte elle-même.

VALENS

Elle est morte !

STÉPHANIE

Elle l'est.

VALENS

Et Placide a commis...

STÉPHANIE

Non, ce n'est en effet ni lui ni ses amis,
Mais s'il n'en est l'auteur, du moins il en est cause.

VALENS

Ah ! Pour moi l'un et l'autre est une même chose ;
Et puisque c'est l'effet de leur inimitié,
Je dois venger pour lui cette chère moitié.*
Mais apprends-moi sa mort, du moins si tu l'as vue.

STÉPHANIE

De l'escalier à peine elle était descendue,
Qu'elle aperçoit Placide aux portes du palais,
Suivi d'un gros armé d'amis et de valets ;
Sur les bords du perron soudain elle s'avance,
Et pressant sa fureur qu'accroît cette présence :
« Viens, dit-elle, viens voir l'effet de ton secours »,
Et sans perdre le temps en de plus longs discours,*
Ayant fait avancer l'une et l'autre victime,
D'un côté Théodore, et de l'autre Didyme,
Elle lève le bras, et de la même main
Leur enfonce à tous deux un poignard dans le sein.

VALENS

Quoi ! Théodore est morte ?

STÉPHANIE

          Et Didyme avec elle.

VALENS

Et l'un et l'autre enfin de la main de Marcelle ?
Ah ! Tout est pardonnable aux douleurs d'un amant,
Et quoi qu'ait fait Placide en son ressentiment...

STÉPHANIE

Il n'a rien fait, seigneur, mais écoutez le reste :
Il demeure immobile à cet objet funeste ;
Quelque ardeur qui le pousse à venger ce malheur,*
Pour en avoir la force il a trop de douleur ;
Il pâlit, il frémit, il tremble, il tombe, il pâme,
Sur son cher Cléobule il semble rendre l'âme.
Cependant, triomphante entre ces deux mourants,
Marcelle les contemple à ses pieds expirants,
Jouit de sa vengeance, et d'un regard avide
En cherche les douceurs jusqu'au cœur de Placide ;
Et tantôt se repaît de leurs derniers soupirs,
Tantôt goûte à pleins yeux ses mortels déplaisirs,
Y mesure sa joie et trouve plus charmante
La douleur de l'amant que la mort de l'amante,
Nous témoigne un dépit qu'après ce coup fatal,
Pour être trop sensible il sent trop peu son mal,
En hait sa pâmoison qui la laisse impunie,
Au péril de ses jours la souhaite finie.
Mais à peine il revit, qu'elle, haussant la voix :
« Je n'ai pas résolu de mourir à ton choix,
Dit-elle, ni d'attendre à rejoindre Flavie
Que ta rage insolente ordonne de ma vie. »
A ces mots, furieuse, et se perçant le flanc
De ce même poignard fumant d'un autre sang,
Elle ajoute : « Va, traître, à qui j'épargne un crime ;

Si tu veux te venger, cherche une autre victime.
Je meurs, mais j'ai de quoi rendre grâces aux dieux,
Puisque je meurs vengée, et vengée à tes yeux. »
Lors même, dans la mort conservant son audace,
Elle tombe, en tombant elle choisit sa place,
D'où son œil semble encore à longs traits se soûler
Du sang des malheureux qu'elle vient d'immoler.

VALENS

Et Placide ?

STÉPHANIE

J'ai fui, voyant Marcelle morte,
De peur qu'une douleur et si juste et si forte
Ne vengeât... Mais, seigneur, je l'aperçois qui vient.

VALENS

Arrête, de faiblesse à peine il se soutient ;
Et d'ailleurs à ma vue il saura se contraindre.
Ne crains rien. Mais, ô dieux ! Que j'ai moi-même à craindre !

SCÈNE IX

VALENS, PLACIDE, CLÉOBULE, PAULIN
STÉPHANIE, TROUPE

VALENS

Cléobule, quel sang coule sur ses habits ?

CLÉOBULE

Le sien propre, seigneur.

VALENS

Ah ! Placide ! Ah ! Mon fils !

PLACIDE

Retire-toi, cruel !

VALENS

Cet ami si fidèle
N'a pu rompre le coup qui t'immole à Marcelle !
Qui sont les assassins ?

CLÉOBULE

Son propre désespoir.

VALENS

Et vous ne deviez pas le craindre et le prévoir ?

CLÉOBULE

Je l'ai craint et prévu jusqu'à saisir ses armes,
Mais comme après ce soin j'en avais moins d'alarmes,
Embrassant Théodore, un funeste hasard
A fait dessous sa main rencontrer ce poignard,
Par où ses déplaisirs trompant ma prévoyance...

VALENS

Ah ! Fallait-il avoir si peu de défiance ?

PLACIDE

Rends-en grâces au ciel, heureux père et mari ;
Par là t'est conservé ce pouvoir si chéri,
Ta dignité dans l'âme à ton fils préféré ;
Ta propre vie enfin par là t'est assurée,
Et ce sang qu'un amour pleinement indigné
Peut-être en ses transports n'aurait pas épargné.
Pour ne point violer les droits de la naissance,
Il fallait que mon bras s'en mît dans l'impuissance.
C'est par là seulement qu'il s'est pu retenir,
Et je me suis puni de peur de te punir.
Je te punis pourtant, c'est ton sang que je verse ;
Si tu m'aimes encor, c'est ton sein que je perce ;
Et c'est pour te punir que je viens en ces lieux,
Pour le moins en mourant te blesser par les yeux.
Daigne ce juste ciel...

VALENS

Cléobule, il expire !

CLÉOBULE

Non, seigneur, je l'entends encore qui soupire ;
Ce n'est que la douleur qui lui coupe la voix.

VALENS

Non, non, j'ai tout perdu, Placide est aux abois,
Mais ne rejetons pas une espérance vaine,
Portons-le reposer dans la chambre prochaine,
Et vous autres, allez prendre souci des morts,
Tandis que j'aurai soin de calmer ses transports.

Il a été tiré sur les Presses
de l'imprimerie Lecerf à Rouen
3 000 exemplaires de cette édition
et 500 exemplaires numérotés de 001 à 500
sur papier Vergé Edition ivoire,
reliés sous couverture cuir

Dépôt légal 1985 - N° Edit. 357 - N° Imp. 1030